WERKZEUGE
DER WELT

Conception graphique et réalisation : Rampazzo & Associés

Hubert Comte

WERKZEUGE DER WELT

VOM FAUSTKEIL ZUM LASERSTRAHL

Aus dem Französischen von
Cornelia Niklas

KNESEBECK

Inhalt

Stein

Landwirtschaft

Leder

Nahrung

Inhalt

AUFMERKSAM BLICK AUF MICH, WIE HIN ICH GEHE DURCH DIESEN ORT DER WAHRHEIT, DIE DU WÜNSCHEST SO DASS DU SELBST DIE FURT DANN FINDEN MÖGEST.

Dante Alighieri
Die Göttliche Komödie
Das Paradies, II 124–126

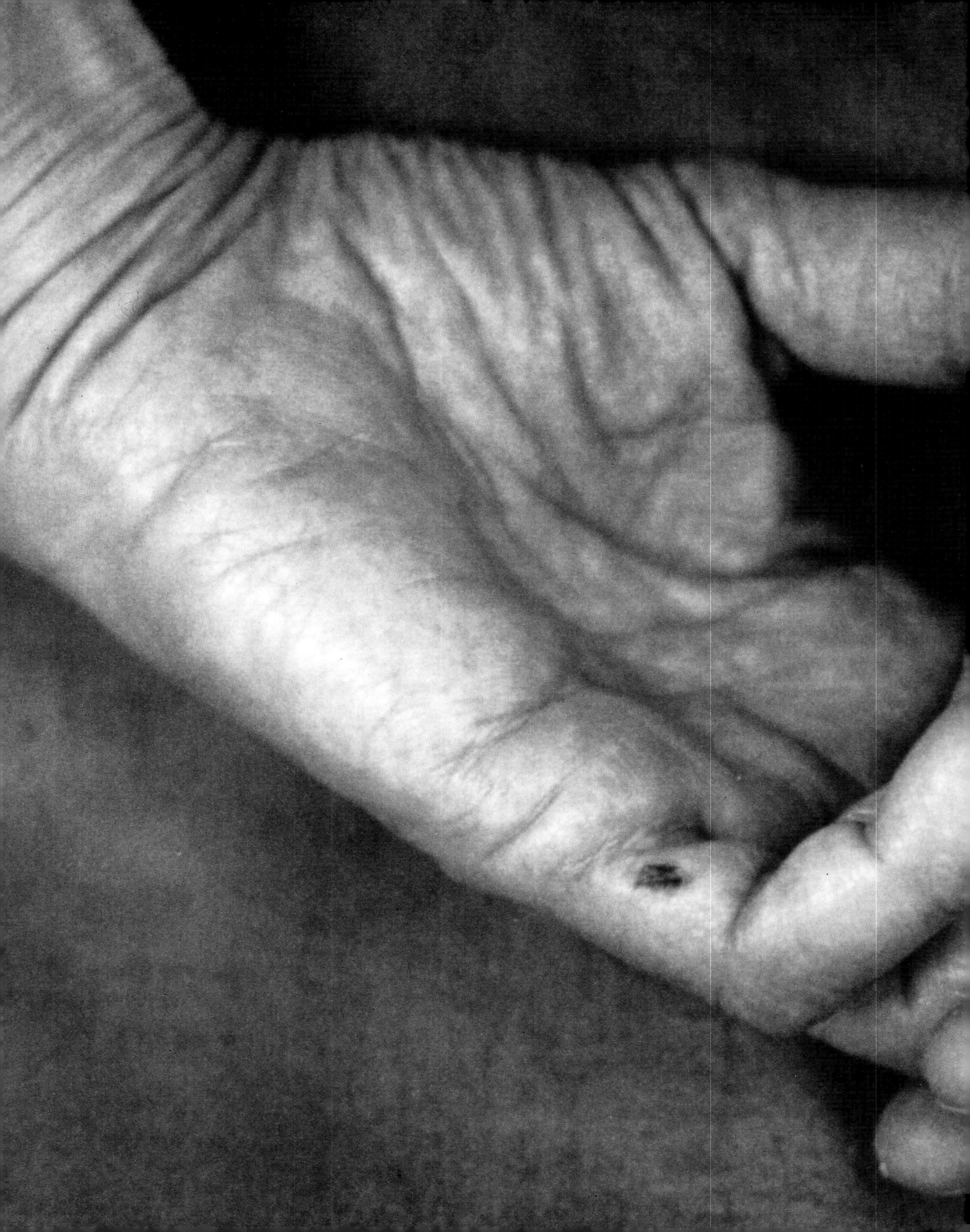

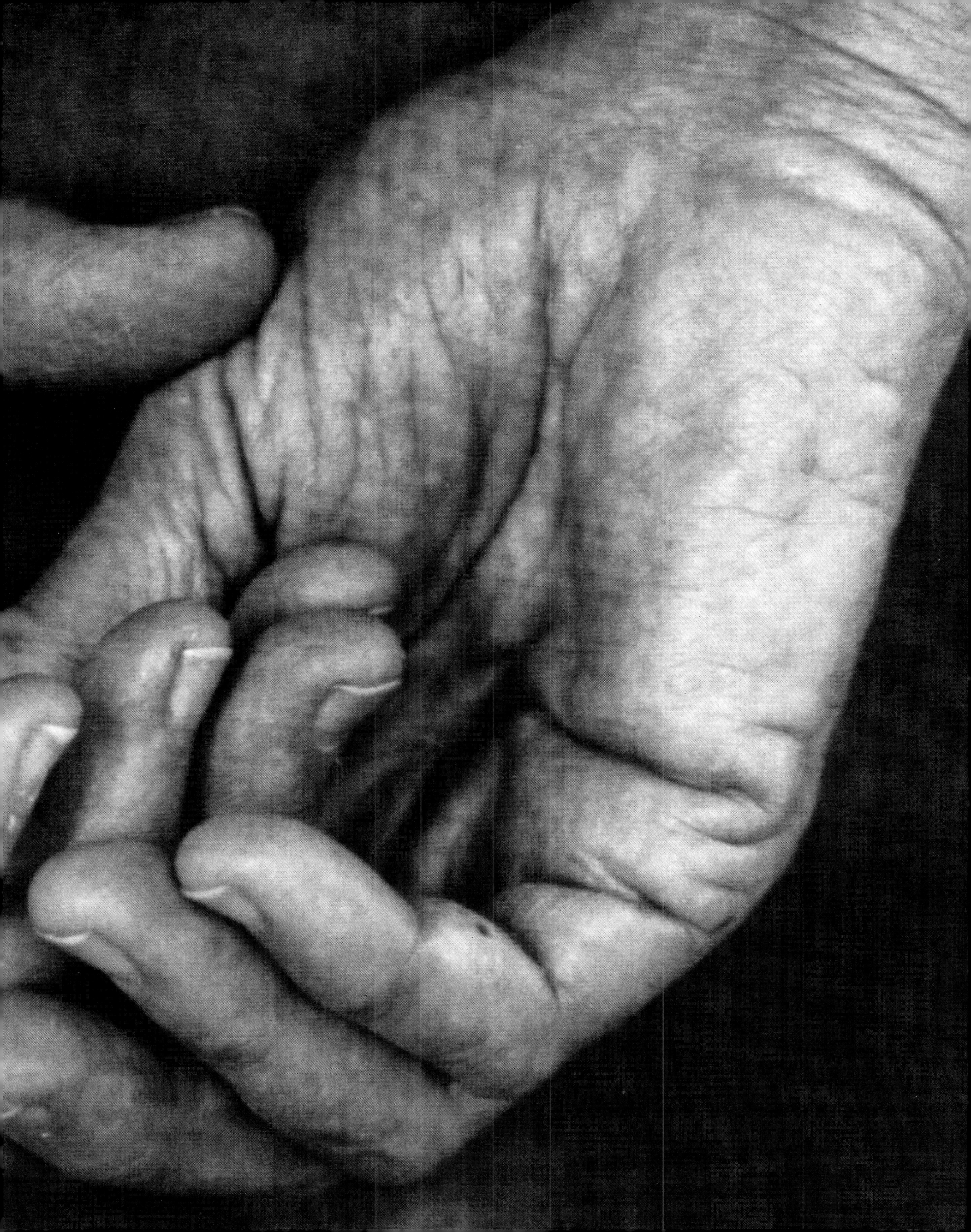

Der Begriff Werkzeug

Jedes Werkzeug sehe ich zunächst als Individuum an, als einzigartiges Wesen mit einer besonderen Form und einer speziellen Aufgabe innerhalb einer bestimmten Lebensdauer. Da ein Werkzeug jedoch selten alleine verwendet wird, treten weitere in Erscheinung, die damit in Verbindung stehen – Ergänzungsstücke, wie der Wetzstahl für das Messer oder der Amboß für den Hammer. Dazu gehören auch diejenigen, die zu seiner Entstehung beigetragen haben: die Ziehklinge für den Stiel der Axt, die Feile für das Eisen des Hammers. Ebenso die Werkzeuge, die innerhalb des zu verrichtenden Arbeitsvorganges davor oder danach zum Zuge kommen: Die Ahle bereitet der Nadel den Weg, die Hippe löst die Axt ab.

Das Werkzeug erscheint mir wie ein Zeitgenosse, der jedoch von einer sehr weit zurückliegenden Vergangenheit Zeugnis ablegt, ein Wesen am Ende einer langen Entwicklungslinie, in der es wie an einem fortlaufenden Faden mit dem ersten Werkzeug verbunden ist. Jedes unserer Werkzeuge stellt einen Ast dar, der aus dem Hauptstamm hervorgegangen ist. Ausgehend vom Stein bis hin zum Metall haben sie verschiedene Größen und Formen angenommen, um so den unzähligen Erfordernissen immer besser gerecht zu werden: schneiden, hauen, spalten, bohren, einrammen…

Als ständige Begleiter der menschlichen Evolution haben sie Tausende von ruhigen Jahren erlebt, die von ungeheuren Revolutionen durchsetzt waren. Verirrten Reisenden gleich wußten sie nicht, wohin ihr Weg sie führen würde; eines jedoch war gewiß: Sie würden sich niemals zurückentwickeln.

Während dieser Expedition durch die verschiedenen Epochen, Klimazonen, Kulturen und unterschiedlichen Mentalitäten, bei der ich auch Abstecher in Spezialgebiete mache, werde ich doch immer eng mit dem ersten Gegenstand in Verbindung bleiben, den der Mensch hatte, um der Materie zu trotzen. Eines wundersamen Tages hat sich das Gehirn über die bedauernswerte Schwäche der bloßen Hand, ihrer Verletzungen und die Mißerfolge hinweggesetzt. Es hat erprobt, einen Gegenstand zu greifen und ihn in Gebrauch zu nehmen. So hat alles begonnen. Die Werkzeuge, die wir verwenden, sind erstaunlich jung: So lange Zeit sind sie unverändert geblieben, daß ihr Ursprung paradoxerweise nicht weit von uns entfernt liegt.

Definieren bedeutet eliminieren. Von den Gegenständen, die »zu etwas nütze sind«, entsprechen nur die Werkzeuge bestimmten Bedingungen.

Werkzeug
Gegenstand einer bestimmten Form
Handlung
passiv
Behälter
auf das Material
geistige Arbeit
Meßgerät
unbelebt
lebendig
Waffe
ohne sekundäres Ziel
Genuß
Geige
Heilung
Skalpell
bewegt
Unbeweglichkeit
Fahrzeug, Maschine, Fallhammer
menschliche Energie
Motor
Preßlufthammer
Tier
Pflug
aufbewahrt
Zerstörung
Brennholz
sichtbares Ergebnis
Einwirkung auf den Geist
Pfeife
Arbeit
Spiel
Schläger
Handhaltung
Wurf
Geschoß

Definition der Werkzeuge

Der Begriff »Werkzeug« scheint so einfach, so elementar zu sein, daß jedermann glaubt, er könne – am Beispiel der Axt, des Hammers, des Hobels – seine Konturen umreißen. Doch sehr schnell tauchen Unsicherheiten auf: Das Wort wird in sehr weitem Sinne verwendet, die landläufige Zugehörigkeit zu Werkzeuggruppen führt zu klassifikatorischen Fehleinschätzungen. Daher ist es notwendig, zunächst die Bedingungen für eine Zuordnung zu einer bestimmten Familie von Werkzeugen zu formulieren, um danach festzustellen, welche von ihnen mit Sicherheit dazugehören, und welche, je nach unterschiedlichen Merkmalen, unter andere Kategorien fallen.

Ein Gegenstand

Das Werkzeug ist ein materieller Gegenstand der plastischen, dreidimensionalen Welt. Gegenstand bedeutet zugleich träge, leblose Materie. Damit wird alles ausgeschlossen, was dem Bereich der Lebewesen, Tiere oder Pflanzen angehört. Der Krebs, den Buster Keaton in einem berühmten Film vom Meeresboden holt, um ihn als Schneidzange zu verwenden, wird zwar bei dieser Gelegenheit als Werkzeug gebraucht, ist jedoch von seinem Wesen her keines.

Das Wort Materie bedeutet zwingend die Zugehörigkeit zur Welt des Sichtbaren, des Greifbaren. Eine technische Methode, ein Prinzip sind keine Werkzeuge. Sie sind vielmehr die Grundlage für deren Erfindung. Ohne sie könnte sich niemand der Werkzeuge bedienen oder sie herstellen.

Diese Eigenschaft der Trägheit stellt es den Lebewesen, aber auch der Maschine gegenüber, die das Lebewesen nachahmt. Eine Maschine, die einen Baum sägt, ist kein Werkzeug: Sie bezieht ihre Energie nicht aus der Muskelkraft des Menschen, sondern aus einer gespannten Feder oder aus einer außerhalb liegenden Energiequelle. Dagegen ist die Säge, die maschinell angetrieben wird, ein Werkzeug. Diese Säge ist im übrigen die gleiche, derer sich der Mensch – den die Maschine im Grunde immer nur ersetzt – bedienen kann.

Beweglich

Der Unterschied zwischen beweglicher und unbeweglicher Materie ist leicht festzulegen: Das, was man in der Hand hält, was man befördern, bedienen, betätigen kann, steht dem gegenüber, was sich feststehend, unbeweglich, schwer und stabil an der Stelle befindet, wo es verankert oder hingestellt wurde.

Mit der Entstehung neuer Bedürfnisse sind jedoch einige Werkzeuge größer und schwerer geworden (wie sich auch in der Evolution im Tierreich die Lebewesen in einer für sie günstigen Umgebung schneller weiterentwickeln), und obwohl sie weiterhin frei und von Hand bedienbar, also beweglich sind, sind sie nun auf einem Sockel verankert. Die auf einer Werkbank befestigte Blechschere ist ein riesiges Werkzeug. Das Brotmesser des Bäckers ist an einem Brett angebracht, das sich über einer mit Metall gesäumten Rille befindet. Das Schabeisen des Holzschuhmachers ist ein dreidimensional beweglicher, schwerer Säbel, der jedoch mittels eines Hakens an einer niederen Werkbank verankert ist. Die Zange zum Zerkleinern von Zucker ist oberhalb eines Behälters befestigt, in dem die Splitter des Zuckerhuts aufgefangen werden: Sie ist eine Weiterentwicklung der Handzange, doch als Ganzes bleibt sie weiterhin beweglich.

Bei der Fügebank wird der Unterschied schon subtiler. Sie wird insbesondere von den Böttchern und Zimmerleuten verwendet und arbeitet nach einem einfachen Prinzip: als großer, umgekehrter Hobel. Der Körper mit der Klinge hat den Durchmesser eines normalen Balkens und eine zwischen hundertzwanzig und hundertachtzig Zentimetern variierende Länge. Auf einer Seite ruht der Holzquader auf seinem eigenen Ende, auf der anderen Seite auf zwei Beinen, die in der Höhe über den Quader hinausgehen: Der Handwerker arbeitet rittlings auf einer quer stehenden Bank. Die Fügebank ist das letzte Glied in der aufsteigenden Reihe der Hobel: vom Hobel des Lautenmachers, in den man eine Fingerkuppe steckt, über den des Wagners und den langen Falzhobel bis hin zum Hobel des Tischlers und zur schweren Rauhbank, die von zwei Männern bedient wird, die jeweils abwechselnd ziehen und drücken. Die Beziehung zwischen dem Hobel und dem Stück Holz, das geglättet werden soll, kehrt sich um: Der Hobel wird unbeweglich, größer, dreht sich um, so daß die Klinge nach oben zeigt, das Holzstück bewegt sich auf die Klinge zu. Es handelt sich also tatsächlich um einen Hobel, auch wenn er nicht unbedingt von Hand betätigt wird.

Viele Gegenstände dienen dagegen im wesentlichen als Stützpunkt für einen Schlag. Dieser Gegenstand bleibt immer passiv, ob er nun die

Form eines Tisches hat, wie der Amboß des Schmieds oder die Fleischbank des Metzgers, oder aber die Form eines Behälters, wie der Mörser, der von den afrikanischen Frauen zum Zerstoßen der Hirse benutzt wird. Er kann als Ergänzungsstück zu einem aktiven Gegenstand definiert werden, welcher von Menschenhand bewegt wird: Vorschlaghammer, Hackmesser, Stößel.

Bedienbar

Das Werkzeug ist das Agens dessen, der etwas tut. Es ist zu nichts nütze, wenn es nicht vom Menschen geführt wird. Diese Behauptung scheint so allgemein zu sein, daß man sich über ihre Tragweite leicht täuscht. Tatsächlich gibt es Gegenstände, die von Nutzen sind, auch wenn sie nicht bewegt werden. Ein hohler, dichter Wasserkrug hält das Wasser in sich; ein Dreieckskeil blockiert die Tür; ein schwerer, metallener Briefbeschwerer hält die Blätter in Position.

Was ist nun über die in einer Tischler- oder Schmiedewerkstatt unverzichtbaren Gegenstände, wie die Holzschraubzwinge oder den Metallschraubstock zu sagen? Ihre Funktion ist es, etwas zu halten, etwas einzuklemmen. Sie sind keine Werkzeuge im eigentlichen Sinne: Ihre Aufgabe ist es, unbeweglich zu sein. Sie halten lediglich die Kraft aufrecht, die von einem externen Schraubsystem mit Hebelwirkung ausgeübt wird. Sie werden nur vor und nach dem Gebrauch betätigt, wenn sie hin- bzw. weggestellt, festgeschraubt bzw. gelockert werden. In der Zwischenzeit haben sie die Aufgabe, in Ruheposition zu verharren. Diese Gegenstände sind Ergänzungsstücke zu den eigentlichen Werkzeugen. Sie sind Teil des großen Oberbegriffs »Werkzeug«.

Einwirken auf das Material

Das Einwirken des Werkzeugs wird als Kontakt zwischen zwei Materialien bezeichnet: das Holz der Rechenspitze auf das Heu, der Stahl des Scharrierhammers auf den Stein, der Schabknochen auf die Rinde. Das Ergebnis dieser Einwirkung ist sichtbar. Das Erscheinungsbild des Materials ist verändert worden, ob die Menge nun verringert, erhöht, geteilt oder verschoben wurde. Die Veränderung kann durch Berührung unmittelbar wahrgenommen und mit dem Auge überprüft werden. Das Werkzeug existiert, um dem Menschen die Möglichkeit zu geben, die Welt zu verändern oder Teile davon an seine Bedürfnisse anzupassen. Es gibt kein Werkzeug, das keine Spuren hinterläßt. Bei vielen Tätigkeiten am Arbeitsplatz entsteht sogar eine doppelte Spur: Der Holzklotz ist zu einem Balken mit eckigem Querschnitt geworden, und das ist der wesentliche Effekt, das zu erzielende Resultat; hinzu kommt noch der Abfall: die Sägespäne, in gewisser Weise der Zehnt, der für den Gebrauch der Werkzeuge erhoben wird. Dieses Vorhandensein einer materiellen Spur markiert die Grenze zwischen Werkzeug und Instrument.

Im Werkzeugkasten des Maurers oder des Tischlers liegen sie Seite an Seite: Es gibt keine Werkzeuge ohne ihre unumgänglichen Ergänzungsstücke, die zur Messung oder Markierung dienen. Der Zollstock des Klempners, der Farb- oder Tintenmarkierer des Maurers, das Bleilot des Zimmermanns, der Zirkel des Schlossers, die Wasserwaage des Fliesenlegers, der Winkel des Dachdeckers. Sie dienen dazu, ein Maß zu nehmen oder zu übertragen, eine gerade oder kreisförmige Linie zu ziehen, eine Ebene im Bezug auf eine Vertikale oder eine Horizontale zu erstellen. Sie sind zwar rudimentär, sehr einfach zu handhaben und zu verwenden; dennoch gehören sie der Familie der Teleskope und Sextanten an, welche ihrerseits Instrumente sind.

Denn der Arbeiter verfügt über zahlreiche solcher Instrumente. Diese stellen die Verbindung zwischen einer sogenannten manuellen Berufsausübung und einer intellektuellen Leistung dar. Durch sie kommt die Arbeit des Maurers mit der des Architekten in Berührung. Auch wenn sie sich in Größe, Material und Verwendungshäufigkeit unterscheiden, so dienen sie doch in beiden Fällen zur Erfüllung vollkommen gleicher Aufgaben: Das Lineal, der Zirkel und der Winkel werden in identischer Weise von Händen verwendet, die ihrerseits sehr verschieden sein können.

Der Zirkel zeichnet einen Kreis, die Laufsäge folgt der auf dem Brett angezeichneten Linie. Sie wirken auf die materielle Welt ein. Die Spur eines Zirkels oder eines Höhenreißers ist fein wie eine Zeichnung: Ihre Markierung ist nicht unauslöschlich. Sie greift die Oberfläche nicht an. Sie läßt die Möglichkeit offen, noch eine Änderung vorzunehmen, alles noch einmal zu überdenken. Diese Markierung stellt einen Indikator für eine Entscheidung dar, die einer nicht mehr zu ändernden Handlung vorausgeht. Der Handwerker, der eine Linie zieht, kann seine Meinung ändern, er löscht den Kreidestrich auf dem Balken, radiert die Spur des Farbpuders aus, welche die Schnur auf der Mauer hinterlassen hat, fährt leicht mit dem Hobel über den Strich, den die Spitze des Höhenreißers markiert hat. Dagegen ist der Kimmhobel, den der Böttcher verwendet, um die Nut für den Faßboden anzubringen, sehr wohl ein Hobel: Hinter ihm entsteht eine ausgehöhlte Furche. Die Wirkung auf das Material durch denjenigen, der das Werkzeug betätigt, hat einen irreversiblen und oft gewaltsamen Charakter, der an den Gebrauch einer Waffe erinnert. Dies ist nicht weiter erstaunlich, wen man bedenkt, daß das Taschenmesser und der Dolch einen gemeinsamen Vorgänger haben: die Klinge aus Feuerstein, die weder der einen noch der anderen Kategorie zugeordnet werden kann.

Ziel: ein unmittelbares Ergebnis

Die Wirkung des Werkzeugs gehört dem Bereich des Sichtbaren an, sie liegt in der Gegenwart und nicht in der Zukunft: Das Ergebnis ist da, vor den Augen dessen, der das Werkzeug führt. Es ist also sprachlich nicht ganz korrekt – ja beinah kokett –, wenn ein Chirurg von »meinen Werkzeugen« spricht und damit die Operationsinstrumente meint. Zwar durchtrennt das Skalpell die Haut und das Gewebe in gleicher Weise wie andere schneidende Werkzeuge auch, die Säge zertrennt den Knochen und wird dabei ebenso gehandhabt wie die des Tischlers. Doch sobald man über das äußere Erscheinungsbild hinausgeht, wird man sich darüber klar, daß man sich nun in einer ganz anderen Welt als jener der Handwerker befindet. Der Chirurg übt eine Kunst aus. Er handelt in einem Bewußtsein, das in seiner Tragweite und Verantwortung die bloße Kenntnis der Materialien bei weitem übersteigt. Er arbeitet am lebenden Objekt und zählt darauf, daß ihm das Leben bei der Heilung seines Patienten beistehen wird. Er hat die Zukunft im Auge: eine noch unsichtbare Zukunft, die er voraussieht. Ein Zuschauer, der ohne Fachwissen im Bereich der Chirurgie einer Amputation beiwohnte, hätte das Gefühl, bei einem verbrecherischen oder barbarischen Akt oder gar der Tat eines Geisteskranken anwesend zu sein. Die Bedeutung der geistigen Vorgänge bei der Arbeit eines Chirurgen läßt die Schlußfolgerung zu, daß dieser Instrumente verwendet.

Einwirken auf die unbelebte Welt

Ein Gegenstand, der zur Ausübung einer Handlung auf die belebte Welt dient, ist eine Waffe. Natürlich konnten ursprünglich ein Faustschlag oder eine Axt in verschiedener Weise sowohl für die Jagd als auch für den Krieg oder die Arbeit eingesetzt werden. Ob die Waffen nun in der Hand gehalten oder geworfen werden (Wurfwaffen, Messer, Pfeil, Wurfspeer), sie gehören nicht dem Bereich der Werkzeuge an, und die Bezeichnung »Mordwerkzeug« ist daher ein Widerspruch in sich. Sie rührt vielmehr von der Manie her, die Welt als Einheit betrachten zu wollen – auch wenn sie gleich wieder in mehrere Bereiche zerfällt –, obwohl uns deren Verschiedenartigkeit offenkundig ist und wir auch Worte zur Verfügung haben, diese zu artikulieren. Die Holzfälleraxt ist eben keine »Waffe zum Fällen von Bäumen«. Fallen gehören in ihrer enormen Vielfältigkeit der Kategorie der Geräte an – gleichgültig, ob sie nun zur Ausrottung oder zum Fangen der Tiere dienen.

Tina Modotti, eine engagierte Fotografin, läßt ihre Bilder sprechen.

Von der Angelrute über das Trawl und das Schleppnetz bis hin zur Harpune ist alles, was zum Fangen von Wassertieren gebraucht wird, unter die Rubrik »Geräte« einzuordnen. Auch wenn der Meeresfischer sein Netz – und sein Boot – im weitesten Sinne als seine »Arbeitswerkzeuge« bezeichnet.

Unbewußt machen wir eine genaue Unterscheidung zwischen der Einwirkung auf Tiere und auf pflanzliche Lebewesen. Das Leben der Pflanzenwelt – mit Wachstum und Vermehrung, jedoch ohne Bewegung – erscheint uns als eine niedrigere Lebensform. Der Mensch spürt, daß er zur Welt der Tierlebewesen gehört, und sagt daher, er habe eine Wespe oder einen Hasen getötet, doch spricht er im Gegenzug davon, eine Distel ausgerissen, Gestrüpp abgeschnitten oder eine Blume gepflückt zu haben. Der Blumen- und der Gemüsegärtner, die beide auf die Pflanzenwelt einwirken, werden daher als Berufstätige betrachtet, die Werkzeuge bedienen.

Ausübung einer Arbeit

Ohne Werkzeuge keine Arbeit. Einerseits übt der Mensch anstrengende Arbeiten aus, die zudem schnell lästig werden, wenn sie sich wiederholen. Doch bekommt er am Ende dieser Arbeit einen Lohn, mit dem er seinen Lebensunterhalt bestreiten kann. Oftmals werden die Werkzeuge – Begleiter während ermüdender Stunden – mit der Härte der Arbeit assoziiert und daher verabscheut oder verflucht. Andererseits werden sie als stumme Diener angesehen, als Hilfen, welche die Aufgabe in hohem Maße erleichtern und deren Fertigstellung ermöglichen, natürlich immer unter der Bedingung, daß man sich ihrer zu bedienen weiß. Natürlich kann die Bedeutung eines Werkzeugs ganz unterschiedlich sein, je nach den persönlichen Umständen desjenigen, der es benutzt. Der Winzer weiß, daß er für sich selbst und seine Familie arbeitet, und so sieht er seinen Spaten als Freund an, dem man Pflege und Respekt schuldet. Für einen Sklaven, einen Zwangsarbeiter oder einen Gefangenen ist dieser Spaten eher Symbol für seine unglückliche und verfluchte Lage und wird daher Gegenstand seines Hasses sein. In seinen Händen wird er nicht nur schwerer erscheinen, sondern sich bisweilen in ein Foltergerät verwandeln, das in sadistischer Absicht von seinem Peiniger erfunden wurde. Er wird von dem Tag träumen, an dem er sich endlich an dem Spaten rächen kann, eine Geste, die eigentlich für das steht, was er demjenigen antun möchte, der den Spaten in seine Hände gelegt hat.

Mißbrauch

Das Werkzeug ist zwar nicht an die Idee der Arbeit gebunden, doch anscheinend so sehr in ihr verankert, daß andere Anwendungen als die Welt der Menschen aufzubauen, sie zu bereichern, und friedlich zu nutzen, uns sofort entrüsten. Solch einen Mißbrauch empfinden wir als Sakrileg: Denn nun werden die Hilfsmittel für den Aufbau und die Verbesserung des Lebens zu Komplizen von Zerstörung und Tod. Wir erschrecken, wenn die Werkzeuge plötzlich nicht mehr auf das rohe, träge Material angewendet werden, sondern auf das zerbrechliche, lebendige und leidensfähige menschliche Fleisch.
Hierfür gibt es zahlreiche Beispiele. Die Chouans verteidigten ihr Leben mit Hilfe von Sensen mit vertikalem Stiel (der Gedanke an die schrecklichen Verletzungen läßt einen erschaudern). Trotzki wurde in Mexiko durch einen Schlag mit einem Eispickel ermordet. 1001 Berichte erzählen von Mördern, die mit Beilen, Hämmern oder Äxten bewaffnet waren…
Um die heldenhafte Heiligkeit der Märtyrer im Gegensatz zur barbarischen Grausamkeit ihrer Peiniger fest im Geiste zu verankern, haben Maler für fromme Kirchgänger grausame und sadistische Schergen in Szene gesetzt, die mit Hilfe der rohen Werkzeuge ihres Berufsstandes die Heiligen quälen. Hier soll ein Zimmermann eine Unglückliche in zwei Teile sägen; da hebt ein Holzfäller seine Axt über das Genick eines Heiligen; dort ergreifen die Zangen des Schmiedes im flackernden Lichtschein den Märtyrer für eine lang andauernde Folter. Als perfekte Regisseure der religionsgeschichtlichen Dramen haben die Maler den Werkzeugen eine große Dimension verliehen: Die Wirkung ist nicht zu verkennen, die Peiniger erscheinen noch barbarischer, ihre Opfer noch bedauernswerter.

Bewegung durch menschliche Energie

Die erste Schlußfolgerung kommt dennoch unerwartet: In dieser Übersicht der Werkzeuge aus verschiedenen Regionen und Epochen sind die wenigen Werkzeuge, die von Tieren verwendet werden, nicht eingeschlossen.
Pflug, Egge und Tribulum stehen uns näher, da sie vom Menschen geführt werden, doch beziehen sie ihre Energie von einem eingespannten Tier (Pferd, Maulesel, Rind, Kamel, Büffel) und gehören daher nicht zum Bereich der Werkzeuge. In der Umgangssprache werden sie unter dem Namen Ackergeräte zusammengefaßt. Wie immer – vor allem, weil wir eine Welt erforschen, die der des Menschen sehr nahe steht – sind die Grenzen in den meisten Fällen nicht klar erkennbar. Anscheinend entspricht jedoch das asiatische Grabscheit, das von einem Menschen gezogen und von einem anderen gelenkt wird, nicht der gängigen Definition des Werkzeugs und muß daher in die Kategorie der Ackergeräte eingeordnet werden.
Der Begriff der menschlichen Energie bedarf einer Präzision: Es handelt sich um die Energie eines einzigen Menschen, das bedeutet, ein und derselbe Handwerker trägt und bedient das Werkzeug. Mit dem Werkzeug steht er dem Material alleine gegenüber: mit der führenden Hand, den angespannten Muskeln, dem Gewicht seines Körpers sowie dem wachsamen Auge.
Aus diesem Grunde entfernt uns das, was von der natürlichen Energie des Windes oder des Wassers angetrieben wird, noch weiter von den Werkzeugen. Der Mensch bedient nicht, sondern wirkt auf eine Steuerung ein; diese setzt über Zahnräder den Mühlstein oder den Maschinenhammer und die verschiedenen Fallhämmer in Gang.
Der Elektrobohrer des Klempners oder die Motorsäge des Holzfällers, die sogenannte »Kettensäge«, diese alltäglichen »Werkzeuge« dieser beiden Berufsstände, gehören einer neuen Generation von Werkzeugen an. Sie werden als mechanisch betriebene Werkzeuge oder als tragbare

Das einfachste Werkzeug zum Schlagen: ein Metallklotz, ein Hebel aus Holz.

Werkzeugmaschinen definiert. Derjenige, der sie verwendet, hält sie zwar, führt sie und setzt sie in Gang. Die Energie kommt jedoch von außerhalb, vom Stromnetz bzw. der Benzinpumpe. Ohne ihre Nabelschnur, die Speisung, sind sie träge, unnütz, tot.

Wer einmal gesehen hat, wie anstrengend – und oft auch gefährlich – die Arbeit der Holzfäller ist, ist froh, daß die Kettensäge, dieser fast magische Gegenstand, entwickelt wurde und so weit verbreitet ist. Nur könnte man sich wünschen, daß sie durch einige Veränderungen noch etwas leiser würde …

Handhaltung

Der englische Astronom William Herschel sagte, daß das Betrachten eine Kunst sei und man es daher erlernen könne. Die einfachsten Gesten verdienen es, aufmerksam betrachtet zu werden. Sonst läuft man Gefahr, den Dingen nicht auf den Grund zu gehen und mit den Ungenauigkeiten und Fehlern einer verbreiteten Pseudo-Weisheit zu leben. Die Hand kann auf viele verschiedene Arten handeln, je nach der räumlichen Entfernung vom Material.

Wie die Hand des Bäckers den Teig knetet, dringt auch die Hand des Töpfers oder die des modellierenden Bildhauers in das Innerste des Materials ein. Die Finger höhlen aus, glätten, greifen, während der Handballen eindrückt oder dem Ton auf der Drehscheibe ein Profil aufzwingt. Die Hände dienen als Werkzeuge. Demgegenüber unterscheidet sich die Geste des nähenden Sattlers von jenen mit »der ganzen Hand« ausgeübten Handlungen. Die Nadel wird zwischen Zeigefinger und Daumen gehalten, wie die Kreide des Zeichners oder der Grabstichel des Kupferstechers. Der Kontakt mit dem Material findet über einen sehr elementaren Gegenstand statt. Im Grunde ist dieser Gegenstand gleichzeitig sein eigener Stiel. Die Stelle, an der er gehalten wird, kann jedoch variieren.

Ergreift dagegen ein Hufschmied das Wirkeisen, mit dem er den Huf des Pferdes zuschneidet, ist er gleich in zweifacher Weise vom Material, das er bearbeitet, entfernt. Die Eisenklinge wird mittels eines Holzgriffes geführt, welcher der Hand angepaßt ist. Die Hand – die man wie Odysseus gerne »die mit den tausend Zauberkunststücken« nennen würde, so breit sind die Möglichkeiten gefächert – nimmt im Gegensatz zu den beiden vorherigen Beispielen eine neue Form an. Sie funktioniert wie ein gespannter Schraubstock, der am Holzgriff des Werkzeugs festgeklemmt ist. Doch kann der vom Handballen und den Fingern gebildete Hohlzylinder, der durch das äußerste Ende des Daumens verriegelt ist, dank der extremen Beweglichkeit des Handgelenks alle Positionen im Raum einnehmen. Durch diese Erkenntnis wird das Werkzeug im Bezug auf die Hand in seine wahre Position eingeordnet.

Der berühmte Satz »das Werkzeug ist die Verlängerung der Hand« ist gerechtfertigt, solange man ihn nur oberflächlich betrachtet. Doch eigentlich ist er ganz und gar ungenau, falsch und sogar irreführend. Denn bei der Bedienung des Werkzeugs zeigt sich, daß die Hand ein lebendes Organ ist, das auf die Macht seines natürlichen Genies, seine unendliche Verschiedenartigkeit verzichtet, um sich nach Art einer Prothese in einen einfachen Riegel zu verwandeln, in einen Werkzeughalter, das Endstück einer Werkzeugmaschine, eine Rohrzange, die am Griff eines Gegenstandes angesetzt ist, dessen anderes Ende für eine spezielle Arbeit, für einen präzisen Arbeitsgang konzipiert ist, den die Hand nicht ausführen kann.

Einst wurde mit dem Handballen geglättet …
Heute übernimmt die Kelle diese Aufgabe.

Der Kontakt mit den Körperteilen

Betrachten wir zunächst die andere, die linke Hand – denn die Gewohnheit oder die Natur macht die Mehrheit von uns zu Rechtshändern. Die Liste der Werkzeuge, die mit beiden Händen gehalten werden, ist lang: die Sense, der Dreschflegel, der Spaten, die Hacke, die Axt, die Gestellsäge … Für andere Werkzeuge liegt der Grund dafür, daß sie mit beiden Händen bedient werden, nicht in der Länge des Hebels oder dem Gewicht des Werkzeugs, sondern in der Notwendigkeit, die Position des Gegenstands genau zu kontrollieren, um eine minutiöse Aufgabe perfekt ausführen zu können. Dies ist der Fall beim Hohlbeitel des Holzdrechslers: Das Beibehalten der genauen Position, die Führung erfordern Kraft und Wachsamkeit. Der Handwerker muß die Klinge gleichzeitig andrücken und führen. Ist das Holz nicht ganz astfrei, kann die Klinge springen oder abrutschen.

Die Verwendung beider Hände kann auch nur gelegentlich vonnöten sein. Die Hippe, das Handbeil und der Hammer werden mit beiden Händen verwendet, wenn derjenige, der sich ihrer bedient, zusätzliche Kraft benötigt: wenn ein dickerer Ast abgeschnitten, ein längeres Holzscheit gespalten oder ein Nagel in ein widerstandsfähigeres Material geschlagen werden muß.

Dennoch ist in vielen anderen Fällen die linke Hand, auch wenn sie nicht direkt mit dem Werkzeug in Kontakt ist, für die Ausführung der Arbeit unbedingt notwendig. Sie hält das zu bearbeitende Stück in Position, hält es dem Werkzeug hin und schließt damit sozusagen den Kreis. Die linke Hand bündelt das Büschel Reisstengel vor der Sichel des asiatischen Schnitters. Sie hält den Ast, der von der Hippe gespalten werden soll, auf dem Hackklotz fest. Sie schiebt die Wolle des Schafs weg, während die Schafscheren ihre Arbeit verrichten. Sie hält mit der ganzen Handfläche den Eisenmeißel oder zwischen Zeigefinger und Daumen den Nagel, wenn der Klöpfel oder der Hammer zuschlägt. Durch den Holzfingerling des Schnitters geschützt, sammelt die linke Hand die zu schneidenden Stengel zusammen und streckt sie der Sichel entgegen.

Der Hals

Wenn der Holzschuhmacher den großen Löffelbohrer – mit T-förmigem Griff – betätigt, um den Schuh auszuhöhlen, verwendet er seinen Hals als Stütze für eine Seite des Griffes, während seine beiden Hände die andere Seite umfassen, mal ziehen und mal drücken, um somit dem Werkzeug eine rotierende Bewegung zu verleihen.

Die Leiste

Zur Grobbearbeitung des Holzklotzes, aus dem der Schuh entstehen soll, bedient sich der Holzschuhmacher des schweren Beilhammers (die Klinge ist im Bezug auf die Achse des birnenförmig gewölbten Griffes verschoben). Diesen Beilhammer setzt er an seiner dicken Lederschürze an und drückt ihn mit der Leiste nach vorne. Der Name dieses Werkzeugs leitet sich zwar vom Beil ab, doch hat es keineswegs dieselbe Funktion: Es schruppt das Holz, so wie ein Taschenmesser einen Stift zuspitzt.

Der Kiefer

Der Eskimo hält zwischen seinen Zähnen das Holzstück, in welches das Ende des Drillbohrers eingesteckt wird. Mit den Händen treibt er den Querbalken des Drillbohrers an. Einige primitive Stämme verwenden das gleiche System zur Feuererzeugung. Der Nutzen einer solchen Vorrichtung ist offensichtlich: Die Hände werden zur Bedienung des Drillbohrers benutzt, über das Holzstück wird das Werkzeug gelenkt, und der Körper kann mit seinem gesamten Gewicht Druck auf das Werkzeug ausüben.

Der Brustkorb

Eine Holzplatte, in die eine oder mehrere kleine Vertiefungen geschnitzt sind, wird um den Hals des Handwerkers gehängt oder mit Trägern befestigt. Die abgerundete Spitze des Werkzeugs wird in die Vertiefung eingeführt, wodurch es nach vorne gedrückt werden kann. Da die Hand den Griff der Bohrkurbel nicht betätigt, ist sie verfügbar, beispielsweise um das zu durchbohrende Werkstück in Position zu halten. Da diese harte Holzplatte an die Brust gedrückt wird, wird sie auch »Brustplatte« genannt.

Der Fuß

Ein Mensch, der umgräbt, rammt sein Werkzeug in die Erde, indem er mit einem Fuß auf die stumpfe Seite der Klinge drückt. Dadurch wird der Kraftaufwand in hohem Maße erleichtert: Das Gewicht des gesamten Körpers trägt zum Einstechen des Werkzeugs bei.

Der klassische Heuschneider weist in einigen Varianten ein »Pedal« für den Fuß auf: Der Mensch braucht die

Kraft seiner beiden Arme, und über den Fuß auch das Gewicht seines ganzen Körpers, um die Klinge in die gepreßte Masse des Heuhaufens eindringen zu lassen.

Auch der Winzer kann zum Einrammen der Pflöcke seinen Fuß verwenden. Ein V-förmiges, auf einer Seite eines Spezialschuhs befestigtes Eisen hält den Pflock nur durch dessen Gewicht, während der Körper Druck ausübt. Dabei hält die eine Hand das Holz so, daß es vertikal steht, während es von der anderen mit einem Hammer eingeschlagen wird.

In einigen Kulturen, in denen man barfuß geht, sieht man häufig Handwerker, die sich ihres Fußes bedienen, als wäre er eine dritte Hand. Der Pfeifenrohrdreher in Katmandu hält das zu durchbohrende Holzstück zwischen dem großen und dem zweiten Zehen. In Marrakesch oder in Guadalajara (Mexiko) verwenden die im Freien arbeitenden Kunsttischler ihren Fuß, um ihr Werkzeug sicher in Position zu halten. Während der Winzer, der die Pflöcke einschlägt, Druck ausübt, übermittelt der nackte Fuß dem Dreher ein Gefühl, auf das dieser reagiert.

Schließlich gibt es noch einige besondere Fälle. So gehören die spitzen Holzpantinen, welche die Bauern im französischen Limousin zum »Bleichen« (Schälen) der Kastanien verwenden, zu den ganz wenigen Fußwerkzeugen: ein Vorgang, der mit den Gepflogenheiten der Winzer, die mit ihren nackten Füßen die Weintrauben stampfen, vergleichbar ist.

Ein aufbewahrter Gegenstand

Der Unterschied zwischen dem Menschen und dem Tier ist eklatant. Nur einige wenige Tierarten verwenden Werkzeuge (im eigentlichen Sinne: außerhalb des Körpers), aber dies mit großem Einfallsreichtum. Der Seeotter bewaffnet sich mit einem Stein, um damit die Schale einer Muschel, deren Fleisch er essen will, durch Schläge gegen seinen Bauch aufzubrechen; der Finkenspecht auf den Galapagosinseln führt einen langen Kaktusstachel in ein Loch eines Baumstamms ein, um das Insekt hervorzuholen, nach dem es ihn gelüstet; der afrikanische Schmutzgeier zerschlägt die Straußeneier, indem er einen Stein, den er in seinem Schnabel herbeigetragen hat, von oben darauf fallen läßt. Doch im ganzen gesehen sind dies alles Gelegenheitswerkzeuge: Die Tiere haben sie gefunden und instinktiv gewußt, damit umzugehen; sie haben sie nicht erfunden und anschließend verfeinert. Die Werkzeuge werden fallengelassen, sobald das gewünschte Ziel

Der Mann hält zwischen seinen Zähnen die Stütze des Drillbohrers... eine gewohnte Haltung.

erreicht ist. Wenngleich das Tier Erfahrungen speichert, so lebt es voll und ganz in der Gegenwart, unfähig, die Zukunft anzuvisieren. Der Gedanke, daß ihm der Stein oder der Stachel noch einmal nützlich sein könnten, kommt ihm nicht. Dagegen behält der Mensch, wenn er Nomade ist, sein Werkzeug griffbereit. Sobald er seßhaft ist, legt er es an einer geschützten Stelle ab, damit er es wiederverwenden kann: im Falle eines vorhersehbaren, erneuten Bedarfs. An solchen versteckten Plätzen wurden übrigens Werkzeuge aus behauenem Stein neben Skeletten und Totenschädeln aufgefunden, die mit Sicherheit als sterbliche Überreste von Menschen identifiziert werden konnten.

Indem der Mensch etwas aufbewahrt, etwas zur Verbesserung erfindet, ist er evolutionsgeschichtlich gesehen vom Kieselstein zum Raumschiff vorgedrungen. Doch muß das Loblied auf die menschliche Rasse, die der Tierwelt so sehr überlegen ist, durch folgende Bemerkung etwas gedämpft werden: Wenn es das »Ziel« des Tieres ist, am Leben zu bleiben und das Überleben seiner Spezies zu sichern, so haben dies sowohl Seeotter, als auch Finkenspecht und Schmutzgeier erreicht. Sie sind nicht von der Erdoberfläche verschwunden. Und wenn es Kieselsteine und Kaktusstacheln im Überfluß gibt, warum sollte man einen davon aufbewahren? Warum sollte man sich damit abmühen, ihn herumzutragen? Um Zeit zu gewinnen? Welche Zeit? An welcher Sonnenuhr wird diese Zeit denn angezeigt?

Für Menschen, die es gewöhnt sind, barfuß zu laufen, ist die Verwendung der Zehen bei der Ausübung ihrer Tätigkeit ganz natürlich. Drechsler im Mittleren Osten.

Die Werkzeuge des Wandergesellen befinden sich in seiner Werkzeugtasche, die des Kunsttischlers werden in einen Ständer gegenüber der Werkbank sortiert. Umsichtige Mechaniker zeichnen oft die Umrisse der Werkzeuge auf ein großes Brett, an welches diese nach Gebrauch gehängt werden. So sieht man sofort, was fehlt. Ordnung ist das halbe Leben. Zu mehr Disziplin mahnen Emailleschilder wie dieses: »Jeder Gegenstand an seinen Platz, ein Platz für jeden Gegenstand.«

Doch wie es auch bei Kunstwerken in einem Museum der Fall ist, birgt die Sorgfaltspflicht ein Mehr an Arbeit, das über das einfache Aufhängen eines Gegenstandes an der Wand oder das Schließen der Tür hinausgeht. Etwas wirklich aufbewahren heißt, es langlebiger zu machen. Der Handwerker und der Bauer fetten die Eisen der Werkzeuge, wenn diese eine Zeitlang unbenutzt bleiben. Die Kästen der wertvollen Tischlerhobel werden mit einer Terpentinlösung geschützt und mit Wachs gepflegt (»in Schuß gehalten«), wodurch sie vor dem Austrocknen bewahrt werden.

Diese Idee kann auch auf andere Weise weitergeführt werden. Etwas konservieren bedeutet, in weiser Art wirtschaftlich zu handeln: Das Werkzeug wird durch den Arbeitsvorgang nicht absorbiert, es verschwindet nicht, es nutzt sich lediglich ab. Es muß je nach Bestimmung, je nach Verwendungszweck aufbewahrt werden und darf nicht für etwas anderes mißbraucht werden. Schlägt man auf den Griff eines Schraubenziehers mit dem Hammer, als wäre er ein Meißel, so zersplittert dieser. Wird die Klinge eines Messers als Hebel verwendet, so bricht sie ab. Schneidet man einen Zweig auf dem Boden mit der Schneide der Axt, so macht man sie schartig… Daher die Verbote und Untersagungen… und die eifersüchtige Überwachung der Werkzeugpalette durch diejenigen, die ihren Beruf damit ausüben, gegenüber Amateuren oder einfach nur Neugierigen…

Ich wollte diese lange Definition anführen, all diese teils »porösen« Grenzen ziehen, damit die Kategorie der Werkzeuge, ohne ihre verschwommenen Anhängsel und ungeklärten Fragen, klar umgrenzt ist. Dies schien mir die Vorbedingung zu sein, um die lange, ununterbrochene Kette jener Gegenstände zu betrachten, die nacheinander hervorgegangen, immer besser und vielseitiger geworden sind und sich mehr und mehr spezialisiert haben. So entsteht eine Beziehung zwischen dem einstmaligen schneidenden Kieselstein und unserem heutigen Hammer aus Edelstahl. Die mißbräuchliche Verwendung des Wortes Werkzeug, die so weit verbreitet ist, daß man dies kaum noch bemerkt, dient als Deckmantel, als Behälter für ein uneinheitliches Sammelsurium. Doch nur die Bezeichnung einer homogenen Gruppierung ermöglicht die Beobachtung, den Vergleich, die Kenntnis und die Verbindung zwischen den verschiedenen Erfindungen des menschlichen Geistes, denn ein Werkzeug steht nie für sich alleine.

Prähistorische Forschungen

Jacques Boucher de Crèvecœur de Perthes hatte die Wissenschaft, zu deren Gründung er beigetragen hatte, Archäologie benannt. Doch eigentlich sind jene sagenhaften Etappen dieser Wissenschaft bei uns unter dem Namen Vorgeschichte bekannt geworden. Boucher de Perthes wurde 1788 in Rethel in den Ardennen als Sohn eines Zollbeamten geboren, der sich als ausgezeichneter Botaniker erwies. In beruflicher Hinsicht trat Boucher de Perthes in die Fußstapfen seines Vaters. Was jedoch die persönlichen Interessen anbelangt, so übertraf er seinen Vater an Vielseitigkeit.

Die behauenen Feuersteine sind einzigartige und faszinierende Zeugnisse von der Existenz der ersten Menschen. In ihnen verbinden sich Nützlichkeit und Formvollendung.

Er entwarf Theaterstücke, schrieb Gedichte, entwickelte eine Theorie über die Unsterblichkeit der Seele und unternahm ausgedehnte Reisen. 1826 kam er während der Besichtigung einer Sandgrube bei Abbeville zum erstenmal auf den Gedanken, nach den Spuren der ersten Menschen zu suchen.

Im Jahr 1832 trug er schließlich Steine zusammen, die unbestreitbar Spuren menschlicher Arbeit aufwiesen. Zwei Jahre später schrieb er: »Allem Gespött zum Trotz… ich suche noch immer den Menschen, der Zeuge der Sintflut war. Er muß im Dilluvium oder in den Tertiärschichten zu finden sein, mit den größten Säugetieren ausgestorbener Arten, denn entgegen der Meinung von Cuvier hat er gleichzeitig mit ihnen gelebt.«

Am 28. März 1863 wurde der legendäre menschliche Kiefer von Moulin-Quignon entdeckt, und die von Boucher de Perthes seit mehr als einem Vierteljahrhundert geplante Exhumierung des Urmenschen fand nun statt. Daraufhin traten seine wissenschaftlichen Opponenten noch entschlossener gegen ihn auf.

Werkzeuge und ihr Material

Einige Werkzeuge bestehen aus einem einzigen Material, andere wiederum aus Verbundwerkstoff.

Zu den Werkzeugen »aus einem Stück« gehört auch der bearbeitete Kiesel (aus Stein), der Schaber (aus behauenem Feuerstein), das Pflanzholz (aus Holz), der »Schabknochen« (aus Knochen), der Kaltmeißel (aus Eisen), die Raspel (aus Muscheln).

Wie der Hammer oder der Meißel bestehen die meisten Werkzeuge aus einem Griff (im allgemeinen aus Holz) zur Handhabung und einem Metallteil (wie das Blatt der Axt).

»Der Urmensch, der mit Sicherheit Philosoph und vermutlich Atheist war, und daher das gesamte soziale Gebäude erschüttern könnte, hatte sowohl das politische England als auch das religiöse England gegen sich.« Mitglieder des Instituts und der Vereinigungen englischer Wissenschaftler trafen sich in Paris, um über die Echtheit der Gebeine zu diskutieren... Am 18. Mai 1863 erklärte schließlich Milne Edward in seinem Bericht der Akademie der Wissenschaften, daß nun kein Zweifel mehr daran bestünde, daß dieser Mensch zu Beginn des Quartärzeitalters gelebt habe.

Dies war ein Triumph für Jacques Boucher de Perthes. Im Jahr 1868, fünf Jahre darauf, starb er. Doch seine Forschungen waren nicht vergebens gewesen: Viele schlossen sich ihm an, und die prähistorische Wissenschaft nahm bald einen offiziellen Charakter an.

Diese Geschichte wirft eine Frage auf: Wenn Boucher de Perthes in dem behauenen Feuerstein ein menschliches Werk und damit einen Vorgänger seines eigenen Messers erkannt hat, warum nicht schon andere Entdecker vor ihm? Wie so oft, wenn es gilt, ein Faktum zu erklären, gibt es hierfür eine Menge moralischer, historischer und psychologischer Gründe, die mit den materiellen Umständen in Verbindung zu bringen sind. Der strenge Glaube an die historische Wahrheit der Bibelgeschichte regte nicht dazu an, eine darüber hinausgehende Möglichkeit zu erforschen: Entweder stand am Anfang der Mensch, oder es existierte nichts. Die ältesten, bei Ausgrabungen gefundenen Überreste stammten von den Römern, Griechen und Ägyptern. Damit die Gegenstände und die Gebeine der Urmenschen Aufschluß geben konnten, mußten sie zunächst anerkannt und eventuell erforscht sein. Einige wurden in den Kuriositätensammlungen aufbewahrt: Feuersteine betrachtete man als Geheimnisse oder als Sehenswürdigkeiten der Natur, Gebeine ordnete man entweder Tier oder Mensch zu – jedoch einer neueren Epoche. Die Erdarbeiten boten den Forschern dann weitere Möglichkeiten. Schließlich tat die Kraft des traditionellen Glaubens – verspätet – das ihre: Die von den Bauern in Äckern und von den Winzern in Weinbergen gefundenen Steinäxte wurden Donnerkeile genannt, da man dachte, sie seien das Werk des Donners. Oft wurden sie als Schutz gegen Blitze unter der Hausschwelle vergraben...

Und da freute er sich, der göttliche Dulder Odysseus,
Daß dies Zeichen sandte des Kronos Sohn, des verschlagnen,
Nahm den schnellen Pfeil, der ihm auf dem Tische bereitlag,
Einzeln; die anderen lagen im hohlen Köcher darinnen –
Deren sollten gar bald die Achäer zu kosten bekommen –
Faßte ihn vorne am Bügel und zog dann Sehne und Kerbe
Und entsandte den Pfeil im Sitzen von seinem Stuhl aus;
Gradeaus zielend, verfehlte er nicht das äußerste Ende
Sämtlicher Äxte; durch alle hindurch bis draußen ins Freie
Fuhr der erzbeschwerte Pfeil...

Homer, Odyssee, 21. Gesang

Bereits in dieser ältesten Dichtung des Abendlandes spielen Werkzeuge eine Rolle:
Der griechische Held Odysseus kehrt nach zehnjährigen Irrfahrten in seine Heimat Ithaka zurück und gibt sich durch den meisterhaften Bogenschuß zu erkennen.

Eine zerbrochene Klinge kann zu einem Schaber werden. Die Prähistoriker haben die Funktion der Werkzeuge aus behauenem Feuerstein erforscht, indem sie sie benutzten, wie dieses Werkzeug von den Osterinseln.

Das Sägemesser

Behauener Feuerstein

Afghanistan

Ein behauener Feuerstein in Form eines Lorbeerblatts sollte, so klein er auch sein mag, in die Hand genommen und genau betrachtet werden. Obwohl es nicht den Anschein hat, trägt er ein Messer mit mehreren Klingen in sich, das nach vielen Zwischenformen und zwölftausend Jahren jenen Platz einnahm. Der Länge nach bewegt, schneidet die Klinge. Wird sie seitlich geführt, so wird sie zu einem Schaber, der zur Aufbereitung des Leders unentbehrlich ist.

Doch das ist noch nicht alles: Dreht man die Spitze auf Holz, Leder oder Knochen, so wird ein Loch gebohrt. Der Beobachter entdeckt nun, daß die andere Seite des so fein gezahnten Lorbeerblatts eine winzige Säge darstellt, mit der ein widerstandsfähiges Material vor der Bearbeitung mit der Schneide angeritzt werden konnte.

Der Gegenstand ist so elementar, so auf das Wesentliche reduziert, daß man ihn innerhalb der Ideengeschichte der Werkzeuge mit einem winzigen Kristall vergleichen könnte, und doch zeigt er schon jene Tendenz zur Vielfältigkeit. Man verwendet sowohl Säge als auch Messer und hält doch nur einen einzigen Gegenstand in der Hand. Vielleicht hielt es ein Kunsthandwerker in seinen Händen, und seine Spitze wurde verwendet, um in einen Knochen – Schmuck oder Amulett – eine Zeichnung einzuritzen, wie die unvergeßlichen Pferdeköpfe, die in Schulterblätter eingeritzt waren, welche in großer Anzahl im Gebiet der Pyrenäen aufgefunden wurden.

Aufgrund der kleinen Abmessungen des Werkzeugs ist auszuschließen, daß es mit einem Stiel versehen war, jedoch ist seine Solidität durch die geringe Größe sichergestellt. Es wurde zwischen Daumen und Zeigefinger gehalten, so wie wir mit einer Rasierklinge umgehen. Schließlich sagt auch die Oberfläche etwas aus. Sie wurde minutiös und regelmäßig in Form von Meereswogen in das mineralische Goldgelb dieses einzigartigen Steines gehauen und zieht so die Aufmerksamkeit auf sich. Der Gegenstand wurde aus einer Feuersteinmasse extrahiert und herausgebildet: ein Wunder des menschlichen Einfallsreichtums. Ist dieser Feuerstein von seiner Verwendung her ein

Das zweite Leben der Steinaxt

In der Bretagne und in der Bocage der Vendée wurde den Särgen ein »Donnerkeil« beigelegt. Donnerkeile sind Äxte aus geschliffenem Stein, die man manchmal in der Erde findet, und von denen man glaubt, daß sie durch den Blitzschlag an dieser Stelle entstanden sind. Im französischen Aveyron glaubte man, daß sich sein Keil beim Einschlag eines Blitzes in den Boden sechs Fuß in die Erde eingräbt und jedes Jahr um einen Fuß nach oben kommt. Diese Äxte werden in den Familien sorgfältig aufbewahrt; sie bringen Glück und stellen das Weiterleben in der anderen Welt sicher. So legt man sie den Särgen bei, wie es wohl schon im Neolithikum gemacht wurde: Man hat solche Steinäxte auch in armorikanischen Tumuli gefunden.

Nicole Balmont, Mythen und Aberglaube im alten Frankreich (Mythes et croyances dans l'ancienne France)

Werkzeug, so erscheint er aufgrund seiner Machart wie eine Skulptur, eine dieser aus einem Stück gehauenen – monolithischen – Statuen. Der Gegenstand entfaltet sich vor unseren Augen, und unsere Hände ertasten ihn. Er spricht eine zwölftausend Jahre alte Sprache, vielleicht sogar eine noch viel ältere, und wir verstehen sie.

Dieses kleine Stück Stein legt uns ein großes Zeugnis ab. Die Wellen, die die Oberfläche bewegt erscheinen lassen, sind durch den Stoß eines Schlaghammers entstanden. Sie folgen den Gesetzmäßigkeiten einer gewissen Ordnung. Es ist unbestreitbar, daß das kleine Messer aus behauenem Feuerstein ästhetisch formvollendet ist. Daraus darf man schließen, daß von Beginn an die Nützlichkeit des Werkzeugs durch die Reduzierung seiner Form auf das Notwendige mit der Schönheit zusammentraf.

Dieses Werkzeug aus Feuerstein wird zwischen Daumen und Zeigefinger gehalten und dient sowohl als Messer als auch als Säge. Einige Erfindungen reichen bis in die Anfänge der Menschheit zurück.

Das körpereigene Werkzeug, das gefundene Werkzeug, das konstruierte Werkzeug

Die genaue Betrachtung dieser drei verschiedenen Arten, derer sich Lebewesen zur Ausführung einer Handlung bedienen, erklärt die komplexen Verbindungen zwischen dem Lebewesen und dem Werkzeug. Darüber hinaus ermöglicht sie den Vergleich der einander entgegengesetzten Ziele der Spezialisierung und der Universalität.

Die erste Kategorie der »Werkzeuge« umfaßt die spezialisierten Organe, die Teil des Tierkörpers sind. Hierzu gehören die schaufelförmigen Grabbeine der Maulwürfe und der Maulwurfsgrillen, der Stechschnabel einiger Vögel, die Zangen der Krustentiere, der Schnabel des Raubvogels, die Pranke des Bärs, die Zähne des Wolfes... All diese verschiedenen »Werkzeuge« wurden genau an jener Stelle im genetischen Programm vorgesehen, welches das Wachstum des Tieres bestimmt. Die derart ausgerüsteten Tiere verdanken ihr Dasein und Überleben dieser Spezialisierung.

Beim Menschen fällt sofort auf, wie wenig spezialisiert Nägel, Zähne und Hände sind. Ohne die Arbeit des Gehirns und den Erfindungsreichtum würde ein derart ausgestattetes Wesen im Kampf ums Überleben als behindert angesehen werden.

Man kann sich gut vorstellen, welch bewundernden und neidischen Blick die ersten Menschen wohl auf die perfekte Ausstattung der Tiere geworfen haben...

Der zweiten Kategorie – ab hier darf das Wort »Werkzeug« zu Recht gebraucht werden – werden diejenigen Gegenstände zugeordnet, auf welche die Tiere in ihrer natürlichen Umwelt stoßen und sie zur Verwendung an sich nehmen.

Der amerikanische Kleiber schneidet Stücke aus Kiefernrinde zu. Diese hält er in seinem Schnabel und nutzt sie als Hebel, um die Schuppen der Rinde anzuheben und die Insekten hervorzuholen, von denen er sich ernährt.

Affen heben einen Stein auf, um damit eine Nuß zu knacken oder nehmen einen dürren Zweig an sich, mit dem sie eine Frucht in ihre Reichweite bringen können.

Die tropischen Ameisen bauen ihre Nester aus Blättern und benutzen Seide ausscheidende Larven wie Klebetuben. Damit stehen sie an der Spitze dieser Kategorie. Das aufbewahrte Werkzeug, das längere Zeit über in Gebrauch ist, wird Teil des Lebewesens: aufgrund seiner unbegrenzten Produktion von Seidenfäden.

Mit diesen Werkzeugen kommen wir der Geschichte der menschlichen Evolution entschieden näher. Es ist offensichtlich, daß die ersten rudimentären Werkzeuge, die der Mensch in die Hand genommen hat, Zweige, Kiesel und Muscheln waren, auf die er durch Zufall gestoßen ist. Dies war der Auftakt zur Technologie. Das Verspüren eines Bedarfs, die Erkenntnis, daß ein Fund dazu verhelfen könnte, dieses Bedürfnis zu befriedigen, die Verwendung des Gegenstands, das anschließende Wegwerfen, um zu einem anderen Projekt überzugehen. Dieses Schema sollte sich in endloser und identischer Weise immer wieder bei den Individuen derselben Gattung wiederholen. Für den

Gegen die Werkzeuge ...

Diese jungen Leute werden niemals arbeiten; die Menschen, die arbeiten, können nicht träumen, und die Weisheit kommt mit den Träumen.
Sie sagen, ich solle die Erde bearbeiten. Soll ich ein Messer nehmen und den Schoß meiner Mutter zerschneiden? Doch wenn ich sterbe, wer wird mich in seinen Schoß nehmen, wo kann ich ruhen?
Sie sagen, ich solle graben, um den Stein zu suchen. Soll ich unter ihre Haut gehen und ihre Knochen suchen? Doch wenn ich sterbe, in welchen Körper kann ich eingehen, um wiedergeboren zu werden?
Sie sagen, ich solle das Heu schneiden, es wenden und verkaufen und reich werden wie die Weißen. Aber nein! Wie könnte ich es wagen, die Haare meiner Mutter abzuschneiden?

Smohalla, Gründer der Religion der Träumer, Stamm der Sokulks, Volk der Nez Percés.

Menschen stellte diese erste Erfahrung die Grundlage einer Entwicklung dar, die noch heute, Jahrtausende nach dem ersten Fund von Gegenständen aus Holz, Knochen oder Stein, spürbar ist.
Die dritte Kategorie umfaßt jene Werkzeuge, die nicht nur gefunden, sondern auch an ihre Funktion angepaßt und verbessert wurden. Einige Beispiele einer solchen Bearbeitung sind uns bekannt. Sie betreffen Tiere mit entwickelter Intelligenz wie beispielsweise Schimpansen.
Ein Schimpanse, dem es nach Ameisen oder Termiten gelüstet, nimmt einen Zweig, den er in das Nest einführt. Zuvor bricht er ihn in der richtigen Länge ab, falls nötig beseitigt er die Blätter, er zieht die Rinde ab oder biegt den Zweig so, wie er am besten für seine Zwecke geeignet ist. Dann taucht er ihn in die Stadt der Insekten ein, läßt ihn dort so lange, bis er von diesen bedeckt ist, zieht ihn heraus, schleckt ihn ab und verschlingt so seine Beute.
Es wurde sogar beobachtet, wie Schimpansen eine Lösung für folgende Schwierigkeit herausfanden: Wie kann man Wasser aus einem Behälter trinken, dessen Öffnung zu eng ist, um den Mund anzusetzen? Der Schimpanse nimmt Blätter, preßt sie zusammen, taucht sie in das Wasser ein, zieht das Paket wieder heraus und saugt die Flüssigkeit ein. So löscht er seinen Durst.
Der Affe lernt mehr oder weniger schnell, doch bleibt er an diesem Punkt stehen. Der Mensch dagegen bringt den Gegenstand an eine sichere Stelle, um ihn bei Bedarf wieder zur Hand zu haben.
Der bearbeitete Kieselstein ist jenes erste Werkzeug, an dem wir im menschlichen Gebrauch eine Veränderung feststellen können. Aufgrund seiner Dichte (hohes Gewicht bei kleinem Volumen), seiner Form (seine ovale Beschaffenheit gewährleistet eine gute Handhabung), seines Materials (er spaltet sich nicht wie der Schiefer) erfüllt der Meeres- oder Flußkiesel seine Funktion als Schlegel oder als Hammer ausgezeichnet. Bricht er wirklich auseinander – entweder weil er zu heftig betätigt wurde oder aus natürlichen Gründen (Erdrutsch, Feuer, Frost...) –, so hat der Mensch eine neue Form vor sich. Die Funktion des Hämmerns bleibt zwar erhalten, doch die kreisförmige Kante bringt denjenigen, der Pläne entwirft, auf neue Ideen. Er bemerkt folgendes: Indem er die Kante auf der Innenseite einer Tierhaut hin- und herbewegt, kann er diese abschaben, um Fleisch und Fett zu entfernen. Eine andere Entdeckung folgt kurz darauf: Der rechte Winkel eines Steines ist der Vorläufer einer Schneide. Durch Ausübung von Druck auf diesen halben, mit der Spitze nach unten gerichteten Kieselstein kann der Mensch eine dünne Pflanze schneiden; widerstandsfähigere Gegenstände kann er bearbeiten, indem er den Kiesel hochhebt, um ihm mehr Schwung zu verleihen. Durch Hin- und Herbewegen seines Werkzeugs – nicht mehr quer sondern längs zur Kante – kann er Leder oder Fleisch grob schneiden. Von diesem Schatz wird er noch lange nicht ablassen. Der Mensch verfügt somit über mehrere Werkzeuge in einem einzigen: einen Hammer, einen Schaber, einen Keil, ein Messer. Schon bald kommt die Idee auf, einen Teil der Rundung abzuschlagen, um eine geradlinige Kante zu erhalten, anschließend beginnt die Suche nach einem leichter zu bearbeitenden Stein mit besser vorhersehbaren und später dann exakt zu planenden Absplitterungen.

Der Finkenspecht auf den Galapagosinseln verwendet einen Kaktusstachel, um den Wurm, nach dem es ihn gelüstet, aus seinem Loch zu holen.

Die Hand

Oft hört man den Ausspruch »die Hand ist ein Werkzeug« oder »die Hand ist das erste Werkzeug überhaupt«, und ohne nähere Überlegung findet man diesen Gedanken einleuchtend und den Satz gerechtfertigt. Doch kann man sich nie genug vor solchen Weisheiten und verkürzten Gedankengängen in acht nehmen.

Es gibt nur wenige Fälle, in denen die Hand wirklich als ein Werkzeug fungiert. Zudem ist die Wirksamkeit äußerst begrenzt. Die Hand an sich entwickelt wenig Energie, der schwache Widerstand ihrer Oberfläche – der Haut – versagt ihr ständig wiederkehrende Handlungen.

Die Finger des Töpfers gestalten die Form einer hohlen, runden Skulptur: eines Kruges.

Welche Werkzeuge würde die Hand überhaupt beinhalten? Die Zange, die Daumen und Zeigefinger bilden: Sie ermöglicht nur die Ausübung kleiner Arbeiten. Der Haken des Zeigefingers: Er ist vor allem für die Ausübung delikater Aufgaben wie die Körperpflege geeignet, ebenso wie der Schaber, den die Nägel darstellen. Doch das Glättwerkzeug, welches Handfläche und Finger bilden (und das von der Zange aus Daumen und Zeigefinger ergänzt wird), ist auch heute noch – nach Zehntausenden von Jahren – das »Werkzeug« eines der faszinierenden Berufe: des Töpfers. Die geschlossene Faust am Ende des Hebels, den der Vorderarm darstellt, kann die Aufgabe eines Hammers übernehmen, jedoch kann sie nur relativ weiche Materialien schlagen und dies auch nur für kurze Zeit. Mit der in Form einer Schale gewölbten Handfläche kann ein Schöpflöffel nachgeahmt werden; so kann Wasser aufgefangen und der Durst gelöscht werden. Die vier gekrümmten Finger können eine Hacke bilden und dem Menschen die Möglichkeit zum Graben geben… jedoch nur in einem leicht zu bearbeitenden Material wie beispielsweise Sand. Arbeiten die beiden Hände zusammen, was naturgemäß oft der Fall ist, bieten sie weitere Möglichkeiten: Miteinander verbunden oder einander gegenüberstehend können sie heben, ausreißen, zerbrechen, zerreißen. Unter den Aufgaben und Handlungen, die die bewegliche und vielseitig einsetzbare Hand ausführen kann, gibt es eine Geste, die man leicht vergißt, so unbedeutend, fast passiv scheint sie zu sein: das Halten. Dabei handelt es sich um eine Handhaltung, bei der die vier gekrümmten Finger über der hohlen Handfläche einen Zylinder bilden, der mit dem Daumen verschlossen wird, welcher die Spitze des Zeigefingers berührt. Dieser hohle Zylinder – den man auch als Schraubstock ansehen kann – wird zur treibenden Kraft, zur Grundlage, zum notwendigen Glied dieser Einheit, die der arbeitende Mensch darstellt: das Gehirn, der Blick, der Hebel der Arme, die Hand, der Stiel, die Klinge.

Die Haut ist empfindlich, die Hand ist nicht wie die Pranke des Bärs oder des Dachses bewehrt. Zudem ist sie kurz. Was tut der Mensch, der sich dieser Schwäche, dieser Behinderungen bewußt ist? Er entnimmt der materiellen Welt etwas von ihrer Beschaffenheit für die Widerstandsfähigkeit, die Stoßsicherheit (Kiesel), die Verlängerung eines Hebels (Stock), er paßt die Gegenstände an seine Bedürfnisse an und verwendet sie, um die Materie zu beherrschen, aus der sie hervorgegangen sind.

Die Anwendung des Prinzips der »Umkehrung« ist kein Einzelfall: Der japanische Kämpfer verwendet den Schwung seines Gegners gegen diesen, dem Raumfahrtingenieur gelingt der Flug, wenn er akzeptiert hat, daß sein Raumschiff schwerer als die Luft ist…

Es scheint, als sei der grundlegende Akt der gesamten Technikgeschichte in dieser Geste des Aufhebens zweier Gegenstände begründet (des Steins und des Stockes), bei denen ein Gleichgewicht zwischen Masse, Form und Materie geglückt ist. Der Mensch hält sie, um sie zu betätigen, indem er ihnen eine bestimmte Richtung gibt. Lange Zeit später erfindet der Mensch, der bereits verschiedene Werkzeuge herstellt, die Verbindung von schneidender Masse mit dem als Hebel fungierenden Stock: das Beil. Je nach neuen Bedürfnissen kommen andere, spezialisiertere Werkzeuge auf, die nach demselben Prinzip gebaut sind.

So kann die Hand, die nicht vom lebenden Körper losgelöst werden kann und daher nicht den trägen Gegenständen, welche die Werkzeuge darstellen, zugeordnet werden kann, dem Menschen eine unendliche, universelle Handlungsmöglichkeit geben, indem sie ihm diese elementare Funktion des Haltens am Ende des Armes bietet; der Arm befindet sich selbst vor dem Körper und bringt mit seinem Gewicht und seinem Schwung die nötige Energie auf.

Kunstfertigkeit und Geschicklichkeit

Die Kunstfertigkeit ist ein Savoir-faire, eine Art des Vorgehens, um einen Arbeitsgang perfekt auszuführen. Der Ältere lehrt den Anfänger diese Kunstfertigkeit, indem er ihm den Vorgang genau zeigt. Diese besondere Geste, diese »Kunst in der Ausübung« entgeht nämlich der Aufmerksamkeit des Beobachters. Der Zuschauer ahnt nicht, daß der Schreiner nur einen ganz leichten Druck auf den Hobel ausübt, sich damit zufriedengibt, den Hobel »spazierenzuführen«, ihn hin und her gleiten zu lassen; denn das Werkzeug tut seine Arbeit durch das Gewicht seines Kastens, damit bei jedem Durchlauf nur eine Materialschicht von der Dicke eines Blatt Papiers abgenommen wird.

Der Schnitter berührt nur leicht, mit einer kreisbogenförmigen Bewegung, die Pflanzenstengel um sich herum; er spart mit seinen Kräften und schont die Schneide seiner Klinge, indem er ununterbrochen darauf achtet, sie schräg gleiten, über dem Boden schweben zu lassen, um so weit wie möglich den Schaden zu minimieren, den der Schlag eines Steines anrichten würde.

Wenn man mit aufmerksamem Blick die Geste des Hufschmieds verfolgt, der einen Nagel in die Hornkapsel des Pferdehufs schlägt, beobachtet man, wie der Hammer zunächst forsch, gerade auf den Nagel schlägt; sobald der Nagel ein Stück weit eingeschlagen ist, gibt ihm der Handwerker eine bestimmte Richtung, er korrigiert die Abweichungen, die durch einen vorhergehenden Schlag entstanden sein könnten. Die letzten Hammerschläge werden dann kraftvoll, schnell, aus kurzer Entfernung durchgeführt: Sie dienen nur dazu, den Nagel einzuschlagen, der nun korrekt ausgerichtet ist. Ein so einfacher Vorgang

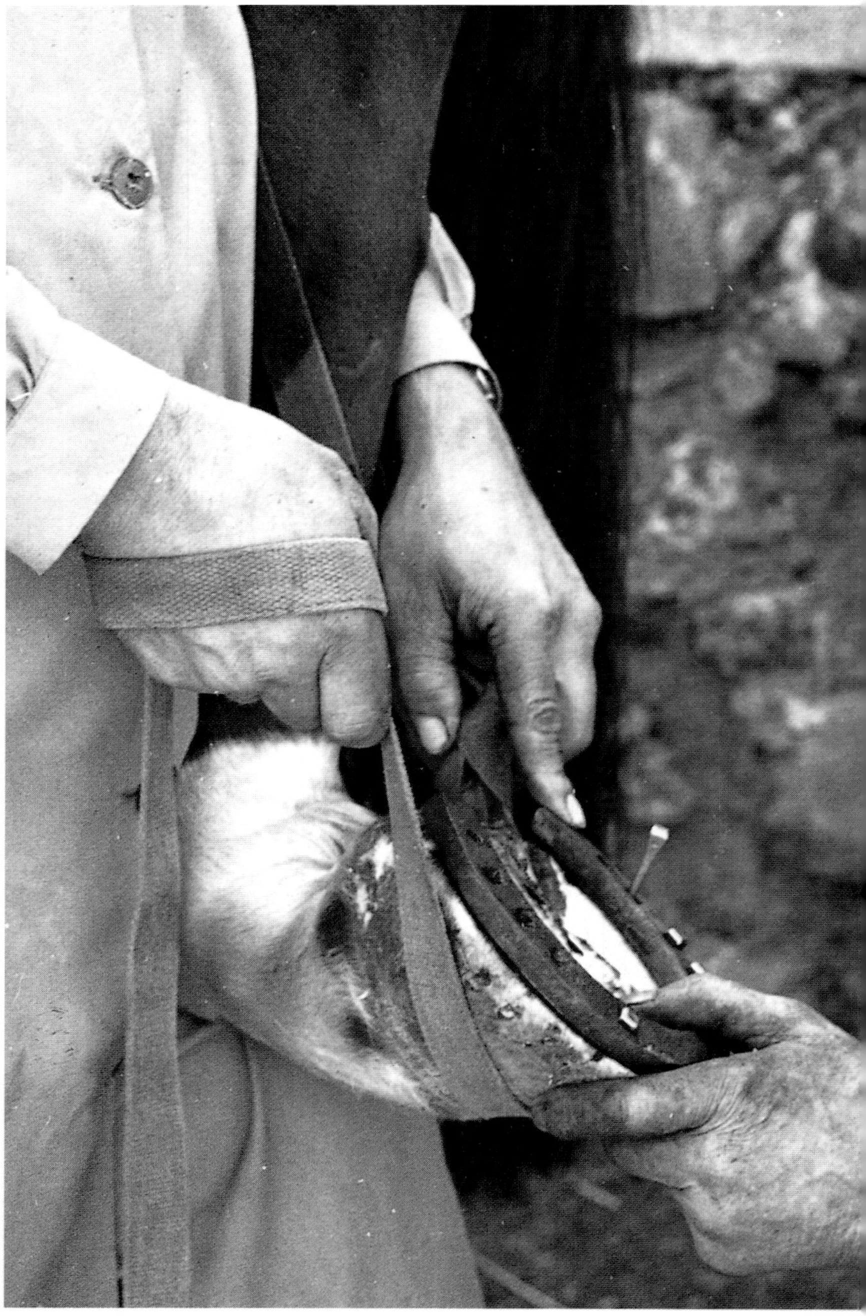

erfordert ein Savoir-faire, eine gewisse Feinfühligkeit: Die Kraft der Schläge muß der Einschlagphase des Nagels entsprechen, und jede Phase muß in ihrer Dauer richtig bemessen sein, denn ein falsch eingeschlagener Nagel muß anschließend wieder herausgezogen werden. Die Holzfäller, die Fuhrleute, die mit dem Wendehaken arbeiten, die Steinbrucharbeiter, die sich des Hebels bedienen, wissen, daß der richtige Umgang mit den enorm schweren Lasten – deren Abrutschen sehr gefährlich sein könnte – nicht von der aufgewendeten Energie und der ausgeübten Kraft abhängig ist, sondern von der richtigen Position des Werkzeugs, von einem ausgeprägten Gefühl für die Schwerpunktmitte und den Verlagerungen des Gleichgewichts, die zum richtigen Zeitpunkt erfolgen müssen.

Die Kunstfertigkeit ist eine Ergänzung, die der für jedermann sichtbaren Fähigkeit beigefügt wird, eine bestimmte Ausrichtung, ein Winkel, eine sanfte Bewegung, ein Nichts…

Diese Ergänzung schwächt die Gewalt der Handlung ab, gibt ihr eine gewisse Richtung, bringt sie zum Erfolg. Das Geheimnis jener Kunstfertigkeit wirkt gleich einem mikroskopisch kleinen Tropfen Öl, den der Uhrmacher auf das große Uhrwerk aufbringt, gleich einem Katalysator, durch den eine Reaktion ausgelöst wird... und der während des Vorgangs vergeht.

Sagen wir es ganz offen: Es wäre zu einfach, wenn jedermann einen Hammer nehmen, blindlings darauf losschlagen könnte... und Erfolg hätte. Im elementaren Sinne ist dies zwar möglich. Doch alles, was wiederholt getan wird und daher Aufmerksamkeit erfordert, den Sieg über die Nachlässigkeit, das Gefühl für die Bewegungen, für ihren sparsamen Einsatz und ihr Ausmaß erfordert, unterliegt jedoch der Kunstfertigkeit.

Etwas ganz anderes ist die Geschicklichkeit (diese ist für mich besonders wichtig, da sie ein Geschenk Gottes ist). Diejenigen, die diese Gabe besitzen, sprechen zumeist nicht darüber: Sie geben nicht mit ihrem »goldenen Händchen« an, sie setzen ihr Talent ein, wenn es benötigt wird. Sieht man solchen Menschen hierbei zu, so glaubt man fast, einem an das Unmögliche grenzenden Gewaltakt beizuwohnen, der nur durch Zufall gelingt. Die Meister der Geschicklichkeit, diejenigen, an die ich denke (denn ich spreche nicht vom Aufgabenbereich eines Chirurgen oder Schreiners...) sind Leute, die zufällig da sind, wenn sie gebraucht werden. Sie sind einfach da. Etwas ist passiert. Sie werden gerne handeln. Sie werden mal nachsehen. Bescheiden betrachten sie die Sachlage, überlegen, sind schließlich damit einverstanden, ihren Einsatz zu wagen; sie strecken die Hand aus, ihr Werk gelingt, und sie gehen wieder.

Der Gehilfe stützt den Fuß des Pferdes und hält das Eisen. Der Hufschmied schlägt den Nagel ein.

Hier soll der Bericht an die Stelle der Studie treten, eine beobachtete Szene soll den Platz der Überlegungen einnehmen...

In einer Provinzstadt ging ich eines Tages an der Apotheke vorbei, die auf meinem täglichen Schulweg lag. Der Laden war in Aufruhr: Der Apotheker hielt ein junges Mädchen an beiden Handgelenken fest, das bittere Tränen vergoß. Der Mann beschwor sie, sich nicht die Augen zu reiben. Es sei nur ein Staubkörnchen im Auge... Man würde es entfernen. Doch zuerst müsse man es finden... »Ich selbst schaffe das nicht mehr. Doch ich kenne jemanden, dem dieser Eingriff bestimmt gelingt, er kommt jeden Morgen hier vorbei...«

Zwei Minuten später hielt der Apotheker, der an der Türschwelle lauerte, seinen pünktlichen Freund am Ärmel fest. Ein Jurist.

»Ein Staubkorn im Auge! Natürlich. Ach, mein Fräulein, ich weiß, das tut sehr weh«, sagte dieser mitleidig. »In einer Minute ist alles vorbei. Wenden Sie sich zum Licht hin. Drehen Sie sich um. Gut so.«

Er nahm aus seiner Westentasche ein Heftchen Zigarettenpapier. Mit der Fingerspitze löste er eines ab, und mit diesem hauchdünnen, empfindlichen Stückchen Papier formte er blitzschnell einen kleinen Zylinder von der Größe eines Streichholzes.
»Also«, sagte der Mann mit sanfter Stimme. Mit Daumen und Zeigefinger hielt er das Auge auf. »Blicken Sie nach unten.« Er untersuchte den oberen Teil. Nichts. »Jetzt nach oben. Ah! Ich habe es. Bewegen Sie sich nicht.«
Das feine Röhrchen glitt schnell über das umgedrehte Lid. Das junge Mädchen litt noch immer. Der Mann in Grau reichte ihm das kleine Röhrchen. »Dieser schwarze Punkt hat Ihnen Schmerzen bereitet. Man meint, das Staubkorn sei immer noch im Auge. Doch das ist eine Einbildung. In Wirklichkeit ist alles vorbei.«
Er schüttelte ringsum die Hände, wünschte allerseits einen schönen Tag und verschwand.
Ich hatte soeben jemandem bei der Arbeit zugesehen, der diese berühmte Gabe besaß.
Aufmerksam hatte ich seine Hände betrachtet, da ich dachte, die Erklärung für die Geschicklichkeit läge in ihrer – vielleicht ganz besonderen – Form begründet (lange und feine Finger) oder in einer bemerkenswerten Beweglichkeit. Das war keineswegs der Fall: Die Hände waren groß, jedoch nicht massig, die Finger waren ziemlich engstehend. Ohne an Pranken zu erinnern, bewegten sich diese Hände als eine Einheit, als wären sie mit Fausthandschuhen bekleidet. Die Geschicklichkeit mußte also von etwas anderem abhängig sein.
Vom Blick vielleicht? Der Mann hatte sein Operationsfeld sorgfältig vorbereitet, indem er das Gesicht seiner Patientin gegen das volle Licht gedreht und darauf geachtet hatte, ihr nicht selbst Schatten zu machen. Er hatte die Lupe zurückgewiesen, die man ihm angeboten hatte, und seine Brille auf die Stirn geschoben. So konnte er besser sehen… Nachdem er das Innere des Lides genau untersucht und den winzigen schwarzen Punkt entdeckt hatte, hatte er sich ans Werk gemacht. Mit einer gezielten Aktion.

Rechte Seite: **Viele Berufe erfordern Geschicklichkeit. Zuweilen muß diese mit Schnelligkeit gepaart werden.**

Nächste Doppelseite: **Der Boden besteht aus vielen Schichten von Tonscherben. Der Himmel ist geschwärzt vom dunklen Rauch der öligen Lappen: das Töpferviertel in Kairo.**

Vielleicht könnte man von den Schützen Aufschluß erhalten, seien es nun Bogenschützen wie die koreanischen und japanischen Zen-Anhänger oder Meister im Umgang mit dem Gewehr oder den Faustwaffen. Sofort würden sich Worte aufdrängen wie: Starrheit und Konzentration. Um jegliches Zittern, jegliches Schwanken auszuschalten, muß sich der Körper gewissermaßen verriegeln, versteinern. Und dies nach und nach: die Beine, der Rumpf, die Schultern, der Hals und schließlich die Arme, die das Gewehr halten oder den Bogen spannen, bis das Auge die Ausrichtung der Schußlinie auf den Zielmittelpunkt gefunden hat. Eine vollkommene Beherrschung der Ruhestellung des Körpers. In diesem Zustand löst der wie versteinert wirkende Schütze, indem er nur seinen Finger am Abzug bewegt, den Abschuß des Geschosses aus. Gegebenenfalls wartet er, bis sein Herzschlag wieder normal wird und hält einige Sekunden lang den Atem an.
Diese Vorkehrungen unterstützen die geschickte Geste. Ohne lange zu warten, muß er sich nun entscheiden, das Geschoß abzuschießen, um jegliche Verkrampfung, Müdigkeit und Nachlassen der Spannung auszuschalten. Schließlich muß er der Handlung die genaue Richtung, die richtige Intensität geben. Die Stärke der auszuführenden Bewegung liegt in den Gewohnheiten des Körpers begründet, diesem Gedächtnis ohne Worte, ohne Skalen, das doch so fein »eingeteilt« ist, wenn es um Intensität geht.
Den Rest erledigt die Konzentration: Wer das Ende eines Fadens einem Nadelöhr annähert, sieht nichts anderes auf der Welt. Für geschickte Menschen gibt es kein Tasten, keine Versuche, sondern nur eine genaue Annäherung. Sobald Gewißheit über die korrekte Ausrichtung besteht, wird die Geste entschlossen ausgeführt, und der Vorgang ist gelungen.
Da die geschickten Menschen daran gewöhnt sind, daß ihnen auch neue Aufgaben im Leben leicht von der Hand gehen, möchten sie gerne Eleganz in ihr Handeln legen und vor allem sparsam mit Mitteln umgehen. Vertraute, einfache und solide Werkzeuge, die gut gepflegt sind, erscheinen ihnen gerade recht. Sie können sich den Luxus der knappen Einfachheit gönnen und auf komplizierte, und deshalb große Werkzeuge verzichten. Denn was die anderen von der Raffinesse eines Werkzeugs erwarten, können sie selbst mit ihrem Talent, einer nie versiegenden Fähigkeit erbringen. Der geschickte Mensch wagt das, wovor die anderen zurückweichen oder worauf sie verzichten: Der Erfolg begründet die Sicherheit, die Geschicklichkeit bewirkt ihren eigenen Fortschritt und ihre Vielseitigkeit.

Da formte Gott, der Herr, den Menschen aus Erde vom Ackerboden und blies in seine Nase den Lebensatem. So wurde der Mensch zu einem lebendigen Wesen.

Die Bibel, Genesis 2,7

Der Töpfer

Die Bibel stellt Gott, den Schöpfer des Menschen, als Töpfer dar; die Kommentatoren weisen besonders darauf hin, daß das hebräische Wort für »formen« dasselbe Wort ist, wie jenes, mit dem die Arbeit des Töpfers bezeichnet wird.

Die Analogie bezieht sich vermutlich nicht nur auf den Akt des Formens als solchen, sondern liegt auch im Material selbst begründet, das der Töpfer bearbeitet: Der Lehmboden (»odâmah« auf Hebräisch), aus dem er gemacht ist, und zu dem er zurückkehren wird, liefert sowohl den Namen für die Gattung Mensch, als auch für das erste menschliche Individuum überhaupt: Adam. Auch die Form des Kruges spricht unsere Vorstellungskraft an: Ein Krug ist ein leerer Behälter, der dafür geschaffen ist, eine Flüssigkeit oder ein Nahrungsmittel aufzunehmen… Könnte ein lebendig gewordener Krug nicht Geist und Seele, also den Atem beherbergen, den er im Garten Eden empfangen hat?

Das Thema des Töpfer-Gottes ist im alten Orient weitverbreitet. Dieses »Formen« einer lebenden Kreatur, das vom gewöhnlichsten, bescheidensten Material ausgeht, dem, in welchem wir täglich mit unseren Füßen scharren, ruft unsere höchste Bewunderung hervor. Parallele Beziehungen zeichnen sich zwischen dem Schöpfer und seiner Kreatur einerseits, dem Töpfer und seinem Gefäß andererseits ab. Sie zeichnen sich durch eine absolute Abhängigkeit der Kreatur gegenüber seinem Schöpfer aus. Verfügt der Töpfer nicht frei über das schlecht gezogene Gefäß auf seiner Drehscheibe? Er zerstört es, führt es in den Zustand einer unförmigen Masse zurück, die er in den Tonbehälter wirft. Ebenso wird der Krug, den ein zu starkes Feuer im Ofen rissig gemacht hat, unweigerlich zerbrochen und in den Abfall geworfen. Einen rissigen Krug repariert man nicht. Außer in Japan, wo berühmte Meister – lebendige Schätze der Nation – den Riß segnen, da er ihre Teetasse zu einem begehrten Stück macht, da es einzigartig ist. Besser noch: Der Fehler wird gepriesen, geheiligt, noch wertvoller gemacht, indem der Meister dort einige Tropfen Feingold eingießt...

Ein Kind, das fragt, wie man Krüge herstellt, und das man zu einem Töpfer führt, ist hoch entzückt über das, was es den Töpfer tun sieht. Mit so wenigen Mitteln, daß das Kind glaubt, es sei einem Zauberer erlegen, es sei das Spielzeug einer Illusion. Was? Ein Klumpen weicher Ton, eine runde Drehscheibe, zwei mit Krusten trockenen Tons überzogene Hände, einige Handgriffe, und der Krug ist da, sogar schon mit einer Festigkeit.

Das Material ist so elementar, die Geste so einfach, der erzeugte Gegenstand schon seit so langem in Menschenhand, so lebensnotwendig, daß der Besucher sich in eine andere Zeit versetzt sieht. Hatte der gleiche Ton nicht einem sumerischen Schreiber gedient, der dort den Bericht der Sintflut einritzte? Hatte so ein Krug nicht das Wasser des Nils aufbewahrt, die Flüssigkeit, die für die Pyramidenarbeiter so lebensnotwendig war? Hatte so eine runde Urne nicht die Asche und die Gebeine eines römischen Bürgers beherbergt? Seit dem längst vergangenen Neolithikum, auf das die Erfindung der Töpferei zurückgeht…

> Der Töpfer ist unter der Erde, obwohl er noch unter den Lebenden weilt. Er scharrt mehr noch als ein Schwein im Schlamm, um die Erde für seine Töpfereien zu suchen. Seine Kleider sind vom Ton verschmutzt, sein Gürtel in Fetzen; wenn Luft in seine Nase dringt, dann kommt sie direkt aus dem Feuer…
>
> **Satire über die Berufe Altes Ägypten**

Der irdene Topf und der eiserne Topf

Eisentopf schlug eine Reise
Einst dem irdnen Topfe vor.

Auf drei Beinen in die Welt
Klipp, klapp, ging es nun davon;
Einer auf den andern fällt
Beim geringsten Stoße schon.
Der arme Irdentopf, er war kaum hundert Schritt
Gegangen, als den Tod er durch den Freund erlitt,
Und konnte sich doch nicht beklagen.

La Fontaine

Die frei beweglichen Hände des Töpfers tun ihre Arbeit inmitten der vier Elemente: der Erde, die zum Krug wird, dem Wasser, das dem Ton seine Formbarkeit verleiht, der Luft, die das neu gezogene Gefäß trocknet, dem Feuer, mit dem der Ton im Ofen gebrannt wird. Der zähe Schlamm hat die Feinheit einer Form erlangt; obwohl der Gegenstand zerbrechlich, manchmal gar zerbrochen ist, zeigt er eine erstaunliche Neigung, sehr lange Zeit zu überdauern: Tonscherben rosten nicht, werden vom Meersalz nicht zerfressen, schmelzen nicht in der Erde. Lange Zeit nach ihrem Verschwinden erzählen uns die Scherben von ausgestorbenen Kulturen und ermöglichen uns, diese zu datieren.

Genauso wenig wie damals Töpfer eine Drehscheibe gehabt haben, besitzen auch heute nicht alle Töpfer eine. In der Vergangenheit haben einige Kulturen durch zahlreiche Fertigkeiten geglänzt, ohne den Gebrauch des Rads zu kennen; auch heutzutage werden die großen Bottiche, die Salzfässer, die zu dick und zu schwer sind, um auf einer Töpferscheibe Platz zu finden, noch wie in prähistorischer Zeit geformt.

Die Technik ist einfach. Der Töpfer legt auf eine ebene Fläche eine ziemlich dicke Scheibe Ton. Sie wird den Boden des Behälters bilden. Dann formt er einen Tonwulst, den er spiralförmig um diese Basis legt. Er drückt und glättet ihn, je weiter der Behälter »steigt«, bis er zum Hals, also dem Abschluß des Gefäßes, reicht. So hat der Handwerker eine hohle Skulptur geformt.

Mit der Töpferscheibe geht der Handwerker anders vor. Er nützt eine einfache, physikalische Kraft: die Zentrifugalkraft. Sie tendiert dazu, jeden Gegenstand, der sich auf einem durch Rotation bewegten Kreis befindet, vom Mittelpunkt wegzudrängen. Der Drechsler dagegen verwendet eine Drehscheibe mit horizontaler Achse: die Drehbank; allem Anschein zum Trotz ist diese unterschiedlich im Gebrauch. Da das Holz ein festes Material ist, wird auf den Holzzylinder, aus dem der Schreiner ein Stuhlbein macht, keine Zentrifugalkraft ausgeübt. Die Drehung des Holzstücks gegenüber dem Hohl- oder dem Stechbeitel ermöglicht die Ausführung der verschiedensten Formen, wobei jedoch der quer laufende Schnitt immer über den gesamten Umfang reicht.

Um den Vergleich zu verdeutlichen, gehen wir davon aus, daß die Säge Ebenen, der Bohrer Hohlzylinder und die Drehbank »nur« Zylinder und ihre Derivate erzeugt.

Im Falle einer Töpferscheibe ist es ebenso offensichtlich, daß jede Drehung – bei Anwesenheit eines Werkzeugs zur Beseitigung von Material – zur Schaffung eines zylinderartigen Körpers beiträgt. Jedoch ist hier zusätzlich die Zentrifugalkraft im Spiel, die auf den weichen Ton ausgeübt wird und diesen an den Rand der Scheibe drängt. Bei sehr hoher Geschwindigkeit würde die Rotation der Töpferscheibe den zu weichen Ton ganz einfach an die Wände der Werkstatt schleudern. Durch die Verbindung einer mittleren Geschwindigkeit mit einer gewissen Festigkeit des Tons erhält der Handwerker eine ideale Ausgangsbasis. Die Zentrifugalkraft wirkt waagerecht auf alle Ebenen der Tonmasse oder des Krugrohlings. Sie drückt die Wand des Kruges gegen die Hand des Töpfers. Dieser wirkt der Kraft entgegen, indem er den Ton – Ring um Ring – entlang der Außenwand des Gefäßes ansteigen läßt. Schematisch sieht der Vorgang folgendermaßen aus: zunächst die zu verwendende Tonmenge genau planen, das Innere des Gefäßes im Geiste vor sich sehen, in dem Tonklumpen den inneren

Ist denn der Topf so viel wie der Töpfer?
Sagt denn das Werk von dem, der es herstellt:
Er hat mich nicht gemacht?
Oder sagt der Topf vom Töpfer:
Er versteht nichts?

Jesaja 29,16

Er hat die Fürsten wie Lehm zertreten,
wie ein Töpfer den Ton stampft.

Jesaja 41,25

Boden aushöhlen, den Beginn der Gefäßseiten durch Drücken nach oben formen, den um den Boden herum liegenden Tonring unter Überwachung seiner Stärke, mit dem Finger auf der Innenseite, steigen lassen. Schließlich steht der Krug da, mit seinem schweren Boden, der seine Stabilität gewährleistet, seiner einheitlichen Stärke, die ihm Leichtheit verleiht, seinem Wulst am Hals, der als Stoßschutz dient.

Die neue, noch ein wenig weiche »Kreatur« wird mit Hilfe eines Schneidedrahts von der Töpferscheibe abgelöst, vorsichtig von oben her in beide Hände genommen und auf eine große Platte an die Luft oder an die Sonne gestellt. Die Luft ist eine Verbündete des Töpfers und nimmt nach und nach alles Wasser auf, das die Poren des Tons enthalten.

Der indische Töpfer in Karnataka führt zwei Arbeiten abwechselnd aus: das Antreiben der Töpferscheibe und das Formen des Tons.

Verfügt der Handwerker über genügend trockene Krüge, stapelt er sie sorgfältig in einem Ofen, der die Form eines mit feuerfesten Ziegeln gedeckten Kellergewölbes hat. Das Holz wird darin aufgeschichtet, das Feuer angezündet, die Brennzeit je nach Stärke der Krüge und Anzahl der zu brennenden Gegenstände festgelegt. Die erforderliche Temperatur liegt zwischen 600 °C und 900 °C für polychrome Töpfereien und Fayence, zwischen 1000 °C und 1300 °C für Steinzeug. Die Hitze des Holzofens – der auf die Ägypter zurückgeht – wurde früher über ein kleines, in die Wand eingelassenes Fenster kontrolliert und je nach Farbe der Flammen eingeschätzt. Zur Überwachung des Brennvorgangs verwendeten die Töpfer kleine Porzellanstücke in Form von Stäben: Diese wurden in den Ofen gelegt und zeigten durch ihre Verformung die Temperatur der Feuersglut an. Man öffnet die Tür, läßt den Ofen abkühlen, beseitigt die Asche, holt anschließend die Krüge heraus und wartet auf die nächste Ladung.

Mit dem Aufkommen der elektrisch geheizten und mit ausgeklügelten Thermometern ausgestatteten Öfen wurde alles einfacher. Am Ende einer langen Entwicklungsreihe (bei der sich die Töpferscheibe vom elementaren Drehgestell der Ägypter des 3. Jahrtausends bis zur Drehscheibe der Griechen im 3. Jahrhundert v. Chr. entwickelt hat, dann zum Speichenrad, das mit einem Stab angetrieben wurde und schließlich zur Töpferscheibe mit doppeltem Boden, deren unterer Boden von den Füßen des Töpfers angetrieben wird…) werden die Töpferscheiben nun elektrisch angetrieben und stellen daher keine Ermüdung für den Töpfer mehr da. Zudem können sie präzise eingestellt werden.

Außer dem Schneidedraht, einem einfachen, flexiblen Eisendraht mit zwei als Griff dienenden Stäben, der zum Abnehmen des Tons im Behälter oder zum Loslösen des Kruges vom mittleren »Kranz« der Töpferscheibe verwendet wird, gebraucht der Töpfer nur selten Werkzeuge.

Die Schablone, eine kleine, rechteckige, in der Mitte gelochte Holzscheibe, gibt dem Töpferrohling die notwendigen Konturen.

Ein einfacher Holzgriff, an dem ein Drahtdreieck befestigt ist, dient dazu, das Innere der Töpferware während des Drehens zu entleeren und die Dicke zu verringern.

Das Dreheisen, ein an einem Holzgriff befestigtes Metalldreieck, ermöglicht es, das Töpfergut mit Rillen zu versehen.

Eine griechische Vase im Museum von Turin zeigt Athene, die Göttin der mechanischen Intelligenz, wie sie einen Töpfer krönt.

Der Töpfer knetet mühsam den weichen Ton, um daraus
Gefäße zu unserem Gebrauch zu formen.
Aus dem gleichen Lehm bildet er solche, die sauberen
Zwecken dienen, und solche für das Gegenteil, alle in gleicher
Weise; für den Gebrauch eines jeden entscheidet der Töpfer.
Aus dem gleichen Lehm formt er in verkehrter Mühe
auch einen nichtigen Gott, er, der vor kurzem aus Erde
entstand und bald dorthin zurückkehrt, woher er genommen
ist, wenn seine Seele, das ihm anvertraute Darlehen,
zurückgefordert wird.

Weisheit 15,7

Erste Begegnung mit allerlei Werkzeugen

Die Eisenwarenhandlung in der Grand-Rue in Paris

Der kluge Einzelhändler stellt in seiner Auslage nur das aus, was neu ist, was gerade passend oder in Mode ist. Vom übrigen, den alltäglichen Waren, weiß man, daß er sie in seinem Laden führt. Er hat sie im Hintergrund. Und wenn er mit ernster Miene, jedoch innerlich triumphierend ankündigt: »Ich glaube, das haben wir im Laden«, so macht er dies rein aus Taktgefühl, denn es handelt sich um jenes Werkzeug, an dem er zehntausend Mal im hintersten Gang vorbeigelaufen ist.

Der Geschäftsleiter führt mich zu seinem Arbeitsplatz. Ein Schreibtisch, Aktenordner, Rechnungen. Er lacht: »Hier ist es nicht so wie beim Zement, der in Wagenladungen angeliefert wird. Ich habe nie nachgezählt. Hier sind ungefähr zweitausendfünfhundert Gegenstände. Einige werden stückweise verkauft. Vielleicht nicht gerade die kleinen Nägel, aber der Bolzen oder der Wasserhahn, die schon. Und ich führe beileibe nicht alles. Man könnte den Laden verdoppeln. Schauen Sie.«

Er zieht eine schwere, spiralgebundene Broschüre aus einem Stapel. Den Katalog eines Werkzeugherstellers. Ich blättere darin: unendliche Variationen zum Thema Gartenschere, Hippe, Spaten… Erstaunlich! Doch das ist noch gar nichts: Ebensoviel gibt es für die Eisen- oder Holzberufe, das Bauwesen…

Doch all das sind nur Werkzeuge auf Papier! Nun bekomme ich den Warenbestand zu sehen. Wir arbeiten uns zwischen den haushohen, oben sehr schmalen und unten breiten Schubladentürmen vorwärts – fast wie in New York, mit den rechtwinklig gebauten Straßen und Avenues. An einem waagerechten Dreieck kann man eine Leiter einhängen und gleiten lassen. Kupfergriffe, Holzknöpfe und, auf der Vorderseite jeder Schublade, ein mit einem kleinen Drahtring befestigtes Muster jedes Artikels. Der Verkäufer findet ihn, der Kunde sieht ihn. Was für eine wunderbare Einfachheit! Zum Teufel mit all den Karteikarten, den Regi-

Eine Eisenwarenhandlung regt zu unzähligen Träumen und Planspielen an. Sie gleicht der Höhle des Ali Baba.

stern, den Artikelnummern! Da die Gegenstände gemäß einer strengen Logik nach Arten geordnet sind, spürt man förmlich, ob man – wie in einem Kinderspiel – dem Ziel näherkommt oder sich davon entfernt.
Ein Kunde betritt den Laden. Ich sehe, daß der Mann im Werkzeuggeschäft sein Metier kennt. Von innen heraus. Er gibt Auskunft über die Vorzüge eines Werkzeugs gegenüber einem anderen, stellt Fragen über Art und Ausmaß der auszuführenden Arbeit, entscheidet souverän zu Gunsten einer der beiden Fuchsschwanzsägen.
Wer würde in einem solchen Laden nicht ins Träumen geraten? Die Vorstellung verselbständigt sich. Die Balken spitzen sich zu wie Bleistifte, erheben sich wie Federn, fügen sich aneinander wie Dominosteine; die Steine marschieren wie kleine Soldaten, das Eisen ist so biegsam wie Knetmasse. Die Abfolge der mühsamen Arbeiten läuft wie ein Film im Zeitraffer ab; in den Weinbergen prallen die Jahreszeiten aufeinander…
Der Händler fängt meinen Blick auf. Er kennt ihn. Er weiß, daß die Formen der Werkzeuge nicht nur die Hände ansprechen, sondern auch den Geist, der sie sich in Aktion vorstellt. Sie ziehen den Blick auf sich – ob sie einem nun vertraut oder vollkommen unbekannt sind – und lassen den Unternehmer erwachen, der in so vielen Menschen schlummert. Als wollten sich die Werkzeuge beleben, dienen, sich ans Werk machen.

Gulliver und die Werkzeuge

Gulliver, der abenteuerlustige Meister des relativen Maßstabs, ist ein Riese unter den Zwergen und ein Zwerg unter den Riesen.

In unserer alltäglichen Welt sind wir bei ihm, fühlen wir oft wie er. Die Straßen unserer Dörfer und Städte zeigen uns Werbetafeln, die für die Augen von Riesen gemacht sind: die Schere des Schneiders, das Messer des Fleischers, den Hammer des Schmieds, den riesigen Tortenheber des Bäckers.

Im Alltag begegnen wir tausenderlei Beweisen für unsere Liebe zu den Werkzeugen und die Achtung, die wir ihnen entgegenbringen: exakte Modelle von größter Genauigkeit, denn eine unsaubere Nachbildung wäre wertlos; gerade die naturgetreue Form läßt sie Wirklichkeit werden, vorhanden sein. Wer hätte schon gerne ein ungenaues, unsicheres Schiffsmodell?

Da treten nun diese Werkstattmodelle in Erscheinung, wie sie in den Museen zu betrachten sind, diese einstigen Werkstatt-Spielzeuge für den Unterricht (und das Vergnügen) von Prinzen; in den Ständern, an ihrem Platz, die Holzscheren, so groß wie ein Daumennagel, und die Zangen, so lang wie eine Nähnadel…

Ein Laden in Mexiko bot jenen, die lange genug danach fragten (»die alles sehen wollten«), schmiedeeiserne Meisterwerke an, Zangen, Scheren aus bläulichem Stahl, perfekte, zwei Zentimeter lange Verkleinerungen. Die Bedeutung lag allem Anschein nach nur darin, das Vergnügen des Erstaunens über solch eine Miniatur zu befriedigen. Und doch waren diese Liliputaner sehr wohl Werkzeuge.

In Lissabon, in der Nähe des Marinekais, bietet ein Schmuckhändler Gehänge aus Silber feil, Nachbildungen von Werkzeugen: Die ganze Serie ist erhältlich, Schere, Hammer, Axt, Zange, Säge, Hobel… Schließlich wählt der Mann aus – einige sind Talismane, Glücksbringer, andere wiederum nicht (warum, weiß man nicht so genau) – und schlägt vor, der junge Maurer solle doch seiner Verlobten einen Silberschmuck in Form einer Maurerkelle schenken, den sie als Zeichen der Treue, der ständigen Verbundenheit um ihren Hals tragen könne.

Die französischen Konditoreien lassen es sich nicht nehmen, dem traditionellen Weinhnachtskuchen »Bûche de Noël« in Form eines Baumstammes den magischen und zugleich lustigen Gegenstand beizulegen, mit dem der »Baumstamm« geschnitten werden könnte, wenn er echt wäre: eine winzige rosafarbene Säge, ein kleine grüne Axt oder eine braune Hippe, alles aus Plastik und so groß wie der kleine Finger.

Als riesige Berufsattribute oder Miniaturen, die wie Talismane um den Hals getragen werden, begleiten die Werkzeuge unser Leben…

Werkzeuge in der Literatur

Der Steinhauer lernte zeichnen mit eisernem Fleiße, brachte ganze Nächte und Feiertage damit zu, Werke und Muster aller Art durchzupausen, und nach dem er den Meißel zu den kunstreichsten Gebilden und Verzierungen führen gelernt und ein vollkommener Handarbeiter geworden war, ruhte er nicht, sondern studierte den Steinschnitt.

Gottfried Keller, Der grüne Heinrich

Zog zuerst eine lange Furche und stellte darinnen
Alle die Äxte auf und richtete sie nach der Richtschnur,
Stampfte die Erde ringsum; und alle erblickten es staunend
Wie er sie richtig gestellt, und sah es früher doch niemals;
Dann trat er hin auf die Schwelle und suchte den Bogen zu spannen.

Homer, Odyssee, 21. Gesang

Es gab andere Dinge, die mir wichtiger waren, vor allem Handwerkszeug. Erst nach langem Suchen fand ich die Kiste des Zimmermanns, eine kostbare Beute und mir damals mehr wert als eine Schiffsladung voll Gold.

Daniel Defoe, Robinson Crusoe

Das Getöse der Webstühle, das rhythmische Gewuchte der Lade, davon Erdboden und Wände erschüttert werden, das Schlurren und Schnappen des hin und her geschnellten Schiffchens erfüllen den Raum. Dahinein mischt sich das tiefe, gleichmäßig fortgesetzte Getön der Spulräder, das dem Summen großer Hummeln gleicht.

Gerhart Hauptmann, Die Weber

Die Kinder regen die kleinen Hände,
Die Klöppel fliegen hinab, hinauf,
Der Müh' und Sorge kein Ende, keine Ende!
Das ist ihr künftiger Lebenslauf.
Seht ihr sie sitzen am Klöppelkissen,
Seht Ihr die Spitzen, die sie gewebt:
Ihr Reichen, Großen – hat das Gewissen
Euch nie in der innersten Seele gebebt ?

Louise Otto, Klöpplerinnen

»Ich gebe«, versetzte der Meister, »meine Waffe niemand, der nicht damit umgehen kann!« Und er suchte aus einer Lade einen Schraubenzieher hervor, gab ihn dem Sohn und wies ihm die Flinte an. Der versuchte in der Verzweiflung sein Heil und begann die Schloßschrauben loszumachen. Der Vater schaute ihm spöttisch zu; es dauerte nicht lange, so rief er: »Laß mir den Schraubenzieher nicht so ausglitschen, du verdirbst mir die ganze Geschichte! Mach die Schrauben eine nach der andern halb los und dann erst ganz, so geht's leichter!«

Gottfried Keller, Das Fähnlein der sieben Aufrechten

Jetzt jedoch, da er die Schlinge hatte, brauchte er das Beil nur mit dem Blatt hieinzuhängen. Steckte er jedoch die Hand in die Seitentasche des Mantels, so konnte er auch noch das Ende des Griffes festhalten, damit das Werkzeug nicht baumelte ...

Fjodor Dostojevskij, Schuld und Sühne

Er wird seine Tenne fegen und den Weizen in seine Scheune sammeln; aber die Spreu wird er verbrennen mit unauslöschlichem Feuer.

Matthäus 3,12

Wer andern eine Grube gräbt, fällt selbst hinein.

26. Spruch Salomos

Zuweilen leuchteten die sich lösenden Kohlenblöcke an ihren Kanten und Ecken plötzlich mit einem kristallenen Schimmer auf. Mit wuchtigen, dumpfen Schlägen hieben die Keilhauen drauflos.

Emile Zola, Germinal

Auf's neue setzt sie in die Gluthen
Den schön gefärbten Glasesguß,
Der sich zu klaren Purpurfluthen
Im Höllenfeuer läutern muß.

Sie prüfet mit der Eisenruthe
Das klar geword'ne rothe Glas; –
Wie glüht so purpurroth die Masse, –
Des Mädchens Wange, ach, wie blaß!

Louise von Plönnies, Glas

Er nahte sich, und mit dem Beil
Zerschmetterte er die armen
Skelette des Aberglaubens, er schlug
Sie nieder ohn' Erbarmen.

Heinrich Heine,
Deutschland ein Wintermärchen

Fest gemauert in der Erden
Steht die Form, aus Lehm gebrannt.

Friedrich Schiller, Die Glocke

Unablässig fuhren die Sturzkarren von dem Vorlande an die Deichlinie, um den geholten Klei dort abzustürzen; an der Deichlinie selber standen Männer mit Schaufeln und Spaten, um das Abgeworfene an seinen Platz zu bringen und zu ebnen; ungeheuere Fuder Stroh wurden angefahren und abgeladen.

Theodor Storm, Der Schimmelreiter

Bleigraue Schatten zittern durch die Luft,
Aus hohen Essen quillt blauer Duft.
Durch Steingefüge dröhnt der Hämmer Ton,
Um Erzgerüst schwirrt dumpf die Transmission.

Clara Müller, Fabrikausgang

Die mit Tränen säen, werden mit Freuden ernten.

Psalm 126,5

Die drei ausgetretenen Steinstufen führten zu der bohlenartigen, mit großen Nägelköpfen gezierten Tür, über welcher reliefartig das Sinnbild des Drechsler- und Kunstdrechslergewerbes prangte: ein Taster, auf dem über Kreuz Meißel und Röhre lagen; darunter eine Kugel, flankiert von zwei Schachfiguren.

Max Kretzer, Meister Timpe

Der alte Mann machte die Schote fest und klemmte die Ruderpinne ein. Dann nahm er den Riemen hoch, an dem das Messer festgebunden war.

Ernest Hemingway, Der alte Mann und das Meer

Es ist schon die Axt den Bäumen an die Wurzel gelegt.
Darum, welcher Baum nicht gute Frucht bringt, wird abgehauen und ins Feuer geworfen.

Matthäus 3,10

Er überreicht hierauf seine Kelle Charlotten, welche damit Kalk unter den Stein warf. Mehreren wurde ein Gleiches zu tun angesonnen, und der Stein alsobald niedergesenkt; worauf denn Charlotten und den übrigen sogleich der Hammer gereicht wurde, um durch ein dreimaliges Pochen die Verbindung des Steins mit dem Grunde ausdrücklich zu segnen.

Johann Wolfgang von Goethe, Wahlverwandtschaften

Die Aufeinanderfolge der Arbeitsgänge, die der Holzfäller durchführt, um einen Baum aus dem Wald zu entfernen, ist vom Prinzip her vergleichbar mit der Arbeit des Steinhauers. In beiden Fällen geht es darum, ein Material zu bearbeiten, das wegen seiner Masse zunächst für den Gebrauch untauglich ist: Mit Hilfe seiner Werkzeuge zerteilt es der Mensch und macht es so für den geplanten Verwendungszweck verfügbar. Die Kenntnis der Strukturen, der Materialien und ihrer jeweiligen Reaktionen, die Erfahrung mit den Eigentümlichkeiten seiner eigenen Werkzeuge ermöglichen es ihm, den statischen Stein bzw. die verwurzelte Pflanze in ein manövrierfähiges Teilstück zu verwandeln – ob das nun ein Bruchstein oder ein Balken ist. Der Vorgang an sich ist uns

Das Hammerbeil des Försters dient zum Anlaschen der zu fällenden Bäume.

vertraut, da wir ihn täglich beim Essen ausführen: Wir zerkleinern das vom Metzger aufgeschnittene Fleisch, wir schneiden oder brechen den Brotlaib. Dies beruht auf einer klaren und einfachen Logik: Die aufeinandergeschichteten, aneinandergefügten Steinquader werden zu einem Haus; wir würden denjenigen auslachen, der versuchte, sein Haus direkt im Steinbruch zu bauen, indem er den Innenraum und die Umgebung des Hauses einfach aushöhlt.

Links: **Holzfäller in den Vogesen bei der Arbeit.**

Die Abfolge der Werkzeuge eines Holzfällers

Bevor das Holz zum Holzscheit im Kamin, zur Tischplatte oder zum Hausbalken wurde, war es ein lebender Baum, der aufrecht in einem Wald stand – mit einem imposanten Stamm, Blätterschmuck und unsichtbaren Wurzeln, die sich in der Dunkelheit der Erde ihren Weg bahnten.

Der Wald ist keinesfalls ein wilder Dschungel. Er ist ein landwirtschaftlich genutzter Raum, der ebenso wie der Weinberg oder das Kornfeld gepflegt wird, wenn auch in nicht so sichtbarer Weise. Das Leben des Waldes wird nämlich nicht nach Jahren gemessen, die den regelmäßig wiederkehrenden Ernten entsprechen, wie es beispielsweise bei Obstbäumen der Fall ist: Holz entsteht langsam, und wer am Tag der Geburt seines Kindes einen Baum pflanzt, weiß, daß es dieses Holz selbst als Erwachsener sicherlich noch nicht nutzen kann.

Der Waldbesitzer zählt in Zeiträumen von fünfzehn, zwanzig oder fünfzig Jahren. Er achtet darauf, daß Sträucher, Lianen und sonstige Schmarotzerpflanzen das Wachstum der Bäume nicht beeinträchtigen. Er vergewissert sich, daß sich die großen Bäume nicht gegenseitig schaden, indem sie die Sonne verdecken oder ihre Wurzeln ineinander verschlingen.

In regelmäßigen Abständen wird beschlossen, Holz zu schlagen. Hierbei treffen mehrere Faktoren zusammen: die Erwägung des Ertrages, die Pflege des gesamten Waldbestandes und das Bemühen, die Bäume bei bester Qualität zu fällen, bevor diese sich »auf dem absteigenden Ast« ihres Daseins befinden und das Altern einsetzt.

Ist der Einschlag beschlossene Sache, so taucht ein erstes Werkzeug als Erkunder des Waldes auf: das Hammerbeil des Försters. Auf einer Seite des Werkzeugs befindet sich eine Klinge, mit der eine kleine Fläche des Baumes entrindet werden kann, um dort eine Farbmarkierung anzubringen. Auf der anderen Seite trägt die Pinne des Hammers hervorstehende Buchstaben, die in das Holz eingedrückt werden. So wartet der angelaschte Baum nun auf die Holzfäller.

Deren Arbeit beginnt mit einer Standortbestimmung: zunächst muß die beste Richtung für das Fallen des Baumes erkundet werden. Ideal ist es, eine Art natürlichen Leerraum zu finden, durch den eine Beschädigung der Nachbarbäume vermieden werden kann. Ist die Fallrichtung des Baumes festgelegt, lichten zwei Holzfäller der Truppe die Umgebung des Stammes aus, um anschließend leichter arbeiten zu können. Sie entfernen Gestrüpp, Büsche und Sträucher.

Hierzu verwenden sie die Hippe. Dies ist ein schneidendes Werkzeug mit breiter Klinge und kurzem Stiel, der im

> Ich möchte, daß alle wissen, daß ich nicht die Absicht habe, auch nur eine Parzelle unseres Landes zu verkaufen; ich will auch nicht, daß die Weißen unsere Bäume entlang der Flüsse fällen; ich hänge sehr an den Eichen, deren Früchte mir ganz besonders gefallen. Ich beobachte gerne die Eicheln, weil sie die Stürme des Winters und die Hitze des Sommers überdauern und sich – wie wir selbst – dadurch zu entfalten scheinen.
>
> **Tatanka Yotanka oder Sitting Bull, Krieger der Sioux.**

Der Holzfäller verwendet mehrere, nacheinander eingeschlagene Keile, um den feinen, von der Säge hinterlassenen Einschnitt zu vergrößern.

Grunde auf einen einfachen Griff reduziert wurde. Es gibt sie in den verschiedensten Formen: Im allgemeinen ist das Ende der Klinge in Form eines Hakens gebogen, so daß man Zweige zu sich herziehen kann. Manchmal weist das Eisen eine rudimentäre, rechteckige Form auf. Im Gegensatz zum Beil ist die Hippe ein Werkzeug, das zum Abhacken von dünnem Gehölz, von kleinen Zweigen mit einer knappen, mit wenig Schwung ausgeführten Bewegung dient. Aufgrund ihres gekrümmten »Schnabels« könnte die Hippe keinesfalls zum Einkerben eines Baumstamms eingesetzt werden.

Die Hippe wird mit einer Hand geführt. Sie sieht wie ein langes, mit einem Haken versehenes Hackbeil aus.

Auch mit dem Beil können dünne Äste (beispielsweise auf einem Hackklotz) zerkleinert werden. Man kann es auch den Stamm entlang gleiten lassen, um diesen auszuästen. Das Beil ist im Grunde ein weiter entwickelter Keil, der mit einem Stiel versehen ist, so daß man sich die Hebelwirkung zunutze machen kann. Es dient dazu, einen Stamm durch kleine Schläge nach und nach einzukerben, wobei Holzsplitter rund um den Stamm zu Boden fallen. Es ist größer als das Haushaltsbeil, sein Stiel mißt etwa einen Meter. Seine Schneide ist gebogen, wogegen die der Holzfälleraxt gerade ist. Je nach auszuführender Arbeit und Gewohnheit des einzelnen Arbeiters ist der Stiel des Werkzeugs leicht geschwungen oder zweifach gebogen, wie bei zahlreichen nordamerikanischen Beilen. Der Stiel besteht entweder aus Buchenholz, das jedoch bei einem zu starken Schlag leicht bricht, oder aus Kastanien-, Eschen- oder Robinienhölzern, die flexibler sind.

Die Hippe und das Handbeil sind Werkzeuge, die mit einer Hand verwendet werden, ebenso wie das Messer

Waldarbeiter

Die runde Säge hängt ihm um den Hals,
Axt unterm Arm, so geht er morgens aus.
Hört seine Schritte hallen harten Falls –
Schlafblind, im Dämmer, steht noch Haus bei Haus.

Des frischen Laubes süßen Moderduft,
Und Spechtgeklopf und Häherschrei und schwer
Den Wipfelsturz aus goldner Herbstesluft –
Axtruf, lang läutend von den Halden her.

Ina Seidel

Werkzeuge, die mit einer Hand oder mit beiden Händen verwendet werden … dieses hier wird gar von vier Händen hin- und herbewegt.

oder das Hackbeil des Metzgers. Das Beil nimmt in dieser Hinsicht eine Zwischenstellung ein: Für leichtere Arbeiten kann es mit einer Hand gehalten werden, wobei der Stiel auf halber Länge gegriffen wird. Ist dagegen ein höherer Kraftaufwand, ein kräftiger Schwung oder eine Wurfbewegung nötig, so wird das Werkzeug mit beiden Händen geführt.

Die Axt wird dagegen immer mit beiden Händen in Gebrauch genommen. Es handelt sich hierbei um ein schweres Beil mit langem Eisen und kleiner, unsymmetrischer Schneide. Die Axt eignet sich sehr gut zum Fällen von Laubbäumen mit sehr hartem Holz. Ihre Handhabung ist sehr speziell, doch entgeht dies leicht dem Auge des Beobachters, da die Bewegung natürlich, zwingend, man möchte fast sagen instinktiv ausgeführt wird. Hebt der Holzfäller seine Axt bis weit über den Kopf, so legt er, wenn er Rechtshänder ist, die linke Hand am Stielende, die rechte Hand nahe am Eisen an. Sobald sich das Werkzeug nach unten auf den Baumstamm zubewegt, gleitet die rechte Hand in Richtung der linken Hand zum Stielende hin. Dadurch werden Hebelwirkung und Wurfeffekt noch erhöht. In Verbindung mit dem Beil ermöglicht die Axt das Fällen eines Baumes von geringem Durchmesser. Bei einem dickeren Baumstamm wird die Axt zum Abbeilen der Wurzelanläufe verwendet. Hierbei wird die Verdickung am unteren Teil des Baumes senkrecht

Der Wald und der Holzknecht

Ein Holzknecht hatte sich zerbrochen oder gar
vielleicht verloren auch von seiner Axt den Stiel;
schwer bessern ließ sich der Verlust, wie klein
er war,
weil schon seit langer Zeit kein Baum des
Waldes fiel.
Zuletzt bat ihn der Mann bescheiden
und demütig, er möge leiden,
daß er sich nähme einen Ast,
wie gerade für den Stiel er paßt!
Zum Broterwerb würd er nach andrem
Walde gehen;
hier würd' die Eichen er und Tannen lassen stehen,
die jeder ehrte, wie so herrlich sie und alt.
Die neue Waffe nun gab arglos ihm der Wald,
doch büßen mußte er's. Es steckt' der schlechte Mann
sein Eisen fest und braucht'es dann,
dem Wald, der Wohltat ihm erwiesen,
zu rauben seine schönsten Riesen.
Es seufzt und stöhnt der ganze Hain,
dem seine Wohltat ward zur Pein.
Daß gegen den, von dem die Wohltat man erhält,
man diese brauchet, ist nun so der Lauf der Welt.
Ich bin des Redens müd. Doch wer mag nicht
beklagen,
daß so auch nieder wird geschlagen
des Waldes süßes Schattendach?
Ach! wie ich rufe auch und unbequem mich mach',
Undankbarkeit und Mißbrauch werden
doch niemals alle hier auf Erden.

La Fontaine

in der Verlängerung des Stammzylinders abgeschlagen. Dadurch verringert der Arbeiter den zu sägenden Durchmesser und beseitigt gleichzeitig Holzfasern, die durch ihre schräge Lage schlecht anzugehen sind. Schließlich kann der Stamm mit Hilfe der Axt tief eingekerbt werden, bevor die Säge ihre Arbeit verrichtet. Im Gegensatz zur Holzfälleraxt ist die Spaltaxt ein Treibfäustel mit einem geschliffenen Ende. Die Schneide dient zum Spalten des zugeschnittenen Brennholzes vor Ort durch den Holzfäller. Mit dem anderen Ende werden beim Baumfällen die Keilköpfe eingeschlagen.

Der Treibfäustel ist ein schwerer Hammer von einfacher Form – ein eisernes Rechteck –, der mit einem sehr langen Stiel versehen ist. Er dient zum Einschlagen der Metallkeile in den durch die Säge entstandenen Spalt.

Die Keile sind schwere, schräg zulaufende Teile aus Schmiedeeisen, deren Kopf durch die Schläge verformt und eingedrückt wird. Beim Fällen eines Baumes erfüllen sie eine doppelte Funktion. Das Ansetzen mehrerer Keile ermöglicht dem Holzfäller, die Fallrichtung des Baumes genau festzulegen. Durch das Ansetzen der Keile hinter der Säge wird auch verhindert, daß das Sägeblatt oder die Kette der Kettensäge in ihrer eigenen Kerbe blockiert werden. Die Keile bestanden zunächst aus Eisen, dann aus Stahl, bis man erkannte, daß die durch das Einschlagen des Metalls entstehenden Splitter sehr gefährlich sind. Jetzt gibt es Keile aus Leichtmetall-Legierungen und natürlich die traditionellen Holzkeile, die mit Hilfe eines schweren Holzhammers mit langem Stiel eingeschlagen werden. Die beiden Enden dieses Hammers, die mit dem Keil in Berührung kommen, sind mit einem Metallring versehen.

Die Sägen der Holzfäller können in zwei große Kategorien eingeteilt werden. Das Prinzip der Gestellsägen ist einfach: ein Sägeblatt, dessen Spannung bei der Holzsäge durch ein gewundenes Seil aufrechterhalten wird, welches an den beiden Armen des Gestells befestigt ist. Bei der modernen Metallsäge übernimmt diese Funktion ein aus einem Metallrohr bestehender Bogen. In beiden

Der Schweizer Maler Ferdinand Hodler zeigt einen Holzfäller, den sein Werkzeug förmlich hochzuheben scheint.
Der Holzfäller, 1910, Museu de Arte, São Paulo.

Der Holzknecht und Merkur

Sein Beil verlor, den Nährer seines Lebens,
ein Holzknecht, lange suchte er vergebens,
er klagte, daß es wahrlich zum Erbarmen.
Zu neuem Kauf ja fehlt das Geld dem Armen,
denn das verlorne war sein einzig Gut.
Wie er so hoffnungslos und ohne Mut,
rief er mit bittern Tränen jämmerlich:
»Mein Beil! mein armes Beil! wo find ich dich?
O hör mich, Jupiter! gib es mir wieder!
Beug nicht so ganz mein armes Leben nieder.«

La Fontaine

Fällen hält und führt der Arbeiter sein Werkzeug am Gestell. Mit diesen Sägen kann Langholz von geringem Durchmesser, etwa bis zu zwanzig Zentimetern, bearbeitet werden.

Stichsägen gibt es in den verschiedensten Variationen. Allen ist gemeinsam, daß sie aus einem breiten Sägeblatt (bis zu zwei Metern) bestehen, das mit zwei vertikalen Griffen versehen ist. Das Gesamtbild kann jedoch unterschiedlich sein. Die einen haben die Form eines Bandes, bei anderen wiederum weist die »Bezahnung« eine konvexe Krümmung auf. Die Zähne variieren von einfacher, dreieckiger Form bis hin zu komplizierteren Zacken mit Krümmungen und Winkeln. Zwischen zwei schräg stehenden Zähnen kann auch ein dritter Zahn streng in der Achse des Sägeblattes angeordnet sein. Selbstverständlich wird die Stichsäge von zwei Männern bedient: Jeder zieht sie abwechselnd zu sich. Dank ihrer abmontierbaren Griffe kann die Säge bei Bedarf aus der Kerbe entfernt werden.

Das Entrinden des Stammes ist eine Arbeit, die je nach Jahreszeit unterschiedlich abläuft. Im Winter kann die Rinde nur schwer abgehoben werden, während sich ihr Widerstand im Frühjahr durch das Aufsteigen des Saftes verringert. Die Arbeit wird mit einer fein geschliffenen, trapezförmigen Eisenschaufel ausgeführt, die der Arbeiter an einem langen Stiel vor sich herschiebt. Früher bearbeitete man die Rinde noch mit dem Schabknochen. Dies ist eines der rudimentärsten Werkzeuge: ein einfacher Rinderknochen, der an einem Ende schräg zuläuft und auf der Seite des Knochenkopfes gehalten wird. Da dieses Werkzeug keine Schneide aufweist, erfüllte es perfekt seine Aufgabe, die Rinde vom Holz zu entfernen, ohne dieses zu beschädigen. Die Menschen, die dieses Werkzeug verwendeten, strahlten eine glückliche Zufriedenheit aus. Eine Erklärung hierfür ist wohl der Gedanke, daß die Begegnung von Tier und Pflanze den Geist befriedigt (das Eisen dagegen verletzt das Holz). Überdies kommt hier die Freude über den Einfallsreichtum sowie der bescheidene Triumph zum Ausdruck, den der Akt der Wiederverwendung bereitet. Auf dem Land wird traditionell darauf geachtet, daß nichts verloren geht. Ein dreifach vergabelter Stamm dient als Hackklotz für dünnes Holz, ein Markknochen als Schlüsselanhänger für den großen Schlüssel einer Scheune, die Rinde wird in der Gerberei, die abgeschliffene Hornhaut des Pferdefußes als Dünger verwendet...

Die Holzfäller hatten schon immer dafür gesorgt, daß das Material zum Schleifen ihrer Schneidwerkzeuge vor Ort zur Verfügung stand. Bei Äxten, Beilen, Entrindungswerkzeugen und Hippen wurde die gröbste Arbeit mit Hilfe eines runden, mit einer Kurbel angetriebenen Schleifsteins durchgeführt. Über dem Gestell (in Form eines umgedrehten »V«) befand sich ein gelochter Behälter für das Wasser, das den Stein benetzte. Später wurde der Schliff mit dem Wetzstein noch verbessert.

Die Zähne der Sägen wurden mit einer Dreikantfeile geschärft. Anschließend verwendete man ein Schränkeisen, um die Zähne abwechselnd nach rechts und links auszubiegen und so die Schnittbahn zu erweitern.

Vom gefällten Baum entfernte man das Geäst mit der Hippe oder dem Beil und die Sekundäräste mit der Säge. So erhielt man einen möglichst langen, entrinde-

Die Axt mit ihrem langen Stiel wird mit beiden Händen geführt. Sie gehört zur Familie der Gewaltwerkzeuge.

ten Zylinder, der mit der Stichsäge in Stücke geschnitten wurde. Heutzutage wird diese Arbeit mit einem mechanisch betriebenen Werkzeug, der Kettensäge, durchgeführt, die weiter unten vorgestellt wird…
Zur Beförderung des Langholzes, dieser schweren, gefährlich handzuhabenden Holzzylinder, werden Werkzeuge verwendet, die nach folgendem Prinzip eingesetzt werden: Ein Haken dringt in das Holz ein, welcher mit Hilfe eines starken Hebels bewegt wird. Hier wäre der Wendehaken zu nennen, dessen Stiel, eine widerstandsfähige Stange, fest angebracht ist. Der Nachteil liegt in der Beförderung eines derart sperrigen Gegenstands. Die Waldarbeiter haben auch hierfür eine Lösung gefunden. Sie bringen das Eisen des Werkzeugs (ein Haken, an dessen Ende sich ein großer, quer stehender Ring befindet) an den Arbeitsplatz mit. Der Wald liefert vor Ort den dicken Ast, der in den Ring eingeführt wird und so als Hebel dient. Einfacher noch sind der Bügel- und der Handhaken: Der Bügelhaken weist einen Bügel auf, an dem sich ein quer stehender Holzgriff befindet. Der Handhaken ist mit einem ovalen Eisengriff versehen, der die Biegung des Hakens flach fortführt.
Die Sapine ist ein Beispiel für die Verbreitung von Werkzeugen. Dieser mit einem Stiel versehene, spitzige Haken in Form eines Raubvogelschnabels wurde um 1935 von Tiroler Holzfällern in Frankreich eingeführt. Die Sapine wird zum Ziehen und Drehen der Stämme verwendet.
Nun beginnt ein neues Kapitel. Wenn sich das Langholz an der höchstgelegenen Stelle befindet, die für die eingespannten Pferde gerade noch zugänglich ist, beginnt die schwierige Aufgabe des Abschleppens. Diese besteht darin, das Holz aus dem Wald zu ziehen und zum ersten befahrbaren Weg zu befördern.
Die tragbare mechanische Säge oder Kettensäge kam in Europa nach dem Ende des Zweiten Weltkriegs auf. Sie hat die drei traditionellen, sinnbildlichen Werkzeuge des Holzfällers abgelöst: das Beil, die Axt und die Stichsäge. Sie ist für jede Arbeit geeignet, das Abästen inbegriffen. Die Glieder einer ringförmigen Kette sind mit schneidenden Zähnen versehen. Der Motor treibt dieses gelenkige Sägeblatt an, der Holzfäller trägt die Maschine, setzt sie an der gewünschten Stelle an... und achtet darauf, daß sein Trommelfell gut geschützt ist. Der Klang der Axt, die gegen die Eichenstämme schlägt, ertönt in unseren Wäldern kaum noch. Die Arbeit mit der Axt kann nur noch bei traditionellen Folklorewettbewerben bewundert werden. Doch die Rentabilität des Baumfällens ist gestiegen, und die mühevolle Arbeit des harten Holzfällerberufes ist Erinnerung geworden.

Nächste Doppelseite: **Holzfäller an der Elfenbeinküste.**

Ein Schreiner hobelt' spät und früh,
Verliebt in eine Maid;
Doch einen andern liebte sie,
Das schuf dem Holzmann Leid.

Es war gar traurig anzusehn,
Wenn an der Arbeitsbank
Voll Kummer in die Hobelspän'
Sein blondes Haupt versank.

Gottfried Keller, Agnes, aus: Von Weibern

Das Beil des Verbrechers

Der Student Raskolnikow, der Held in Dostojevskijs Roman *Schuld und Sühne*, hat beschlossen, eine Pfandleiherin durch einen Schlag mit dem Beil zu töten. So wird das Haushaltswerkzeug, das zum Spalten von Brennholz im Hof eines Hauses dient, zur Waffe. Der Leser kann sich die schrecklichen Verletzungen vorstellen, die dieses Beil verursacht – umso mehr, wenn derjenige, der es handhabt, ein Amateur ist.

Wie ein Filmregisseur, der durch das bloße Spiel seiner Kamera einem Gegenstand eine beherrschende Präsenz verleiht, so läßt Dostojevskij das Beil zu Beginn seines Romans fast zu einem Lebewesen werden, wodurch er die beklemmende Angst des Lesers noch erhöht.

Die peinlich genauen Vorbereitungen: »Was die Schlinge angeht, so war das ein sehr geschickter Einfall von ihm: Die Schlinge war für das Beil bestimmt, (...) jetzt brauchte er das Beil nur noch mit dem Blatt einzuhängen, und dann hing es während des ganzen Weges unter seiner Achsel.«

Das Auffinden des Werkzeugs: »Im Zimmer des Hausknechts, zwei Schritt von ihm entfernt, funkelte ihm rechts unter der Bank etwas in die Augen. (...)
Er stürzte sich hastig auf das Beil (es war ein Beil), zog es unter der Bank hervor, wo es zwischen zwei Holzscheiten lag.«
Das Verbrechen: »Er zog das Beil ganz heraus, schwang es mit beiden Händen, kaum noch bei Bewußtsein, und ließ es, fast ohne Anstrengung, fast mechanisch, mit dem Rücken auf den Kopf der Alten niederfallen.«
Das Verwischen der Spuren: »Er steckte das Beil mit der Klinge ins Wasser, (...) sodann zog er das Beil heraus, wusch das Eisen und danach längere Zeit, etwa drei Minuten lang, den Holzgriff, wo dieser blutig geworden war...«
Das Zurücklegen der Tatwaffe: »Er konnte das Beil an seinen alten Platz unter der Bank zurücklegen und es sogar mit einem Holzscheit zudecken.«
Raskolnikows schreckliche Entschlossenheit wurde ausreichend aufgezeigt... nun kann das Beil aus dem Buch verschwinden...

Ein Metallring mit einem Griff und einer Schneidrinne: Die Handhabung dieses Werkzeugs benötigt viel Kraft.

Ritzeisen

Auch wenn sich das Ritzeisen des Försters und Holzfällers äußerlich vollkommen von demjenigen unterscheidet, welches der Böttcher verwendet, um sein Markenzeichen in ein Faß zu kerben, dient es demselben Zweck: eine Kerbe in das Holz zu ritzen. Das Eichenholz des Faßbodens weist eine glatte Oberfläche auf, die leicht einzuschneiden ist. Anders verhält es sich bei einem Baumstamm im Wald. Auch wenn man eine kleine Fläche des Baums entrindet und so ein »Schild« für die Kennzeichnung vorbereitet hat, muß die Markierung weit sichtbar und daher tief eingekerbt sein. Dies erklärt die Größe der U-förmigen Schneide dieses Ritzeisens. Der zum Einkerben notwendige Kraftaufwand wird durch das Gewicht des Werkzeugs verringert: Der Holzgriff ist an einem eisernen, ovalen »Schutz« angebracht, der die Finger wirkungsvoll vor dem Kontakt mit der rauhen Oberfläche der Rinde bewahrt. Diese Vorsichtsmaßnahme hat durchaus ihren Wert: Jeder, der manuelles Arbeiten gewohnt ist, kennt aus Erfahrung den Unterschied zwischen einer einmaligen und einer wiederholt ausgeführten Bewegung. Die ersten zehn Kennzeichnungen werden mit Genauigkeit und Sorgfalt ausgeführt. Bei der fünfzigsten wird man langsam müde und läßt sich leicht ablenken. So läuft man Gefahr abzurutschen oder sich aufzukratzen…

Das verlorene Beil

Das Beil des Holzfällers ist ins Wasser gefallen. Der Mann jammert so laut, daß ihn die Flußnixe hört.

»Ist es dieses Beil?« fragt sie und zeigt ihm ein goldenes Beil.
»Nein, meines ist aus grauem Metall.«
Die Nixe taucht unter und kommt mit einem silbernen Beil wieder nach oben.
»Ist es dieses?«
»Nein, meines ist alt und schartig.«
Die Nixe taucht erneut unter und erscheint mit dem verlorenen Beil.
»Das ist es! Oh Nixe, wie kann ich dir nur danken?« ruft der Holzfäller.
»Indem du die beiden anderen behältst und weiterhin so ehrlich bleibst!« sagt die Nixe und verschwindet in den Fluten…

Märchen aus Bali

Brettschneider bei der Arbeit. Nepal.

Schränkeisen

Dabei handelt es sich um ein Werkzeug ganz besonderer Art, da sich sein Wirkungsbereich auf ein zweites Werkzeug erstreckt: Das Schränkeisen ist untrennbar mit der Säge verbunden. Es wird verwendet, um die einzelnen Zähne der Holzsäge abwechselnd nach rechts und nach links auszubiegen. Diesen Vorgang bezeichnet man als »Schränken« (daher der Name des Werkzeugs).

Warum? Weil der »Einschnitt«, den das Sägeblatt im Holz hinterläßt, breiter sein muß als die Stärke der Säge, damit sie in ihrer Hin- und Herbewegung nicht gebremst wird. Dieser zusätzliche Raum ermöglicht zudem eine bessere Beseitigung des Sägemehls, das ohne dieses »Schränken« von dem Sägeblatt in dem Sägespalt eingeklemmt würde.

Mit dem Schränkeisen kann der Handwerker sein Sägeblatt vor Ort schränken, wann immer dies notwendig ist.

Durch die verschiedenen Einkerbungen des Schränkeisens können die Zähne unterschiedlicher Sägen ausgebogen werden.

Holzfäller in einem Baum

Hokusai, »Hundert Ansichten des Fuji«, 1835.

Im Alter von siebzig Jahren macht sich der große japanische Zeichner und Maler Hokusai, der sich selbst einen »alten, zeichenbesessenen Mann« nennt, daran, den Berg Fuji zu ehren, den Vulkan mit der charakteristischen Silhouette, der für die Einwohner des Landes eine Art Schutzgott darstellt. Hokusai tut dies auf eine äußerst originelle und neuartige Weise: Er fügt dem einfachen Berg ungewöhnliche Figuren bei und verleiht ihm dadurch ein stabiles Gleichgewicht inmitten einer ruhelosen Welt.

Auf diesem doppelseitigen Holzschnitt hat der Künstler drei akrobatische Holzfäller in Szene gesetzt, die an den Ästen eines uralten Baumes hängen. Links ist einer von ihnen, mit dem Kopf nach unten, bereits bei der Arbeit. Er scheint inmitten der Vögel am Himmel frei zu schweben und selbst das majestätische Profil des Berges zu beherrschen; er wird von einer starken, um seine Taille gelegten Seilschlinge am Ast gehalten. Der zweite Holzfäller ist mit einem schweren Beil am Gürtel im Aufstieg begriffen, wie ein Rudergast in den Wanten – oder wie ein Affe in den Lianen des Waldes. Der dritte sitzt auf dem Stumpf des Baumes, den er soeben gefällt hat und ruht sich ein wenig aus. Die Klinge seines furchterregenden Werkzeugs hat er vorsichtshalber in das Holz gesteckt.

Die Landschaft unter ihnen ist friedlich, während der Baum – als spürte er seine Verstümmelung – sich zu wehren, sich schmerzhaft zu verkrampfen scheint, wie ein in die Falle geratenes Tier, dem die Folter den Verstand raubt. Die ausgefallenen Stellungen der Arbeiter – die Hokusai mit Sicherheit so beobachtet hat – sind als ironischer Kommentar an sein Publikum zu verstehen.

Blattspaltsäge

Es handelt sich hierbei um ein sehr großes und sperriges Werkzeug, das man in Aktion gesehen haben muß, um seine Verwendung zu verstehen. Die Blattspaltsäge ist etwa einen Meter siebzig hoch und einen Meter breit innerhalb des Gestells, das nach oben und nach unten durch Griffe für beide Hände verlängert wird. In der Mitte des Gestells wird das Sägeblatt durch eine Stellschraube gespannt.

Den vom Holzfäller oder seinem Gehilfen herbeigebrachten Stamm erwartet ein unabänderliches Schicksal: Aus ihm sollen Bretter oder ein Balken gefertigt werden. Der Brettschneider zeichnet also mit Hilfe seiner Schlagschnur (die übrigens auch der Maurer verwendet) parallele Linien oder ein Quadrat auf.

Nun kann der Holzstamm auf den Bock gehoben werden – ein stabiles Gerüst, dessen Form an einen Vierfüßler erinnert (im Arbeitsbereich verwendet man Bezeichnungen, die oft der Tierwelt entnommen sind: Bock, Entenschnabel, Wolfszahn, Steinwolf, Kuh- und Geißfuß, Ratten-, Schwalben- sowie Fuchsschwanz… Der Bock besteht aus einem dicken, schräg liegenden Trägerbalken, der vorne von zwei gespreizten Holzstützen gehalten wird.

Der Stamm wird mit einer Kette am Trägerbalken befestigt und sorgfältig mit Holzkeilen abgestützt. Damit die beiden Männer arbeiten können, liegt die Hälfte des Stammes frei. Ein Arbeiter steht auf dem Holzklotz und geht beim Arbeiten rückwärts, der andere steht ihm gegenüber auf dem Boden und bewegt sich vorwärts. Das Werkzeug ist schwer, die Aufgabe hart… ganz zu schweigen vom heimtückischen Wind, der das Sägemehl in alle Richtungen verstreut. Wenn die Hälfte des Stammes gesägt ist, drehen ihn die beiden Brettschneider um. Sie zeichnen nun sorgfältig die Linien am anderen Ende auf und gehen die Arbeit von dieser Seite her an. Schließlich treffen die Einschnitte des Sägeblatts aufeinander. Die fertigen Bretter werden im Hof des Sägewerks aufgestapelt und mit kleinen Keilen auseinandergehalten, so daß Luft zum Trocknen eindringen kann. So bilden die Bretter für einige Zeit noch einmal die Form des ehemaligen Baumstammes, jedoch mit der Transparenz eines Lattenzaunes.

Das Sägen der Stämme wird am Einschlagort vorgenommen. Frankreich, 1908.

Anrufung des Baumes

Wenn eine Frau Wurzeln einer jungen Zeder geschnitten hat, beginnt sie mit der Anrufung des Baumes: »Sieh mich an, Freund! Ich habe dich um dein Kleid gebeten, denn du bist aus Mitleid zu uns gekommen; es gibt nichts an dir, was uns nicht nützlich sein könnte, denn dies ist dein Wille: Alles an dir ist uns nützlich, weil du uns wirklich dein Kleid schenken wolltest. Ich habe dich darum gebeten, großer Schöpfer, weil ich dich dazu gebrauchen werde, einen Korb für die Wurzeln der Lilien zu flechten. Ich bitte dich, Freund, ereifere dich nicht über das, was ich tun werde und erkläre deinen Freunden, worum ich dich gebeten habe. Vergiß es nicht, Freund! Halte fern von mir die Krankheit, damit ich nicht durch Krankheit oder Krieg getötet werde, oh Freund!«

Kwiakutls-Indianer, Britisch-Kolumbien (gesammelt von Franz Boas)

Späne, Staub und Splitter: der Zehnt der Arbeit

Das Blatt der Axt schlägt zu. Um den Stamm herum fliegen Holzsplitter. Sie verteilen und verlieren sich. Sie werden zu Humus und kehren zur Erde zurück. Sie fehlen für immer der Masse des gefällten Baumes. Als wären sie gestohlen worden. Als stellten sie eine Abgabe auf den Gewinn des Menschen, den Preis für das Brechen des Widerstandes des massiven Materials dar. Eine Mautgebühr. Den Preis für das Einwirken des Werkzeugs, den Teil, den man der Natur oder der Technik für die Verwandlung eines aufrecht stehenden Baumes in einen Holzklotz lassen muß. Nicht alle Schneidwerkzeuge erzielen dasselbe nahezu ideale Ergebnis wie der Schneiddraht auf der Butter, der Diamant auf dem Glas oder das Messer auf dem Fleisch.

Der Holzstaub – auch Sägemehl genannt –, der am Fuße der großen Baumstümpfe die kürzlich vorgenommene Arbeit des Holzfällers anzeigt, bleibt liegen. In zu geringer Menge, zu sehr vermischt mit Reisig, Moos und Blättern, als daß es sich lohnen würde, ihn aufzusammeln. Das Sägemehl entspricht der Holzmenge, die der Einschnitt zur Teilung des Stammes in zwei Stücke fordert und ist daher eine zu vernachlässigende Menge, ein verlorenes Gut.

Wird der Stamm jedoch in die Werkstatt gebracht und dort in Bretter gesägt, sammelt sich Sägemehl in großer Menge an: Hier versucht man, es los zu werden. Man verkauft es an Händler, die es ihrerseits an Kaufleute abgeben. Diese bestreuen damit den Boden ihrer Lagerhallen. Einst wurde es auch zum Anheizen von Öfen verwendet.

In der Tischlerwerkstatt häufen sich auf dem Boden dünne, wie Korkenzieherlocken gedrehte Holzstreifen an: die durch die Klinge des Hobels entstehenden Sägespäne. In regelmäßigen Abständen kehrt sie der Handwerker zusammen und schüttet sie in einen Sack, der vollgefüllt noch immer leicht ist. Der Bäcker verwendet sie weiter. Denn dadurch gewinnt er Zeit: Ein Streichholz genügt, um die helle Flamme zu entzünden, die schon bald auf das Brennholz übergreift.

Die Abfälle, die bei der Arbeit eines Bildhauers entstehen, zumindest die größeren Steinsplitter, wurden einst für verschiedene Zwecke genutzt. Meistens wur-

den sie zum Streuen oder Aufschütten verwendet oder abtransportiert. Einigen dieser Bruchstücke wurde die Ehre zuteil, als »Blätter« für die Skizzenbücher der Baumeister im Alten Ägypten zu dienen. Dort wurden mit einem in schwarze Tinte getauchten Schreibrohr Vorlagen gezeichnet, die Tiere, Blumen, das Profil eines Pharaos oder die Gestalt eines Bauern darstellten. Diese wurden dem Bildhauer auf der Baustelle weitergegeben. Aufgabe des Handwerkers war es nun, die Zeichnung maßstabgetreu zu vergrößern. Welch ein Wunder! Viele solcher Zeichnungen wurden aufgefunden, zerbrechliche Flöße im Fluß der Zeit, die den feierlichen Charakter und die Arbeit mit sich bringen und zeigen, was der Meister einst hastig, jedoch mit sicherer Hand gezeichnet hat.

Zum mineralischen Bereich gehört auch der Staub von Marmor, Stein oder Gips, der sich in einer nicht greifbaren Schicht in der Werkstatt des Künstlers oder des Handwerkers niederschlägt. Runde Konturen, weiche Kanten, abgeschliffene Ecken – der Staub der Zeit, der Schnee der Arbeit hat seinen Zauber vollbracht und kann mit einem einzigen Atemhauch in alle Winde zerstreut werden.

Selbst die Arbeitsstätte des Schmieds ist staubbedeckt. Eisen- und Roststaub, Feilspäne von scharfem Geruch tragen dazu bei, Kinder von der magischen Macht des Magneten zu überzeugen.

Feine bläuliche Eisenspäne werden vom Werkzeug des Schlossers erzeugt. Sie sind zu scharf, als daß man sie bearbeiten könnte, zu leicht, um wiederverwendet zu werden. Sie werden sich irgendwann in einem großen Rosthaufen auflösen.

Bei den Glasbläsern werden die Blasen, Spritzer, Splitter am Abend aufgesammelt und am nächsten Tag zusammen mit Sand für den ersten Glasguß verwendet. Als leiteten sie diesen ein.

In der Töpferwerkstatt geht nichts verloren. Sobald ein Krug fertig ist, wirft der Töpfer mit geübter Geste die noch an der Töpferscheibe oder an den winzigen Werkzeugen klebenden Lehmreste in den Tonbehälter.

Und Ehre, wem Ehre gebührt: In der Goldschmiede werden am Ende des Tages die zusammengefegten Staubkörner aufgesammelt und die Schuhsohlen abgekehrt. In der Hitze des Schmelztiegels entsteht daraus eine kleine Goldperle.

Arbeiten bedeutet oft, Material zu entfernen: Hobelspäne, Beilsplitter, Feilspäne…

Das Beil und die Dechsel

Beide Werkzeuge bestehen aus vergleichbaren Bestandteilen: einem Holzstiel und einem zur Schneide hin breiter werdenden Stein- oder Metallblatt. Dennoch sind sie vollkommen verschiedenartig. Aufgrund der Handbewegung, mit der sie betätigt werden, ihrer Funktion und der Länge ihres Stiels kann man sogar sagen, sie seien nicht aufeinander reduzierbar, könnten sich nicht gegenseitig ersetzen.

Die Schneide des Beils steht parallel zum Stil. Sie befindet sich also in dessen Achse. Die Schneide der Dechsel ist quer zur Stielachse angeordnet und leicht in Richtung des Stiels geneigt.

Das Beil schneidet kleine Äste oder schlägt Kerben in den zu fällenden Baumstamm. Der anfallende Span wird durch einen Querschlag entfernt. Das Beil dient auch zum Spalten eines Holzscheits.

Die Dechsel ist mit der Hacke des Bauern verwandt. Mit ihr kann ein Stamm ausgehöhlt werden, um daraus einen Einbaum zu machen, die runde Form eines Stammes kann abgeflacht werden, so daß daraus ein Türbrett oder ein quadratischer Balken entsteht.

Das Blatt des Beils befindet sich am Ende des Stiels und wird in einiger Entfernung vom Körper geschwungen. Das Blatt der Dechsel wird vom Arbeiter zu sich hergezogen.

Einige afrikanische oder ozeanische Dechseln sind mit Stielen versehen, deren Länge aufgrund der Arbeitsgewohnheiten denen der Beile genau entspricht. In Europa ist der durchschnittliche Stiel einer Dechsel dagegen auf einen Griff reduziert, der etwas mehr als handbreit ist.

Ein Werkzeug, das auf das Wesentliche reduziert ist. Die Geschicklichkeit des Handwerkers übernimmt den Rest. Neuguinea.

Ist der Stiel, der die Befestigungsrichtung des Blattes anzeigt, nicht vorhanden, so ermöglicht noch ein anderes Element die sichere Unterscheidung zwischen den beiden Werkzeugen: Das Eisen des Beils weist zwei vollkommen symmetrische Seiten auf, während die Schneide der Dechsel auf der Unterseite schräg zuläuft. In einem archäologischen Museum, wo die Blätter so ausgestellt sind, wie sie gefunden wurden, also ohne Stiel, wird die Abgrenzung zwischen den beiden Werkzeugen durch dieses Merkmal festgelegt.
Aufgrund seiner Form kann ein Beil nicht zum Abflachen eines Holzstücks verwendet werden: Wo würde der Zimmermann seine Hand anlegen? Auch zum Aushöhlen von Holz würde es höchstens von einem Schiffbrüchigen verwendet werden, der nichts anderes zur Verfügung hat, und auch das nur unter tausend Qualen.
Die Dechsel ihrerseits wäre wiederum keine große Hilfe für jemanden, der einen Zweig abschneiden wollte. Versuchte man, mit einer Dechsel einen Baum zu fällen, so hieße das, die Geduld auf eine äußerst harte Probe zu stellen.

Das Beil darf man sich als schweres Messer vorstellen, das mit Hilfe des Stiels geschwungen wird. Die Dechsel dagegen erinnert an einen stoßweise arbeitenden Hobel, da sie die Schuppen vom Holz und die Kanten von den abgeschuppten Stellen beseitigt, bis schließlich eine glatte Fläche entsteht. In ihrer Funktion, das Holz auszuhöhlen, wird sie heute durch den Beitel und den Klöpfel ersetzt, die eine höhere Genauigkeit ermöglichen.
In unseren Breitengraden stellt die Dechsel eine Art Übergangswerkzeug dar: Man baut kein Boot mehr, indem man einen Stamm aushöhlt, sondern indem man Bretter auf Holzstreben zusammenfügt. Die Tischplatte, die Schranktür gelangen also schon in vollkommenem Zustand in die Hände ihrer Besitzer.

Die Befestigung des Stiels ist mit einem Korbgeflecht verstärkt. Beil aus Indonesien.

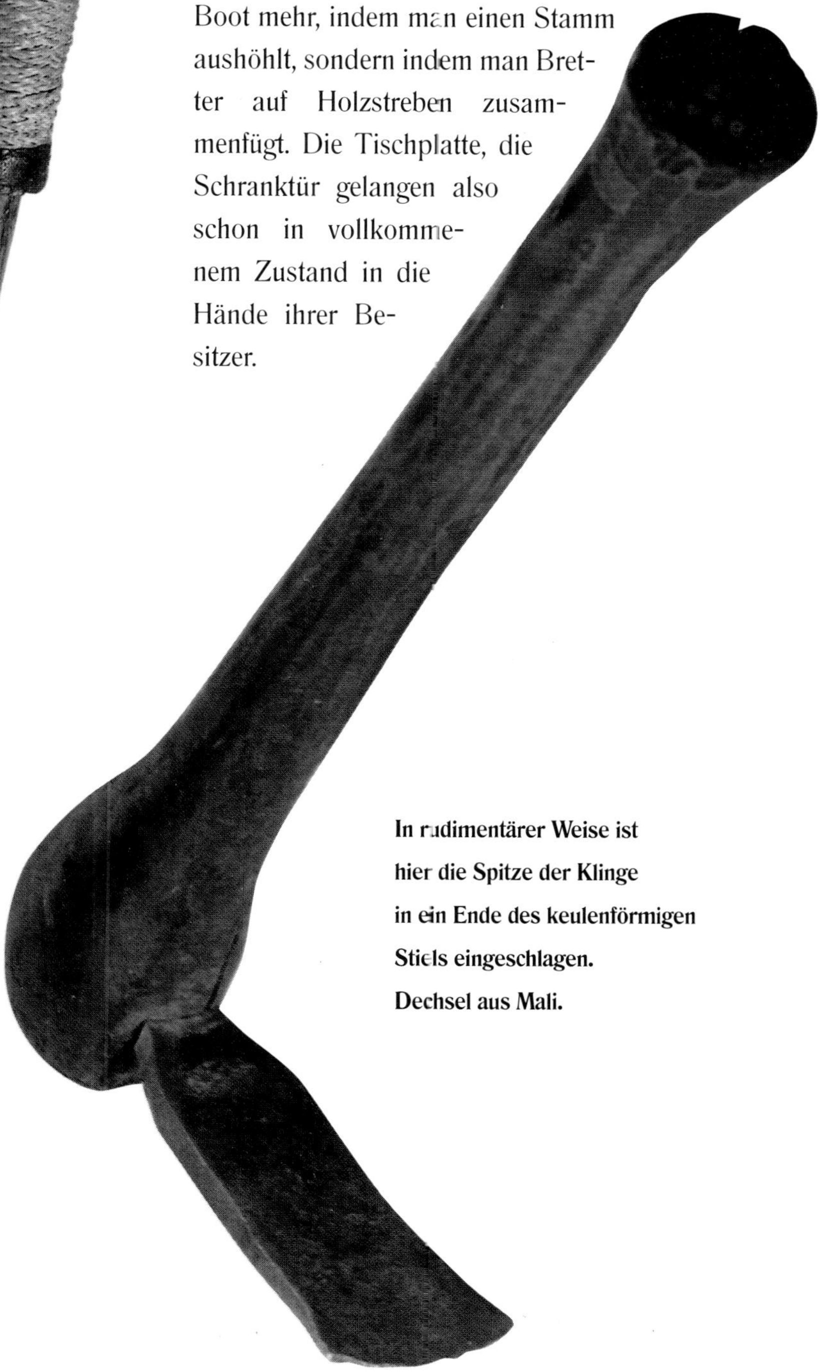

In rudimentärer Weise ist hier die Spitze der Klinge in ein Ende des keulenförmigen Stiels eingeschlagen. Dechsel aus Mali.

Der kleine Gegenstand aus Kupfer ist eine naturgetreue Nachbildung eines afrikanischen Werkzeugs.

Miniaturdechsel Gewicht zum Goldwiegen

Volk der Ashanti

In anderen Teilen der Welt sucht man Gold im Flußsand. Im Zentrum des afrikanischen Ghana, gräbt das Volk der Ashanti, die seit langer Zeit Goldsucher sind, bis in die Alluviumschichten reichende Minenschächte, um auf Gold zu stoßen.

Der glänzende Staub, die gelben Körner werden aufgesammelt und zu einem Block verschmolzen. Da das Gold früher nicht als Zahlungsmittel diente, sondern zur Verzierung der Paläste der Mächtigen verwendet wurde, wurde das Metall von den Bergarbeitern an Handwerker oder an Zwischenhändler verkauft.

Die Transaktion erfolgte mittels einer einfachen Waage, die jedoch immer ein ausgewogenes Urteil fällte. In die Schale gegenüber dem kleinen Goldhaufen legte man ein Kupfergewicht, das bei weitem nicht die zylindrische oder achteckige Form unserer Gewichte hatte, sondern ein kleines Kunstwerk darstellte. Es gab unendlich viele verschiedene Darstellungen, von der geometrischen Form bis hin zum Insekt, zum Tier, oder zum Gegenstand aus dem täglichen Leben. Oft wurden diese Gewichte nach der alten Technik der verlorenen Wachsform hergestellt. Diese funktioniert folgendermaßen: Man formt einen Gegenstand aus Wachs, fügt oben und unten einen kleinen Holzzweig an, schließt diese Einheit in einen Tonklumpen ein, den man in das Feuer legt. Das Holz verbrennt, das Wachs schmilzt und läuft ab. Durch das obere Loch schüttet man mit Hilfe einer kleinen Eisenkelle schmelzflüssiges Kupfer. Nun wird die Tonhülle ausgekühlt und zerbrochen, die an der Stelle der kleinen Holzzweige entstandenen Metallstäbe abgeschnitten, und schon hat man den Gegenstand vor sich liegen.

Oben ist die naturgetreu nachgebildete Dechsel eines afrikanischen Zimmermanns mit ihrem winkelförmigen Stiel, ihrer soliden Haube und ihrer breiten Klinge zu sehen. Ich habe einen Ghanaer nach dem Grund für diese Darstellungen gefragt, die vom Stern über die Schildkröte, den Katzenwels und die Heuschrecke bis hin zur Krebszange reichen. Er hat mir geantwortet, daß das Wiegen von Gold eine sehr delikate Aufgabe sei, ein Augenblick höchster Spannung. Daher müsse der Waagemeister ein Gesprächsthema finden, das kurze Zeit für Entspannung sorgt. Was wäre hier besser geeignet als ein symbolisches Zeichen, ein vertrautes Tier oder dieses Werkzeug, von dem man mit Recht behaupten könne, es habe zur Gestaltung unserer Welt beigetragen: vom Einbaum über das Ahnenbildnis bis hin zur Haustüre?

Die um das Werkzeug gewickelte Schnur verbirgt, daß der Stiel eigentlich die Form eines Prellbocks hat.

Polynesische Dechsel, Gesellschaftsinseln

Da die Südseevölker die Metallurgie nicht kannten, wurden die Steinwerkzeuge, namentlich die mit einem Stiel versehenen Dechseln, in allen Bereichen der materiellen Schöpfung verwendet: Bau von Häusern und Einbäumen, Herstellung von Gegenständen für das tägliche Leben oder für einen religiösen Kult, wie beispielsweise die Herstellung von Ahnenstatuen.

Beil aus dem Hochland Zentralguineas, Berg Hagen

Dieser Gegenstand ist nur scheinbar ein Beil, denn er weist auf eine soziale Rangordnung hin. Er erfüllt eine Aufgabe, die ihm traditionell zuerkannt und zugeteilt wird. Es kommen noch zwei weitere Gründe hinzu. Dieses Beil mit Holzklinge kann nicht verwendet werden: Es ist aufwendig und teuer gearbeitet und repräsentiert Luxus, Macht und Adel. Darüber hinaus verleihen ihm seine Machart, seine glattpolierte, lange und breite Holzklinge, die Sorgfalt, mit der die geflochtene Befestigung gearbeitet ist, eine Schönheit, welche die Dorfbewohner von Neuguinea – ebenso wie wir – bewundern.

Die zeremonielle Dechsel aus Ozeanien (Cook-Inseln) ist auf einem Sockel befestigt. Sie preist die magische Macht der Werkzeuge.

Dechsel

Wie die gebräuchliche Dechsel ist auch die rituelle Dechsel mit Steinklinge nach dem Prellbock-Prinzip gebaut: Der Schaft der Klinge trifft auf einen in den senkrechten Teil des Werkzeugstiels eingehauenen Anschlag. Hier wird die Steinklinge von einer langen, aufwendig verflochtenen Schnur in Position gehalten, die einen wunderbar dekorativen, geometrischen Effekt erzielt.
Ihr über und über mit minutiös eingekerbten Motiven verzierter Stil ist zu einer Art Sockel oder Fußteil geworden.
Es ist interessant, daß diese Dechseln, über deren Funktion nichts Genaueres bekannt ist (Opfergabe, Verehrung, Attribut weltlicher oder religiöser Macht…), schon früh hergestellt wurden, um an Europäer verkauft zu werden.

Ein Geheimnis: das Zeichen der »Ascia«

In vielen Texten altrömischer Schriftsteller liest man den Ausdruck »sub ascia«, also »unter der Dechsel«. Dies bedeutet, daß ein Mensch gestorben ist. Auch auf Grabsteinen kann man unter dem Namen des Verstorbenen, der Angabe seines Alters, dem Lebenslauf oder der Aufstellung der von ihm erfüllten Aufgaben die Bemerkung »sub ascia dedicavit« lesen. Man nimmt an, daß diese darauf verweist, daß die Grabriten vorschriftsgemäß zelebriert wurden.

Auf der gallisch-römischen Stele im Musée d'Aquitaine in Bordeaux ist deutlich eine »Ascia« zu erkennen, ein Werkzeug mit waagerechter Schneide.

Die »Ascia« ist ein Werkzeug, das zum Aushöhlen eines Balkens oder zum Glätten von Holz verwendet wurde. Sie ist der Vorfahre des Werkzeugs, das die Böttcher als kleine Dechsel oder als Handaxt bezeichnen – der etymologische Zusammenhang wird hier deutlich. Doch es handelt sich um eine spezialisierte Variante der Dechsel, die aus der Mode gekommen ist, da das Aushöhlen nun von Beitel und Klöpfel, das Glätten vom Hobel übernommen wird. Die römischen Schriftsteller, auch diejenigen, welche die damalige Welt in ihrer Eigenschaft als Historiker, Soziologen oder Enzyklopädisten betrachteten, haben wohl den Schlüssel zu diesem Geheimnis mit sich genommen. Die alten Römer waren für ihr Festhalten an den Riten, für ihren Aberglauben bekannt. Was die »Ascia« darstellte, warum ihre Anwesenheit bei einem Begräbnis notwendig und glückbringend war, schien vielleicht so alltäglich, so trivial und allseits bekannt zu sein, daß es nicht ausdrücklich beschrieben werden mußte. Vielleicht glaubte man auch, daß allein schon der Gedanke daran Unglück bringen würde...

Ausgehend von einer (teilweise in lateinischer Sprache verfaßten) italienischen Studie mit Verzeichnis aus dem 18. Jahrhundert wurden seither ununterbrochen alle möglichen Auslegungen versucht, doch bis heute fand man keine triftige Erklärung. Das Werkzeug sei demnach zum Spalten des Holzes für den Scheiterhaufen, zum Anrühren des Gipses für das Grab, zum Hauen der Steine für den Sarkophag verwendet worden ... Vermutungen, die der wahren Verwendung der »Ascia« wohl nicht ganz gerecht werden.

Auch die Entdeckung eines eingeprägten »Ascia«-Zeichens auf der Außenwand gallisch-römischer Sarkophage des zisalpinen Galliens konnte keine Erklärung für dieses Geheimnis liefern. Diese Sarkophage werden heute in den Museen von Avignon, den Aliscamps in Arles, in Chalon-sur-Saône, Bordeaux und Mainz aufbewahrt.

Jedenfalls kann es sich nicht um Grabstätten von Schreinern oder Zimmerleuten handeln. Auch die ägyptischen Verstorbenen begleitete eine Miniaturdechsel (oder eine auf einem Grabgemälde dargestellte Dechsel, was dasselbe bedeutet, da die Darstellung den Wert des echten Gegenstands hat): Das Werkzeuginstrument diente dazu, Augen und Mund des Toten offenzuhalten. Ein Leben nach dem Tod? Treues Festhalten an einem Glauben der Vorfahren, dessen Sinn nicht bekannt ist? Vielleicht ruht der Schlüssel zu diesem Geheimnis in einem noch nicht inventarisierten Manuskript ...

Auch wenn es noch keine Klarheit gibt, können wir hieraus etwas lernen. Es ist berührend und faszinierend, wenn man auf der steinernen Pforte zur Totenwelt das Profil des Werkzeugs entdeckt, das noch Generationen später zur Herstellung von Dingen für das alltägliche Leben und zum Aufbau der menschlichen Existenz verwendet wurde.

Kürzlich durchgeführte Ausgrabungen der Totenstadt Nave in der Gegend von Brescia in Italien beweisen, daß es üblich war, bei der Begräbniszeremonie ein junges Schwein zu opfern. Die Verwendung einer »Ascia« zur Ausübung dieses Ritus wirft erneut die Frage auf: Warum gerade dieses Werkzeug, wo doch die Römer das Messer, die Hacke, das Beil kannten? Mußte die »Ascia« etwa im und durch das Blut gereinigt werden?

Das Relief zeigt einen Zimmermann bei der Arbeit. In der Hand hält er sein Werkzeug. Musée d'Aquitaine.

Die Werkzeuge von Robinson Crusoe

Als Kind habe ich voll Angst und Leidenschaft, mit klopfendem Herzen und ganzer Hoffnung den abenteuerlichen Beginn des armen Robinson Crusoe gelesen. Ach! Diese Not! Dieses Unglück! Diese Verlassenheit! Dieser Mut! Wird er es schaffen? Ach, könnte ich ihm doch nur helfen!

Im dritten Kapitel stieß ich auf folgende Passage: »Es gab andere Dinge, die mir wichtiger waren, vor allem Handwerkszeug. Erst nach langem Suchen fand ich die Kiste des Zimmermanns, eine kostbare Beute und mir damals mehr wert als eine Schiffsladung voll Gold.«

Natürlich. Ach ja, klar! Zu einfach! Eine Kiste voll mit Werkzeugen! Eine merkwürdige Einöde! Eine komische Einsamkeit! Alles war da, nichts würde ihm Schwierigkeiten bereiten… Noch dazu… die Kiste eines Schiffszimmermanns! Später sollte mich die Erfahrung lehren, was diese Kiste enthielt! An jenem Tage ahnte ich es. Was mir sonnenklar und offensichtlich erschien, war der Betrug dieser beiden Gefährten, Meister Daniel und Meister Robinson. Schade, meine Herren, ich verlasse Sie am Anfang Ihres Buches. Das phantastische, erfundene Überlebensabenteuer, das Sie mir versprochen haben, hat sich in Nichts aufgelöst. Sie haben eine Abkürzung genommen. Das ist zu einfach. Selbst ein einziges Werkzeug im Vergleich zu den bloßen Händen eines vollkommen durchnäßten Schiffbrüchigen…

Damals habe ich beschlossen, diese Schwindler hier, noch auf dieser Seite zu verlassen… dennoch fuhr ich in meiner Lektüre fort, um ihnen eine Chance zu geben und um zu erfahren, was sie machen würden.

Eine Schiffswandung, die an den offenen Dachstuhl einer umgedrehten Kathedrale erinnert…
Die Zimmerleute von Kalikut (Indien) sind geschäftig am Werk.
Die Schiffszimmerer mußten in ihrem Werkzeugkasten alles vorrätig haben, was für eventuelle Reparaturen notwendig war.

Die Bestielung

Bei der Entwicklung von Verfahren stellt das Bestielen des Werkzeugs eine einfallsreiche Antwort auf eine schwierige Frage dar: Wie soll das Aufeinandertreffen, die Verbindung der verschiedenen Formen und Materialien zur Ausführung einer Arbeit erfolgen?
Wird die Masse des Hammerkopfes am Ende eines Hebels geschwungen, so schlägt sie stärker zu. Wird das Blatt des Beils am Ende des Holzarms geschwungen, so kommt zu seinem eigenen Gewicht noch der Schwung hinzu.
Doch nun muß noch das Material gefunden werden, aus dem dieser Stiel bestehen soll. Es sollte aus denjenigen Materialien ausgewählt werden, die die Natur zur Herstellung eines Werkzeugs zu bieten hat. Die beiden Teile des Werkzeugs, sein »Kopf« und sein Stiel, sind aufeinander angewiesen, und doch müssen sie zumeist aus verschiedenen Materialien bestehen, damit Gewicht eingespart und Stöße aufgefangen werden können.

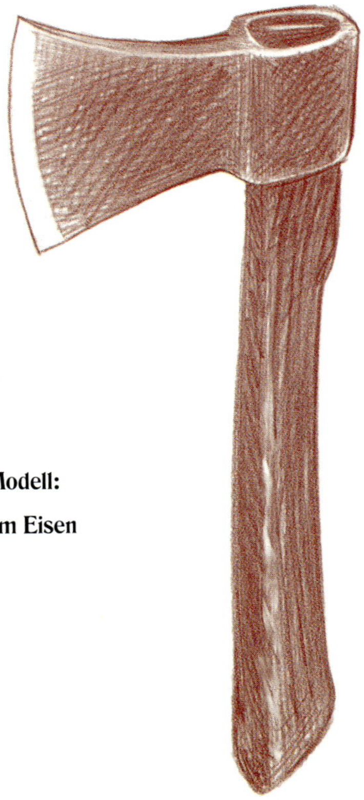

Das endgültige Modell: Der Stiel steckt im Eisen des Beils.

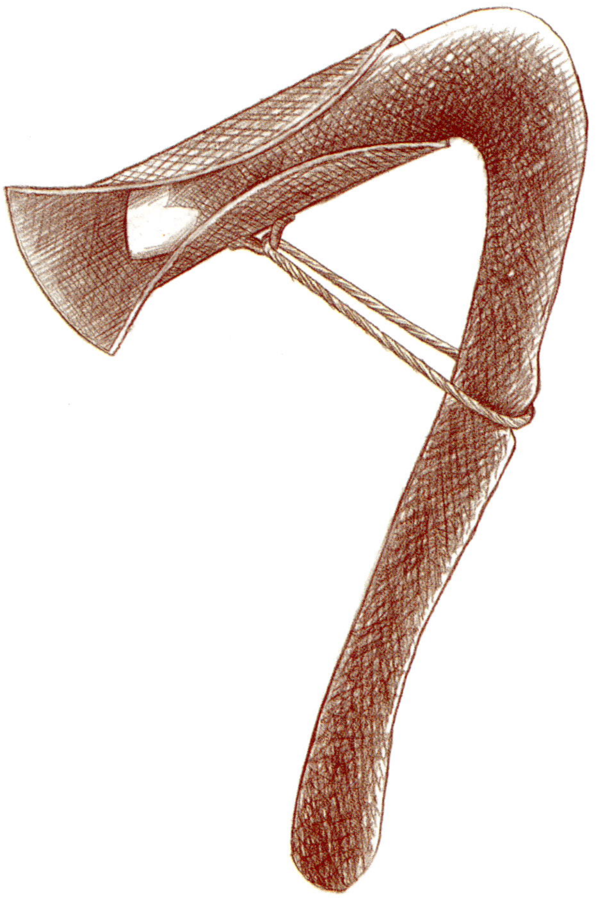

Das Metall verbindet sich mit der Biegung des Stiels.

Es ist offensichtlich, daß bei einem Hammer oder einem Beil mit Eisenstiel der Schwerpunkt am oberen Ende des Stiels läge und nicht im eigentlichen Wirkungsbereich des Werkzeugs. Dies hätte einen Verlust an Wirksamkeit bedingt durch den Energieaufwand zur Folge, der zum Hochheben des unnützen Gewichts notwendig wäre, ganz zu schweigen vom Kampf gegen das Ungleichgewicht des Werkzeugs. Ein massiver Steinhammer oder ein massives Steinbeil wären so nicht realisierbar… selbst bei Verwendung eines sehr kurzen Stiels würde der Handwerker Gefahr laufen, sein Werkzeug zu zerstören. Zudem hätte er schrecklich unter den Rückschlägen zu leiden, da die Stöße in vollem Maße auf den Arm übertragen würden. Wie im akustischen Bereich beispielsweise der Korken die Funktion übernimmt, Vibrationen abzufangen, so »dämpft« das Holz des Stiels den Rückschlag, die Welle, die durch den Schlag des Hammerkopfs entsteht. Ein gut ausgewähltes Holz ist hart und solide; es weist gleichzeitig eine gewisse Flexibilität auf, auch wenn diese nach außen hin kaum erkennbar ist. Schließlich ist Holz in großer Menge und in einer leicht zu verarbeitenden Form verfügbar. Auch lange Tierknochen könnten einen Werkzeugbauer auf der Suche nach einem Stiel inspirieren, doch wären sie aufgrund ihrer röhrenartigen, zerbrechlichen Struktur nicht geeignet, insbesondere für die Stelle, an der die beiden Werkzeugteile miteinander verbunden werden. Kompaktere Knochenmaterialien (z. B. Schädel von Dickhäutern, usw.) sind von vornherein ausgeschlossen, da ein enormer Energieaufwand notwendig wäre, um auch nur einen einfachen Zylinder herauszuschneiden.

Gelegenheiten regen oft zu Ideen an, und so ist man fast versucht zu sagen, daß ein aufgehobener Ast der erste Schritt wäre, einen Stiel zu erfinden. Hält man in seiner Hand einen Stab und bewegt man diesen, so reicht dies aus, um sich ein klares Bild von den Vorteilen zu machen, die dieser einfache Gegenstand in sich birgt: Aus rein statischer Sicht wird der Körper nur um das Ausmaß des Stabes verlängert; doch unter dem Gesichtspunkt der Dynamik ist die Errungenschaft beträchtlich: eine zusätzliche Kraft, die eine Hebelwirkung mit sich bringt.

Nun muß noch das Material der Klinge – Stein oder Metall – fest mit dem Holz des Stiels verbunden werden. Beim Beil taucht sogleich eine Schwierigkeit auf: Auf welche Weise könnte das Holz Teil des Werkzeugs sein, und wie könnte die Befestigung der gewaltigen Arbeit des Schlagens widerstehen?

Randbeil: ein Werkzeug zum Aushöhlen.

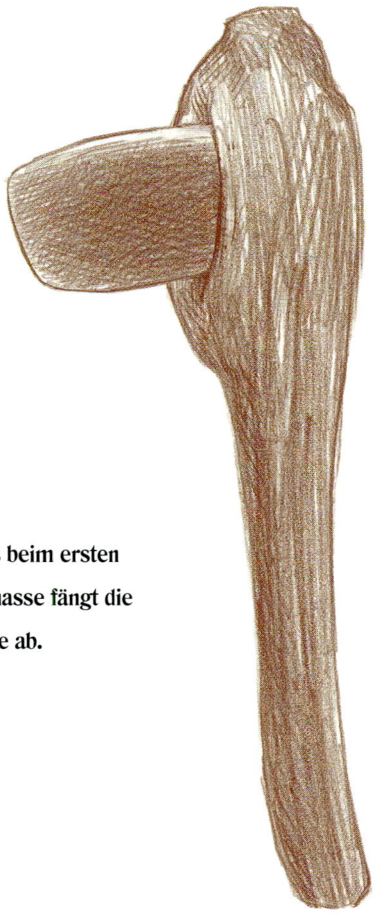

Kräfteverhältnis beim ersten Beil: Die Holzmasse fängt die Stöße der Klinge ab.

Im Laufe der Verfahrensentwicklung wurden verschiedene Lösungen gefunden, einige Umwege führten dabei in Sackgassen …

Das einfachste System, ein Werkzeug mit einem Stiel zu versehen, besteht darin, den Absatz des Steinbeiles in den keulenförmig verbreiterten Teil des Schafts zu stecken. Was die Solidität des Werkzeugs betrifft, ist dies eine gute Lösung: Das Holz erfüllt seine Aufgabe als Anschlag und die Verwendung des Werkzeugs trägt dazu bei, den Stein in den Stiel einzuschlagen.

Einige europäische und amerikanische Steinbeile sind mit einer quer laufenden Nut versehen. Die beiden Arme einer Astgabel wurden in diese eingeführt und oben mit einem Lederriemen zusammengehalten.

Da der Umriß des Werkzeugs einen rechten Winkel darstellt, kam man auf die Idee, ein gewachsenes Holzstück von dieser Form zu verwenden oder eines so zuzuschneiden, daß es diese Gestalt annimmt. Der abgewinkelte Kopf des Stiels stellt einen seitlichen Anschlag dar, der den Schaft der Klinge hält. Diese

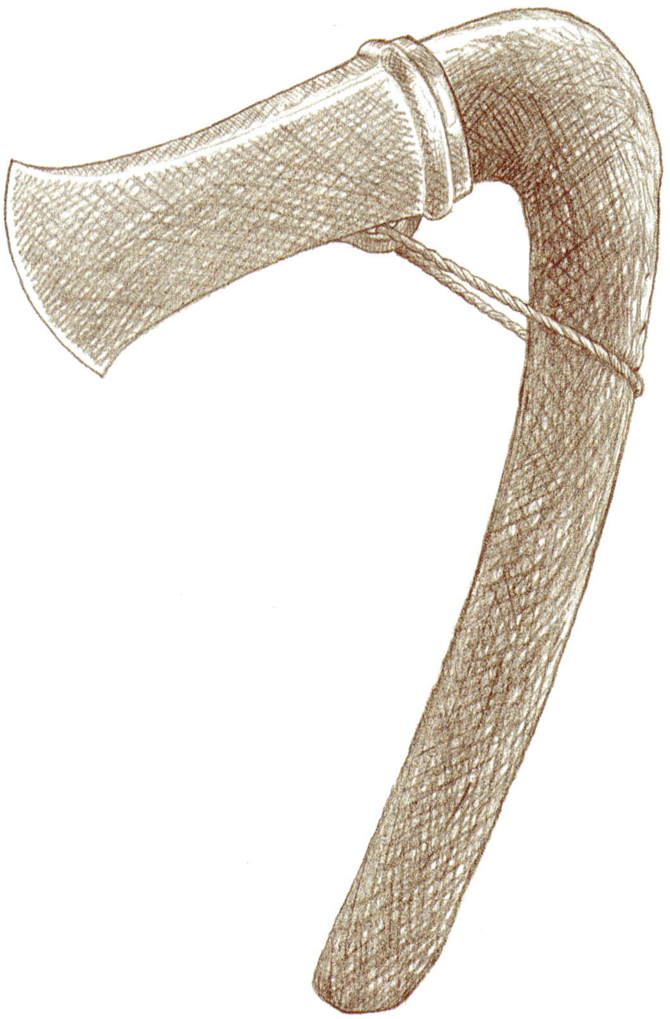

Tüllenbeil.

wird wiederum mit Hilfe eines Lederriemens in Position gehalten. Wird die Steinklinge waagerecht angeordnet, so erhält man eine Dechsel. Steht die Schneide parallel zum Stiel und ist der Schaft in eine Kerbe in dem vom Stiel geformten »Schnabel« eingeführt, so hat man ein Beil hergestellt.

Als die Menschen den Versuch unternahmen, die aus dem Antagonismus Stein – Holz entstehenden Nachteile zu beseitigen, kam ihnen die Idee, ein Zwischenstück als Materialpuffer zu verwenden: Horn. In ein gerades Stück Hirschgeweih setzten sie auf einer Seite den Schaft des Beils ein. Dann durchbohrten sie diese Hülle auf halber Länge, um dort den Stiel anzubringen.

Die Klingen, die durch Absplittern nierenförmiger Feuersteine hergestellt wurden, ersetzte man später durch Klingen aus hartem Stein, die durch Abreibung gefertigt wurden. Reibung gegen einen anderen Stein, Verwendung von Schleifsand… der, am Ende eines sich zwischen den Handflächen drehenden Stabes verwendet, das Bohren eines zylindrischen Loches in den Stein ermöglicht. Dies ist der Vorgänger des »Auges«, in welches die Stiele unserer Beile und Hammer eingeführt werden. Damit war das Prinzip gefunden.

Bronze war schon entdeckt worden, ebenso das Tiegelschmelzverfahren und schließlich das Formgießen. Die technologischen Innovationen finden jedoch nicht immer im Gleichschritt mit der Erfindung an sich statt. Da es damals unmöglich war, eine Bronzeklinge zu gießen, die eine Kopie des besten Steinbeils ergeben hätte, suchten die Metallarbeiter der Bronzezeit nach anderen Lösungen für das ewig währende Problem, wie die Klinge am Stiel befestigt werden kann. Sie behielten die Idee des gekrümmten Stiels bei und paßten diesem Stiel die Klinge durch einen hohlen Schaft in Form einer Haube oder durch eine einfallsreiche »Flügelvorrichtung« an, die die beiden Seiten des in der Mitte gespaltenen Stiels umschließt.

Steinbeil mit einem Zwischenfutter aus Hirschgeweih: ein Puffer zwischen Stein und Holz.

Diese Form führte zwangsläufig zur Herstellung einer Haube, die das Ende des Stiels vollständig umschließt. Werden die heutigen Werkzeuge (eines marokkanischen Drechslers, eines äthiopischen Holzfällers) auf einen kurzen Stiel aufgesetzt, so können sie je nach Stellung der Haube im Bezug auf den Stil als kleines Beil oder als Dechsel verwendet werden.
In der Eisenzeit verwendete man sowohl diese Art, Werkzeuge zu bestielen, als auch das System des in den Klingenkörper gearbeiteten Auges. Die Römer besaßen derartige aus dem Osten kommende Werkzeuge, wie sie im ganzen Mittelmeerraum bekannt waren. Im Mittelalter verwendete man Klingen, deren relativ lange Haube vom schneidenden Teil klar abgetrennt waren, wodurch sie wie Hellebarden aussahen.
Die Entwicklung geht weiter: Die Haube wird oval, die Form der Klinge nähert sich immer mehr einem kompakten Rechteck an.
Das Prinzip bleibt unverändert, da das Gleichgewicht zwischen der Länge des Hebels, dem Gewicht des Werkzeugs und einer soliden Stielbefestigung nun gefunden ist. Dies gilt natürlich unter Vorbehalt der unzähligen Varianten von Arbeiten, Berufen, Ländern und sogar Provinzen. Das Beil der französischen Region Landes darf nicht mit demjenigen verwechselt werden, das in den Karpaten verwendet wird; ebensowenig ähnelt die Axt eines Holzfällers in den südlichen Alpen der seines finnischen Kollegen.
Das T-förmige Beil in Laos, dessen Klinge am Ende einer langen, als Ausgleichshebel fungierenden Holzleiste befestigt ist, würde sicher jeden westlichen Arbeiter neugierig machen. Im Gebrauch erweist es sich dank seiner Schlagpräzision als unentbehrliches Werkzeug für die vollendete Ausführung feiner Arbeiten wie der Endbearbeitung von Dachgebälk vor Ort.

Das Beil mit Gegengewicht aus Laos oder der Kult der Präzision.

Eines der ersten Beile: ein polierter, an einen Stiel gebundener Stein.

Der Zimmermann

Der Dachstuhl ist das Skelett eines Daches, eine Konstruktion, die die schwere, aus Ziegeln, Schiefer oder Metallplatten bestehende, äußere Dachhaut tragen muß.
Die Zimmerleute sind sehr stolz auf ihren Beruf und weisen mit Nachdruck darauf hin, daß sich dieser von anderen Berufen, wie beispielsweise dem des Holzfällers, unterscheidet. Sie machen deutlich, daß das Wesentliche – und auch der Stolz – ihres Berufes nicht darin liegt, das schwere Breitbeil zu führen oder mächtige Eichenbalken auf Mauern zu heben. Dies betrifft nur die Ausführung: Sie erfordert gewiß Fachwissen und Geschicklichkeit, doch steht sie an zweiter Stelle.
Vorher muß die Anordnung der Balken zueinander gefunden und eine Art Generalprobe am Boden vorgenommen werden.

Der Nagelzieher des Zimmermanns ist ein schweres und stämmiges Werkzeug. Er wird für den Bau von Kisten, Zäunen und Gerüsten verwendet.

Wollen wir etwas über die Geschichte der einzelnen Werkzeuge erfahren, so müssen wir den Lauf der Zeit zurückverfolgen und das betrachten, was »früher« war. Hätte der Zimmermann nicht auf die Dienste eines Brettschneiders zurückgreifen können, so hätte er die Tätigkeit eines Holzfällers ausüben müssen. Er hätte einen Baum ausgewählt und ihn selbst mit seiner Truppe gefällt. Vorzugsweise im Winter, wenn der Saft tief steht: Das Holz ist dann widerstandsfähiger gegen Insekten, diese unermüdlichen Erbauer von Holzgängen. Je nach dem zur Verfügung stehenden Budget kombiniert der Zimmermann Jahrhunderte altes Eichenholz mit billigerem Pappelholz. In der Romanik verwendeten die Mönche des Klosters Cluny kostspieliges Kastanienholz zum Bau des beeindruckenden Dachstuhls der Mühle, der die Form eines umgedrehten Schiffskiels hat: Sie wußten, daß dieses Holz keine Insekten anzieht. Daher bestand keine Gefahr, daß das Werk im Laufe der Zeit ausgehöhlt werden würde. Ein anderer Vorteil: Es würde nicht von den geduldig gesponnenen Netzen der Spinnen verunstaltet, die solch sterile Jagdgebiete meiden.
Läßt man den Blick zum Speicher eines Hauses schweifen, kann man, insbesondere auf dem Land, erkennen, daß der gerade Baumstamm manchmal nur entrindet wurde. Früher mußte er vierkantig zugeschnitten werden. Der Balken wies also über die gesamte Länge einen viereckigen Querschnitt auf.
Der Zimmermann verwendet hierzu seine verschiedenen Beile. Er ist mit seiner traditionellen Zimmermannshose bekleidet, einer weiten Hose aus grobem Stoff oder aus Samt, die viel Bewegungsfreiheit gewährt. Sie wird an den Knöcheln zusammengebunden, um zu vermeiden, daß der zu weite Saum an einer Holzkante hängenbleibt und der Zimmermann in verhängnisvoller Weise stolpert. Für die groben Arbeiten verwendet er das Breitbeil, ein Werkzeug, das auch sein Kollege, der Böttcher benutzt. Außerdem gebraucht er ein leichteres Beil zum Abvieren mit langem Stiel, dreieckigem Eisen und leicht gebogener Schneide. Das Breitbeil dagegen weist eine gerade Schneide auf.
Auch wenn diese schweren Werkzeuge fachkundig und mit aus Erfahrung gewonnener Geschicklichkeit

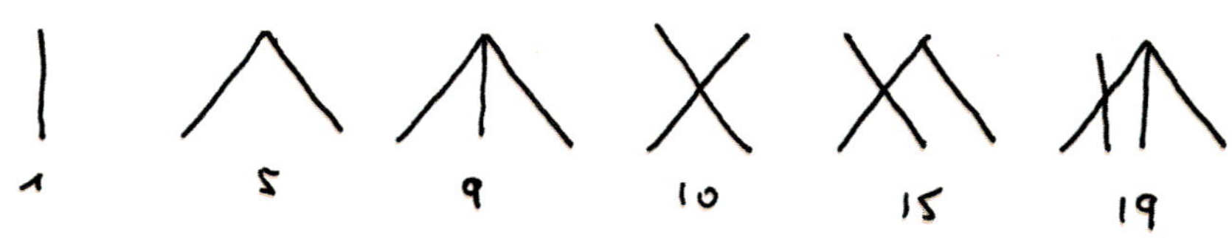

verwendet werden, so splittern sie doch große Stücke ab und hinterlassen eher eine Aneinanderreihung von Facetten als eine glatte Oberfläche.
Diese kleinen Unebenheiten bearbeitet der Zimmermann mit der Dechsel. Dies ist ein ziemlich schweres Werkzeug, dessen Stiel einen spitzen Winkel zur quer stehenden Klinge bildet. Der Handwerker stellt sich über den Balken und schwingt das Werkzeug in Richtung seines Körpers. Es ist klar, daß die Dechsel den Balken nicht aushöhlt, sondern nur über die Oberfläche streift. Sie wirkt größtenteils durch ihr Gewicht und hebt nur dünne Späne ab.
Die Arbeit des Zimmermanns an einem Dachbalken ist nicht mit einer Schreinerarbeit vergleichbar. Der Zimmermann beendet das Abvieren des Balkens durch Abhobeln der Oberseite. Seine Rauhbank wird als Schrupphobel bezeichnet. Er weist eine breite Klinge auf, und da das Holz einen respektablen Widerstand leistet, wird dieser Schrupphobel mit beiden Händen geschoben: Die eine Hand wird an einem hölzernen »Horn« am Ende des Hobelkastens angelegt, sie zieht und führt das Werkzeug, die andere Hand schiebt an einer der zwei dicken Holzstangen, die am Vorderteil seitlich hervorstehen. Welchen Grund gibt es für diese Reihenfolge in der Verwendung der Werkzeuge? Ganz einfach: Hobeln bedeutet, sich auf vorbereitetem Boden zu bewegen. Die Hobeltiefe ist voreingestellt und sehr gering. Trifft der Hobel auf stärkere Unebenheiten, wird er in seiner Bewegung gebremst oder er reißt eventuell Holzsplitter aus, obwohl er eigentlich nur feine, längs gerollte Späne abheben sollte…
Für einen Augenblick wird der Zimmermann die Flanellbinde des Schwerarbeiters und den vertrauten Umgang mit seinen Werkzeugen vergessen und zum Mann mit der Werkzeichnung werden. Er hat nämlich

Die Meister und Zimmergesellen bauen den Dachstuhl am Boden auf.

Mit dem Stellwinkel kann der Handwerker beispielsweise einen Winkel von einer Seite des Dachstuhls auf die andere Seite übertragen.

Die schwere Bundaxt dient zum Zuschneiden von Verbindungsteilen eines Dachstuhls vor Ort.

immer ein großes Heft bei sich, das – wie die Geldbeutel der Pferdehändler – mit einem Gummiband zusammengehalten ist. Darin stehen bunt gemischt Berechnungen, Beschreibungen von bereits ausgeführten Zimmerwerken, ausgefeilte Lösungsschemata für besondere Konstruktionen sowie Preise.

Wenn möglich, wird vor das zu deckende Gebäude eine provisorische Platte gelegt. Dort zeichnet das Team mit Kreide, in exakter Übereinstimmung mit der Werkzeichnung, jedoch in wahrer Größe, das Profil der einzufügenden Holzteile auf. Dieses Holzstück wird hier, jenes dort verwendet…

Die Bleischnur gibt das Lot an, der Holzwinkel den rechten Winkel, mit dem Anschlagwinkel (oder auch Stellwinkel) können Winkel, mit dem großen Eisenzirkel Messungen übertragen werden.

Mit der Strecksäge zum Querschneiden zerteilt der Zimmermann die Holzstücke auf die richtige Länge und den richtigen Winkel zu, wobei er sorgfältig die Stelle für die Zapfen vorausplant.

Der Zapfen ist das Ende eines Holzstücks. Er ist so zugeschnitten, daß er in das Zapfenloch – die entsprechende Einkerbung in dem Holzstück – paßt, das mit dem ersten Holzteil verbunden werden soll.

Die Zapfen werden mit der Säge zugeschnitten, die Zapfenlöcher mit Hilfe eines langen und breiten Stemmeisens ausgehöhlt, auf dessen mit Eisen eingefaßten Stiel mit dem Hammer geschlagen wird. Für die kleineren Löcher verwendet der Handwerker einen Lochbeitel, einen Beitel mit rechteckigem, senkrecht stehendem Eisen und schrägem Anschliff.

Mit einem großen Bohrer, dem sogenannten Vorbohrer, wird ein erstes, vorläufiges Loch für die Anbringung des Dübels gebohrt. Natürlich werden beide Seiten des Loches gleichzeitig mit der präzisen Positionierung des Zapfens gebohrt.

Der Stangenbohrer besteht (wie der Löffelbohrer des Holzschuhmachers) aus einer mit zwei quer stehenden Griffen versehenen Eisenstange, an deren Ende sich ein geschliffener »Löffel« befindet. Damit kann das Loch, das den Dübel aufnehmen soll, auf den korrekten Durchmesser ausgehöhlt werden. So wird die Verbindung gesichert.

Nun wird die Konstruktion fertiggestellt. Der Zimmermeister zieht aus seiner Brusttasche ein kleines Werkzeuginstrument, das zugleich sein Signum ist: das Ritzeisen. Diese kleine Eisenklinge hat auf einer Seite einen mit Einkerbungen versehenen Ring. Dies ist das Schränkeisen, mit dem die Zähne der Säge geschränkt werden (der Einschnitt wird dadurch breiter). Auf der anderen Seite befindet sich eine gebogene Klinge, mit der Einkerbungen in das Holz der Balken geritzt werden können – daher auch der Name des Werkzeugs. Hiermit wurden auch schon die Sägelinien auf den Holzstücken

angezeichnet. Jetzt verwendet es der Zimmermann, um jedem Holzstück seinen endgültigen Platz im Dachstuhl zuzuweisen. Natürlich wird diese Markierung am Rand beider Holzstücke, nahe ihrer Verbindungsstelle angebracht. So wird jeglicher Irrtum ausgeschlossen. Im Gegensatz zu den Elementen des Eiffelturms, die alle genau identisch sind (der Entwurf war ein erster Gewaltakt…), können die Teile eines Dachstuhls nicht untereinander ausgetauscht werden, sie sind also »individueller«. Daher sind diese Markierungen sehr wichtig. Sie sind auch später von Vorteil: Sollte einmal ein Teil des Dachstuhls abgenommen werden, beispielsweise um Dachbinder auszutauschen, kann er später ohne weiteres wieder zusammengesetzt werden.

Aus Gründen der Bequemlichkeit und der Tradition werden die Ziffern für diese Markierung der vereinfachten römischen Zählweise entliehen. Dies funktioniert nach folgendem Prinzip (linke Spalte):

Die Dübel sind bereit. Nun ist es an der Zeit, den Dachstuhl zusammenzubauen. Die Zimmerleute bauen eine Hebemaschine mit Seilrolle und Spill. Daraufhin werden die Holzstücke an ihrem vorgesehenen Platz angeordnet.

Falls trotz allem hier und da Zapfen und Zapfenlöcher nicht ganz passen (wegen einer leichten Drehung oder einer Verschiebung), so greift der Zimmermann zu einem Werkzeug, dessen Form jene, die es nicht kennen, in Erstaunen versetzt: die Bundaxt. Dies ist ein zwanzig Zentimeter langes Werkzeug aus Metall, das auf einer Seite mit einem Stemmeisen und auf der anderen mit einem Lochbeitel versehen ist. Das Stemmeisen befindet sich auf derselben Ebene wie der Stiel, der Lochbeitel ist quer dazu angebracht. Der Stiel, ein hohles Eisenrohr, hat die Länge eines Griffes

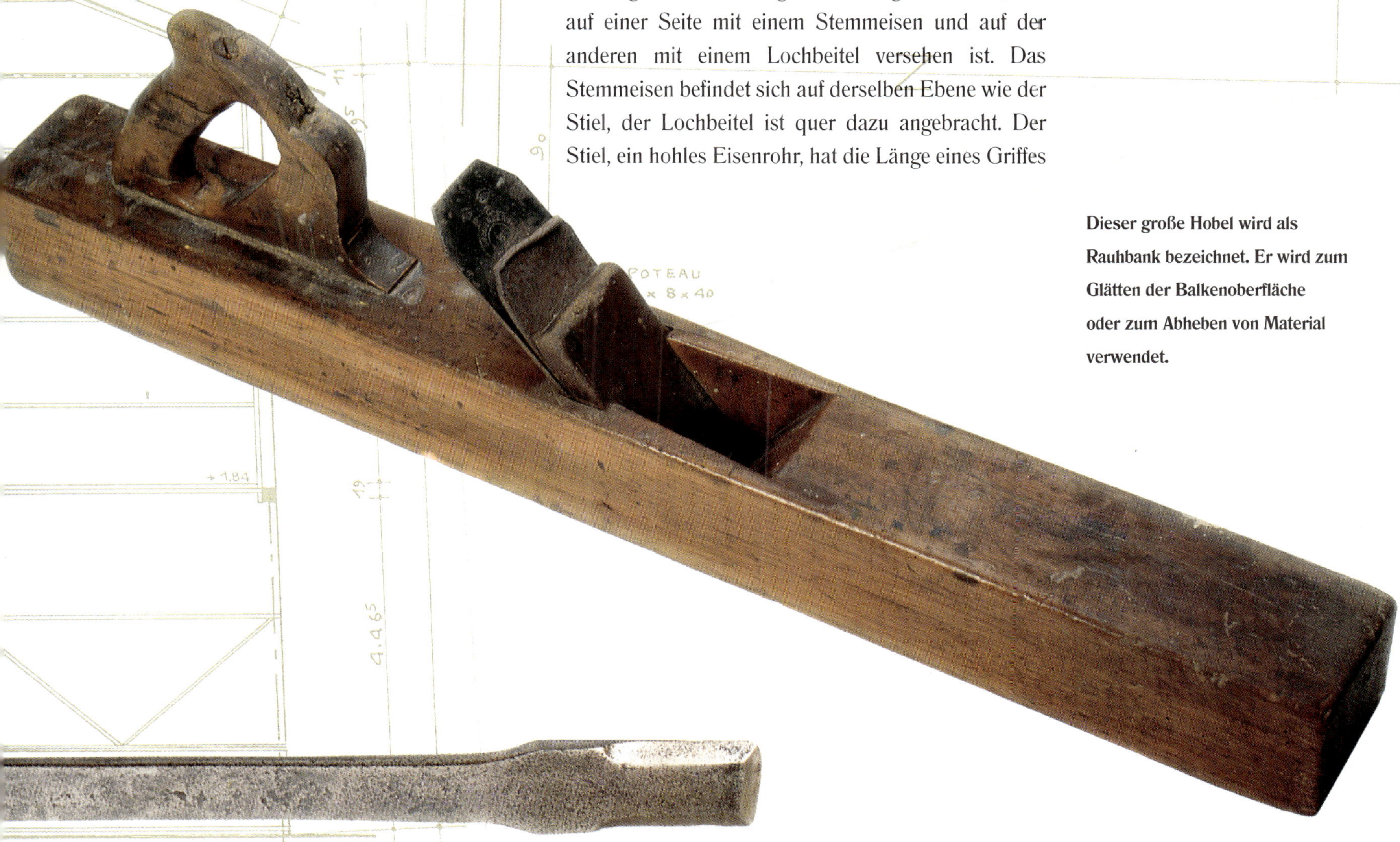

Dieser große Hobel wird als Rauhbank bezeichnet. Er wird zum Glätten der Balkenoberfläche oder zum Abheben von Material verwendet.

Der hl. Josef als Zimmermann

Georges de La Tour, Musée des Beaux-Arts, Besançon.

In der Werkstatt hält der »Sohn des Zimmermanns« – wie es in der Bibel heißt – die Kerze, die die Arbeit seines Vaters erhellt. Das Kind verdeckt mit seiner Hand den unteren Teil der Flamme, deren Schein ein großes, leuchtendes Oval erzeugt. Das durchscheinende Gesicht des Kindes bildet einen Kontrast zu der faltigen Stirn des Handwerkers. Seine zierlichen Beine und zarten Hände heben sich von den starken Armen und den schweren, abgearbeiteten Händen des Mannes ab.
Mit Hilfe eines Stangenbohrers höhlt der Zimmermann ein Loch in einen Holzklotz. Zu seinen Füßen warten ein Klöpfel und ein Beitel auf ihren Einsatz. Mit ihnen wird im Anschluß bestimmt ein Zapfenloch gefertigt. Neben der Sandale des Kindes zeugt ein leichter, leuchtender Holzspan von einer vorhergegangenen Hobelarbeit.
Sehr oft enthielten Kunstwerke mit religiösen Themen eine verdeckte Anspielung auf das Schicksal der dargestellten Figuren oder eine Entsprechung zwischen dem Altem und Neuem Testament. Die Kleriker, die die Bibelgeschichte sehr wortreich und bildhaft kommentierten, sowie ihre Zuhörer waren gleichermaßen von den Begegnungen und Assoziationen fasziniert.
So ist es sicherlich kein Zufall, daß das Zusammentreffen von Holzstück und Bohrer die Form eines Kreuzes andeutet.

Die Feinarbeit

Der Zimmermeister eines Marktfleckens erzählt mir von der Dechsel. »Heute gibt es nicht mehr viele Handwerker, die sich ihrer zu bedienen wissen. Dies ist ein Werkzeug, das gut in der Hand liegt und mit dem sowohl grobe als auch feine Arbeiten verrichtet werden können… Ja, mit einer Dechsel kann man einen Bleistiftstrich halbieren.« – »Wie soll das denn funktionieren?« – »Ich zeige es Ihnen. Dieses Brett geht… Nun hole ich mir einen Bleistift… Das andere Brett verwende ich als Lineal. Wie damals in der Schule, keinen Strich ohne Lineal!… So, ich ziehe den Strich… ein Strich, der in etwa zwei Millimeter breit ist. Sehen Sie.« Er schüttelt das Werkzeug in seiner Hand, als wollte er es aufwärmen. Es scheint jetzt gut in der Hand zu liegen. Seine linke Hand hält das Brett auf dem Hackklotz gut fest. Er hält die Dechsel unbeweglich über seinem Kopf. Mit einem gewaltigen Schlag läßt er sie niedersausen. Ein trockener Knall auf dem Brett. Ich sehe hin. In der Tat, die Klinge hat in die Breite des Bleistiftstrichs getroffen. Ich beglückwünsche den Zimmerer herzlich und sage ihm, daß ich dies niemals für möglich gehalten hätte. Er lacht und fügt hinzu: »Und das ohne Brille!«

und ist wohl einzigartig in der breiten Palette der Werkzeuge. Der Grund für diese Form ist offensichtlich: Der Gegenstand ist schwer und mächtig, und zu seiner Anwendung ist Kraft vonnöten; hätte er einen angefügten Stiel, und würde sich dieser lösen, so würde die mörderische Klinge abrutschen… Die Bundaxt dient zum Nachschneiden der Zapfen und insbesondere der Zapfenlöcher in den Teilen eines Dachstuhls, die sich schon an ihrem Platz befinden, oder überall dort, wo man mit Beitel und Klöpfel nicht bequem arbeiten kann.

Dank ihres Bügels kann diese Dechsel auseinander gebaut werden. So ist sie leichter zu transportieren.

Die Bundaxt gehört sicherlich zu denjenigen Werkzeugen, die großen Eindruck machen, ob man dem Handwerker nun bei der Arbeit zusieht oder das Werkzeug selbst betätigt. Auf jeden Fall gibt man es nicht jedem in die Hand.

Nun müssen nur noch die Dübel mit ihrer leicht konischen Form durch leichte Hammerschläge eingeschlagen werden. Das feinere Ende muß etwas über den Balken herausragen, damit man im Falle einer Demontage darauf klopfen und den Dübel heraustreiben kann. Aus ästhetischen Gründen läßt der Zimmermann auf der anderen Seite keinen so starken Vorsprung und sägt dort einen Teil des Stabes ab. Dieser Vorgang erfolgt mit Hilfe einer kleinen Säge mit kurzem Sägeblatt und kellenartigem Griff, die in jeder Stellung gehandhabt werden kann.

Dann dürfen die Zimmerer aus ihrem »Vogelkäfig« herabsteigen. Vielleicht feiern sie nun das gute Gelingen ihrer Arbeit und trinken auf den hl. Joseph, ihren Schutzpatron.

Andere Zimmerleute wiederum verrichten ihre tägliche Arbeit – in der Stadt oder auf dem Land – direkt vor unseren Augen. Sie sind eher an ihrem obligatorischen Helm zu erkennen als an der berühmten schwarzen Rippsamthose. Die Zeiten haben sich geändert, dennoch gibt es ihn noch, den Beruf des Zimmerers.

Was machen sie dort? Ein großes Gerüst für das Podium und die Tribüne anläßlich des großen Umzugs am Nationalfeiertag. Die alten Dübel sind verschwunden: Die Verbindungen sind mit einem Metallrahmen versehen und werden durch Bolzen und gut festgezogene Muttern gehalten. Ein provisorisches Zimmerwerk, das unterirdische Baustellen für Arbeiten unter der Stadt abstützt. Eine Verschalung zum Gießen von Zement.

Wie früher tragen auch die heutigen Zimmerleute hinten oder seitlich an ihrem Gürtel einen (selbst gefertigten) Haken aus dickem Eisendraht, in den sie nach Gebrauch ihren ständigen Gefährten einhängen. Diesen will der Zimmermann keinesfalls herumliegen lassen, vergessen oder gar suchen müssen. Hat er ihn nicht an seinem Haken befestigt, so spürt er, daß seiner Arbeit, ja sogar seinem Körper etwas abgeht.

Der Gefährte, das ist der Latthammer des Zimmerers (den jedoch viele andere Berufe auch verwenden). Es gibt nicht Schwereres, Stämmigeres, Massiveres, Ungefälligeres, aber auch nichts Schöneres. Auf der einen Seite stehen zwei breite Raubtierkrallen hervor: der Nagelzieher, auf der anderen Seite die Pinne, der Schlagkopf des Hammers, der rund wie der Kopf eines Schmiedehammers ist. Zwischen diesen beiden Seiten befindet sich eine Eisenmasse mit eleganten Kanten, ein anmutiger Amboß, der den oberen Teil des Stiels umfaßt, dem Schlag Gewicht und dem Nagelzieher eine Hebelwirkung verleiht.

Bei Arbeitern, die Nägel verwenden (die übrigens im alten Zimmerhandwerk unbekannt waren) darf die Schiebklaue nicht fehlen. Dem Zimmermann dient diese Stahlschlange mit flachem Schwanz und gespaltener Zunge, dieses unbesiegbare Kniestück, als Keil zum Auseinanderhalten von Brettern und als Hebel. Auf der anderen Seite befindet sich eine Nagelklaue. Nur damit kann auf schnellstem Wege ein vernagelter Zaun demontiert werden.

Das Breitbeil ist ein Werkzeug für Zimmerleute und Böttcher.

Martyrium der hl. Agatha

Sebastiano del Piombo, 1520, Palazzo Pitti, Florenz.

Der Mißbrauch von Werkzeugen

Dies ist eine lange Geschichte, die bis in die heutige Zeit reicht. Es ist die Geschichte der Folterknechte. In den Kirchen zeigten die Gemälde mit höchster Grausamkeit – um die Vorstellungskraft der Gläubigen anzusprechen – drastische Gewaltszenen, die die Märtyrer aufgrund ihres Glaubens erleiden mußten.

Die Folterknechte und ihre Gehilfen wurden manchmal als Todesvollstrecker dargestellt, die nicht wissen, was geschieht, die gefühllos sind. Doch das Beifügen von Folterwerkzeugen ändert alles. Ihr Mißbrauch erzeugt unmittelbar ein Gefühl der Abscheu und der Empörung. Wie können Säge, Beil, Zange, diese friedlichen Gefährten des Alltags, zu Handlangern des Verbrechens werden? Eine Frage, auf die Maler aller Epochen eine Antwort gegeben haben. Wenn das Beil eines Zimmermanns zum Töten dient, dann ist die Welt aus den Fugen geraten.

Die Säge des Zimmermanns und des Schreiners

Japan

Unten sehen wir noch ein Werkzeug aus Asien – genauer gesagt aus Japan –, das die westlichen Handwerker in Staunen versetzt. Aufgrund des kleinen Sägeblatts kann es zur Bearbeitung von Holz geringer Stärke verwendet werden: Bretter, Brettchen, Sprossen, eingeschlagene Dübel, Ränder von Zimmerwerk…

Diese Säge kann mit unserer Fuchsschwanzsäge verglichen werden, jedoch gibt es zahlreiche Unterschiede: die Form des Blatts, die doppelte Reihe von Sägezähnen, ihre Anordnung und schließlich die Form des Stiels.

Das Blatt wird vom Stiel ausgehend breiter. Dies hat einen einfachen Grund: Es handelt sich hier um ein Werkzeug, das man zu sich herzieht; seine Form verleiht ihm eine größtmögliche Angriffsfläche und daher auch eine hohe Wirksamkeit. Je nach auszuführender Arbeit verwendet der Schreiner die eine oder die andere Seite: Die gröberen, weit auseinander liegenden Zähne können mit denen der anderen Reihe alternieren, die feiner und in höherer Anzahl vorhanden sind. Der Schreiner tut sich in der Bearbeitung von sehr hartem Holz weniger schwer, wenn er die kleinen Zähne verwendet. Für weiches Holz, das in Richtung der Holzfaser gesägt wird, sind die groben Zähne geeigneter.

Die genaue Betrachtung des Werkzeugs läßt ein anderes, einzigartiges Element in Erscheinung treten. Die Zähne haben die Form von Krallen oder von Haken, deren Spitze in Richtung der Hand des Arbeiters zeigt. Diese Säge ist mit anderen Worten ein Werkzeug, das nicht durch Ziehen und Drücken, sondern nur durch Ziehen in Richtung des Körpers verwendet wird. Der gerade Stiel bietet verschiedene Möglichkeiten der Handhaltung, je nach zu sägendem Gegenstand. Die Flexibilität des Sägeblatts in Verbindung mit der Form des Stiels ermöglicht es, perfekt flach zu sägen.

Die Japaner sind wahre Ästheten des täglichen Lebens: Dieses einfache Werkzeug erstaunt durch die Eleganz seiner Erscheinung.

Die elegante Erscheinungsform und die feine Bauweise dieser japanischen Säge sind bezeichnend für ihre Herkunft.

Ein japanischer Handwerker bei der Lackarbeit.

Bewegungen während der Arbeit

Japan

Wie ein Lebewesen entsteht auch ein Werkzeug in seiner eigenen Umgebung als Nachkomme einer langen Ahnenreihe, deren identische Nachbildung es ist. Japan ist ein Land mit anspruchsvollen und geschickten Handwerkern; einige von ihnen werden fast wie Heilige verehrt und haben schon zu Lebzeiten eine Art Unsterblichkeit erlangt.

Was für ein fremdartiges und ergreifendes Schauspiel bietet sich dem Europäer, wenn er einen Bildhauermeister von Nô-Masken im dunklen, feierlichen Kimono im Schneidersitz vor seiner am Boden stehenden Werkbank sieht, seine hundert Werkzeuge sauber vor sich aufgereiht. Dasselbe gilt für die Zimmerer, die mit der Aufgabe befaßt sind, mit Hilfe traditioneller Werkzeuge die alten Holztempel getreu nachzubilden... für den Töpfer, der Schalen von verblüffender Einfachheit gestaltet... oder für den, der Säbelklingen schmiedet, als wäre zwischen der großen Epoche der »loyalen Samurai« und der unsrigen keine endlos lange Zeit vergangen.

Bevor ein europäischer Handwerker ein dickes Brett oder ein Holzstück anbohrt, zeichnet er mit dem Bleistift die Mitte des Lochs an und bohrt an dieser Markierung ein Vorloch. Dies ermöglicht es ihm, bei der endgültigen Arbeit sicher und korrekt vorzugehen. In der westlichen Welt verwendet man einen Vorbohrer, eine schneidende Schraube an einer Eisenstange, die mittels eines quer dazu stehenden Holz- oder Metallgriffs gedreht wird.

Der japanische Handwerker verwendet dagegen für dieselbe Aufgabe einen speziellen Bohrer. Das Werkzeug besteht aus einer langen, feinen Holzspindel (vom Durchmesser eines dicken Bleistifts), an deren Ende eine Eisenstange aus gehärtetem Stahl von der Größe eines langen Nagels angebracht ist, die in einer dreiseitigen Spitze ausläuft.

Nun stellt sich natürlich die Frage, wie solch ein Werkzeug benutzt wird. Mit einer seit Urzeiten überlieferten Geste dreht der Handwerker den Bohrer zwischen seinen Handflächen, wie etwa der Eingeborene in Australien, der eine Feuersglut erzeugen will. Der tiefere Grund für diese einfache Bewegung liegt vielleicht in einer sehr alten Tradition begründet... fast, als hätten die Menschen die Erinnerung an eine eben-

Nächste Doppelseite: **In Japan ist das Schmieden eines Säbels eine religiöse Handlung.**

Oben: **Zubehör eines japanischen Handwerkers.**

Rechts: **Maskenbildner des Nô-Theaters.**

so wunderbare wie hilfreiche Geste wachhalten wollen. Die Stellung des japanischen Handwerkers ist bequem und an die Lebensgewohnheiten angepaßt: Er hockt im Schneidersitz, eventuell kniet er auch vor dem niederen Tisch, der ihm als Werkbank dient. Eine ideale Position, um seine beiden Hände auf Augenhöhe um den sich drehenden Griff hin- und herzubewegen. Bei aufrechter oder nach vorne gebeugter Haltung wäre die Stabilität des Arbeiters nicht so hoch.

Das gleiche Vorloch, zwei Welten. Die Geste, die der westliche Handwerker mit dem Vorbohrer ausführt, ist nämlich vollkommen andersartig. Der Vorbohrer dreht sich nicht so schnell und leicht wie der japanische Bohrer. Wie beim Eindrehen eines Korkenziehers wird auf den Vorbohrer ein leichter Druck ausgeübt. Er wird mit einem gewissen Kraftaufwand eingedreht und bahnt sich so seinen Weg.

Herodot war der Meinung, daß die Alten Ägypter keine Arbeit so ausführten wie die anderen. Begegnen sich ein japanischer und ein westlicher Holzschnitzer, so sagen auch sie: »Ich weiß nicht, wie man dieses Werkzeug hält und noch weniger, wie man es verwendet.« Der im Westen gebräuchliche Hohlbeitel ist ein kleines Werkzeug. Seine Schneide kann verschiedene Formen haben: abgerundet, flach, spitzwinkelig. Der Griff ist ein Stößel und erinnert an einen kleinen Türgriff, der unten gerade abgeschnitten ist, damit der Schnitzer sein Werkzeug direkt an der Oberfläche des Brettes bewegen kann.

Das Werkzeug der Arbeiter, die das Kirschbaumholz für Sharaku oder Hokusai aushöhlten, ist ein vollkommen anderes: Die gleiche schneidende Klinge ist am Ende eines langen Stiels, eines einfachen, zylindrischen Stabes befestigt. Der Schnitzer hält das Werkzeug zwischen Daumen und Zeigefinger, so wie wir einen Zeichenstift halten. Er drückt das Werkzeug mit seinen Fingern vorwärts, während sein Kollege im Westen hierzu seine Handfläche einsetzt.

Doch letzten Endes zählt nur das Ergebnis. So ritzte Hercules Seghers, ein großer, genialer Radierer des 17. Jahrhunderts seine Kupferplatte mit Hilfe eines Nagels ein.

Ein Besuch beim Holzschuhmacher

Ein gemeinsamer Freund richtete es mir aus: Herr Fauchon wird mich nächsten Donnerstag, am Vortag des Marktes empfangen. Sein Name – der Name eines Werkzeugs, zu deutsch »Sense« – schien mir ein gutes Vorzeichen zu sein. Die Werkstatt ist einfach zu finden. Sie liegt in der Hauptstraße des Dorfes, gegenüber dem Rathaus, das zugleich als Schule dient.

Der Handwerker hat mich schon erwartet. Hemdsärmelig, mit brauner Rippsamthose, Lederschürze und, wie sollte es anders sein, mit Holzschuhen an den Füßen, kommt er mir entgegen. Er läßt mich in sein Reich eintreten. Dort werde ich von einer unendlich sanften Atmosphäre eingehüllt. Die Schritte werden von einem Teppich duftender Späne gedämpft. Die Mauern und Fensterrahmen sind gleichmäßig von einer ockerfarbenen Schicht überzogen, die Flächen und Ecken abmildert und hie und da die leichte Wölbung eines Spinnennetzes hervorhebt: Holzstaub.

Die Hände des Handwerkers sind kräftig, doch wohlgeformt. Seine hellen Augen strahlen hinter der stahlumrandeten Brille. Ein Holzklotz, eine Werkbank, eine Presse, einige Werkzeuge, ein großer, flacher Stift. Entlang der Decke sind die Holzschuhe aufgereiht: Der Kunde kann dort auswählen, was ihm zusagt. Es gibt nämlich den einfachen Holzschuh »Goudot«, der ganz aus Holz ist (in Deutschland werden diese »Klumpen« genannt), den Holzüberschuh »Galoche«, mit einem Lederriemen am Spann, und die leichteren, flacheren Holzschuhe für Frauen, die mit kleinen verziert sind.

Es gefällt ihm, wenn man ihm bei der Arbeit zusieht, bereitwillig erklärt er: »Aber zuerst, bevor ich Ihnen zeige, wie es geht – ich werde ein Paar Holzschuhe vor Ihren Augen machen, das dauert nicht lange –, möchte ich Sie fragen, was das für Sie bedeutet, ein Holzschuh?«

»Na ja, ein Schuh aus Holz eben.« »Ja, aber wie wird er gemacht?«

»Zugeschnitten, ausgehöhlt...« »Dann ist also der Holzschuhmacher eine Art Bildhauer?«

»Ich denke schon, ja...« »Ich glaube, man darf sogar sagen, daß von der Arbeit her – ich spreche natürlich nicht von der Kunst – der Holzschuhmacher den Bildhauer schlägt...« Herr Fauchon lachte...

»Und wieso glauben Sie das?« »Sehen Sie sich diesen Holzschuh an. Das ist nicht nur eine, das sind zwei Skulpturen. Einerseits wird dem Holzschuh eine äußere Form gegeben; andererseits wird er innen ausgehöhlt, so daß der Fuß darin Platz findet. Dann wird der Holzschuh dem Fuß angepaßt, denn jeder Fuß ist anders. Sogar die beiden Füße ein und derselben Person sind unterschiedlich: Oft ist der linke kräftiger. Ich habe einmal mit einem Hufschmied darüber gespro-

Obwohl der Name etwas anderes vermuten läßt, wird der Beilhammer nicht geschwungen, sondern angedrückt.

Rechte Seite: **Das Schabeisen ist mit einem Ring am Hackklotz befestigt. Es kann senkrecht oder seitlich verwendet werden.**

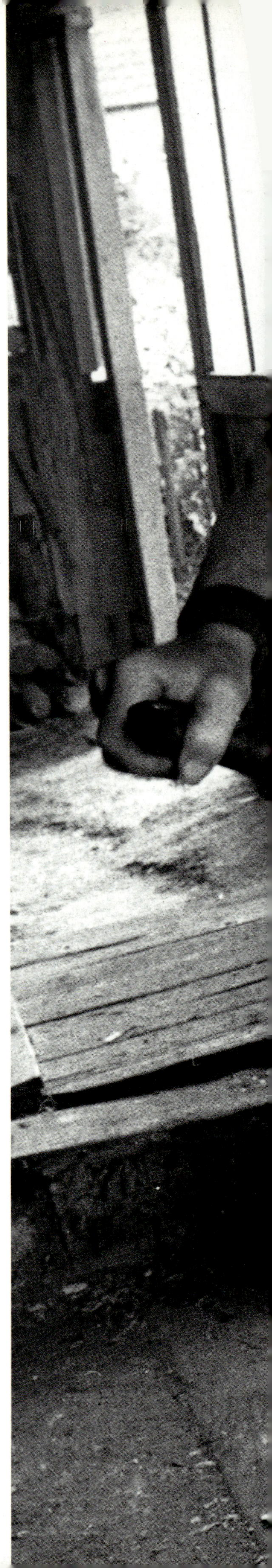

chen, er hat mir gesagt, das sei bei Pferdefüßen genauso …

Jetzt zeige ich Ihnen das Rohmaterial und dann meine Werkzeuge … Ich habe übrigens nicht viele. Alles liegt hier verstreut herum.

Man sollte vielleicht erwähnen, daß die Holzschuhmacher früher wahre »Waldmenschen« waren: Sie bewohnten Hütten im Wald, in der Nähe des Rohmaterials. Es kam wie es kommen mußte: Sie haben fröhlich aus dem reichhaltigen Lager geschöpft, und die Wälder haben darunter gelitten. Deshalb wurde gesetzlich vorgeschrieben, daß sich die Werkstätten mindestens zwei Kilometer vom Wald entfernt befinden mußten. Damals verwendete man harziges Holz, Kiefern oder Tannen, das sehr leicht ist. Doch das war nicht gut genug, da Holz Wasser aufnimmt. Die Birke dagegen ist sehr schwer zu bearbeiten und nützt sich nicht schnell ab. Für qualitativ hochwertige Holzschuhe verarbeitete man auch Buchen-, Erlen- und Nußbaumholz.

Ist der Baum gefällt, in Stücke zersägt und gespalten, macht man daraus Klötze, die in etwa dem Volumen eines Holzschuhs entsprechen.

Nun kann die Arbeit beginnen. Der Beilhammer, auch Beilchen oder Schaftbeil genannt, eröffnet den Reigen: Im großen und ganzen ähnelt die Form des Beilhammers einem gewöhnlichen Beil. In Wirklichkeit ist er jedoch ein sehr schweres Werkzeug, das nicht geschwungen wird und auch nicht spaltet, sondern durch leichte Seitwärtsbewegungen wie ein Hobel wirkt. Das Eisen ist auf einer Seite flach, der Griff ist leicht schräg dazu angeordnet, damit die Hand des Holzschuhmachers Platz findet. Mit der linken Hand hält er sein Holzstück auf dem Hackklotz; mit der rechten führt er das Beil und drückt es nach vorne.

Die Bearbeitung des Inneren.

Das Wirkeisen des Holzschuhmachers ist – wie das des Hufschmieds – ein Werkzeug, das vorne eine Schneide aufweist. Damit kann der Schuh großflächig ausgehöhlt werden.

Linke Seite: **Der Handwerker höhlt das Innere des Holzschuhs mit seinem T-förmigen Löffelbohrer aus.**

Bei der Endbearbeitung des Holzschuhs wird die Klinge zum Körper hin gezogen, wie beim Schälen von Gemüse.

Sie werden sich fragen, wozu dieser feine, kugelförmige Griff gut ist, der wie eine riesige Birne aussieht? Dieser Teil stützt sich auf meine Lederschürze: Ich drücke das Werkzeug mit der Hüfte vorwärts. Der obere, der vordere und der hintere Teil des Schuhs sind schon grob herausgearbeitet und unten der Absatz markiert. Das Ganze wird nach und nach mit der Dechsel abgerundet. Dieses Werkzeug hat, wenn man so will, die Form einer Hacke, jedoch mit geschliffener Klinge, oder die Form eines Beils, dessen Blatt mit einspringendem Winkel quer zum Griff angeordnet ist.

Dann tritt das Schabeisen, der große Säbel, der mit einem Ring an meinem Hackklotz befestigt ist, in Aktion. Man verwendet es in etwa so wie das an einem Sockel befestigte Brotmesser des Bäckers, mit dem Unterschied, daß meine Klinge drehbar ist. Sehen Sie, mit der linken Hand drehe ich den Holzschuh, und dementsprechend betätige ich das Schabeisen, so daß ich lange Späne abnehmen kann. Dadurch werden, wie beim Kartoffelschälen, die Seiten geformt.

Das Werkzeug arbeitet durch sein Gewicht. Hören Sie, wie das Holz knarzt! Man muß dazu sagen, daß man es nie frisch, jedoch auch nie zu trocken bearbeitet. Mein Schabeisen hat einen einfachen, geraden Griff; in anderen Gebieten bevorzugen die Holzschuhmacher eher einen T-förmigen Griff, der einem mehr Kraft zum Drehen der Klinge ermöglicht. Bei uns wurde es immer so gemacht. Schon bei meinem Vater…

Hier ist also unsere erste Skulptur, wie ich vorhin angedeutet habe. Jetzt fehlt noch der Platz für den Fuß. Da der Arbeitsgang hierfür äußerst schwierig ist – das Holz darf nur ausgehöhlt und nicht durchbohrt werden –, wird der Schuhrohling in die Presse eingespannt. Im Grunde ist dies ein Holzschraubstock: Eisen würde Spuren hinterlassen. Das Holz wird mit einem großen Vorbohrer angebohrt. Es entstehen mehrere kleine Löcher, die in gewisser Weise die Grenzen für die Aushöhlung markieren, die für die Ferse bestimmt ist. Man vergrößert sie, verbindet sie mit Hilfe des großen Löffelbohrers, den man nach vorne drückt, indem man die beiden waagerechten Griffe dreht, die quer zu seiner Stange stehen.

Nun muß man sich in Richtung des Vorderfußes vorarbeiten. Der Vorbohrer und der Löffelbohrer werden nun nicht mehr senkrecht, sondern schräg angesetzt. So kann ich das Loch ausweiten. Danach wird ein sehr langes Werkzeug mit kreuzförmigem Griff eingeführt, mit dem das Loch weit ausgehöhlt werden kann. Es besitzt an seinem Ende eine Schneide und wird Wirkeisen genannt. Damit wird der »Boden« und die »Decke« des Raumes ausgehöhlt, in den man seinen Fuß stellt.

Sehen Sie, ich gleite mit meiner Hand in das Innere des Holzschuhs. Hier bleibt man hängen; hier kratzt es. Noch einmal gehe ich mit dem Wirkeisen darüber. Und da gleicht der Hohlbeitel das Überstehende ab. Das wie ein Rasiermesser geschliffene Ritzeisen mit dem schneidenden Haken ermöglicht es, den vordersten Teil auszuhöhlen, den man nicht sieht.

Jetzt sind wir dann gleich fertig«, sagt Herr Fauchon. »Schauen Sie, dieser ganze Holzschuh weist noch deutliche Spuren der Bearbeitung auf. Die müssen jetzt beseitigt werden: die Kanten, die Striche. Das nennt man Abrunden. Man nimmt ein Werkzeug, ein einfaches Messer wie Ihr Taschenmesser. Und man schneidet die Kante. Statt einer gibt es zwei, aber weniger ausgeprägt. So, das macht vier. Und nachdem man geschnitten, geschabt, mit einem Polierstein gerieben hat, hat man einen runden Holzschuh. Schön ... da werden Sie lachen ... wie ein Kahn.

Mit dem Hohlbeitel kann der Absatzumriß des Holzschuhs sauber markiert werden. Mit dem Reißer kann ich eine Blume, eine Getreideähre in das Oberteil ritzen. Fertig.«

»Vielen Dank, Herr Fauchon. Nun möchte ich aber gerne ein Paar Klumpen kaufen.«

»Ah! Das freut mich. Ziehen Sie Ihre Schuhe aus. Stellen Sie Ihre Füße auf die beiden Kartonbögen. Ich messe sie ab. Gut. 41. Ich sehe schon. Hier ist das Paar. Probieren Sie es. Der linke tut Ihnen oben weh. Der rechte drückt Sie am großen Zeh. Ich werde noch einmal mit dem Werkzeug darüber gehen. Ich bringe das in Ordnung. Hier, jetzt fühlen sie sich bestimmt besser an. Sehen Sie, auch wenn der Holzschuh fertig ist, muß er noch angepaßt werden.

Ich habe gehört, Sie haben ein Haus auf einem Hügel. Wenn Sie sich erst einmal an die Holzschuhe gewöhnt haben, werden Sie sich dort damit wohl fühlen. Man sinkt in der nassen Erde nicht ein. Man hat trockene Füße. Man trägt wollene Hausschuhe und zieht die Holzschuhe aus, wenn man das Haus betritt.

Ich sage Ihnen auch folgendes: Man wird Sie kommen hören, und das ist gar nicht so schlecht. Passen Sie auf. So geht man mit Holzklumpen. Man klappert damit.

Ich habe beobachtet, wie Sie die Späne betrachtet haben. Ich bringe sie zum Bäcker, zum Feuer anzünden. Für einen Sack bekomme ich eine Milchsemmel.«

»Ich danke Ihnen, Herr Fauchon. Einen Holzschuh vor meinen Augen entstehen zu sehen ... was für ein Wunder! Und die Erklärungen ... Ich habe den Eindruck gewonnen, daß auch ich es schaffen könnte.«

Herr Fauchon legte mir die Hand auf die Schulter und verabschiedete sich:

»Unser Beruf besteht nicht nur darin, ihn auszuüben, sondern auch darin, ihn zu erklären, ihn weiterzugeben. Ich erinnere mich noch als ich selbst Lehrling gewesen bin ... Wenn Sie wollen, daß ich es Ihnen beibringe, dann fragen Sie mich einfach.«

»Ja, Herr Fauchon, das werde ich. Aber jetzt muß ich zum Hufschmied.«

»Ach ja, der kommt auch noch dran ...«, antwortete Herr Fauchon ...

Das Ritzeisen wird in vielen Berufen verwendet und weist verschiedene Formen auf. Hier dient es zum Aushöhlen.

Die Herstellung eines Fasses

Ein Faß ist ein auf beiden Seiten kegelstumpfförmiger, in der Mitte nach außen gewölbter Behälter von zylindrischer Form. Es besteht aus rund zwanzig abgestrebten Brettern, die durch Eisen- oder Holzreifen in Position gehalten werden. An jedem Ende befindet sich ein identischer, runder Boden; in der Mitte der Auswölbung ist das Spundloch zu sehen, das mit einem runden Holzstück, dem Spund, verschlossen wird.

Das Faß dient zur Aufbewahrung und zum Transport von Wein und Spirituosen. In der Antike verwendete man Krüge und Amphoren; als Folge von Schiffbrüchen wurden viele am Meeresgrund aufgefunden. Für die Beförderung kleinerer Mengen benutzte man auch Schläuche aus Ziegenleder.

Den Galliern verdanken wir die Erfindung des Fasses – sie hatten nämlich herausgefunden, daß ein feuchtes Brett durch Hitze in der Mitte gebogen werden kann. Fässer, die mit unseren heutigen vollkommen identisch sind (gewölbte Dauben, Holzreif), sind auf einem gallisch-römischen Flachrelief (Treidelszene auf der Durance) aus der Zeit Augustus' (63 v. Chr. bis 14 n. Chr.) zu sehen, das im Museé Calvet in Avignon aufbewahrt wird.

Die Verwendung eines Fasses birgt mehrere Vorzüge: offensichtliche Vorteile und andere, die wohl während der Verwendung entdeckt worden waren. Dieser Behälter, bei dem mehrere gewölbte Formen miteinander verbunden sind, weist in erster Linie eine nicht abzustreitende Stabilität auf. Zudem ist ein Faß sehr gut zu handhaben; jedem, der bei der Beförderung von Fässern zusieht, sticht dies sogleich ins Auge: Durch die Wölbung wird eine minimale Bodenhaftung erreicht. Es kann leicht gerollt werden, und jeder ist in der Lage, die Rollrichtung eines Fasses zu ändern.

Durch die – nach oben hin – eingebogene Form kann das Luftvolumen zwischen der Flüssigkeitsoberfläche und dem Deckel so weit wie möglich reduziert werden. Dies ist vor allem bei alkoholischen Getränken von Belang, die sich nicht durch die Luft, sondern auf natürliche Weise durch das Holz verflüchtigen sollen (beim Cognac nennt man dies

Die Handaxt, ein kurzes Werkzeug, wird sowohl zum Behauen als auch zum Zusammendrücken der Bestandteile eines Fasses verwendet.

Rechte Seite: **Die Herstellung eines Armagnacfasses.**

Mit dem Reifhaken (auch »Hund« genannt) wird eine defekte Daube angehoben, damit ein Spalt gestopft werden kann.

»Anteil der Engel«). Durch die untere Einbiegung wird die Konzentration des Hefesatzes gewährleistet und verhindert, daß sich dieser beim Abzapfen oder Abpumpen mit der Flüssigkeit vermischt.

Im Laufe der Zeit haben viele Holzarten den Böttchern als Dauben gedient: Eiche, Kastanie, Esche, Akazie, Weißbirke, Weide, Buche, Kiefer, Pappel, amerikanische Eiche, Mangrove, Eukalyptus, Erle oder Schwarzerle..., wobei die ersten beiden Hölzer bevorzugt wurden.

Cognac, Armagnac und Whisky müssen sogar in Eichenfässern aufbewahrt werden, deren verfeinernde Eigenschaften allseits bekannt sind.

Kiefer, Pappel und Erle wurden für Produkte verwendet, bei denen die Abwesenheit von Gerbstoffen unwesentlich war: Fisch, Salz, Kleber, Butter, Salpeter, Zucker, Wachs...

Der sogenannte Daubenzurichter nimmt das Daubenholz, die Holzstränge, aus welchen die Dauben gemacht werden, aus dem härtesten Teil des Baumes.

Nun beginnt der erste Arbeitsgang. Der gefällte Baum wird in Stücke gesägt, die die Länge der benötigten Daube aufweisen. Diese Planken wurden früher mit der großen Säge herausgesägt, heute greift man auf die universell einsetzbare Kettensäge zurück.

Nachdem der Daubenzurichter das Holz genau betrachtet hat, weiß er, wie er Äste oder ungeeignete Stellen meiden kann. Nun zeichnet er auf der Fläche des Zylinders schematisch auf, wo die Keile angesetzt werden sollen. Damit die Dauben später gebogen werden können, müssen sie nämlich in Richtung der Holzfaser verwendet werden. So verformen sie sich bei Gebrauch nicht.

Die mit dem Treibfäustel eingeschlagenen Stahlkeile spalten das Holzstück in Viertel.

Nun wird ein Werkzeug eingesetzt, das zum Spalten dient, jedoch nicht geschliffen ist und daher nicht schneidet: der Spalter. Er hat die Form eines Winkels mit einem langen Eisenstück als waagerechtem und einem kurzen Holzgriff als senkrechtem Teil. Auf seiner Werkbank schlägt der Daubenzurichter mit einem Klöpfel auf das Eisenteil des Spalters. Dieses steht über die Breite des Holzviertels hinaus. So treibt er den Spalter ein.

Nach dieser ersten Grobbearbeitung, bei der das überschüssige Holz entfernt wird – gemäß dem Bildhauer-Prinzip, wonach sich »der zu entstehende Gegenstand« im Inneren des Werkstücks befindet –, verwendet der Arbeiter nun die Spaltklinge. Diese ist von der Form her das genaue Ebenbild des Spalters; sie ist jedoch, da sie geschliffen ist, für feinere und genauere Arbeiten geeignet.

Dem Holzklotz wird der Umriß seines zukünftigen Endvolumens verliehen, indem er auf einem waagerechten Bock befestigt und mit dem Ziehmesser bearbeitet wird. Wie der Name des Werkzeugs andeutet, dient es dazu, die Fläche der Dauben abzuziehen, also zu glätten. Das Ziehmesser ist ein äußerst scharfes Messer, das der Arbeiter an zwei Griffen, die die Form runder Türgriffe haben, umfaßt und zu sich herzieht.

Das Holz weist seine besten Eigenschaften erst auf, wenn es getrocknet ist. Die Bretter werden im Freien

aufgestapelt. Regenfälle schaden dem Trocknen nicht, denn wie mir ein Salzarbeiter einmal verriet, »ist es nicht so sehr die Sonne, die das Wasser aus den Salzgärten zieht; die Luft, der Wind arbeiten für uns«. Die Holzbretter werden so drei Jahre aufbewahrt. Im Vergleich zu den zwanzig Jahren, die Eichenhölzer, welche zu Masten für Schiffe der Marine verarbeitet werden, in einem Teich lagern müssen, ist dies eine kurze Zeitspanne…

Früher kam es vor, daß der Kunde, der das Faß in Auftrag gab, den Wunsch äußerte: »mit dem Breitbeil«, denn auf diese Weise bearbeitete Dauben bekamen dem Wein angeblich besser als Dauben, die mit dem Ziehmesser zugerichtet waren. Der Arbeiter machte sich also mit seinem Breitbeil bewaffnet – im wahrsten Sinne des Wortes – ans Werk. Das Breitbeil ist eine Art Beil, das alles in allem rund achtzig Zentimeter lang ist, wobei das Eisen dreiunddreißig Zentimeter mißt. Die Breite des Eisens liegt zwischen zehn und fünfzehn Zentimetern. Um die Hand des Arbeiters frei zu halten, ist der Stiel nach rechts versetzt und nach unten gedreht. Das dickere Ende wird auf dem Lederschurz an der Leiste des Arbeiters abgestützt. Die Schneide hat nur eine Schnittbahn. Das Werkzeug wiegt zwischen fünf und neun Kilogramm und wird am Ende des Stiels gehalten, in der Nähe der Haube, an der dieser befestigt ist. Es wirkt durch sein Gewicht, etwa so wie das Schabeisen und das Beil des Holzschuhmachers. Der Handwerker hebt das Breitbeil an und lenkt es beim Niederschlagen so, daß es auf der Seite einen enormen Holzsplitter abschlägt. Früher waren die Arbeiter oft so geschickt, daß sie eine Daube allein mit diesem Werkzeug fertigen konnten.

Da jedoch die Böttcherei ein Beruf ist, der Genauigkeit und Präzision verlangt, ist es nun an der Zeit, Messungen vorzunehmen. Ein Fehler, der im Laufe der vorangehenden Fertigungsetappen aufgetreten ist, könnte im letzten Moment eine undichte Stelle des Gefäßes verursachen. Dann müßte wieder alles auseinandergebaut werden…

Folgende Seiten: **Der Böttcher arbeitet mit den verschiedensten Werkzeugen. Hier schlägt er mit seinem Klöpfel auf den Boden des Fasses.**

Der Kimmhobel dient zum Aushöhlen einer Nut, in die der Boden eingesetzt wird.

Die Daube eines früher gefertigten Fasses dient als Schablone, und die zwanzig Dauben des Fasses (je nach Modell können es auch dreißig sein) werden exakt auf dieselbe Länge zugeschnitten. Das einfache Brett, das die Daube einmal war, erhält nun seine ganz besondere Form: Die Daube bildet ein Kreissegment. Mit einem speziellen Ziehmesser wird die äußere Rundung erzielt, welche dann mit Hilfe einer Kontrollschablone überprüft wird. Dabei handelt es sich um ein Brett mit einer Wölbung, das man entlang der Daube zieht, um sicherzustellen, daß das Profil genau stimmt.

Mit dem Reifmesser, das eine konvexe Klinge besitzt, auch Krummeisen genannt, höhlt der Böttcher die konkave Rundung der Daubeninnenseite aus.

Im Querschnitt gesehen, weist die Daube nun die gewünschte Rundung auf. Nun muß ihr noch die sich an beiden Enden verjüngende und in der Mitte aufgeblähte Form verliehen werden... sonst wäre das Faß später nicht gewölbt.

Der Böttcher setzt sich vor die Fügebank, einen großen Hobel, dessen Kasten die Form eines Balkens hat. Die Klinge zeigt zum Arbeiter hin, der die Daube nach unten schiebt: Ein Ende der Fügebank ruht nämlich auf dem Boden, während das andere auf zwei Stützen aufliegt, die einen Bock bilden. Der Hobelvorgang wird nun umgekehrt: Das massive Werkzeug bleibt unbeweglich, während das Holzstück der Klinge entgegen geschoben wird.

Die nun folgenden Arbeitsgänge betreffen das Zusammensetzen und die Formgebung. Auf einer ebenen Fläche ordnet der Böttcher die Dauben senkrecht in einem Reifen an. Hierbei achtet er darauf, abwechselnd schmälere und breitere Dauben zu nehmen. Weitere Reifen werden über und unter dem ersten angebracht. Ohne Klebstoff oder Nägel scheint das Bauwerk wie durch ein Wunder aufrecht zu stehen.

Nun werden die Dauben gebogen. Diesen Vorgang nennt man Dämpfen. Der Böttcher stellt eine mit Spänen und Kleinholz gefüllte Wärmepfanne in das Innere des Fasses. Die Mittelstücke der Dauben werden nun innen und außen gründlich mit Wasser besprengt, bevor das Feuer angezündet wird. Nun wird der Sockel des Fasses zusammengedrückt, um die Daubensockel einander anzunähern. Im 18. Jahrhundert wurde diese Arbeit mit Hilfe einer Schraubenwinde ausgeführt. Dies ist ein Holzapparat mit einem Seil-

ring und einem Knebelgriff. Heutzutage wird für das allmähliche Zusammendrücken der Dauben ein Treibreifen verwendet, ein Stahlband, das auf einer Seite verankert ist und um den Rumpf des Fasses bis zum anderen Ende geführt wird. Wenn das Feuer brennt und das Holz gleichmäßig feucht ist, schreitet das Zusammenpressen langsam fort. Das Faß nimmt Form an. Es wird umgedreht und, während der Reifen den nun unten befindlichen Teil zusammendrückt, bringt der Arbeiter Metallreifen an; diese weisen, je nach der Stelle, an welcher der jeweilige Reifen am Faß befestigt werden soll, einen unterschiedlichen Umfang auf.

Die Metallreifen werden an ihren Enden zusammengenietet und mit Hilfe eines kleinen Eisenwerkzeugs, dem Reifsetzer, an der Seite des Fasses entlanggeschoben: Dieser Reifsetzer hat im unteren Bereich eine konkave Form, die unter das Eisen des Reifens eingeführt werden kann. Oben befindet sich ein Kopf (wie beim Kaltmeißel), auf den der Arbeiter leicht mit dem Hammer schlägt, wobei er das Faß umrundet, damit der Reifen eine waagerechte Stellung einnehmen kann.

Nun muß der Böttcher die Enden der Dauben so bearbeiten, daß der Boden angebracht werden kann. Hierzu beschlägt er zunächst mit einer Handaxt das Ende der Dauben, so daß diese zum Inneren des Fasses hin gewölbt angefast sind. Die Handaxt – ein Nachfahre der altrömischen »Ascia« – ist eine abgerundete, breite Dechsel, ein massives und kurzes Werkzeug, in dem die Hand zu verschwinden scheint. Das Faß wird auf ein schräges Gestell gelegt, und der Arbeiter, der mit der Handaxt die Fase anbringt, dreht das Faß, je weiter seine Arbeit voranschreitet.

Mit dem Stockholm, einem Hobel mit geschwungenem Kasten und einer Klinge mit konvexer Schneide, höhlt der Arbeiter auf der Innenseite, am Ende der Dauben, eine kreisförmige Kehle aus. Das Faß soll stabiler werden, indem dort horizontale Widerstandslinien parallel zum Boden eingeritzt werden.

In der Mitte dieser Hohlkehle wird der Boden später in einer ziemlich tiefen Nut, der sogenannten Kimme angebracht. Ihre Position wird mit einem kleinen Holzinstrument (einem beweglichen, durch einen Keil gehendes Lineal mit zeichnender Spitze), dem Streichmaß, angezeichnet. Der Hobel, mit dem diese Kimme ausgehöhlt wird, heißt Kimmhobel oder auch Falzhobel. Er wird je nach Faß eingestellt. Der Arbeiter schiebt ihn am Rand des schräg auf dem Bock liegenden Fasses entlang.

Durch schrittweises Arbeiten und unter Zuhilfenahme des Zirkels legt der Böttcher den Radius für den Boden des Fasses fest. Die Böttcher sind Meister in der Kunst, das Holz zu krümmen. Sie verwenden einen Stechzirkel, der aus einer Holzleiste besteht, welche die Form eines Eselrückens oder einer Haarnadel aufweist. Zwei Linksgewinde durchqueren die Sockel dieses umgedrehten »U« und werden durch eine zentrale Rändelmutter zusammengehalten, wodurch die beiden Metallspitzen zusammen- oder auseinandergerückt werden können. Ausgehend von einem Anfangspunkt überträgt der Böttcher den Abstand der Zirkelspitzen in das Innere der Kimme, bis er nach sechs Durchläufen genau bei seinem Anfangspunkt anlangt. So findet er den Radius seines Bodens heraus. Der Umfang wird auf einer Fläche von fünf nebeneinanderliegenden, mit der Besäumsäge zugeschnittenen Brettern aufgezeichnet. Dabei handelt es sich um ein Werkzeug, das von oben nach unten bewegt wird und dessen einstellbare Klinge einen Winkel zur Achse des Gestells bilden kann.

In der riesigen Familie der Hobel ist dieser ein ganz besonderes Exemplar: Er höhlt entlang eines Kreises aus.

Linke Seite: **Je nach auszuführender Arbeit wird das Faß senkrecht oder seitlich gelagert.**

Die Ränder des Bodens werden mit dem Ziehmesser angefast. Die Oberfläche wurde zuvor mit einem kleinen Spezialhobel bearbeitet, den der Arbeiter an zwei seitlichen, hörnerartigen Griffen vorwärts schiebt. Die zwei Fasen des Bodenrandes dürfen nicht scharf aufeinandertreffen, damit kein Leerraum zwischen der Bodenplatte und der Kimmnut in der Daube entsteht.

Mit Hilfe des Reifensetzers werden nun die äußeren Reifen entfernt. Die Enden der Dauben spreizen sich etwas, so daß der Boden eingesetzt werden kann. Fehlt an einer Stelle der Kimme etwas Holz, so füllt der Böttcher diesen Leerraum aus, indem er dort ein kleines Binsenstück als Dichtung einsetzt. Dazu spreizt er die Daube mit einem Hebel, der über bewegliche Backen verfügt, dem sogenannten »Hund«.

Mit Hammerschlägen auf das Äußere der Dauben wird der Boden in der Kimme plaziert, und die Reifen werden erneut angebracht.

Zu den Eisenreifen kommen Holzreifen hinzu, die einen Schutz bei der Beförderung sowie beim Rollen des Fasses darstellen. Sie werden aus gespaltenen Kastanienästen hergestellt. Mit einem Kerbmesser, einer Art Beil mit langgezogenem Eisen und gerader Schneide, kerbt der Böttcher den künftigen Reifen ein, um dort eine Weidenbinde einzuführen, die eventuell auch durch einen Eisendraht ersetzt sein kann. Der Reifsetzer, der zum Anbringen der Holzreifen verwendet wird, ist ein Werkzeug aus hartem Holz, auf das nun nicht mit dem Hammer, sondern mit dem Klöpfel geschlagen wird.

Einige Arbeitsgänge werden bis zum Schluß aufgehoben. Falls der Kunde möchte, daß sein Faß mit einem Hahn versehen ist, wird der Boden mit einem großen Kurbelbohrer, dem sogenannten Zapfenbohrer, angebohrt. Der Spundlochbohrer in Form eines sehr großen, trichterförmigen Vorbohrers dient zum Anbringen des Spundloches in einer der Dauben, die speziell hierfür vorgesehen wurde, da sie besonders solide ist, und die deshalb als Spunddaube bezeichnet wird. Der Spund wird mit einem Stück groben Leinens umwickelt, um eine vollkommene Undurchlässigkeit zu gewährleisten. Er besteht aus einer kleinen Holzrolle und wird mit dem Klöpfel eingeschlagen. Möchte man ihn herausziehen, so verwendet man den Spundzieher, einen Korkenzieherknebel, der sich in einem Eisenbügel dreht, welcher auf der Daube aufliegt.

Nun ist der Augenblick gekommen, einen Versuch zu starten. Rund zehn Liter kochendes Wasser werden in das Faß gegossen. Dieses wird nun in alle Richtungen gedreht, wobei auf eventuell vorhandene Sicker- oder Leckstellen geachtet wird, die dann umgehend mit kleinen Holzsplittern repariert werden. Bevor das Faß ausgeliefert wird, schneidet der Böttcher mit einem Setzhammer (einer kleinen Dechsel) den über die Daubenoberfläche überstehenden Teil des Spunds ab.

Der letzte Vorgang bei der Herstellung eines Fasses, sozusagen »der letzte Schliff«, besteht darin, daß der Handwerker (damals der Böttchermeister) seine Signatur in die Böden des Fasses einschreibt. Er ritzt seinen Namen mit Hilfe des Reißers ein. Dieser wurde mit viel Einfallsreichtum so gestaltet, daß damit alle Buchstaben des Alphabets eingekerbt werden können. Ein schräger, sehr scharfer Hohlbeitel sorgt für die geraden Striche; eine Spitze, die als Zirkelauflagepunkt fungiert, dient einem quer angebrachten Hohlbeitel als Achse. Dieser Hohlbeitel ritzt die Rundungen oder Schwünge der Buchstaben ein.

Nun rollt das Faß seinem Schicksal entgegen… Viele der Böttcherwerkzeuge sind heute durch mechanisch betriebene Werkzeuge oder durch Maschinen ersetzt worden. Das Herstellungsprinzip eines Fasses sowie die Abfolge der Arbeitsgänge sind jedoch gleich geblieben.

Auch wenn heutzutage weniger Fäßchen, Fässer, Tonnen und andere Faßwaren verwendet werden als früher, so besteht doch weiterhin ein Bedarf an Holzfässern. Es wird vermutlich noch lange Zeit Menschen geben, die Dauben zuschneiden, biegen, zusammenfügen und mit Reifen zusammenhalten, um erneut das Wunder der Dichtheit eines Behälters zu erreichen, dessen Form seit zweitausend Jahren weder verändert noch verbessert wurde.

Dieser Überblick über die beeindruckende Werkzeugsammlung eines Böttchers wäre natürlich ohne eine abschließende Bemerkung nicht vollständig. Alle diese hier beschriebenen Werkzeuge sind für die Herstellung eines gewöhnlichen Fasses erforderlich. Doch hat der Böttcher, dessen oberstes Ethos Maßarbeit und Präzision ist, an seiner Wand die gesamte Palette von Werkzeugen hängen, die zur Herstellung größerer, kleinerer oder ganz einfach andersartiger Behälter notwendig sind.

Die Gegenstände, die in der Werkstatt des Böttchers einstmals angefertigt wurden, waren nämlich äußerst vielgestaltig: Tröge, Badewannen, Zuber, Butter-, Pulver-, Essigfässer, kleine Fäßchen, Kanister, Bojen, Schoppen, Bottiche, Trichter, Becher, Flaschen, Bütten, Krüge, Eimer, Tische, Vasen… Und man spürte, daß der Böttcher, der seine achtzig Werkzeuge zählte, es im Stillen bedauerte, nicht noch einige mehr zu besitzen, die geradezu ideal für die Herstellung eines bestimmten Gegenstandes wären, auch wenn sie nur zweimal pro Jahr verwendet würden.

In der Böttcherei regiert die Geometrie der Krümmungen.

Werkzeugmarkierungen, Markierungswerkzeuge

Etwas markieren heißt, ein Zeichen so haltbar wie möglich auf einen Gegenstand aufzudrücken, wodurch dieser als Eigentum gekennzeichnet oder sein Platz innerhalb einer Gesamtheit festgelegt wird.

Zwei Arten von Markierungen sind auf Werkzeugen zu sehen. Die gängigsten sind die des Werkzeugherstellers sowie das Markenzeichen des Industrieunternehmens, welches das Patent auf dieses Werkzeug hat. Wie eine Werbebotschaft prangt der Name des Herstellers auf den Werkzeugen, tief eingeprägt in die Eisenfläche des Beils, in die Seite der Hammerpinne oder in den Griff der Zange. Zerbricht ein Werkzeug oder geht es verloren, erinnert sich der Benutzer an das Markenzeichen, das er so oft bei der Verwendung dieses Werkzeugs gelesen hat. Hat man sich eine Säge oder eine Hippe ausgeliehen, mit der man sehr zufrieden war, so weiß man, wo es eine derartige zu kaufen gibt. So ein Markiergerät – ein Prägeeisen mit eigenem Namen – steht nicht jedem Privatmann zur Verfügung.

Es kommt jedoch auch vor, daß der Werkzeugbesitzer seinen Namen einprägen möchte. Dies sieht man nicht so sehr bei einfachen Werkzeugen wie Beilen, Hippen, Sägen oder Hämmern, sondern vielmehr bei »persönlichen« Werkzeugen wie dem Reißer des Böttchers oder dem verzierten Hobel des Kunsttischlers, die manchmal sogar mit einem Datum versehen sind. Die Buchstaben und Ziffern werden mit Hilfe von Punzen eingehämmert oder mittels einer Eisenschablone eingebrannt (dieses Verfahren wird häufig von Kunsttischlern verwendet); sie werden mitunter auch mit dem Hohlmeißel eingeritzt. Zu lesen sind Vor- und Nachname, der Familienname allein, oder noch kürzer, die Initialen.

In einigen Berufsständen wurden bestimmte Werkzeuge dazu verwendet, die bearbeitete Bausubstanz zu kennzeichnen. Ein bekanntes Beispiel, das jedem aufmerksamen Betrachter schon einmal aufgefallen sein könnte, sind die Zeichen der Stücklohnarbeiter auf den Steinen der (romanischen und gotischen) Kirchen oder Kathedralen.

Es handelt sich dabei meist um ein persönliches Signum, das sich der jeweilige Steinmetz ausgesucht hat. Natürlich gibt es hier unzählige Varianten, vom großen oder kleinen Anfangsbuchstaben bis hin zu Ziffer, Unendlichkeitszeichen, Spirale, Kreis, Viereck, Kleeblatt, Herz, usw. Diese Zeichen auf einer Reihe von behauenen Steinen dienten als Berechnungsgrundlage für den Lohn, den der Arbeiter am Ende des Tages vom Bauherrn erhielt. In einigen Kirchen sind fast alle Zeichen sichtbar: Gleichgültigkeit des Erbauers oder – anonyme – Würdigung der Handwerker? In ande-

ren Kirchen wiederum sind sie nicht zu sehen, was jedoch nicht bedeutet, daß es sie nie gegeben hat: Die Steine wurden vorausschauend mit der geprägten Seite nach hinten in die Mauer eingefügt.

Natürlich wurden zahlreiche Studien darüber angestellt. Sie ermöglichen es, die Irrfahrten einiger Stücklohnarbeiter nachzuvollziehen und Beziehungen zwischen den Bauwerken zu entdecken.

Etwas ganz anderes sind die Positionierungskennzeichen. Sie wurden vom Architekten der Kathedrale angegeben, damit die Statuen an der richtigen Stelle des Kirchenschiffs angebracht werden konnten. Es handelte sich hierbei um Buchstaben und römische Ziffern, die sowohl an der Wand als auch an der Rückseite der Skulptur angegeben waren.

Dieselbe Idee liegt der Montagevorbereitung bei Zimmerwerken zugrunde. Die verschiedenen Bestandteile werden je nach ihrer Position – rechts oder links von der Mittelachse der Konstruktion – und je nach dem Feld, an dem sie angebracht werden müssen, gekennzeichnet.

Der Förster entrindet eine kleine Fläche des zu fällenden Baumes. Daraufhin dreht er seinen Beilhammer um und drückt mit einem Schlag einen bestimmten Buchstaben oder das persönliche Signum des Besitzers ein.

Zeichen eines Werkzeugherstellers.

Der Reißer des Böttchers dient zum »Signieren« des Fasses mit dem Namen der Werkstatt. So wird der Name des Handwerkers angegeben, der für eine Reparatur zuständig ist, falls eine Leckstelle im Faß entstehen sollte.

Kisten und Container werden mit den Namen von Absendern und Empfängern sowie mit weiteren Angaben versehen. Dies geschieht mit Schablonen, kleinen durchbrochenen Metallplatten, mit Hilfe derer man mit einem einzigen Pinselstrich wunderbar angeordnete Buchstaben und Ziffern erstellen kann, die sogar von Spezialisten bewundert werden.

Ganz links: **Der Reißer ist mit dem Namen seines Besitzers gekennzeichnet. Er dient zum »Signieren« eines Fasses.**

In Argentinien, der Camargue, Mexiko, Spanien und einigen anderen Gebieten wird das Vieh mit rotglühenden Eisen gekennzeichnet, die den Anfangsbuchstaben des Namens oder das Zeichen des Besitzers tragen.

Die Viehzüchter in Madagaskar markieren die Ohren ihrer Rinder in einfacherer Weise. Sie verwenden hierzu ein gewöhnliches kleines Messer. Bei Käufen, Erbschaften, Tauschgeschäften oder Hochzeitsgaben wird jeweils ein Einschnitt hinzugefügt, so daß die Geschichte des juristischen Status des Tieres genau nachvollzogen werden kann.

Nur für Fachleute sichtbar, ist auf dem Gehäuse von Uhren und Standuhren oft zierlich, jedoch dauerhaft der Name des Uhrmachers und das Reparaturdatum eingraviert. So trägt das Zeitmeßgerät seine Geschichte mit sich, und der Handwerker, der es reparieren soll, bewegt sich nicht auf unbekanntem Boden.

Links: **Zeichen eines Stücklohnarbeiters auf einem Stein der antiken südfranzösischen Brücke »Pont du Gard«. Der Arbeiter wurde nach Stück bezahlt und kennzeichnete daher den Stein, der er behauen hatte, mit seinem Signum.**

Der Drechslerbeitel, geschäftet nach Art einer Dechsel

Marokko

Zeichen einer Arbeitsgewohnheit: Die ovale, tiefe Abnutzungsstelle auf der einen Seite des Werkzeugstiels zeugt von einer Verwendung, die für eine Dechsel ungewöhnlich ist. Dasselbe gilt für die charakteristische Verbreiterung am Stielrumpf. Dieses Werkzeug dient nämlich nicht wie eine Dechsel zum Aushöhlen von Holz oder zum Glätten eines Balkens. Vielmehr wird es von einem Drechsler aus Marrakesch (Marokko) verwendet, der damit Stühle herstellt. Um zu Beginn seiner Arbeit ein Holzstück zu gestalten, das noch keine zylindrische Form aufweist, benötigt der Handwerker ein ziemlich schwe-

res Werkzeug, das bei den Stößen nicht abrutschen kann; diese Gefahr bestünde beim Hohlbeitel. Der Schaft dieses eleganten Werkzeugs, das auf rudimentäre, doch solide Art mit einem Stiel versehen ist, wird auf das Gestell der Drehbank gestützt. Die seitliche Abnutzung entstand durch Reibung gegen den noch nicht gedrechselten Teil des Holzstücks.

Anschließend sind die feineren Hohlbeitel an der Reihe, die an einem Griff mit der Hand geführt werden. Befindet sich die Achse der Drehbank direkt am Boden, so werden sie mit dem Fuß in Position gehalten.

Cérès

Ein schwieriger Vorgang: das Anbringen der Eisenfelge des Wagenrads unter Dampf.

Das Rollrad des Wagners

Dieses ausgeklügelte Instrument ergänzt die Werkzeugausrüstung des Wagners und ermöglicht das Messen eines Kreises sowie das Übertragen dieser Abmessung. Der Wagner bringt mit dem Bleistift oder mit der Reißnadel eine Markierung auf der Felge an und fährt mit dem Rollrad um diese herum, wobei er darauf achtet, zu Beginn die beiden Markierungen auf Felge und Rollrad auszurichten. Nun braucht er nur noch die Anzahl an vollständigen Umdrehungen des Rollrads zu zählen, die restliche Teilumdrehung hinzuzufügen, dieses Maß auf das Innere des Reifens zu übertragen, und er erhält zwei Teile, die einander bestens angepaßt sind.

Ein Spielzeug? Nein, ein elementares Berechnungsgerät.

Dreißig Speichen bilden die Nabe,
doch der Leerraum zwischen ihnen bildet das Wesen des Rades.
Aus Ton entstehen Krüge,
doch der Leerraum in ihnen bildet das Wesen des Kruges.
Die Mauern mit Fenstern und Türen bilden das Haus,
doch der Leerraum zwischen ihnen bildet das Wesen des Hauses.
Dies ist eine grundlegende Erkenntnis:
Das Material birgt die Verwendung,
Was nicht Material ist, birgt das Wesen.

Laotse

Der Plakatanschläger

Ob sich das Zellulosegewebe des Plakats wohl daran erinnert, daß es einmal ein Baum in einem Wald war?

Geschicklichkeit muß mit Gleichgewichtssinn einhergehen …

Dieser Beruf ist ein Beispiel für äußerste Sparsamkeit an Mitteln. Mit dem Spatel (einer Art Messer mit trapezförmig breiter werdender Klinge), einem Eimer mit flüssigem Klebstoff, einer langen Bürste mit weichen Borsten sowie der Leiter ist man nämlich schon am Ende mit der Inventurliste seines Materials.

Um ein Verkrusten von übereinander geklebten Plakaten zu vermeiden, bereitet der Plakatanschläger sein »Gelände« mit Hilfe des Spatels vor. Er hebt das Eck des vorherigen Plakats an und reißt lange Streifen ab. Wo ihm das nicht gelingt, geht er die Fläche direkt an. An der Kerbe kann er das geklebte Papier erneut fassen und wieder ein Stück herunterreißen. Lehnt seine Leiter zufällig an der Abrißstelle, so entfernt er diese für einen Augenblick von der Wand, indem er sich nach hinten lehnt.

Der Plakatanschläger hat keine Werkbank, die Wand selbst ist seine Arbeitsfläche. Man mußte nur auf die Idee kommen: Das Bestreichen mit Klebstoff ermöglicht eine gute Haftung des gefaltet an der Wand anliegenden Papiers. Schnell und peinlich genau läßt er seine von Klebstoff triefende Bürste über den Rücken des Plakats gleiten, Abschnitt für Abschnitt. Nun ist der Augenblick gekommen, die gesamte Oberfläche der Wand mit Klebstoff zu bestreichen. Anschließend sucht er nach den seitlichen oder oberen Verbindungsstellen. Die Bürste schmiegt sich an, damit sich das feuchte Papier faltenlos mit der Wandfläche verbindet. Bei einem großen, aus mehreren Teilen bestehenden Plakat überwacht der Arbeiter sorgfältig seine Markierungen. Hat er einen Teil falsch aufgeklebt, so kann er wie durch ein Wunder das Papier wieder von der Wand ablösen, ohne es zu zerreißen.

Ein letzter Bürstenstrich zur Beruhigung des Gewissens. Der Platz muß sauber verlassen und die dicke, unter dem Arm raschelnde Papierrolle mitgenommen werden. Die Bürste wird in ihre am Gürtel befestigte Hülle verräumt. Den Eimer in der einen, die Leiter in der anderen Hand, ist der Mann schon wieder fort, auf der Suche nach der nächsten Plakatwand …

VETEMENTS de SPORTS
GOLF · TIR · CHASSE
TENNIS PLAGE e.t.c.
EXPORTATION
PROPRIÉTÉ
DE
L'AGENCE
NATIONALE
D'AFFICHAGE
100
SUCCURSALES
EN FRANCE
NATIONALE
BANANIA
SUZE
SUZE
SUZE
SUZE
CAOUTCHOUCS
MARQUE
A L'AIGLE
MARQUE
A L'AIGLE
NCE NATIONALE D'AFFICHAGE
BRUXELLES
Aux Petits Agneaux
PARIS
EXPOSITION
GÉNÉRALE
DE MEUBLES
DE STYLE
BRASSO
POUR
MÉTAUX
BARAQUES BARAQUES
280 280
POSTILLON
VIEILLE BOUTEILLE
A UN PRIX DISCRET
Le Chômage
et l'Epargne

Der Schreiner

Der Schreiner ist derjenige Handwerker, der verschiedenste Bretter in Fensterrahmen, Tische, Türen, Schränke oder Regale verwandelt. Mit seiner Sammlung an Hobeln – vom exakten Falzhobel über den langen Wangenhobel bis hin zur schweren Rauhbank – kann er eine Rundung, einen rechten Winkel oder eine Formleiste auf der gesamten Länge eines Holzstücks anbringen. Ein Hobel besteht aus einem Holzkasten, einer abgeschrägten, quer angeordneten Klinge und einem Keil, mit dem diese gehalten wird. Man könnte ihn ebensogut »Abgleicher« nennen. Wenn er richtig eingestellt ist, entfernt er leicht und gleichmäßig Material und schafft so eine vollkommen ebene Fläche oder führt ein Profil fort. Hinter sich läßt er nur abgehobene Späne zurück.

Verschiedene Sägen dienen dem Schreiner zum Zuschneiden des Brettes; dadurch legt er die zu bearbeitende Fläche fest. Die Beitel und Hohlbeitel, auf die er vorsichtig mit dem Klöpfel schlägt, ermöglichen die perfekte Ausführung der Feinarbeit.

Werkzeuge, Wahlsprüche und Embleme

Louis d'Orléans, der darauf brannte, seinen Feind Jean de Bourgogne zu schlagen, hatte als Symbol einen knorrigen Stock und als Wahlspruch: »Ich beneide ihn« gewählt. Die Antwort ließ nicht lange auf sich warten. Jean, der Mutige, entschied sich im Gegenzug für ein Emblem mit einem Hobel und folgenden Worten: »Ich habe ihn in der Hand«, womit er erklärte, wie er sich verteidigen würde.

Vorhergehende Seite: **Der Möbelschreiner der Pariser Werkstatt A. Lulli bei der Verwendung einer Stoßlade.**

Der Falzhobel, dessen Kasten und Klinge das umgekehrte Profil einer zu fertigenden Formleiste aufweisen.

Links: **Der Kunsttischler verwendet für eine einzige Arbeit rund ein Dutzend Spezialwerkzeuge nacheinander.**

Unten: **Noch ein Gegenstand der Handwerker, der uns Bescheidenheit lehrt: Hätten wir so eine Lade, die die Schnitte der Säge lenkt, erfunden?**

Die Gehrlade

Zum Werkzeugzubehör des Schreiners, aber auch des Parkettlegers oder des Rahmenmachers gehört die Gehrlade. Sie ist, einfach gesagt, eine Führung für die Säge. Ein Brett oder eine Leiste werden in der rechtwinkligen Rinne gehalten, deren Wände mit Einschnitten versehen sind, die einer Diagonale oder einem rechten Winkel entsprechen. Nun muß nur die Säge betätigt werden, die in die dafür vorgesehenen Schlitze der beiden Seiten des »Kastens« eingeführt ist, und man erzielt einen geraden, dem gewünschten Winkel entsprechenden Schnitt.

Der Werkzeugkasten der Alten Ägypter

Die noch heute zu bewundernden kolossalen Statuen, die Glasperlen der Ketten, die Goldmasken oder die einfachen Sitze aus Rohrgeflecht, alle technischen Errungenschaften des Alten Ägyptens wurden mit einer begrenzten Anzahl relativ primitiver Werkzeuge ausgeführt.

Gemälde und Flachreliefs mit Darstellungen von Handwerkern bei der Arbeit liefern eine Bestandsaufnahme der Werkzeuge, eine Beschreibung der handwerklichen Fertigkeiten. Gleichzeitig klären sie uns über die Organisation der Arbeitsprozesse auf. Diese Bilder zeigen, daß ab dem Alten Reich (2640–2155 v. Chr.) die individuelle Arbeit einer kollektiven Produktion wich, die in Werkstätten ausgeführt wurde, in denen mehrere Berufsstände gleichzeitig tätig waren. Jeder Handwerker wandte das neue Prinzip der Aufgabenteilung an und verrichtete so nur einen der Arbeitsgänge, die für die Herstellung eines Gegenstandes nötig waren. Die Folge war eine vollkommene Beherrschung der Materie, eine hohe Geschwindigkeit in der Ausführung und eine ständige Tendenz, Neues zu erfinden, um die Mühen zu erleichtern, die Qualität und den Ertrag zu verbessern.

Der landwirtschaftliche Reichtum des Landes, ein »Geschenk des Nils«, und der Lebensstandard seiner Einwohner trugen ihren Teil zur Erklärung der enormen Produktion und technischen Perfektion im Alten Ägypten bei. In einer Welt, in der Zeit keine Rolle spielte, haben Geschicklichkeit und Geduld ihr übriges getan.

Im Paläolithikum und Mesolithikum bestand die Gesamtheit der Werkzeuge aus Feuerstein, Knochen und Holz. Der Feuerstein – er war in nierenartiger Form reichhaltig in den terrassenartig angelegten Gebieten zu finden – wurde mittels eines Stein-Schlaghammers behauen. Mit diesem wurden kleine Splitter abgeschlagen, bis man, je nach Bedarf, eine durchgehende oder eine gezahnte Schneide erhielt. Im Neolithikum gingen die Werkzeughersteller vom etwas zerbrechlichen, facettiert behauenen Feuerstein zum harten, geschliffenen Stein über, der um einiges widerstandsfähiger war.

Der Werkzeugkasten des Tischlers oder des Kunsttischlers enthält noch eine kleine Anzahl an Werkzeugen, die die Techniken und Erfindungen der verschiedenen Epochen miteinander verbinden. Die Klöpfel in Form eines Stößels waren in einem Stück aus Holz gefertigt; die Schaber bestanden aus Feuerstein. Die Blätter der Sägen, Beile, Dechseln, Messer, die Spitze der Holzbeitel, die Schneide der Hohlmeißel wurden schon um 2500 v. Chr. aus Kupfer gefertigt. Im Mittleren Reich wurde dieses Metall durch Bronze ersetzt, und im Neuen Reich (zwischen 1500 und 1000 v. Chr.) erreichte man mit der Einführung des Drillbohrers einen zusätzlichen Fortschritt. Der Arbeiter hielt den Griff seines Bohrers in einer Schlinge der Sehne des Bogens, dessen Holz von vorne nach hinten und von hinten

Eine Dechsel mit Kupferblatt aus dem Alten Ägypten. Ihre Form verweist auf den Akt des Behauens.

nach vorne bewegt wurde, wodurch eine alternierende Drehbewegung erzeugt wurde.

Das Beil, dessen sichelförmiges Blatt mit einem Schaft in einer Kehle des Stiels befestigt und durch Riemen gehalten wurde, diente zum Abkanten.

Die rahmenlose Säge nach Art der derzeitigen Fuchsschwanzsäge wurde verwendet, um einen Stamm in Bretter zu zerschneiden. Mit der Dechsel konnte sowohl der Rohling für eine Holzstatue gefertigt als auch ein Balken gehobelt oder ein Brett geglättet werden, fast wie mit unseren Hobeln.

Verschiedene Holzteile – ein in diesem Land seltenes Material – konnten mit Dübeln, Zapfen und Zapfenlöchern zusammengefügt und durch Aufstreichen eines pflanzlichen Klebstoffes in Position gehalten werden. Aufgeklebter Stoff, Stuck und Bemalung verbargen die Verbindungsstellen.

Geschicklichkeit und Erfindungsreichtum wogen die wenigen Mittel auf: so ist auf Flachreliefs zu sehen, wie Metallarbeiter Tiegel mit geschmolzenem Metall mit Hilfe einfacher, gebogener Stangen transportieren. Im Neuen Reich veränderte die Erfindung des hand- oder fußbetätigten Blasebalgs (zwei Ledertaschen, die an einem Y-förmigen Holzrohr befestigt sind, das in einem Metallrohr endet) das Leben der Metallarbeiter. Die Bestandteile all jener Gegenstände müssen wiederum genau untersucht werden. Nach viertausend Jahren erkennen wir die – einzigartige – Form des Beils wieder. Lesen wir jedoch in der Beschreibung eines Ausstellungs- oder Museumskatalogs, daß sein Blatt aus Kupfer ist, finden wir das doch sehr eigenartig. Dieses weiche Metall… Wir sind heute allzusehr geprägt von der – legitimen – Herrschaft von Eisen und Stahl. Man muß sich jedoch immer vergegenwärtigen, daß ein und dasselbe Wort im Laufe der Zeit nicht immer dieselbe Sache bezeichnete, und daß die Form eines Gegenstands nicht auf die Dichte seiner Bestandteile, ihre chemischen Eigenschaften schließen läßt. Die Kupferminen des Alten Ägyptens lagen im Westen des Sinai. Das Erz lieferte, natürlich mit anderen Metallen vermischt, eine viel widerstandsfähigere Legierung als unser heutiges, industriell verfeinertes Metall. Die Untersuchung der Kupfergegenstände aus dem Grab der Prinzessin Khekeretnebty in Abusir (5. Dynastie, 2465–2325 v. Chr.) bescheinigt die Beimengung von Arsen, Wismut, Eisen, Zinn, Silber, Nickel und Antimon.

In einem Pharaonengrab von Theben: ägyptische Schreiner bei der Arbeit.

Bronze, eine zu 90% aus Kupfer und zu 10% aus Zinn bestehende Legierung, kam wohl zwischen 2000 und 1600 v. Chr. aus Syrien. Zwischen 1500 und 1000 v. Chr. wurde sie dann allgemein verwendet.

Das aus dem Ausland oder von Meteoriten stammende Eisen wurde vermutlich zum erstenmal in der griechischen Kolonie Naukratis im 6. Jahrhundert v. Chr. geschmolzen.

Als typische Formen (z. B. das Eisen des Beils) und Konstruktionen (z. B. die Verbindung von Hammerkopfes und Stiel) vermitteln diese Werkzeuge, nachdem sie einmal ihre Vollendung gefunden haben, die Illusion, sie würden die Zeiten überdauern. Unveränderlich. Ihre Solidität, ihr Gebrauch wird immer vom verwendeten Rohmaterial abhängig sein, ganz gleichgültig, ob dieses nun zufällig gefunden oder fachkundig entwickelt wurde.

Für Steinarbeiten – manchmal durch Granit ersetzt – verwendete der Handwerker schwere Kupfermeißel. In regelmäßigen Abständen wurden diese von einem Gehilfen geschärft und zum Härten erhitzt. Dolomitkugeln dienten dazu, die Oberfläche des mit dem Meißel bearbeiteten Steins zu polieren. Dieser Meißel konnte mit Hilfe eines Hammers geschlagen werden, dessen Stiel aus zwei um einen Steinquader verkreuzten Stäben bestand, die X-förmig mit einem Riemen um diesen Stein gebunden waren und am Stielende durch einen gewickelten und verknoteten Riemen zusammengehalten wurden.

Eine Bestandsaufnahme wäre ohne die unvermeidlichen Zubehörteile nicht vollständig. Dies sind die Instrumente, die das Lot (Bleischnur), die Horizontale (Waage in Form eines großen A), den rechten Winkel (Holzwinkel), den Kreis (zwei durch eine Schnur verbundene Holzstifte) angeben. Die einfachsten Ideen bewirkten oftmals die besten Ergebnisse: eine wassergefüllte Rinne entlang des Grundrisses eines im Bau befindlichen Monuments (Pyramide oder Tempel) gewährleistete mit Sicherheit die waagerechte Ausrichtung des Gebäudesockels.

Ein Steinbruch in Ägypten

In Ägypten, in der Gegend von Assuan, weist eine riesige Granittafel Zeichen menschlicher Arbeit auf: Zylindrische, in regelmäßigem Abstand zueinander stehende, in einer Linie angeordnete Bohrlöcher. Dies schien der erste Schritt für die Herstellung eines Obelisken gewesen zu sein – später wurde dieses Vorhaben jedoch aufgegeben. Die ägyptischen Ingenieure und Steinbrecher verfügten über eine hohe Intelligenz: Sie profitierten bei sehr geringem Energieaufwand von einer gewaltigen Kraft. Die Aushöhlungen im Stein wurden mit trockenen, durch Keile gehaltene Holzpfähle vollkommen ausgefüllt. Das Holz durchtränkte man mit Wasser, das dieses quellen ließ. Die Volumenveränderung bewirkte genau an der Schwachstelle entlang der Perforierung einen Riß im Stein.

Was durch Kraftaufwand allein nicht gelungen wäre, war durch die Verbindung von List und Geduld möglich geworden. Mann kann sich vorstellen, daß dieses Prinzip der Ausdehnung auf der Beobachtung der Natur (die Wurzeln eines Baumes, beispielsweise eines Feigenbaumes, spalten sogar die schweren Steine einer Mauer) oder auf reinem Zufall (eine in einen Stein eingeschlagene Holzspindel wird naß und sprengt den Stein) beruht.

Eine weitere Anwendung dieses Prinzips ist in der Anatomie bekannt. Die überlappende Anordnung der Nahtstellen der menschlichen Schädelknochen verhindert, daß die einzelnen Teile durch einfaches Ziehen voneinander getrennt werden können. Man dreht den Schädel um, füllt ihn durch das Hinterhauptsloch mit Körnern, beispielsweise Linsen, wobei man darauf achtet, daß diese möglichst dicht beieinander liegen. Die Ausdehnungskraft, die auf die zwangsläufige Wasseraufnahme zurückzuführen ist, siegt bald über die äußerst hohe Kohäsion der Schädelknochen.

Ein Steinbruch in Ägypten mit jahrtausendealten menschlichen Spuren; davor ein Souvenirhändler.

Die Werkzeuge des Steinmetzen

Die Arbeit ist ein Kampf. Metall gegen den Felsen, und die Frage ist immer dieselbe: Wer besiegt wen? Die mit Klöpfeln geschlagenen Steinwerkzeuge der Baumeister im Alten Ägypten waren aufgrund ihrer Härte besonders wirksam: Feuerstein, Dolerit und Quarzit lieferten das Material für die »Klingen«. Der lederumwickelte Holzstiel dämpfte die Stöße des Klöpfels, vermied Vibrationen und die dadurch verursachten Absplitterungen, verminderte den Rückschlag auf die Hand und den Arm des Arbeiters.

Die Werkzeugpalette eines gewissen Berufsstandes ist oft auf ein elementares Ziel gerichtet: Ob es sich nun um Gewaltwerkzeuge wie die Axt oder um Geduldwerkzeuge wie die Säge handelt, die Werkzeuge des Holzfällers dienen immer dazu, Holz zu schneiden.

Die des Steinmetzen tragen ausnahmslos dazu bei, Material abzutragen. Ebenso wie die Eiche ist auch der Felsen zu groß für die Hände des Menschen. Daher muß er den Stein schneiden, Material abnehmen, ihn spalten. Dazu benötigt er Steinwerkzeuge, die sich kaum von den Holzwerkzeugen unterscheiden, jedoch der Steinbearbeitung angepaßt sind. Die schneidenden Hämmer entsprechen den Beilen, spezielle Sägen vollbringen einen Einschnitt in den Felsen. Der Vergleich kann sogar noch weitergeführt und der Holzfäller mit dem Steinbrecher verglichen werden: Beide sind direkt an der Quelle, am Ursprung des Rohmaterials. Der Steinmetz hat sogar etwas mit dem Zimmermann, teils auch mit dem Tischler gemein.

Rechte Seite: **Nach und nach nimmt der Steinblock eine geometrische Form an.**

Denn der Steinmetz schneidet nicht nur den Würfel oder Quader aus dem Bruchstein, sondern er kann auch dessen Oberfläche zurichten, so wie ein Tischler bei einem Möbelstück eine Verzierung einschnitzt oder wie ein Kunsttischler eine Geländersäule drechselt.

Menschen, die mit Stein umgehen, Menschen, die mit Holz umgehen – jeder Berufsstand wird sofort die Werkzeuge des anderen einordnen können; die Formen sagen enorm viel über den Gebrauch aus: Niemand würde versuchen, den Stein mit einem Beil abzuschaben oder ein Brett mit einer Steinraspel zu glätten.

Während der Elfenbeinschnitzer immer im gleichen Maßstab und in relativ geringer Entfernung vor dem Objekt arbeitet, muß der Steinmetz die Verzierung einer Fassade (die von weitem zu sehen ist) ebenso wie die zusammenzufügenden Teile der Rippen eines Gewölbes zunächst mit seiner Schablone in der Hand bearbeiten: das Massive und das Delikate, das Grobe und das Detail gleichermaßen.

So ist es nicht verwunderlich, daß man bei der Aufzählung der speziellen Werkzeuge des Steinmetzen auf ganz unterschiedliche stößt, die jedoch in etwa die gleiche Funktion, wenn auch in einem unterschiedlichen Maßstab, haben, so daß auch sehr feine Arbeiten ausgeführt werden können. Natürlich unterscheiden sie sich eher in ihrer Form und Größe als im Aussehen ihrer Schneide.

Sie lassen sich in mehrere Kategorien unterteilen: Zum einen gibt es Werkzeuge, mit denen man den Stein wie mit einem Hammer oder einem Beil bear-

Ein Hammer, mit dessen Kanten kleine Splitter abgeschlagen werden können.

Vorhergehende Doppelseite: **Das Schneiden der Steinwürfel in der geometrischen Landschaft des Steinbruchs.**

beitet, wobei die beiden Köpfe des Metallteils einen rechten Winkel (ein »T«) mit dem Holzstiel bilden.

Demgegenüber stehen Werkzeuge, die in der Hand gehalten (meistens in der linken Hand) und die an den Stein angesetzt werden. Auf deren Stielende wird dann mit der rechten Hand mit Hilfe eines Metallwerkzeugs (wie dem Schlegel) oder eines Holzwerkzeugs (wie dem Klöpfel) geschlagen.

Durch die Formenvielfalt dieser beiden Kategorien kann die Funktion der zuerst genannten Werkzeuge in zwei Teile aufgegliedert werden: den Stein direkt zu bearbeiten; auf Werkzeuge der zweiten Kategorie zu schlagen, wodurch bei gleichem Kraftaufwand (Schlag eines Schlegels oder eines Klöpfels) eine zehnfache Genauigkeit erzielt wird.

Darüber hinaus gibt es Werkzeuge, die auf der Steinoberfläche wie ein Hobel oder eine Raspel auf Holz, wie eine Feile oder eine Säge auf Metall verwendet werden.

Eine ganz besondere Stellung nimmt eine Reihe von Werkzeugen ein, die durch Rotation betätigt werden. Es folgen Werkzeuge, die mit einer Maschine in Verbindung stehen, welche Zylinder und gerundete Formen erzeugt: die Drehbank.

Schließlich muß der Vollständigkeit halber auf die unverzichtbaren Verbündeten des Steinarbeiters eingegangen werden, die sozusagen als Katalysatoren wirken: die Schleifmittel.

Der Zweispitz des Steinmetzen (oder Pickel) verdankt seinen Namen den beiden pyramidenförmigen Stahlspitzen. Er ist mit einem soliden Eichenstiel von ca. fünfzig Zentimetern Länge versehen. Es handelt sich hierbei um ein ziemlich schweres Werkzeug, das mit beiden Händen betätigt wird, wodurch große Schläge ausgeführt werden können. Folglich konnte es nur für relativ schwere Blöcke verwendet werden, die durch die Schläge nicht verrutschen konnten (der Pickel wird heutzutage kaum mehr gebraucht, da die Blöcke schon maschinell grob bearbeitet an die Baustellen geliefert werden).

Es gibt eine Variante, bei der die pyramidenförmigen, durch einen Bolzen in Position gehaltenen Stahlspitzen abnehmbar sind. So läuft der Handwerker, der

Rechte Seite: **Eine andere Haltung, jedoch dasselbe Prinzip: die Steinbearbeitung in Asien.**

Flächeneisen. Es dient dazu, Material von einem viereckigen Steinblock abzunehmen.

Der Meißel gehört zu den gängigsten Steinmetzwerkzeugen auf der ganzen Welt.

Der Hohlmeißel hat die Form eines Löffels und schafft eine Vertiefung im Stein.

Spitzhammer mit horizontalen Schneiden: ein Verwandter des Scharrierhammers.

Das Gradiereisen wurde in der Gotik häufig für die Endbearbeitung verwendet.

Der Steinmetz erspürt die Homogenität des Blocks und öffnet ihn, indem er eine geradlinige Schwachstelle schafft.

über eine Reserve an geschliffenen Spitzen verfügt, nicht Gefahr, in seiner Arbeit unterbrochen zu werden. Das Werkzeug dient dazu, die Steinblöcke grob zu bearbeiten, sie abzuvieren (das bedeutet, ihnen nach und nach die Form eines Würfels oder eines Quaders zu verleihen) sowie Furchen in einen großen Block einzuhöhlen, in die dann die Keile eingeschlagen werden.

Der Pickel bildet also einen fließenden Übergang zwischen zwei Berufen. In einer chronologischen Abfolge der Steinarbeiten könnte er an letzter Stelle in die Hand des Steinbrechers gelegt werden, der damit den Felsen bricht, und an erster Stelle in die des Steinmetzen, bevor dieser dann die feineren Werkzeuge verwendet.

Der Brechhammer hat mit dem gewöhnlichen Hammer nur seine T-förmige Gestalt gemein. Im Grunde besteht dieses eiserne Werkzeug aus zwei Stahlköpfen, die jeweils eine vertiefte Seite aufweisen. Es wird parallel zum Block eingesetzt und bricht von diesem das Material ab, das über die Vertikale übersteht. Mit dem Brechhammer kann eine gerade Linie erzielt werden, weshalb er auch verwendet wird, um die Kanten eines Blockes festzulegen. Wieder einmal handelt es sich um ein Werkzeug, das an der Grenze zwischen dem Beruf des Steinbrechers und dem des Steinmetzen steht.

Doch ist der Steinmetz kein Handwerker, der ein und dieselbe Bewegung den ganzen Tag über mit dem gleichen Werkzeug wiederholt. Wie alle Arbeiten erfordert auch das Behauen des Steines (bei ein und demselben Werkstück) verschiedene Annäherungen (Angriffsweisen) mit verschiedenen Mitteln. So wird das Werkzeug, das auf einer Seite diese Konkavität aufweist, Brecheisen genannt, auch wenn sich auf der anderen Seite der Wirkfläche eine Spitze befindet.

Viele Gerätschaften des Steinmetzen sind eine Kombination aus zwei Werkzeugen: So kann nach Beendigung eines Arbeitsganges innerhalb der Ausführung einer Tätigkeit sogleich zum nächsten übergegangen werden.

Das Flächeneisen mit seinen beiden geraden, parallel zur Stielachse angeordneten Stahlschneiden könnte für ein Beil mit zwei Blättern gehalten werden. Es dient dazu, Material von einem weichen Stein abzunehmen und dessen Oberfläche durch kleine Schläge aus der Nähe zu glätten.

Bei einer Variante des Flächeneisens ist eine der beiden Schneiden quer zur anderen angeordnet. Andere Varianten weisen zwei horizontale Schneiden auf. Sie werden allesamt dazu verwendet, den Stein an einer Stelle zu behauen, was mit den oben aufgeführten Werkzeugen nur schwer zu erreichen wäre. Insbesondere kann damit in der Waagerechten eine Steinschicht entfernt werden, die durch zwei mit der Steinsäge (Stocksäge) ausgeführte Einschnitte begrenzt ist. Eine andere Untervariante mit kleinen Schneiden dient dazu, den besonders harten Stein der Mühlsteine zu bearbeiten. Daher wird er auch Mühlenhammer genannt.

Der Spitzhammer, ein Verwandter des Flächeneisens, ist mit breiten, spitz zulaufenden Stahlzähnen versehen. Dies ist ein relativ schweres Werkzeug, mit dem die von den vorhergehenden Werkzeugen geschaffene Oberfläche geglättet werden kann. Es definiert sich durch seine Zähne, gleichgültig, ob diese nun senkrecht oder waagerecht zum Stiel angeordnet sind.

Zur Familie der Spitzhammer gehört auch der sogenannte Kamm. Er weist auf jeder Seite ein Dutzend abnehmbarer Zähne auf, die in einer pyramidenförmigen Spitze auslaufen.

Der Zahnhammer ist dagegen ein Abkomme des Flächeneisens. Er unterscheidet sich von diesem dadurch, daß er mindestens sechs flache Zähne aus gut gehärtetem Stahl aufweist. Von diesen Zähnen leitet sich auch sein Name ab. Er wird aber auch als Krönel bezeichnet. Der Zahnhammer wird für dieselben Arbeiten wie der Spitzhammer verwendet, jedoch vorzugsweise für diffizilere Arbeiten.

Der Scharrierhammer hinterläßt eine Spur, die wohl all jenen vertraut sein dürfte, die den Verputz eines Gebäudes schon einmal aus der Nähe betrachtet haben: eine regelmäßige, rechteckig vertiefte Körnung.

Es handelt sich dabei um einen schweren, kurzen Hammer, dessen Stahlenden schachbrettartig angeordnete Diamantspitzen aufweisen. Diese sind mindestens fünfundzwanzig oder neunundvierzig an der Zahl (fünf oder sieben pro Seite), doch können sie auch noch viel zahlreicher sein (bis zu mehreren hundert ganz kleinen Zähnen bei alten Werkzeugen).

Früher wurde das Eisen dieses Werkzeugs geschmiedet, heute wird es gegossen. Der heutzutage weitläufig

Die Kombination von rundem Schlegel und Spitzeisen dient zur präzisen Ausführung eines einzigen Arbeitsgangs.

verwendete Scharrierhammer hat bizarrer Weise eine Art Umkehrung seiner Funktion erfahren. Früher diente er nämlich dazu, die Unebenheiten, die durch das Einwirken des Spitzeisens entstanden waren, zu beseitigen. Heute soll er einer durch das mechanische Sägen geglätteten Oberfläche ein gekörntes Relief verleihen, welches das Licht gut aufnimmt. Anstatt wie früher Unebenheiten zu beheben, gestaltet er also heute selbst welche.

Wie andere Werkzeuge des Steinmetzen, die sich bei der Arbeit abnützen, kann auch dieses gromit beiden Händen betätigte Werkzeug mit abnehmbaren Köpfen versehen sein.

Der kleinste Scharrierhammer (2 × 2 cm Querschnitt) hat vier bis neun Zähne, andere Varianten mit unterschiedlichem Querschnitt weisen zwischen vier und sechzehn Spitzen auf.

Der Scharrierhammer wurde im 17. Jahrhundert in erster Linie für die Grobbearbeitung verwendet, zunächst von Bildhauern, später von Steinbrechern und Steinmetzen. Vor Ort ermöglichte er die Ausführung von Verputzarbeiten, da der frontale Angriff der Oberfläche keinerlei spezielle Ausstattung erfordert. Doch im Technikzeitalter wird dem Werkzeug die Energie nicht mehr durch den Arm des Menschen zugeführt: Die Diamantspitzen des Scharrierhammers sind heute an Pneumatikhämmern angebracht.

Rechte Seite: **Die linke Hand setzt das Werkzeug an, die rechte schlägt es ein.**

Ein dem Scharrierhammer verwandtes, ursprünglich aus Amerika stammendes Werkzeug ist eine Kombination aus mehreren Gerätschaften: Auf jeder Seite des Stiels befinden sich zwischen fünf und fünfzehn zusammengenietete Stahlklingen. Dies sind, wenn man so will, mehrere parallel angeordnete Flächeneisen, die auf dem Stein parallele und nicht mehr kreuzförmige Spuren hinterlassen. Dieses Werkzeug wird meist nach der Benutzung des Scharrierhammers für Arbeiten eingesetzt, die eine perfekte Endbearbeitung erfordern. Es dient zum Abgleichen von rauhen und harten Materialien wie beispielsweise Granit.

Das Spitzeisen erinnert an einen großen Eisenstift; es ist eine Eisenstange von rundem oder achteckigem Querschnitt mit einer pyramidenförmigen Stahlspitze, vergleichbar mit dem sogenannten Zweispitz (im Grunde ist dies nur eine Hälfte des Zweispitzes, der Teil, der mit dem Stein in Berührung kommt, wobei die Energie von einem schlagenden Werkzeug, einem Schlegel oder Klöpfel zugeführt wird). Das etwa dreißig Zentimeter lange Spitzeisen weist einen konischen Kopf auf, wenn es von einem Eisenschlegel eingeschlagen werden soll, oder eine abgerundete Fläche, falls der Arbeiter einen Holzklöpfel verwenden möchte. Metall gegen Metall erzeugt langfristig eine Kaltverformung: Der oberste Punkt des Werkzeugs ist gehärtet und wird vom Schlag verformt; dadurch können winzige – und gefährliche – Metallteilchen auf Hand und Gesicht des Handwerkers

Mit dem Scharrierhammer kann der mit der Säge bearbeiteten Oberfläche ein regelmäßig gekörntes Aussehen verliehen werden.

absplittern. In regelmäßigen Abständen wird deshalb der Kopf des Spitzeisens geschliffen: So erhält es wieder seine ursprüngliche Form, verliert jedoch nach und nach an Länge.

Das Spitzeisen wirkt natürlich weniger kraftvoll als der Zweispitz des Steinmetzen, doch erfüllt es die gleiche Funktion; es arbeitet jedoch feiner, präziser und ist besser zu handhaben. Es dient zum Abkanten, zur Ausarbeitung eines Rohlings, zur Grobbearbeitung von harten Steinen, die behauen oder mit Verzierungen versehen werden sollen.

Das Spitzeisen wird auch Steinmeißel oder ganz einfach Eisen genannt. Der Fortschritt hat daraus ein Werkzeug für die Ewigkeit gemacht: Heute gibt es Spitzeisen, die zwar wie gewöhnliche aussehen, deren Spitze jedoch aus einem Element besteht, welches unseren Vorfahren noch als Produkt von Alchimistenversuchen erschienen wäre: Wolframkarbid.

Das Flacheisen ähnelt dem Spitzeisen, jedoch mit zwei Unterschieden. Der Teil, der mit dem Material in Kontakt steht, ist flach, breiter (die Schneide ist nicht geschliffen, sondern weist nur eine leichte Abschrägung auf; sie kann auch gebogen sein), sein Kopf – auf den mit einem Eisen- oder Stahlschlegel geschlagen wird – ist gehärtet und angefast, so daß er nicht so leicht eingedrückt werden kann. Das Flacheisen ist ein Verwandter des Brechhammers: Es ist sein Ergänzungsstück und dient zur Verfeinerung seiner Arbeit.

Der Meißel ist ebenfalls ein Werkzeug, auf das mit einem Klöpfel oder Schlegel geschlagen wird. Zur Bearbeitung von weichem Stein werden Meißel mit Angelbestielung (spitz zulaufende »Wurzel« der Klinge, die in das Holz des Stiels gesteckt wird; die Verbindungsstelle wird von einem Metallring gesichert) oder Meißel mit Haubenbestielung (die Klinge wird durch eine Art gespaltene Hülse verlängert, die den Stiel hält) eingesetzt; sie werden mit einem Klöpfel geschlagen. Die Meißel zur Bearbeitung von hartem Stein bestehen dagegen ganz aus Metall. Diejenigen mit konvexer Kopfform werden mit dem Klöpfel, jene mit kegelstumpfartigem Kopf dagegen mit dem Schlegel geschlagen.

Meißel können für Roharbeiten, aber auch bei der End- sowie Detailbearbeitung verwendet werden.

Es gibt sehr feine Meißel, aber auch äußerst breite aus Metall, deren Schneide bis zu fünfzehn Zentimeter messen kann.

Ob sie nun aus verstähltem Eisen, mit Hauben- oder Angelbestielung gefertigt sind (je nachdem, ob der Handwerker mit dem Schlegel oder dem Klöpfel auf ihren Kopf schlägt), ob ihre Schneide gerade oder gebogen ist, das Gradiereisen und der Spitzmeißel sind auf jeden Fall nur Abkömmlinge des Zahn- und des Spitzhammers. Ihr Wirkungsbereich ist kleiner, die zu erfüllende Aufgabe präziser. Im großen und ganzen ermöglichen sie es dem Handwerker, feine Arbeitsschritte auszuführen, bis zur Endbearbeitung vorzudringen, aber auch die Teile des Steines zu erreichen, die sonst unzugänglich oder zu zerbrechlich wären, und die einer direkten Bearbeitung mit Schlagwerkzeugen nicht standhalten würden.

Im Grunde zeigt die Betrachtung der Werkzeugabfolge bei der Steinbearbeitung die Willkür der Berufsteilung auf: Der Steinbrecher arbeitet manchmal in gleicher Weise wie der Steinmetz, der seinerseits teilweise Arbeiten eines Bildhauers ausführt.

Das Scharriereisen ist eine Nachbildung des Scharrierhammers und verfügt über dieselben Zähne aus Diamantspitze, mehr oder weniger an der Zahl, mehr oder weniger breit, im Quadrat, Rechteck oder Kreis angeordnet. Die zylindrische oder polygonale Eisenstange läuft in einem angefasten oder abgerundeten Kopf aus, je nachdem, ob der Handwerker – wie auch bei den anderen Werkzeugen dieser Kategorie – den Schlegel oder den Klöpfel verwenden möchte.

Der Hohlmeißel ist ein abgerundeter Meißel. Der Steinmetz oder der Bildhauer besitzen eine ganze Reihe davon: mit breiter oder mit schmaler Schneide, mit schwacher Krümmung bis hin zu einer stärkeren Konkavität, je nach auszuführender Arbeit. Mit diesem Werkzeug kann eine Formleiste oder eine Einkerbung gestaltet werden. Der Handwerker schlägt mit kleinen Schlägen auf den Hohlmeißel, so daß dessen Spuren kaum voneinander abgesetzt sind. Anschließend wird das Werk noch poliert.

Ein Holzblock am Ende eines kurzen Stiels verweist auf einen Klöpfel. Er dient zum Schla-

Das Bein des Sklaven erhebt sich aus dem Marmorblock. Es ist von den leidenschaftlichen und zugleich methodischen Spuren, die Michelangelos Werkzeuge hinterließen, umrahmt. Musée du Louvre, Paris.

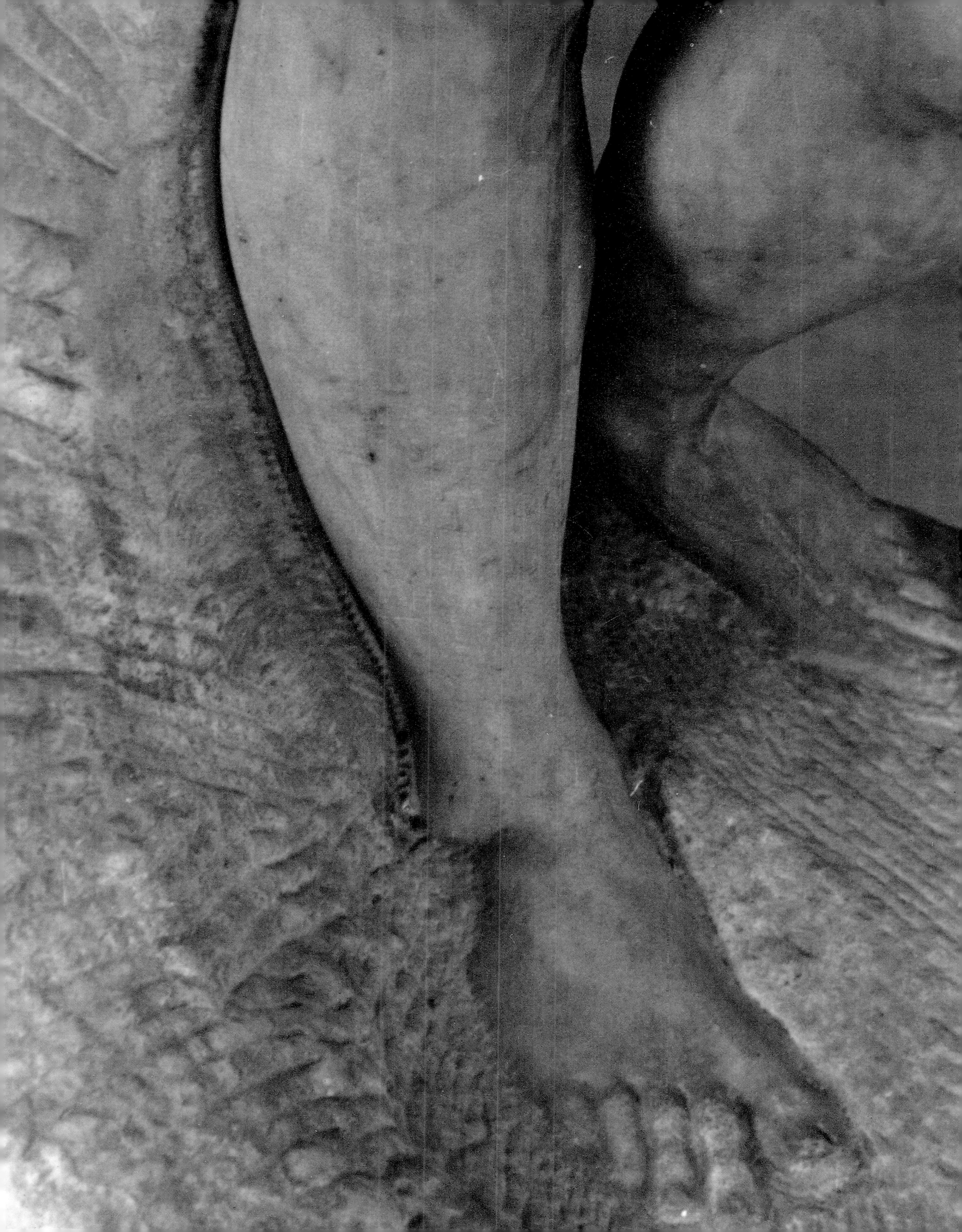

gen, immer und immer wieder, bis er vom Gebrauch gezeichnet ist, geprägt, bis er nicht mehr verwendbar ist. Der Klöpfel ist eines der seltenen Werkzeuge, die von der Arbeit verzehrt werden, die sich abnützen und schließlich verschwinden. Nirgends auf der Welt gäbe es alte Klöpfel, wenn nicht hie und da ein Handwerker aus Zuneigung zu seinem treuen Gefährten einen dieser mit einem Stiel versehenen Holzblöcke aufbewahrt hätte, die von den »Berührungen« ausgehöhlt und verformt und von den Meißelköpfen gezeichnet sind. Diese seltenen Exemplare beeindrucken umso mehr: Man glaubt förmlich, die tausend Schläge, die das Holz so tief ausgehöhlt haben, hören zu können... Dieses Werkzeug, das mit einer Hand betätigt wird (die andere hält beispielsweise den Meißel oder den Hohlmeißel), ist aus hartem Holz gefertigt: Weißbuche, Erle, Hartriegel, Nußbaum, Pflaume, Steineiche, Buchsbaum, Esche. Der Stiel kann aus einem anderen, weicheren Holz wie beispielsweise Weide bestehen, da die Verbindung der beiden Holzarten die Vibrationen dämpft.

Vor einer Übersicht über die verschiedenen Klöpfelformen sollten diese zunächst in zwei Kategorien eingeteilt werden, in diejenigen Klöpfel, die aus einem Stück sind, und jene, die aus einem Körper und einem angefügten Stiel bestehen.

Die Klöpfel aus einem Stück werden aus hartem Holz gefertigt und haben die Form einer Schale, eines Kegels oder eines senkrecht verlaufenden Zylinders. Eine Variante des senkrechten Zylinderklöpfels ist quaderförmig. Abgesehen von den Rillen oder dem Schachbrettmuster auf der Oberfläche erinnert die Form unweigerlich an den Tapaschlegel aus Ozeanien. Eine Analogie, die auf einer ähnlichen Verwendung basiert... eine Zusammenführung der Menschen über Zeit und Raum hinweg... Man träumt davon, ein Treffen zwischen den beiden Handwerkern zu organisieren und jedem von ihnen das Werkzeug des anderen, seines unbekannten Antipoden in die Hand zu geben... Bezüglich der zweiten Kategorie an Klöpfeln existiert eine Vielzahl an Körperformen: von einem einfachen rechteckigen Holzscheit mit trapezförmig abgeschrägten Ecken bis hin zur Form eines Kreisbogens – die übrigens in wunderbarer Weise die Bewegung des

Schlagens und die »ständige Wiederkehr« der Faust, die den Holzblock schwingt, vor Augen führt. Ist eine der Seiten des Klöpfelkopfes durch die »Berührungen« mit dem Meißel zu sehr ausgehöhlt, so nimmt der Handwerker einen anderen zur Hand. Ist die »Holzreserve« erschöpft, so wandert das Werkzeug nach wiederholter Nachbearbeitung zusammen mit den Spänen ins Feuer. Nichts geht verloren, weder bei den Handwerkern, noch bei den Bauersleuten.

Mit dem Klöpfel kann auf alle Werkzeuge geschlagen werden, die die Form eines Nagels oder eines Meißels haben (ganz allgemein gesagt), und die mit einem breiten, abgerundeten, pilzförmigen Kopf versehen sind. Die Eisenwerkzeuge mit kegelstumpfförmigem Kopf, die für die Bearbeitung mit dem Schlegel vorgesehen sind, würden das Holz des Klöpfels buchstäblich einrammen. In der Theorie lernen die Lehrlinge, daß die Werkzeuge mit Holzstiel nur mit dem Metallschlegel geschlagen werden (denn Holz gegen Holz wäre zu weich), doch die Praxis zeigt, daß es zahlreiche Ausnahmen gibt. Da es sich nicht um Kraftarbeiten, sondern eher um Tätigkeiten handelt, die eine gewisse Geschicklichkeit erfordern, ist es verständlich, daß das Fingerspitzengefühl und die Fertigkeit des Arbeiters mehr zählen als das Material des verwendeten Werkzeugs. Wer im übrigen wie ein Verrückter mit einem schweren Treibfäustel auf den Stiel eines Werkzeuges einschlagen würde, sähe, daß dieser Stiel sofort in tausend Splitter zerspringen würde. Wer auch immer mit seinen Händen gearbeitet und somit die Rolle des Handelnden oder des sensiblen Beobachters

Ein schwieriger Moment: das vorsichtige Angehen eines Arbeitsganges.

eingenommen hat, konnte die Kraft des ungeschriebenen Gesetzes der Konfrontation der Materialien je nach eingesetzter Kraft schon selbst einmal erfahren. Unser Holzklöpfel in Form einer umgedrehten Schale ist schon auf den viertausend Jahre alten Wandmalereien des Alten Ägyptens zu sehen.

Der Schlegel ist eine verkleinerte Form des schweren Treibfäustels: Er verfügt über ein geringeres Volumen und daher ein geringeres Gewicht des metallischen

Kopfes sowie eine beträchtliche Verkürzung des Holzstiels. Da er im Grunde für die gleiche Arbeit eingesetzt wird wie sein Zwilling, der Klöpfel, ist es nicht erstaunlich, daß auch hier eine Vielfalt an Arten zu finden ist. Innerhalb dieser Familie weist das einfachste Werkzeug einen Quader aus verstähltem Eisen auf, in dessen Auge ein ovaler Stiel aus hartem Holz wie Esche, Hartriegel oder Eiche steckt. Die frühesten Ausbildungen haben breite Enden von achteckiger oder runder Form, und darüber hinaus kann der Schlegel auch ein gewölbtes Profil (wie der runde Klöpfel) aufweisen, wie beispielsweise die Matraka aus den östlichen Mittelmeergebieten.

Der portugiesische Schlegel hat einen runden Stiel und einen schalenförmigen Stahlkopf und ist daher gut für die Arbeit mit dem Spitzeisen geeignet. Der Arbeiter dreht den Stiel in seiner Hand, so daß die dadurch entstehende Vertiefung über die gesamte Fläche verteilt wird. Die rechteckigen Schlegel aus weichem Eisen werden langfristig ausgehöhlt und sind schließlich unbenutzbar: Sie werden vom Schmied durch Auffüllen der Vertiefung repariert.

Die Keule, der Tampon der Graveure und der zweiköpfige Klopfer gehören zu den elementaren Werkzeugen: Sie bestehen ganz aus Metall. In gewisser Weise sind dies die eisernen Entsprechungen der Holzfäustel. Die Keule hat einen zylindrischen Kopf und wurde lange Zeit in Belgien verwendet, um die Pflastersteine zuzurichten. Der Tampon der Graveure besteht aus einem länglichen Quader mit zylindrischem Stiel. Er dient zur Feinarbeit bei der Bildhauerei und der Gravur. Dasselbe gilt für den Klopfer, ein kleines Werkzeug für feine Arbeiten, dessen acht Seiten sozusagen eine Abnutzungs- und Gebrauchsreserve für den Benutzer darstellen. Er wird häufig in Italien benutzt.

Die Werkzeuge, auf die geschlagen wird, treffen oftmals auf Widerstände. Es ist offensichtlich, daß Stahl gegen Stahl springt, daß der runde Schlegel den Holzstiel des Meißels zertrümmert, daß Holz gegen Holz zu instabil ist. Daher dienen die Schlegel aus weichem Eisen dazu, auf Werkzeuge mit gehärtetem Kopf zu schlagen. Mit denen aus gehärtetem Stahl werden dagegen die Werkzeuge mit Holzstiel und die mit Kopf aus weichem Eisen mit kleinen Schlägen zur freizulegenden – unter dem Stein versteckten – Fläche hingeschoben.

Wieviele Werkzeuge sind im Laufe der Zeit von einem Land in ein anderes gewandert? Anrührende Geschichten haben die Auswanderer erlebt, die ihre Werkzeuge mit sich genommen haben. Da sind keine Zertifikate vonnöten: Mit dieser natürlichen Verlängerung ihrer Hände, den Werkzeugen ihres Landes, zeigen sie, was sie können. So ist der runde Schlegel im Tuchbeutel der portugiesischen und spanischen Steinmetze beispielsweise bis nach Frankreich gelangt.

Auch wenn es hierfür keine Beweise gibt, kann man sich die Fahrten von Arbeitern, die Reisen von Handwerkern und damit die »Wanderungen« der Werkzeuge gut vorstellen. Ein Schmied hat schnell eine Dechsel, ein Beil, einen Schlegel, einen Meißel, einen Pfriem nachgebildet. Warum sollte also dieses Werkzeug nicht innerhalb kurzer Zeit von Samarkand nach Istanbul oder von Lissabon nach Rio de Janeiro gelangen? Ein einfaches Modell wird einem Dorfschmied gezeigt, und schon ist das Werkzeug akzeptiert. Man bemerkt es hier, in anderen Gebieten wiederum ist es unbekannt, wenngleich es einige Werkzeuge gibt, die zu einer bestimmten Gegend gehören. Meist findet man ein Exemplar davon in jedem Haus, auf jedem Hof. Es ist wie ein Abzeichen. Ich habe ehemalige Kolonisten aus Südamerika oder Afrika gesehen, die in Frankreich Buschmesser und Sicheln mit langem Stiel verwendeten. Die Vegetation war zwar nicht dieselbe, die Arbeit auch nicht, doch die Bewegung war erlernt, geschätzt, eingeprägt, im Gedächtnis behalten worden; und die »Werkzeugveredelung« war mit Sicherheit gut gelungen. Ein Schneidwarenhersteller, ein Schmied fertigen Ihnen, was Sie wollen, nach Modell an. Und so kann man durchaus noch heute in einem Dorf in Schottland oder Sizilien in der Hand eines Arbeiters eine Sichel oder eine Hacke sehen, deren Modelle in den Schaukästen eines regionalen Völkerkundemuseums als exotisch ausgestellt werden. Haben so vielleicht nicht auch Gürtelschnallen, Schmuck, Verzierungen von Pferdegeschirr erst Wüsten durchquert, bis sie die Maler und Bildhauer romanischer und gotischer Kapitelle inspirierten?

Mit dem Schaber wendet sich der Beobachter des Steinmetzen von den »Schlag«-Werkzeugen ab und denjenigen zu, die nicht auf den Stein aufstoßen, sondern vielmehr knirschen, die nicht geschlagen, sondern geschoben werden.

Die vorher beschriebenen Werkzeuge könnte man als Gewaltwerkzeuge definieren, wenngleich es sich heute um weit eingeschränkte, ja sogar sanfte Angriffe handelt. Die Werkzeuge, die wir nun betrachten, sind Meister der Geduld, wahre Spezialisten der Abreibung. Für ein und dasselbe Material, das zwar für verschiedene Aufgaben, jedoch vielleicht von denselben Arbeitern bearbeitet wird, sind nun neue Handlungsmuster zu beobachten.

Ein Schaber sieht folgendermaßen aus: Zwei Schneiden unterschiedlicher Breite eines Steinmetzmeißels sind an beiden Enden eines flachen Eisens angebracht; dieses wird in die trapezförmige Einkerbung eines quer stehenden Stiels mit zwei Griffen eingeführt. Das Werkzeug wird geschoben und beseitigt die kleinen Unebenheiten, die die anderen Steinmetzwerkzeuge zurückgelassen haben. Zieht der Arbeiter die Klinge zu sich her, so achtet er darauf, sie leicht am

Stein anzusetzen, damit der Anschliff seines Werkzeugs erhalten bleibt.

Auch das Kratzeisen ist ein Werkzeug mit zwei Schneiden: eine achteckige Eisenstange, die in der Mitte breiter wird, so daß sie gut in der Hand liegt, und deren Schneiden an beiden Enden der S-förmigen Biegung angeordnet sind. Im klassischen Fall ist eine der Schneiden des Kratzeisens gezahnt, die andere gerade. Es gibt mehrere Varianten: das Kratzeisen mit Holzstiel, das mit gekrümmter Schneide, und diejenigen, deren Zähne verschiedene Formen aufweisen (dreieckig, trapezförmig, usw.). Mit dem Kratzeisen

Zieht der Handwerker das Kratzeisen zu sich her, so kann er damit die Oberfläche eines weichen Steines bearbeiten.

Der Steinhobel wurde einst für Putzausbesserungen der geschwärzten Gebäude in Großstädten verwendet.

kann, wie mit dem Schaber, eine Fläche nach dem Gebrauch anderer Werkzeuge abgeglichen werden. Es wird mitunter auch vom Steinbildhauer verwendet.

Die Raspel besteht aus einer langen, in Längsrichtung bestielten Stahlstange, die mit zahlreichen Zähnen (oder Löchern) versehen ist, deren Anzahl und Größe je nach Verwendungsart des Werkzeugs unterschiedlich sind. Ausgehend von diesem Schema gibt es zahlreiche Varianten: Die Raspel kann einen halbrunden, rechteckigen, zylindrischen oder spitz zulaufenden Querschnitt aufweisen.

Die Raspel des Bildhauers ist ein kleines, nicht bestieltes Werkzeug von ca. zwanzig Zentimetern Länge, das an jedem seiner Enden eine Raspel von verschiedener Form und Größe aufweist. Die eine ist flach, die andere spitz, die nächste wiederum hat die Form eines Rattenschwanzes, diese sieht aus wie ein Hahnenkamm und jene wie ein Salbeiblatt. Der Bildhauer kann damit die letzte Feinbearbeitung der Details vornehmen.

Der Steinhobel ist ein ganz besonders charakteristisches Werkzeug der Steinarbeiter. Seine Funktion entspricht der eines gewöhnlichen Hobels: die Schaffung einer glatten Fläche durch Abheben einer Materialschicht. Der Holzhobel erzeugt Späne, der Steinhobel hinterläßt Staub. Dieser kratzt, jener hobelt.

Der Steinhobel verfügt über drei Bestandteile: einem längs in ein Brett aus widerstandsfähigem Holz geschnittenen Griff; einer quer zu diesem angeordneten, rechteckigen Holzsohle; mehreren, in diese waagerechte Platte eingefügten, im allgemeinen gezahnten Stahlklingen, die parallel oder divergent angeordnet sind.

Wie bei anderen Werkzeugen des Steinmetzen auch, die auf einem einfachen Prinzip basieren, gibt es zahlreiche Varianten: Größe des Werkzeugs, Anzahl und Anordnung der Klingen, Form der Schneiden etc. können unterschiedlich sein. Daher hat der Arbeiter leicht ein Dutzend davon in seinem Werkzeugkasten. Der Steinhobel erlebte seine Glanzzeit anläßlich der großen Reinigungsaktion der Pariser Gebäude. Man sah ihn ständig an einer langen Schnur die Fassaden hochklettern, hörte ihn in der Luft, zwischen den Gerüsten knirschen. Jetzt wird er zumeist von den wasser- oder druckluftbetriebenen Sandstrahlern ersetzt. Da der Steinhobel außer der Kalkkruste (der Schicht, die die weichen Steine schützt) auch zwei oder drei Millimeter von der Stärke des Steines abnimmt, wurde sein Einsatz zudem für die Arbeit an denkmalgeschützten Bauwerken streng verboten.

Die Steinsäge ist die Säge des Steinmetzen. Das gezahnte, trapezförmige Stahlblatt ist an der Seite eines Gestells aus Hartholz befestigt, das zwei ovale Löcher aufweist, in die der Arbeiter seine Hände legt. Wie bei den anderen Sägen dieser Art sind die Zähne – in Form eines gleichschenkligen Dreiecks – abwechselnd nach rechts und nach links ausgebogen, um dem Blatt eine größere Schnittweite, also mehr Platz in der engen Furche zu verleihen, die die Säge in den Stein einschneidet.

Dieses Werkzeug wird ausschließlich zur Bearbeitung von weichem Stein verwendet. Das entsprechende Gerät für den harten Stein verfügt über ein rechteckiges Stahlblatt ohne Zähne und Anschliff, das mit rund zwanzig kleinen runden Löchern versehen ist. Diese Steinsäge arbeitet nämlich nicht wie eine gewöhnliche Säge: Sie benötigt einen Zusatzstoff, ein Schleifmittel. Dabei handelt es sich um ein Pulver aus hartem Gestein – Quarzsand, Schmirgel- oder Quarzpulver –, das mit Wasser vermischt wird, so daß eine Erhitzung des Werkzeugs vermieden wird. Die Löcher dienen als Zellen, in denen die Schleifkörner befördert werden, und ermöglichen gleichzeitig deren Arbeit.

Die Bogensteinsäge besteht, wie ihr Name schon andeutet, aus einem metallischen Kupfer- oder Eisendraht, der durch einen Holz- oder Metallbogen gespannt wird. Sie wird ebenfalls mit einem Schleifmittel verwendet.

Die Bezeichnung Drehsteinsäge ist zweifellos unglücklich gewählt: Sie besitzt weder die Zähne der Säge noch führt sie die typische Hin- und Herbewegung aus; es handelt sich vielmehr um einen Metallzylinder, den man zunächst auf, dann im Stein dreht, um eine kreisförmige Aushöhlung zu erzielen. Dieses Werkzeug, das mit Hilfe eines Schleifmittels wirkt, ist genauer gesagt ein röhrenförmiger Bohrer. Je nach Durchmesser und Höhe kann das Werkzeug zwischen den Handflächen, mittels eines Bogens oder eines Seils betätigt werden. Es kam im 19. Jahrhundert auf und wurde hauptsächlich zur Bearbeitung von Marmor für kleine Einrichtungsgegenstände wie beispielsweise Standuhren verwendet. Doch es hat sich im Lauf der Zeit weiterentwickelt: Seine Energie wurde ihm zunächst durch hydraulische Kraft, dann durch Dampf und schließlich durch Brennstoffe und Elektrizität zugeführt.

Aufgrund der Verwendung eines Gesteinpulvers zum Ansägen und späteren Aushöhlen des Steines bilden diese letztgenannten Werkzeuge eine besondere Gruppe inmitten der großen Palette an Werkzeugen. Sie sind nicht nur teilweise nahe miteinander verwandt. Die Legitimation für eine genauere Betrachtung dieser Werkzeuge besteht vielmehr darin, eine Abstammungsreihe aufzuzeigen, die von hypothetischen Werkzeugen dieser Art ausgeht, welche insbesondere in der ägyptischen Antike verwendet wurden, und bis zu den modernen (mit Wolframkarbidplättchen oder mit Diamantkörnchen versehenen) Kernbohrkronen oder Kernbohrern reicht, welche heutzutage in der Montanindustrie oder der geologischen Forschung verwendet werden.

Diese modernen Werkzeuge, die sicherlich auch in die Zukunft reichen werden, tauchen also keineswegs aus dem Nichts auf, sondern sind wie durch einen roten Faden mit der Ausrüstung der Steinschneider im Alten Ägypten verbunden, die eines Tages, vielleicht ganz zufällig entdeckten, daß Sand, der mit einem einfachen Stab auf dem Stein bewegt wird, diesen aushöhlt. Vom Stock zum Riemen, vom Leder zum

Der Zweispitz ist ein Werkzeug, das in erster Linie durch sein Gewicht wirkt.

Metall, wie Zeugen einer ständigen Entwicklung sind die tradierten Beobachtungen, die Wandlungen der Verfahrenstechniken bis zu uns vorgedrungen. Im 20. Jahrhundert werden die Werkzeuge mit unglaublich modernen Mitteln ausgestattet, und fast könnte man vergessen, daß diese Fachkenntnisse vorhanden sind, weil sie von einem zum anderen überliefert wurden.

Das Werkzeug, mit dem ein Loch in den Stein getrieben werden kann, nennt man Bohrer. Im Unterschied zu jenen Werkzeugen, die schlagen, mit denen man schlägt, oder die man hin- und herbewegt, wirkt der Bohrer durch Rotation. Schematisch gesehen besteht der Bohrer aus drei Teilen: dem Bohreinsatz, einem zylindrischen Element, das man als Bohrfutter bezeichnet, und einer mehr oder weniger entwickelten Antriebsvorrichtung.

Die heutigen Bohreinsätze sind aus Stahl. Früher wurden sie aus Bronze oder Kupfer gefertigt. Die Form ihres Kopfes kann sehr unterschiedlich sein: spitz und flach, speerförmig, wie ein gerader oder mondsichelförmiger Meißel, ein schneidender Löffel, eine Schnecke, ein gezahnter Konus… Die Ägypter verwendeten eine Spindel aus hartem Holz, die am Ende gespalten war, so daß hier eine kurze Klinge aus gehauenem Feuerstein in Sichelform eingesetzt werden konnte. Beim Befestigungssystem der modernen Bohrer können die Bohreinsätze (die im allgemeinen

Ein Steinbohrer.

Ein Rundgang durch einen Steinbruch ist eine unvergeßliches Erlebnis. Die Geschichte des Steins wird dort von Anfang bis Ende erzählt.

zwischen vierzig und fünfzig Zentimeter lang sind) abgenommen und nachgeschliffen oder ein anderes Modell eingesetzt werden. Die einfachsten Bohrer weisen nur eine metallische Spitze auf, die mit Hilfe eines Rings in einem zylindrischen Holzstiel befestigt ist.

Mit der Erfindung und der Entwicklung der Antriebsvorrichtung haben die Steinarbeiter (über Raum und Zeit hinweg) einen bewundernswerten Einfallsreichtum bewiesen. Schritt für Schritt wurde sie verbessert. Nach und nach stattete man den Bohrer mit neuen, hilfreichen Entdeckungen aus.

Der Handbohrer ist lediglich ein mit einem Holzstiel versehener Nagel, dessen Spitze flachgedrückt ist, so daß Flügel entstehen, die sich in den Stein »einschrauben« und das von der Spitze gebohrte Loch ausweiten. Es ist ein Werkzeug der Geduld, Langsamkeit, Abreibung, ständiger Bewegung, das einen vollkommenen Gegensatz zu den Werkzeugen der Schläge, der Gewalt, des Durchschlags darstellt; es läßt nur Steinstaub hinter sich zurück. Die Vorstellung seiner Handhabung wird wohl in jedem von uns einen ganz bestimmten Gedanken auslösen: Imitieren die beiden parallel stehenden Hände, die einen senkrechten Holzzylinder hin- und herbewegen, nicht exakt die Bewegungen der Feuermacher, die einen geschwärzten Stab über einer von verkohlten Mulden übersäten Platte drehten?

Wie könnte man dieses Werkzeug verbessern? Wie könnte man schneller arbeiten? Mit weniger Mühe? Ganz einfach, sagen diejenigen, die das nun folgende Werkzeug im Blick haben. Indem der Handwerker einen Bohrer zunächst im Uhrzeigersinn und dann in entgegengesetzter Richtung dreht, kann er nicht die gesamte, dem Werkzeug verliehene Energie nutzen. Doch werden die Handflächen gegeneinander gerieben, so ergibt dies einen äußerst kurzen Impuls. Und würde man den Stiel des Bohrers mit einer zylindrischen Masse beschweren, erhielte man sogar einen Schwungradeffekt. Da dieses Rad länger arbeitet als die beiden Hände des Steinbohrers, läßt es ihn vom Schwung profitieren, den er ihm selbst verliehen hat. Je nach Ausmaß der auszuführenden Arbeit, Größe des Bohreinsatzes, Härtegrad des Steins kann dieses Rad eine runde, mit einem dickeren Ring eingefaßte Metallscheibe oder sogar ein Schleifstein sein. Der Bohrer der Alten Ägypter verfügte über ein Schwungrad aus drei oder vier Kieseln, die am Ende der Werkzeugspindel befestigt waren, direkt vor der Biegung des Holzstücks, das als Kurbel diente.

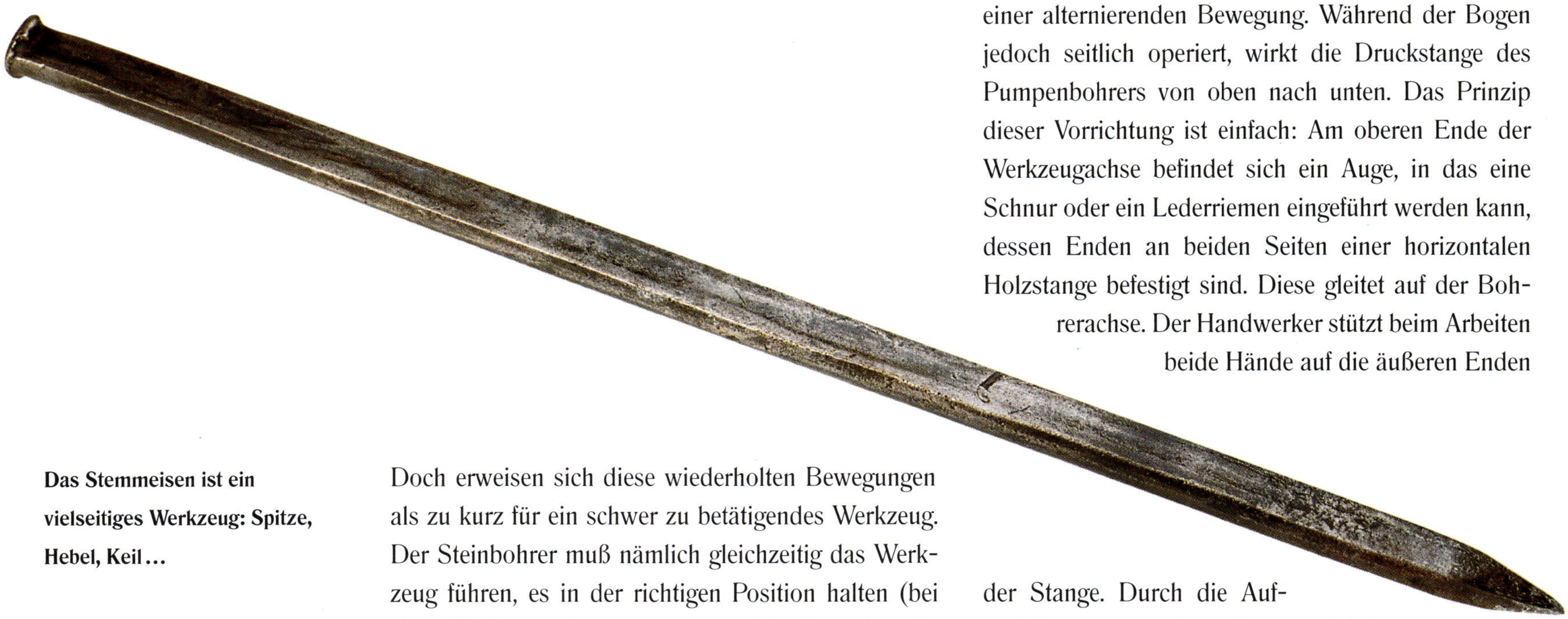

Das Stemmeisen ist ein vielseitiges Werkzeug: Spitze, Hebel, Keil…

Doch erweisen sich diese wiederholten Bewegungen als zu kurz für ein schwer zu betätigendes Werkzeug. Der Steinbohrer muß nämlich gleichzeitig das Werkzeug führen, es in der richtigen Position halten (bei einer Waffe würde man sagen »zielen«) und es in Bewegung setzen. Die technische Verbesserung bestand in der Erfindung des Seilbohrers, der meist mit einem schweren Rad versehen ist, das als Schwungrad dient; dabei arbeiten die Handwerker zu zweit. Der eine hält die Werkzeugspindel und kann das Werkzeug dank des freistehenden Knaufs am oberen Ende nicht nur lenken, sondern es auch in Richtung des zu durchbohrenden Steines schieben. Sein Gehilfe zieht abwechselnd an einem der beiden Enden eines Riemens oder eines Seils, das zwei- oder dreimal in einer Kehle um den Holzzylinder gewickelt ist, der den Bohreinsatz trägt. So dreht sich der Bohrer bald in die eine, bald in die andere Richtung, was in gewisser Weise sein Eindringen in den Stein erleichtert und eine durch Anhäufung von Steinpulver erzeugte Verschmutzung verhindert.
Für eine Arbeit, die weniger Kraft und mehr Präzision erfordert, können der Bohrer und sein Antriebsmechanismus in die Hand einer einzigen Person gelegt werden. Dieses Werkzeug heißt Bogenbohrer: das aus Stabilitätsgründen etwas kürzer geformte Werkzeug wird durch ein Band angetrieben, das um die Achse gelegt ist. Der Unterschied besteht darin, daß dieses Seil meistens aus Darm besteht, und daß dessen Enden weder frei sind noch von einem Gehilfen gehalten werden; sie sind jeweils an einem Ende einer Holz- oder Eisenstange befestigt, die der Arbeiter mittels eines kleinen Griffs hin- und herbewegt.
Der Pumpenbohrer ist ein Abkömmling des Bogenbohrers. Er funktioniert ebenfalls nach dem Prinzip einer alternierenden Bewegung. Während der Bogen jedoch seitlich operiert, wirkt die Druckstange des Pumpenbohrers von oben nach unten. Das Prinzip dieser Vorrichtung ist einfach: Am oberen Ende der Werkzeugachse befindet sich ein Auge, in das eine Schnur oder ein Lederriemen eingeführt werden kann, dessen Enden an beiden Seiten einer horizontalen Holzstange befestigt sind. Diese gleitet auf der Bohrerachse. Der Handwerker stützt beim Arbeiten beide Hände auf die äußeren Enden der Stange. Durch die Auf- und Abbewegung dieser Stange wird die Schnur – durch den Schwungeffekt – bald in einer, bald in der anderen Richtung um die Spindel gewickelt, je nachdem, ob die quer stehende Stange sich nach oben oder nach unten bewegt. Eine schwere, an der Basis des Werkzeugs, über dem Bohreinsatz befestigte, zylindrische Masse verstärkt den Antriebseffekt durch Rotation.
Unter der Bohrwinde – die Konstruktion ähnelt derjenigen von Schreinern, ist jedoch viel massiver – versteht man einen Handbohrer, dessen Achse so gebogen ist, daß sie eine Kurbel bildet. An der Basis befindet sich ein Griff zum Lenken des Werkzeugs, der Griff der Kurbel ermöglicht das Drehen des Bohreinsatzes, der Endknauf bietet einen Stützpunkt, auf den im Bedarfsfall mit dem gesamten Körpergewicht Druck ausgeübt wird.
Der Schneckenbohrer wurde nach dem Prinzip Kinderkreiseln gebaut und ermöglicht es, mittels der vertikalen Verschiebung eines Stellrings, den Bohreinsatz in ständiger Bewegung zu halten.
Als letzter in dieser Reihe – mit menschlicher Energie angetriebenen Handwerkszeuge – soll noch der Getriebebohrer genannt werden. Ein seitlicher Griff ermöglicht es, das Werkzeug in Position zu halten. Auf der anderen Seite wird eine Kurbel gemäß einer zum Bohreinsatz quer stehenden Achse betätigt, ein Querbalken dient als Druckpunkt. Die im Werkzeugkörper enthaltenen Zahnräder untersetzen die Wirkung der Kurbel.
Wozu wird dieses Werkzeug überhaupt verwendet? Bei der Bildhauerei und beim Behauen von Steinen

dienen die gebohrten Löcher dazu, Aushöhlungen in einer Platte vorzubereiten, eine Art »gestrichelte Linie« zu ziehen, die als Vorbereitung für das Abbrechen eines Teilstücks dient, oder die Metallspindeln aufzunehmen, die die beiden Elemente einer Statue zusammenhalten sollen. Der Bohrer ist ein Werkzeug, mit dem langsam, präzise und bedacht vorgegangen werden muß. Er wird an der Oberfläche des Materials verwendet und ermöglicht es dem Bildhauer, sich schrittweise der endgültigen Form anzunähern, eine Handlung auszuführen, die auf die Meißelarbeiten folgt und den Verfeinerungstätigkeiten sowie dem Poliervorgang vorangeht. Aus der Nähe betrachtet weisen einige Statuen – wie die 1513–15 von Michelangelo geschaffenen »Sklaven« im Musée du Louvre – in gut sichtbarer Weise die einzelnen Spuren des Bohrers auf. Doch die beiden berühmten Statuen des in Florenz tätigen Meisters wurden in diesem Stadium unvollendet belassen.

Die Löcher des Bohrers geben auch Aufschluß über die Bearbeitung von Marmor: Ihre Tiefe zeigt die Dicke des abzunehmenden Materials an. Diese Technik wurde sogar von den leitenden Architekten im Mittelalter eingesetzt, um den Umriß einer Statue oder eines dekorativen Blattes auf einem Kapitell festzulegen.

Ein schönes Beispiel für dieses Verfahren ist das von dem mittelalterlichen Architekten Villard de Honnecourt überlieferte Musterbuch. Unter den Zeichnungen finden sich zahlreiche Darstellungen von Figuren, Tieren, Pflanzen und Fältelungen, über die er ein einfaches geometrisches Formenraster legte. Markiert man die Schnittpunkte dieser Linien, die Mittelpunkte der Kreise, die Spitzen der Dreiecke auf dem zu behauenden Stein, so erhält man mit Gewißheit ein richtig umrissenes Motiv und läuft nicht Gefahr, die Form zu verfehlen.

Schließlich kann die Spur des Bohrers bewußt vorgenommen sein, um beispielweise schattierte Akzente auf der hellen Ebene der Skulptur zu erzeugen. Viele römische, byzantinische und romanische Kapitelle geben ein Beispiel für diesen gewollten Effekt.

Das Prinzip dieses Pumpendrillbohrers aus Marokko wurde für Kinderkreisel übernommen. Die Steinmasse des Schwungrads verleiht ihm eine sehr hohe Wirksamkeit.

Der Drehhaken ist ein Meißel, dessen Schneide verschiedene Formen (Schwalbenschwanz, Mondsichel, Spitze, schräge Spitze…) haben kann. Sein Eisen weist jedoch nahe am Stiel eine Nase auf. Diese seitliche Ausbuchtung ermöglicht es dem Handwerker, der Form einer Holzschablone präzise zu folgen, um diese auf den auf einer Drehbank befestigten Steinblock zu übertragen. So kann ein Säulenschaft, die Geländerdocke einer Balustrade oder jegliches andere kreisförmige Dekorations- oder Architekturelement gefertigt werden.

Der Puder- oder Tintenmarkierer

Japan In vielen Ländern gehört dieses Instrument zu den ständigen Begleitern des Maurers, Malers oder Gipsers. Es dient dazu, auf einer Fläche einen waagerechten Farbstrich zu ziehen; die Bleischnur dagegen gibt das Lot an. Das Prinzip ist ganz einfach: Die zuvor in Farbpuder oder Tinte getauchte Schnur wird zwischen zwei Punkten gespannt. Nun muß sie nur noch von der Mauer entfernt und dann losgelassen werden, damit sie dort einen geraden Strich anzeichnet. So wird eine Markierung oder Grenzlinie gekennzeichnet…
Ein Knäuel Schnur und ein Beutel roter Farbpuder sind die einfachsten Variationen. Im Handel findet man bisweilen auch ein kleines Kunststoffgehäuse von ovalem Querschnitt mit einer runden Kurbel.

Der japanische Puder- oder Tintenmarkierer und seine Spur. Das Werkzeug besticht durch seine schöne Form, ohne gekünstelt zu wirken.

Wie so oft wurde in Japan die Raffinesse auf die Spitze getrieben:
Die frühesten Markierungsgeräte bestanden aus einem rechtwinkligen Gehäuse mit Spule, Kurbel, Befestigungsspitze am Ende der Schnur und kleinem Behälter für einen mit Druckertinte getränkten Wattebausch, über den die Schnur lief.
Dieses Exemplar, das noch vor einigen Jahren in allen japanischen Eisenwarengeschäften erhältlich war, offenbart einen sehr hohen Sinn für Ästhetik sowie ein tiefes Verständnis für die Dynamik eines Gegenstands: Der Teil, der die Achse der Rolle hält, ahmt auch deren Form nach; das herzförmige Vorderteil mit hochgezogenem Bug gibt die Bewegung vor, mit der die Schnur gezogen wird.

Der Bergarbeiter

Ein Werkzeug von der Form eines Raubvogelschnabels mit einem langen Stiel: auf der einen Seite eine Spitze, auf der anderen eine Schneide: Dieses Werkzeug zum Graben und Aufreißen der Erde nennen wir Hacke. In der Erde findet man Feuersteine, aus denen Klingen, Werkzeuge, Waffen hergestellt werden. Mit dem Pickel können Steine für den Bau und schließlich Erze abgebaut werden. Der Pickel ist das Werkzeug des Bergarbeiters. Ohne ihn hätte sich die Metallurgie nicht in dieser Form entwickelt. Denn das Metall wurde zunächst auf der Erdoberfläche entdeckt; als der Tagebau ausgeschöpft war, mußte man graben, sich bis in den Schoß der Erde vorarbeiten, um von dort diese eigenartigen Mineralien zu holen, aus denen die Gießer dann die Bronze für die neuen Werkzeuge gewannen.

So war die erste Schwelle überwunden. Nun mußte noch ein anderes Erz, das Eisenerz gefunden werden. Mit dem Pickel grub der Mensch weiter, tiefer. Und der Metallarbeiter lernte in einer Reihe von Arbeitsgängen, wie man mit dem neuen Metall umging, welches nach Erhitzung im Feuer erstaunlich biegsam, jedoch nach dem Härten hart wie ein Diamant war.

Ein Diamantbergwerk in Alexander Bay, Südafrika.

Bergarbeiter in Carmaux, Frankreich: Auf dem Kopf tragen sie einen Helm mit Stirnlampe.

Die Werkzeuge und das Ritual

In den »Wahlverwandtschaften« erzählt Goethe von einer Grundsteinlegung: »Er überreichte hierauf seine Kelle Charlotten, welche damit Kalk unter den Stein warf. Mehreren wurde ein Gleiches zu tun angesonnen, und der Stein alsobald niedergesenkt; worauf denn Charlotten und den übrigen sogleich der Hammer gereicht wurde, um durch ein dreimaliges Pochen die Verbindung des Steins mit dem Grunde ausdrücklich zu segnen.« Zuvor erklärt er, daß der Stein so wie er ist, gelegt werden hätte können, da sein Gewicht ausreichte, um einen festen Sitz zu gewährleisten. Doch wie auch Menschen mehr zusammenhalten, wenn sie durch das Gesetz miteinander »verkittet« sind, so spart man auch hier nicht mit Kalk und Zement: Die Steine, deren Form bereits zusammenpaßt, werden dadurch noch enger verbunden.

Der redegewandte Maurermeister aus den »Wahlverwandtschaften« setzt seine Werkzeuge auch für zeremonielle Handlungen ein. Vor noch gar nicht so langer Zeit bestellte man bei Handwerkern kunstvoll gearbeitete Werkzeuge, die nur ein einziges Mal, bei einer bestimmten Zeremonie Verwendung fanden. »Grundsteinkellen« werden im Museum des Vittoriano, des Denkmals für König Vittorio Emanuele II., in Rom aufbewahrt; ein Hammer zum Austreiben des Keils für den Stapellauf der Schiffe ist im Marinemuseum in Lissabon zu sehen. Unzählige weitere Stücke ruhen seit jeher friedlich in den Vitrinen von Privatsammlungen.

Der Maurer

Aus Angst, daß Fremde mit dem Wort nichts anzufangen wüßten, sagten die Einwohner eines Dorfes im Süden Portugals immer: der Maurer, derjenige, der die Mauern hochzieht. Dies ist in der Tat die einfache, uneingeschränkte Wahrheit. Gehen Sie früh morgens an einer kleinen Baustelle vorbei: Werkzeuge, Instrumente, Mörtel, Kalksteine liegen dicht an dicht bei den beiden parallel gespannten Schnüren, die den Standort der Mauerbasis kennzeichnen. Gegen Mittag erhebt sich bereits eine durchgehende Struktur aus dem Boden, wie das Rückgrat einer großen Schlange. Beobachten Sie nun den Handwerker bei der Arbeit. Erstaunlich! Sie glaubten, es sei eine rein mechanische Arbeit, die sich darin erschöpft, Steinreihen aufeinanderzustapeln, die mit Mörtel, dem mineralischen »Klebstoff«, zusammengehalten werden? Dies ist keineswegs der Fall! Denn der Maurer ist ein sorgfältiger, langsamer Steinprüfer. Er wiegt jeden Stein in der Hand ab, dreht ihn hin und her, erspürt seinen Platz im Gemäuer der vorhergehenden Reihe, legt die angrenzenden Steine daneben… Das »Spiel« besteht darin, das Einpassen der Steine genau vorauszuplanen. Eine schöne Mauer erinnert an ein unregelmäßi-

Eine Maurertruppe bei der Arbeit. Früher nahmen alle Einwohner eines Dorfes am Bau teil.

ges Puzzle, das dennoch einen homogenen Block bildet: Die Diagonalen, Vertikalen, Horizontalen, die Kräfte aus Gewicht und Form ergänzen sich, gleichen sich aus. Hier und da ein Schlag mit dem Schlegel, und es löst sich ein Splitter ab, so daß der Stein eine bessere Position in dem schweren und kühnen Mosaik einnimmt. Die Wasserwaage, die gespannte Schnur, das Bleilot geben dem Handwerker Aufschluß über den Fortschritt seiner Arbeit. Die Kelle – die er fast nie aus der Hand legt – dient dazu, den Mörtel zu befördern, ihn festzudrücken, bevor der Stein darauf gelegt wird, überflüssiges Material abzunehmen, denn nichts soll verloren gehen. Schließlich können mit der Spitze oder der Seite die Verbindungsstellen zwischen den Steinen geglättet und die Lücken verstopft werden. Bald wird der Maurer hoch oben auf seinem Gerüst weiterhin jeden Stein in seinen Händen hin- und herdrehen, seine sechs Seiten genau betrachten, um ihm – für lange Zeit – seinen Platz im Mauerwerk zuzuweisen.

Bau einer Kirche in Haukanga in Mali. Im Vordergrund steht eine Einbaumleiter.

Die Kreuzigung

Jacopo Tintoretto, 1564–1567, Scuola di San Rocco, Venedig.

Das Gemälde ist mehr als fünf Meter hoch und zwölf Meter breit. Es wimmelt von Menschen zu Pferd und zu Fuß, sie verharren andächtig, klagen oder machen sich eifrig als Folterer zu schaffen. In der Mitte ist bereits das Kreuz aufgerichtet, an dem Christus hängt. Auf der linken Seite wird noch an den Seilen des Kreuzes eines der Schächer gezogen; bald wird auch dieses aufrecht stehen. Rechts im Vordergrund gräbt ein Arbeiter mit einem Spaten ein Loch, in welchem das dritte Kreuz aufgerichtet werden soll.
Die Atmosphäre ist schwer, die Ankläger wollen die Sache zu Ende bringen, es ist Eile geboten. Der Mann mit dem Spaten, ein gesichtsloser Koloß, hat Augen für nichts und niemanden, er ist vollkommen auf seine Aufgabe konzentriert. Zu seinen Füßen liegen lange Holzkeile, die die Basis des großen Balkens abstützen werden. Sein rechter Fuß – auf dem das Gewicht des ganzen Körpers ruht – steht fest auf dem Boden. Der Wadenmuskel ist gespannt. Die Falten in der Hose lenken unseren Blick in Richtung des Gürtels, auf die leuchtende Stelle, die den kräftigen Griff um den Spaten betont. Für zusätzlichen Schwung holt die Hand weit nach hinten aus. Der Unterarm bildet in gewisser Weise die Verlängerung der angespannten Wade, löst diese in der aufsteigenden Linie bis hin zum hochgehobenen Ellenbogen ab. Dann kommt die schwindelerregende, abfallende Linie über den gekrümmten Rücken bis hin zur anderen, nach vorne gestreckten Schulter. Der linke Ellenbogen verschwindet hinter dem angehobenen Schenkel, der auf Seiten des Werkzeugs zusätzlichen Druck ausübt. Der Blick ist angestrengt auf die Arbeit gerichtet. Umso mehr sticht die zweite, akrobatisch am Stielrumpf angelegte Hand ins Auge.
In stark gebeugter Haltung übt der Erdarbeiter Druck auf die Achse des Werkzeugs aus. Im spitzen Winkel laufen die Kraftlinien der Muskeln auf das Werkzeug zu, das sich in die Erde gräbt. Eine Arbeit führt man nicht ohne Willen, ohne Begeisterung, vielleicht sogar ohne eine gewisse Wut aus. Mit wachsamem Auge gräbt der Mann unter Einsatz seines ganzen Körpers, all seiner Kräfte und seines Gewichts.
Er ist die Personifikation der Tat, der Arbeit, isoliert unter all den Wissenden und gestikulierenden Menschen. In den Augen des Malers – was für eine Beobachtungsgabe! – verkörpert er die Kontinuität der einfachen Leute, allen Widrigkeiten des Lebens und der Geschichte zum Trotz.

Der Spaten

Markenzeichen einer deutschen Brauerei

Nichts ist dem Zufall überlassen, insbesondere im Handelsbereich. Die Werbung operiert seit jeher mit unterschiedlichsten Mitteln: Schon das römische Recht versuchte, sie in richtige Bahnen zu lenken, die Auswüchse zu reglementieren.

Warum also diese Analogie zwischen dem erfrischenden Getränk und dem Werkzeug des Feldarbeiters? Eine gute Werbestrategie liegt darin begründet, daß Gedankenassoziationen nur vage sind und daher keine Angriffsfläche für Widerspruch oder Ablehnung bieten.

Das Werkzeug ist das eines harten Arbeiters, das Bier wird dessen Durst löschen. Der Spaten ist friedlich und existiert seit Menschengedenken, das Getränk ist natürlich. Der Mensch betätigt das Werkzeug dank der Kraft, die ihm das Bier verleiht. So entsteht eine Verbindung zwischen den beiden: Vor, während und nach getaner Arbeit ist der beste Geselle des Menschen ein Glas Bier.

Das Werkzeug ist viereckig, seine Form strahlt eine ruhige Kraft aus: Auch das Getränk wird seinen Gefährten nicht zu Ausschweifungen drängen. Das glatte, saubere Metall hat eine gewisse Ähnlichkeit mit dem kühlen Glas, in das soeben frisches Bier eingeschenkt wurde…

Die einfachsten Markenzeichen sind oftmals die besten – wenngleich die Familie Spät im 17. Jahrhundert namengebend für die Brauerei war.

Die Schaufel

Wer ist auf all den Straßen und Wegen, die wir in unserem Leben durchschreiten, nicht schon einmal einem mit einer Schaufel hantierenden Arbeiter begegnet? Die Schaufel ist ein universelles, einfaches, fast elementares Werkzeug, mit ihrem abgerundeten Eisen, ihrem langen, diagonal angeordneten Stiel, der es ermöglicht, zu arbeiten, ohne sich zu weit nach vorne beugen zu müssen. Doch geben viele Menschen, die man darüber befragt, eine Antwort, die wohl aus ihrer Kinderzeit, aus der Zeit der Sandburgen stammt: Sie diene zum Graben in der Erde. Doch die Schaufel dient keineswegs nur dazu, ein Loch in die Erde zu graben und den Boden aufzureißen. Vielmehr verlagert sie in erster Linie nach und nach eine stattliche Menge an Material: Sand, Zement, Kies, Mörtel.

Die kurze Schaufel des Heizers einer Dampflokomotive ermöglicht es, die Kohle in die Feuerung zu werfen; die Schaufel des Bauarbeiters hebt die Mischung in die sich drehende Trommel des Betonmischers…

Mit der Schaufel kann man eine geringe Menge Material aufnehmen, um diese anschließend abzulegen, fallenzulassen oder sie in einiger Entfernung abzuwerfen. Es ist bemerkenswert, daß dieses Werkzeug im Unterschied zu den meisten anderen, die im wahrsten Sinne gegen das Material ankämpfen (die Axt des Holzfällers, die Säge des Zimmermanns, der Pickel des Erdarbeiters, die Hacke des Bauern, der Meißel des Steinmetzen, der Hohlbeitel des Kunsttischlers), nur dazu beiträgt, eine pulverige Masse wie beispielsweise Sand, oder eine weiche, leicht teilbare Masse wie beispielsweise Töpferton, zu verlagern.

Die Struktur des Werkzeugs muß natürlich den Erfordernissen hinsichtlich Handhabung, Leichtigkeit und Anpassung an die Qualität des zu befördernden Materials entsprechen.

So besteht die Schaufel des Lokomotivheizers ebenso wie die des Maurers aus Eisen, doch ist ihr Stiel mit einem quer angeordneten Griff versehen, der durch ein metallenes, Y-förmiges Verbindungsstück befestigt ist, so daß man damit nicht nur die Kohlen aufnehmen und hochheben, sondern auch werfen kann. Ihre beiden Seiten sind nach oben gebogen, so daß sie den wertvollen Brennstoff wie in einer Rinne einschließen. Die Schaufel muß solide sein: Die Bewegung des Heizers unterliegt einem schnellen Arbeitstempo.

Die Schaufel, die verwendet wird, um eine Pizza in den Holzkohleofen zu schieben, ist kurz und vollständig aus Metall: Sie kommt der Glut sehr nahe.

Der Bäcker verwendet seine riesige Schaufel, indem er sie von vorne nach hinten über den Boden des Ofens gleiten läßt. Der flexible Stiel hält keinem Gewicht stand. Er dient nur dazu, die Holzscheibe mit dem Teig in das Innere des Ofens zu schieben.

Die Verwendung von kurzen Holzschaufeln mit relativ hohem Fassungsvermögen ist schließlich der Umschichtung von empfindlichem Obst oder Gemüse wie beispielsweise Äpfeln oder Kartoffeln vorbehalten: Diese Werkzeuge können die Ware nicht zerschneiden oder beschädigen.

Um längliche Bruchstellen zu vermeiden, sind diese Holzschaufeln gemäß der Achse des Holzstammes »geschnitzt«, aus dem sie entstehen. Es gibt keine Diagonale zwischen dem Stiel und dem grabenden Teil. Diese Bedingung zwingt den Arbeiter, eine ganz bestimmte Bewegung auszuführen.

Die typische Bewegung des Heizers einer Dampflokomotive beim Befüllen der Feuerung mit Kohlen.

Der Pflasterer

Der Pflasterer bei der Arbeit: ein Knie auf dem Boden, ohne Blick für Passanten und Fahrzeuge. Er gehört nicht zu den Handwerkern, die sich einschließen: Er verrichtet seine Arbeit in der Öffentlichkeit. Seine Aufgabe ist nicht aufsehenerregend wie die des Glasbläsers, des Schmieds oder des Hufschmieds; dennoch zieht sie die Aufmerksamkeit einiger Neugieriger auf sich, die wissen wollen, wie man eigentlich ein Pflaster legt.

Was steht dem Pflasterer zur Verfügung? Ein Haufen Pflastersteine, ein Haufen Sand, eine Gießkanne voll Wasser, zwei Eisenhebel, ein Pflasterhammer und eine Ramme.

Gleichgültig, ob einfache Linien oder ausgetüftelte geometrische Figuren mit verschachtelten Halbkreisen ausgeführt werden sollen, der Arbeiter betrachtet jeden Pflasterstein als eine Besonderheit, als ein Individuum. Dies sticht dem Zuschauer ins Auge. Der Pflasterer nimmt einen Stein in die Hand, dreht ihn, überprüft alle Seiten und... legt ihn auf den Haufen zurück. Jener hier ist wohl besser für diese Stelle geeignet und paßt sogar ganz perfekt, nachdem der Arbeiter mit einem Hammerschlag auf einer Seite einen Splitter abgeschlagen hat...

Auf den in der Regel flachen oder aber auch leicht gewölbten Grund des Bodens hat der kunstverständige Pflasterer Sand verteilt. Vielleicht etwas zuviel Sand, der jedoch später mit etwas Wasser leicht entfernt werden kann. Der richtige Pflasterstein liegt zwar nun am richtigen Ort, doch ragt er etwas über die gepflasterte Oberfläche heraus. Ein paar Schläge auf seine Oberseite genügen nicht. Der Pflasterer greift nun zu einem einfallsreichen Mittel: Während sein Gehilfe Wasser ausgießt, das eine geringe Schicht Sand mit sich reißt, hält er seinen Pflasterstein zwischen zwei Hebeln und bewegt ihn leicht hin und her, so daß die überschüssige Menge Sand vom Wasser mitgenommen werden kann. Durch einen Schlag mit der Pinne des Hammers oder auch mit dem Stielende

Auf den Straßen von Paris werden Pflaster mit Sandsteinen verlegt, um 1908.

Nächste Doppelseite:
Frauen und Männer stampfen einen Weg in Laos.

vergewissert sich der Arbeiter, daß der Steinquader richtig an seinem Platz liegt, genau wie die kleinen Vierecke in einem Mosaik.
Schon müssen die Pfähle versetzt werden, zwischen denen die Schnur gespannt ist, mit der die Waagerechte und die Senkrechte angegeben werden. Die Arbeit ist manchmal so subtil, so diffizil, daß ein hauchzartes Netz von Schnüren über dem Boden gespannt wird, das die »Vorlage« für die auszuführende Anordnung in die Luft zeichnet.
Die Arbeit geht weiter: auswählen, prüfen, anbringen, berichtigen, mit Augenmaß oder Wasserwaage kontrollieren. Ist dieser Teil der Baustelle fertiggestellt, ebnet der Arbeiter den Boden des folgenden Abschnitts mit Hilfe seiner schweren zylindrischen Holzstampfe – oder Ramme –, die mit zwei Griffen versehen ist und zum Einstampfen des Bodens dient.
Die Pflastersteine werden nicht nur mit Füßen getreten. Sie dienen bisweilen auch als Munition bei Straßenkämpfen und als Material für Barrikaden – da man ja nicht an jeder Straßenecke Blechtonnen findet.

Der Hammer des Steinklopfers

Steine klopfen, eine Arbeit, die an die Verdammten in der Mythologie erinnert: eine junge Frau in Indien.

»Steine klopfen«, der Ausdruck ist sprichwörtlich: Früher galt sie als die lästigste Aufgabe. Der Beruf, der am sinnlosesten von allen war, erschöpfte sich darin, einen Stein auf den Zustand mehrerer kleinerer Steine zu reduzieren. Diese schier endlose Aufgabe schien vergleichbar mit den Sühnearbeiten in der Mythologie oder den Strafen der Verdammten in Dantes Hölle. Kaum hatte man den Haufen Kieselsteine des Vortags zerkleinert und in viele Teile zerstückelt, da kam auch schon eine neue Schubkarre voll von Steinen an. Sie war zugleich die am schlechtesten bezahlte Arbeit, mit der einzigen Perspektive, Steinstaub einzuatmen oder trotz des schützenden kleinen Stoffdaches einen Sonnenstich zu bekommen. Eine Arbeit für Sträflinge, für »Querköpfe« in der Legion oder anderswo, die man bezwingen wollte.

Wozu waren diese berühmten, verfluchten, unzähligen Steine gut? Sie dienten als stabile Unterlage für Straßen, wurden unter den Gleisen der Eisenbahnschienen angehäuft und bildeten so eine zugleich kompakte und elastische Masse, die – ohne Schaden zu nehmen – die Lasten von mehreren hundert Tonnen eines Konvois tragen konnte.

Die Arbeit bestand darin, zunächst die großen Steine des linken Haufens zu klopfen und – um in den Bewegungen abzuwechseln – in regelmäßigen Abständen die kleinsten Steine auf den rechten Haufen zu werfen. Dann fing alles wieder von vorne an.

Die Anstrengungen und der Rückschlag auf den Arm wurden oft durch einen zylindrischen, relativ langen und daher elastischen Stiel erleichtert. Der Ast eines Strauches wurde so lange benutzt, bis er auseinanderbrach: Allein durch die Entspannung des exakt ausgerichteten Handgelenks wurde der Stein zersplittert.

Der Dachdecker

Geht man durch die Straßen einer Stadt oder nahe an einer Dorfkirche vorbei, so hört man manchmal Rufe oder Lieder, die vom Himmel zu kommen scheinen. Die Dachdecker tun ihre Arbeit auf dem Dach des Hauses oder hoch oben am Kirchturm. Wenn das kein akrobatischer Beruf ist: Der Mensch arbeitet über dem Abgrund, auf dem rutschigen Hang der Schieferplatten eines Daches. Dort führt er peinlich genaue Arbeitsgänge aus, die oft zwei freie Hände erfordern, wo man sich doch mit einer Hand festhalten muß…

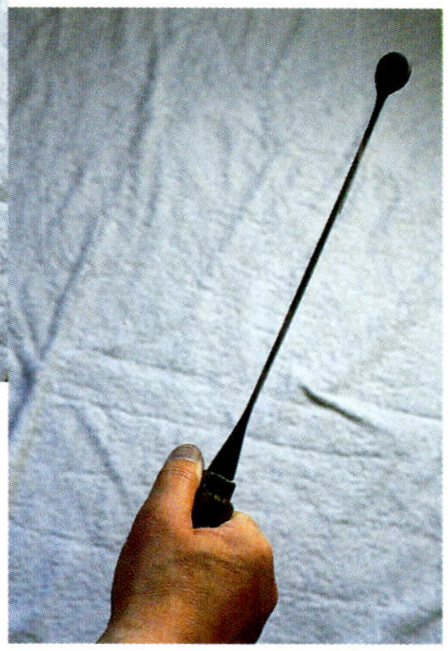

Dieser »Himmelsstürmer« will natürlich sein Gewicht so leicht wie möglich halten, er haßt es, mit Sachen beladen zu sein, die ihm im Weg umgehen, oder schlimmer noch, zusehen zu müssen, wie eines seiner Werkzeuge unaufhaltsam nach unten rutscht und vielleicht einen Passanten verletzt. Entsprechend der geringen Anzahl an Arbeitsgängen, die er ausführen muß, hat er die Anzahl seiner Werkzeuge auf wunderbare Weise verringert, indem er ihnen mehrere Funktionen zugedacht hat. Handelt es sich um eine neue Bedachung, muß er zwei Nägel einschlagen, die die Schieferplatten (die sich wie die Schuppen eines Fisches überlagern) halten. Eventuell muß er eine für die verbleibende Fläche zu große Schieferplatte zuschneiden. Mit seinem Hammer kann er auf den Kopf des Kupfernagels schlagen. Dieser ist gleichzeitig mit einem Nagelzieher versehen, für den Fall, daß ein Nagel nicht richtig eingeschlagen wurde, sowie mit einer Spitze, mit der die Schieferplatte behauen werden kann. Die Arbeit erfordert jedoch einen Stützpunkt. Mit dem transportablen Amboß ist dies kein Problem: Der Handwerker schlägt ihn in das Holz der Dachschalung ein.

Muß eine alte Bedachung erneuert werden, nimmt er seinen Nagelzieher zur Hand, eine flache Klinge mit nach hinten ausgerichteten Zähnen, die man zwischen die Schieferplatten schieben kann, um die alten Nägel zu entfernen. Muß eine Reparatur an den Holzlatten der Dachkonstruktion ausgeführt werden, verwendet der Arbeiter die lange Schneide seines Beils (das ebenfalls mit einem Nagelzieher, einer Hammerpinne und einer Spitze versehen ist). Schließlich ist noch eine weitere Kombination möglich: Neben der Spitze, die in das Holz eingeschlagen werden kann, und dem geraden und flachen Eisen (zum Zuschneiden der Schieferplatte) kann der Amboß auf der einen Seite mit einem Stiel und auf der anderen mit den Zähnen eines Nagelziehers versehen sein.

Zwei Werkzeuge, um ein ganzes Dach mit Schieferplatten zu decken oder auszubessern… Die Dachdecker achten wirklich auf ein leichtes Gewicht!

Linke Seite: **Der Dachdecker bei der Arbeit.**

Oben: **Sein Werkzeug ist eine Kombination aus Säbel, Pickel und Hammer.**

Unten: **Die flache Klinge des Nagelziehers kann zwischen die Schieferplatten geschoben werden.**

Der Glasbläser bei der Arbeit

Zwischen den Bewegungen dieser beiden Glasmacher liegen Jahrhunderte.

Glas gab es schon in Babylon und im Alten Ägypten, zweitausend Jahre vor Christi Geburt. Plinius schien eher einen mündlich überlieferten Bericht weiterzugeben, wenn er behauptet, daß die Entdeckung von Glas ein Zufall war: Händler von Kaliumnitrat (auch Kali-Salpeter genannt) durchquerten Phönizien und machten nahe des Flusses Balus Rast, um dort Fleisch zu braten. Da keine Steine für die Feuerstelle vorhanden waren, verwendeten sie Kaliumnitratstücke. Unter der Hitze schmolz dieses Gemisch aus Kali-Salpeter und Wüstensand, es wurde flüssig und bildete ein neues, verführerisch durchsichtiges und glänzendes Material: Glas. Die Geschichte der Wissenschaften und Technologien zeigt, daß tatsächlich viele Entdeckungen eine Folge von neugierigem Beobachten scheinbar zufälliger Phänomene war.

Die Zusammensetzung des Gemisches, das in den Schmelztiegel gegeben wird und aus welchem dann das Glas gewonnen wird, hat sich im Laufe der Zeit verändert. Im Mittelalter mischten beispielsweise die für ihr weißes Glas berühmten französischen Glasmacher ein Drittel gereinigten Sand mit zwei Dritteln Buchenasche. Zur Herstellung von farbigem Glas fügte man Pottasche hinzu, die man durch Verbrennen von Pflanzen wie beispielsweise Farn erhielt. Abgesehen von den Verfahren, mit denen man »schwarzes« Glas für Flaschen herstellt, funktioniert das Prinzip folgendermaßen: ein Gemisch aus Sand, Soda, Kalkstein und Meersalz.

Die Werkstatt eines Glasbläsers ist immer sehr geräumig. Dies hat mehrere Gründe. Zunächst ist ein großer Ofen notwendig, in dem die Glaspaste schmilzt, und von dem sich der Handwerker bei seiner Arbeit so weit wie möglich fernhält. Zudem ist ein sehr großes Werkzeug vonnöten: das Blasrohr oder die Pfeife, ein zwei Meter langes Eisenrohr von einem Zentimeter Durchmesser, das mit einem dreißig Zentimeter langen Holzstiel versehen ist. Da die Glasmacher immer im Team arbeiten (oft zu dritt) und im Laufe eines Blasvorgangs mehrmals ihren Arbeitsort wechseln und hierbei die brennende Kugel am Ende des langen Eisenrohrs tragen müssen, ist es wichtig, daß sie viel Bewegungsfreiheit haben. Sieht man ihnen bei der Arbeit zu, so spürt man, daß sie einen sechsten Sinn haben müssen: Jeder weiß, wo sich der andere gerade aufhält und das fast ohne sich zu unterhalten.

Außer dem Ofen findet man in der Werkstatt des Glasbläsers eine Art Werkbank (zwei waagerechte Eisenstangen mit U-förmigem Ende, auf die das Blasrohr aufgestützt werden kann, so daß man es drehen kann, ohne es zu halten) sowie eine Grube, über der der Glasmacher sein Blasrohr balancieren kann, um die Glaspaste allein durch die Schwerkraft zu strecken.

Mit Hilfe seines zuvor erhitzten Blasrohrs nimmt der Glasmacher eine bestimmte Menge der hellroten Glaspaste aus dem Schmelztiegel auf. Das dickflüssige Glas wird wie eine Hülse um die sogenannte Marbelplatte gewickelt und gut am Ende des Eisenrohrs verstrichen. Nun wird geblasen und gleichzeitig das Blasrohr ständig gedreht: So erhält man eine vollkommen gleichmäßige Dicke des Behälters, des Glases oder der Flasche.

Die Paste wird jedoch schnell hart: Das Glas (das jetzt die Form einer dicken, hohlen Olive hat) wird in die Flamme des Ofens gehalten.

Falls nötig, stülpt der Glasmacher die Kugel über den Motzklotz, einen Holzklotz, der zu einem Drittel kugelförmig ausgehöhlt und mit einem einfachen Eisenstiel versehen ist. Dort dreht man die Paste, um ihr eine runde Form zu verleihen.

Zur Herstellung einer Flasche führt der Handwerker das – noch heiße – Glas in eine Form aus dickem Holz ein. Er schließt sie und bläst. Das Glas paßt sich an die innere Form an. Zu gegebener Zeit nimmt der Glasmacher die Flasche heraus. Mit Hilfe seiner großen Eisenzange schneidet er den Hals, wodurch sich das Glas vom Blasrohr löst.

Zum Erstaunen des Zuschauers, der dieses wahre Zauberkunststück bewundert, kann diese erste Etappe noch verlängert werden. Eine Karaffe kann mit einem Glasfaden umwickelt und auf diese Weise verziert werden: Der Glasmacher verwendet hierzu eine feine Metallzange, die sorgfältig gehandhabt wird, und mit der der zerbrechliche Glasfaden gezogen werden kann. Ist der zu fertigende Gegenstand eine Kompottschale, ein Glas mit Fuß, so muß ein zusätzliches Element an den schalenförmigen Teil »geklebt« werden. Der Gehilfe des Glasmachers (der »Bursche« im Handwerksjargon) bringt auf diesem Teil eine kleine Glasmenge auf. Dazu verwendet er das Nabeleisen, ebenfalls ein Eisenrohr, aber diesmal gefüllt: Hier gibt es nichts zu blasen. Der Glasmacher dreht das Glas mit Fuß ohne Unterlaß. Er nutzt die Zentrifugalkraft aus, um den Sockel zu verbreitern, mit der Zange verfeinert er die Stärke.

Der Charme der geblasenen Gläser, Salatschüsseln und Karaffen rührt daher, daß sie alle Unikate sind: eine Blase hier, eine leichte Ovalform dort, eine winzige Verdickung da… Dennoch müssen die Produktreihen natürlich so gleichförmig wie möglich aussehen – was nicht nur für das Fassungsvermögen gilt; der Glasmacher vergewissert sich davon im Laufe der Arbeit mit seinem großen Greifzirkel, einem Instrument, mit dem der Durchmesser überprüft werden kann.

Ein Glasbläser in Damaskus, Syrien, 1988.

Der falsche Glaser

Der erste Mensch, den ich auf der Straße erblickte, war ein Glaser, dessen gellender, mißtönender Ruf durch den schmutzigen Dunst der Stadt Paris zu mir heraufdrang.
»He! He!« rief ich und hieß ihn heraufkommen.
Endlich erschien er: neugierig musterte ich seine sämtlichen Scheiben, und ich sagte zu ihm:
»Was? Sie haben kein buntes Glas, rosa Glas, rotes, blaues, magisches, paradiesisches Glas? Scheiben, durch die man das Leben in Schönheit sieht!«

Charles Baudelaire, Kleine Prosagedichte (Le Spleen de Paris)

Der Glaser kommt ins Haus

Zersprungene Fenstergläser gibt es in den Wintermonaten häufig. Jean-Jacques Rousseau empfahl übrigens, ein zerbrochenes Glas nicht sofort auszutauschen, damit das Pfeifen des kalten Nordwinds dem ungeschickten Kind eine Lektion erteile… Heutzutage läßt man den Glaser gleich kommen.
Wenn er dann eintrifft, so hat er auf seinem Rücken meistens eine Trage, einen Holzrahmen, an dem mit Riemen Fenstergläser verschiedenster Größen befestigt sind. Über der Schulter trägt er einen Sack, in dem kreuz und quer seine Werkzeuge und ein in ein Tuch gewickelter Kittklumpen liegen.
Der erste Arbeitsgang besteht darin, die Glassplitter, die noch am Fensterrahmen hängen, zu entfernen. Ist dies getan, muß der harte Kitt, der das alte Fensterglas umrahmte, angegangen werden: Der Handwerker kratzt ihn mit dem flachen Ende seines massiven Eisenhammers ab, welcher die Form eines Kaltmeißels hat.

Mitte: **Der Diamant des Glasers und seine Handhabung.**

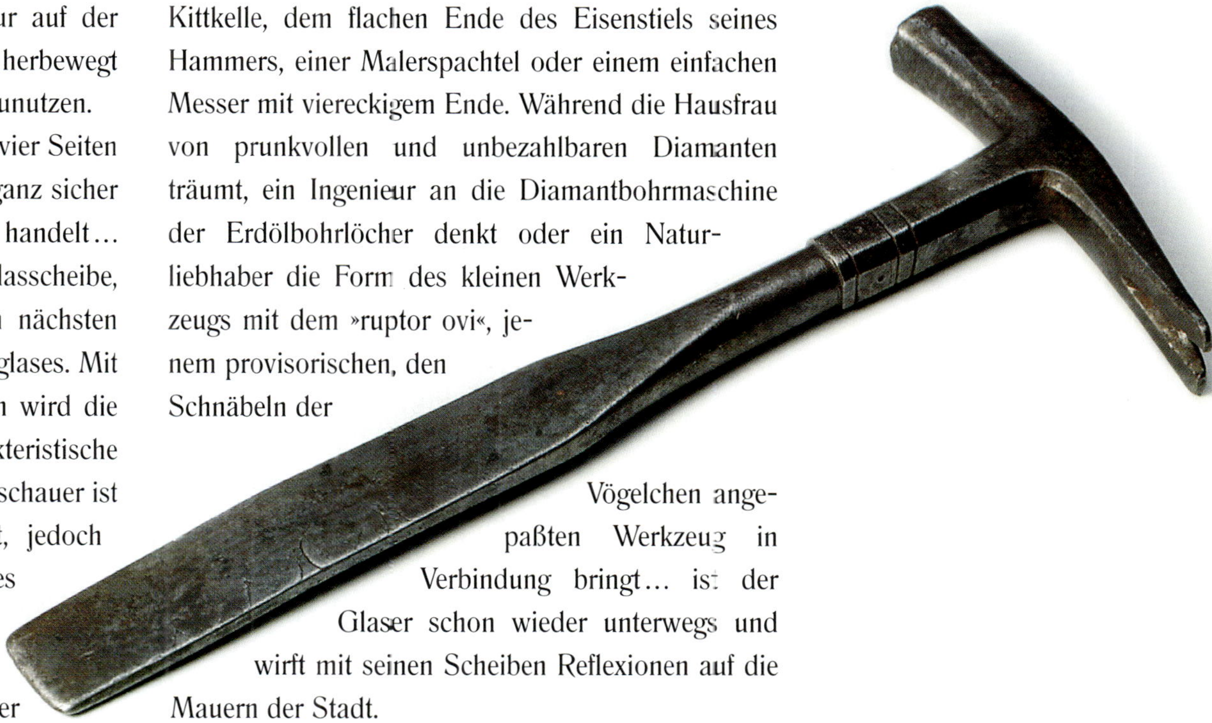

Links: **Der wandernde Glaser hat sein Werkzeug, das zwei Funktionen miteinander verbindet, immer bei sich.**

Nun werden die kleinen, in das Holz des Rahmens eingeschlagenen Nägel ohne Köpfe sichtbar, die das Glas in Position hielten. Mit einer winzigen Zange ist das Entfernen keine Schwierigkeit: Der Nagel wird in die Zange eingeklemmt, und nun muß das Werkzeug nur auf der abgerundeten Seite seines Kopfes hin- und herbewegt werden, um die Hebelwirkung perfekt auszunutzen.

Daraufhin nimmt der Glaser die Maße der vier Seiten des Fensterrahmens: Denn man kann nie ganz sicher sein, daß es sich um ein perfektes Rechteck handelt… Mit einem Fettstift überträgt er auf eine Glasscheibe, die der zerbrochenen in ihrer Größe am nächsten kommt, die Konturen des späteren Fensterglases. Mit dem Fensterdiamanten oder dem Rädchen wird die Glasfläche umfahren, wobei das charakteristische kreischende Geräusch zu hören ist. Der Zuschauer ist verwundert: Die Glasplatte ist eingeritzt, jedoch nicht geschnitten. Mit derjenigen Seite des Diamanten, die einen winzigen Hammer bildet, schlägt der Glaser ganz lässig (wie gerne könnte man das auch so…) auf die der Ritze entgegengesetzte Seite. Das Glas wird bestimmt in tausend Stücke zersplittern… Aber nein! Die Sollbruchstelle hat gegenüber der Homogenität der Platte ihr Recht geltend gemacht. Der Schlag war sauber und sanft. Das nennt man Kunstfertigkeit. Die Glaser erklären oft, daß das Geräusch des Diamanten, je nach Dicke das Glases, ihnen anzeigt, ob die Einkerbung genügend tief ist.

Ist das Fensterglas eingesetzt, muß es nur noch mit einigen kleinen Nägeln (ohne Köpfe) auf jeder Seite befestigt werden. Der Glaser schlägt sie ein, indem er leicht mit seinem Eisenhammer darauf schlägt, der entlang der Glasfläche gleitet.

Unser Fenster ist jedoch noch nicht dicht: Ein leichtes Spiel macht sich zwischen Glas und Holz bemerkbar, die Scheibe vibriert bei jeder Bewegung des Fensters. Hier erfüllt der Kitt seine Aufgabe als Dicht- und Zementiermasse. Die Paste wird schräg auf den rechten Winkel gestrichen, der durch das Aufeinandertreffen von Glasscheibe und Fensterrahmen entsteht. Der Glaser füllt Lücken aus, verkleidet die Nägel und verleiht dem Ganzen eine gleichförmige Solidität. Er glättet den Kitt entweder mit der Kittkelle, dem flachen Ende des Eisenstiels seines Hammers, einer Malerspachtel oder einem einfachen Messer mit viereckigem Ende. Während die Hausfrau von prunkvollen und unbezahlbaren Diamanten träumt, ein Ingenieur an die Diamantbohrmaschine der Erdölbohrlöcher denkt oder ein Naturliebhaber die Form des kleinen Werkzeugs mit dem »ruptor ovi«, jenem provisorischen, den Schnäbeln der Vögelchen angepaßten Werkzeug in Verbindung bringt… ist der Glaser schon wieder unterwegs und wirft mit seinen Scheiben Reflexionen auf die Mauern der Stadt.

Zwanzig Berufe auf einem Bauernhof

Ob in Mexiko, Laos, Mali oder England, ein abseits gelegener landwirtschaftlicher Betrieb muß über ein ganzes Arsenal an Werkzeugen verfügen.

Natürlich befinden sich in den Werkzeugkästen, in der Werkzeuglade und in den Schuppen diejenigen Gerätschaften, die der jeweiligen Spezialisierung des Hofes entsprechen: dem Anbau von Getreide, Futterpflanzen, Obst, Gemüse oder der Tierhaltung, Forstwirtschaft… Wer A sagt, muß auch B sagen: Die Werkzeuge sind voneinander abhängig, hat man die ersten gekauft, so erfordern diese den Erwerb weiterer, und als stünden sie diesen zu Diensten, sind dann auch noch die Werkzeuge zum Reparieren und Warten oder zum Austauschen von Ersatzteilen vonnöten. Der Schleifstein reicht nicht aus, man muß schon eine Schleifscheibe besitzen, mit der das Beil geschärft werden kann. Hinzu kommt natürlich noch die Feldschmiede und mit ihr Hammer, Zange und Amboß.

Da auf einem Bauernhof die verschiedensten Maschinen zum Einsatz kommen, muß auf jeden Fall die Grundausstattung eines Mechanikers vorhanden sein: Man muß jederzeit imstande sein, ein Rad zu wechseln, eine verbogene Stange geradezurichten, die wichtigsten Motorteile auszubauen. Im Werkzeugkasten werden deshalb ganze Sätze von Engländern, Steckschlüsseln, Schraubenziehern sowie die verschiedensten Zangen aufbewahrt.

Die Landwirte richten sich streng nach dem wirtschaftlichen Prinzip der Autarkie und überwachen daher ständig ihre Finanzen. Eine Geldausgabe kann vermieden werden, wenn man die notwendige Sachkenntnis besitzt, ein Kauf kann durch einen Kuhhan-

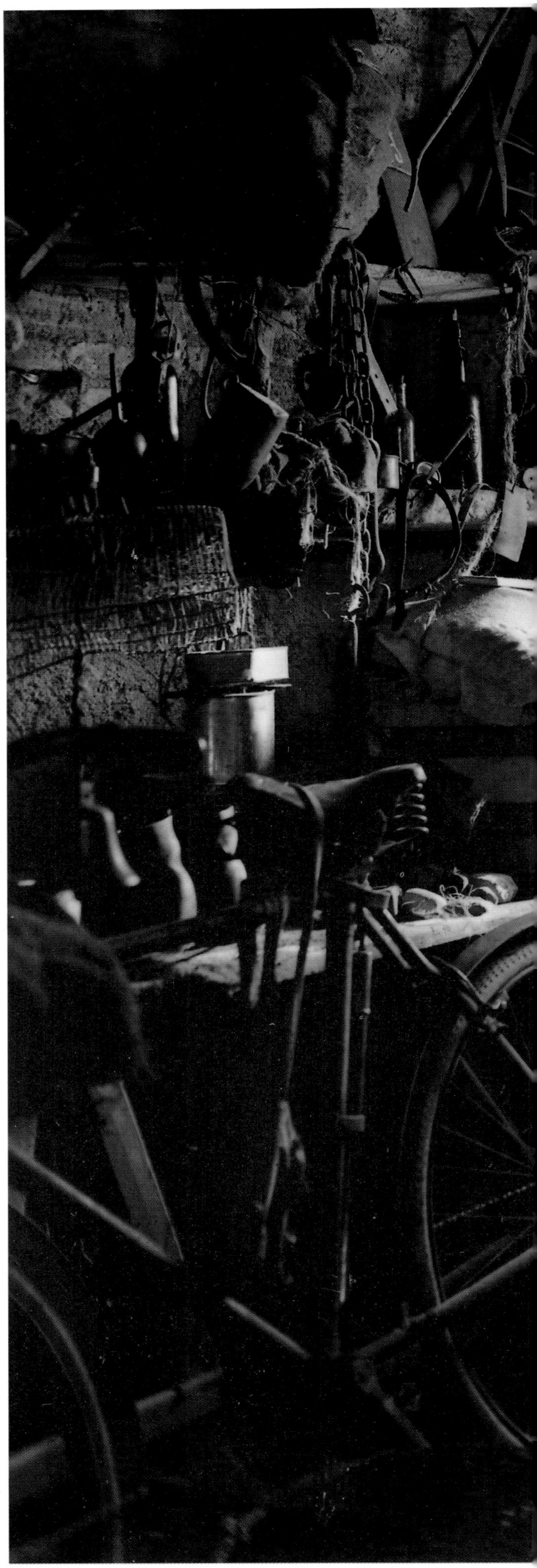

Ein Schuppen auf einem Bauernhof in Frankreich, um 1930.

del, einen Waren- oder Leistungsaustausch ersetzt werden. Ein junger Bursche, der einem anderen Bauern »zur Hand geht«, kann dabei die verschiedensten Dinge lernen. So erfährt er beispielsweise, wie man eine Grube gräbt (mit der Spitzhacke, dem Spaten und der Schaufel), eine Mauer hochzieht (mit dem Schlegel wird dem Stein die richtige Form und Größe verliehen, mit der Kelle wird der Mörtel aufgenommen und verstrichen); er lernt, wie man Hecken stutzt (mit der langstieligen, sichel- oder hakenförmigen Hippe), einen Werkzeugstiel fertigt oder eine Elektroinstallation vornimmt...

Die Aufgaben können mit denen eines Stadtbewohners verglichen werden, der in seiner Wohnung, seiner Garage oder seinem Landhaus kleine Montagen, Reparaturen, Basteleien etc. ausführt. Hier und da geht die Arbeit des Bauern jedoch weit über seinen eigentlichen Beruf hinaus, so vielfältig dieser auch sein mag; er führt sozusagen professionelle Arbeiten aus. Als erstes Beispiel seien die ägyptischen Bauern an den Ufern des Nils genannt, die ihre Holzpfosten für die Hausöffnungen ebenso wie die Ziegel aus ungebranntem Lehm für die Mauern selbst herstellen, bevor sie ihr Haus erbauen. Sie suchen nach Lehmgruben, mischen die Erde mit zerkleinertem Stroh, kneten das Gemisch, pressen es in Formen. Anschließend lassen sie die Ziegel in der Sonne trocken und brennen sie dann in einem rustikalen, vorübergehend errichteten Ofen. Eine ansehnliche Leistung, ein gelungener wirtschaftlicher Kraftakt.

Überall auf der Welt muß ein Landwirt Kenntnisse in der Tiermedizin besitzen und in der Lage sein, bestimmte elementare Instrumente zu benutzen; er benötigt Grundkenntnisse in der Chemie der Düngemittel und muß die Verwendung der Produkte genau kennen, mit denen Unkraut und Parasiten ausgerottet werden können. Früher sponnen und webten Frauen in den Abendstunden oder bei der Kinderbetreuung, ältere Familienangehörige fertigten oder reparierten Körbe und Netze; in einigen Gebieten nutzte man die durch den Winter bedingte Ruhezeit, um Holzspielzeug zu schnitzen oder Uhrwerke herzustellen.

Eines ist gewiß: Ein einjähriger Aufenthalt auf einem Halbdutzend verschiedener Bauernhöfe der ganzen Welt wäre eine perfekte Lehre für den enzyklopädisch interessierten Bildungsbürger.

Arbeit

Ausdünnen ist eine einfache und schwere Arbeit und eine, bei der einem heiß wird, denn mittlerweile ist die Sonne, wenn auch noch feucht, sehr stark, heiß, von einer Art juckender Intensität, die man in nördlichen Frühlingen selten hat. Die Arbeit besteht einfach darin, die Baumwolle in einer Reihe auszudünnen; mit Erdaufhäufungen zwischen dreißig und fünfunddreißig Zentimetern auseinander, zwei bis vier Halme pro Hügel. Das geschieht mit einem sechzehn bis zwanzig Zentimeter großen Hackblatt. Man schneidet, dicht darüber gebeugt, die Baumwollsprosse mit einem kurzen, scharfen Schlag der Hacke direkt über dem Boden ab. Jeder Schlag ist leichte Arbeit, aber multipliziert mit den vielen hundert Malen in jeder aufeinanderfolgenden Stunde, tut es zuerst den Unterarmen weh, die so hart werden, daß sie aus einem Stück zu sein scheinen, und mit der Zeit dem ganzen Rückgrat.

James Agee, Preisen will ich die großen Männer

Linke Seite: **Vor dem Bau des Hauses werden die Ziegel gefertigt. Afghanistan.**

Die Heuernte

Pieter Bruegel der Ältere, 1565, Národní Galerie, Prag.

Der große flämische Maler hat die ganze Welt in einem Gemälde eingefangen: Die Heuernte wird peinlich genau beschrieben und nimmt dennoch nur einen kleinen Platz in einer Landschaft ein, die so weitläufig ist, daß einem fast schwindelt. Bei systematischer Betrachtung des Gemäldes fällt ein bizarres Paradoxon auf. Die Hauptfigur der Szene, der Schnitter, ohne dessen Arbeit kein Feld umzubrechen und kein Wagen zu beladen wäre, sitzt fast versteckt in einem dunklen Eck links unten. Ihm hat die sengende Hitze schwer zu schaffen gemacht, und so hat er sich im Schatten eines Baumes niedergelassen, um das Blatt seiner Sense zu dengeln. Er ist ganz in seine Arbeit vertieft und hat keinen Blick für die drei jungen Bäuerinnen übrig, die mit dem Rechen über der Schulter plaudernd des Weges kommen. Die Lehre ist eindeutig: In einer Gruppe von Arbeitern bemerkt man nicht unbedingt diejenigen, die die meiste Arbeit tun... Der Mäher ruht sich nicht aus, er verrichtet nur gerade eine andere Arbeit. Für ihn vergeht der Tag ohne Arbeitsunterbrechung.

Die Sichel

Während die Sense das Werkzeug des aufrecht Stehenden ist, wird die Sichel von einem nach vorne gebeugten Arbeiter gehandhabt. Es gibt unzählig viele verschiedene Sicheln, sowohl von der Größe, der Form der Klinge, der Bestielungsart und der Stielform her als auch vom Winkel des Stiels im Bezug auf die Ebene der Klinge. In Europa haben zumindest alle die Form eines schneidenden Hakens, eines Fragezeichens.

Die ersten Eisensicheln der neueren Zeit waren mit Zähnen versehen, so als erinnerten sie sich ihrer ägyptischen Vorfahren (ein durch einen Holzstiel verlängerter Holzbogen, auf dessen Innenseite sich »Zähne« aus gehauenem Feuerstein befanden). Im großen und ganzen handelte es sich also um eine gebogene Säge zum Schneiden des Weizens am Halm; hierbei wurden die Halme mit der linken Hand zu einer winzigen Garbe vom Durchmesser der kreisförmig geschlossenen Hand zusammengefaßt. Die Bewegung eines Arbeiters mit der Sichel unterscheidet sich grundlegend von der des Mähers mit der Sense. Beim Sensen ist die Weitläufigkeit der Bewegung, die gezähmte Pflanzenlandschaft vorrangig, die, von oben her betrachtet, wie ein Wellenmeer zurückgelassen wird. Beim Sicheln geht es um die Geste, mit der der Arbeiter die Weizenhalme zunächst, wie um sich ihrer zu vergewissern, umfaßt und dann schneidet. Da die trockenen Pflanzen der Schneide ausweichen könnten, drückt sie der Bauer gegen die mörderische Schneide der Sichel. Hierzu verwendet er einen einfachen langen Stab mit einem Griff oder verschiedene »Handschuhe« und Holzfingerhüte. Diese sind eventuell beweglich und schützen die Finger der linken Hand vor einer gefährlichen Begegnung mit der Schneide. Die Sichel ermöglicht nicht nur wirtschaftliches Arbeiten – keine Ähre geht verloren –, sondern auch schrittweises Ernten in schwierig zu bearbeitenden Gebieten, an Stellen, an denen die Bewegung nicht einfach mechanisch ausgeführt oder wiederholt werden kann.

Die gezahnte Sichel schneidet das Büschel, das die Hand umfaßt. Die Sichel mit durchgehender Schneide, wie beispielsweise die Heckensichel, mäht eine große Menge nieder. Man kann beobachten wie sie – scharf geschliffen – mit großen, leicht nach oben gezogenen Schlägen geschwungen wird.

Die gewöhnlichen Sicheln haben eine Angelbestielung: Die Basis der Klinge weist eine Verlängerung auf, die sich zu einem langen Nagel mit eckigem Querschnitt verjüngt. Dieser ist in das Holz des Stiels eingeschlagen, unten U-förmig umgebogen und durch den Ring einer Zwinge gehalten.

Einige Sicheln – wie sie in Griechenland oder Pakistan zu finden sind – werden nach einem anderen Muster gefertigt: Die Basis der Klinge ist mit Schrauben oder Nieten flach in einer eingekerbten Kehle des Stiels befestigt. So hat der Schneidwaren- und Werkzeughersteller die schwierige Arbeit der Griffdurchbohrung vermieden, bei der das Werkzeug an Stabilität verliert. Zudem ermöglicht dies bei Bedarf ein schnelles Auswechseln des Griffes.

Zylindrische Stiele und Stiele in Bogenform gehören ebenfalls zu zwei Arten des Arbeitens, vielleicht auch zwei Arten des »Seins«; der eine »kehrt« von rechts nach links, der andere zieht das Werkzeug zu sich und stützt seine Hand auf den gebogenen Griff. Dieser dient als Schutz: Er bewahrt die Hand vor der scharfen Schnittfläche der kurz abgeschnittenen, starren Stengel. Diese Sicheln können aufgrund des Winkels ihres Stiels zur Ebene der Klinge direkt an den Unebenheiten des Geländes angesetzt werden und ermöglichen es, alle Pflanzenarten so nahe wie möglich am Boden »abzurasieren«.

Die kleinste Sichel liegt heute nicht mehr in der Hand der Feldarbeiter, die sehr viel Arbeit verrichten müssen, sondern in der Hand von älteren Frauen, die noch kleine Tätigkeiten ausüben können, und die jeden Tag etwas Gras für ihre Hasen suchen.

Im Osten werden die asiatischen Sicheln zum Reisschneiden von einer Frau oder einem Mann in Hockstellung betätigt. Mit einer ungewöhnlichen Bewegung des Zeige- und Mittelfingers wird ein Halm gegen die Klinge gedrückt, die zwischen beiden Fingern hervorsteht und quer in den Stiel gesteckt ist.

Vor dem Säen und Ernten muß jedoch der Ackerboden mit dem Pflug gelockert werden:

An einem sonnigen Septembermorgen pflügten zwei Bauern auf zweien dieser Äcker; der mittlere schien seit langen Jahren brach und wüst zu liegen, denn er war mit Steinen und hohem Unkraut bedeckt. Wenn sie, auf ein Hindernis stoßend, den Pflug fester faßten, so zitterten die groben Hemdärmel von der leichten Erschütterung.

Gottfried Keller,
Romeo und Julia auf dem Dorfe

Linke Seite: **Iranischer Schnitter mit einer Sichel in Form eines Raubvogelschnabels.**

Die ägyptische Zeichnung des Neuen Reiches zeigt Bauern bei der Arbeit.

Folgende Doppelseite: **Eine Gruppe von Mähern. Türkei.**

Die Sense

Die Sense hat eine einzigartige, unverwechselbare Form: einen sehr langen Stiel mit zwei quer stehenden Griffen. Der Bauer bedient das Werkzeug aufrecht stehend, im Gehen. Die Wirkung der Sense spielt sich jedoch direkt am Boden ab. Die Sense ist ein Werkzeug zur Arbeit unter freiem Himmel, im Sommer und im Alleinsein, denn ihr Arbeitsfeld beschreibt einen großen Kreisbogen um den Arbeiter herum. Das feine, leichte, glänzende, wie der Flügel kleiner Raubvögel spitz gebogene Blatt ist durch eine Rippe, die der Schneide gegenüberliegt, versteift. Die Sense definiert sich durch ihre Bestielungsart: Das abmontierbare Blatt ist stabil mit einem Metallring am Ende des Stiels befestigt. Dieser Metallring wird durch einen Dreieckskeil oder eine dicke Flügelschraube am Holz gehalten. Wegen seiner Länge und seiner scharfen Schneide, seiner sperrigen Breite, seines Ungleichgewichts, seiner schwankenden Bewegung kann das Werkzeug des Mähers nicht einfach gedankenlos über der Schulter getragen werden.

Die Sense war das traditionelle Werkzeug für die Heuernte, im Gegensatz zur Sichel, die verwendet wurde, um den wertvolleren Weizen »abzusägen«. Die Sense mit Fangkorb ist mit einem – extrem leichten – Auffangbehälter ausgestattet, in dem die geschnittenen Pflanzen gesammelt werden. Ist er so schwer, daß das Sensen dadurch behindert wird, schüttet der Mäher den Inhalt auf den Boden und gibt so dem Arbeiter mit Rechen und Gabel neue Arbeit.

Die Bewegung des Mähers ist erstaunlich: Sie erinnert an die Haltung afrikanischer Tänzer, deren Füße in ständiger Berührung mit dem Boden stehen. Die Körperachse des Mähers, seine über den gespreizten Beinen schwingende Wirbelsäule bewegt das durch den Stiel mit den Armen verbundene Blatt. Auch wenn es nicht den Anschein hat, ist das Sensen eine leichte, feine Arbeit. Der Mäher übt keinerlei Druck auf sein Werkzeug aus, er hört auf das gleichmäßige Pfeifen seiner Sense. So spart er seine Kräfte, denn im Laufe eines Tages muß er ein und dieselbe Bewegung hunderte Male ausführen. In regelmäßigen Abständen verschaffen ihm das Dengeln und Schleifen des Blattes etwas Abwechslung in seiner Arbeit und seiner Haltung. Für den Arbeiter bedeutet dies dann eine kleine Ruhe- und Atempause.

Als Werkzeug der Julisonne kann mit der Sense eine Unmenge an Getreide abgemäht werden, das für die kalte Jahreszeit in Scheunen gelagert wird. Während ihrer flüchtigen und leisen Arbeit hinterläßt sie eine unerbittlich einschneidende Spur. Nicht umsonst sind sie auf Symbolen dem die Sanduhr schwenkenden Greis, der Allegorie der Zeit, und – schlimmer noch – dem Skelett des Knochenmanns beigefügt, der den Tod darstellt, den immerwährenden Gewinner: eben dem, der die letzte Ernte einbringt.

Spiegelsichel

Zypern Die seit Menschengedenken als gastfreundlich bekannten Griechen finden Gefallen daran, anderen eine Freude zu bereiten. Als ich mich außerhalb der Saison und daher mutterseelenallein in einem Hotel in Limassol, Südzypern, befand, schloß ich Freundschaft mit dem jungen Hotelbesitzer. Zweimal täglich wechselten wir ein paar Worte, und ich bemerkte, daß er sich – wohl aus Höflichkeit – zurückhielt, mir Fragen zu stellen. Als er mich jedoch eines Abends hocherfreut über meine Errungenschaft mit einer schweren Blechschere zurückkehren sah, konnte er nicht umhin, mich zu fragen, was ich denn damit vorhabe. Ich erzählte ihm von meiner Leidenschaft für Werkzeuge und von der Studie, an der ich arbeitete. Sein Gesicht hellte sich auf: Am Sonntag besuche er seine Familie auf dem Lande; er bringe mir etwas mit. Ich dankte ihm im voraus und erkundigte mich nach der Art des Gegenstands... Doch er wollte mir nicht mehr verraten: Im vorhinein darüber zu sprechen, bringe Unglück. So wartete ich also bis Montag und hoffte, daß die Götter mit ihm seien. Sie waren es. In einem mit Schnur umwickelten Zeitungspapier erahnte ich die Form einer sehr großen Sichel. Als die Verpackung entfernt war, erschien eine zugleich gewaltige und doch anmutige Sichel. Begeistert sagte ich dem Mann, wie unglaublich raffiniert sie doch sei! Die Feinheit ihrer flach an einem sehr langen, verzierten Stiel befestigten Klinge... Dann bemerkte ich den kleinen, am Ende des Stiels eingearbeiteten Spiegel. Der Hotelbesitzer hatte seine Verwandten bereits nach dem Sinn einer solchen Verzierung gefragt: Unter der heißen Sonne, bei all dem Staub und dem austrocknenden Wind ist die Arbeit der Schnitter sehr anstrengend. Sie beeilen sich um so mehr, wenn sie an das schöne Fest denken, mit dem die Ernte gefeiert wird. Man trinkt, ißt, singt, tanzt. Und dem Werkzeug, dem ewigen Begleiter der mühevollen und schweißtreibenden Arbeit, wird die nötige Ehre erwiesen. Die auf ihre Geschicklichkeit stolzen jungen Männer tanzen und schwingen dabei ihre Sichel. Und der Spiegel soll natürlich sonnige Botschaften in die Ohren und Herzen der jungen Mädchen senden.

Wie hatte er es wohl geschafft, daß man ihm diese Sichel überließ? Er versprach dem Bauern, ihm soviel zu geben, daß dieser sich eine ganz neue kaufen könne... Doch dieser antwortete, daß er an jene Sichel gewohnt sei... Und dann? »Ich habe ihm die Entscheidung leicht gemacht, indem ich ihm sagte, daß man so eine Sichel in Frankreich nicht kenne, daß sie dort als ein großes Wunder gelten und man dort, so weit weg, von uns sprechen würde...«

Ein Werkzeug zum Arbeiten und Feiern zugleich.

Vorhergehende Doppelseite:
Demonstration armer Bauern im Nordosten Brasiliens.

Reisschneider (Sichel)

Philippinen

Ifugano-Stamm (Nord-Luzon).
Ende 19. Jahrhundert

Wenn er so auf dem Tisch liegt, erinnert dieser Gegenstand an eine Skulptur von Brancusi. Oder an einen Haifisch, die Flossen werden durch ein kleines Metalldreieck angedeutet. Der Körper ist bogenförmig gekrümmt, um schneller an die Oberfläche schießen zu können. Die ganze Form ist ein einziger Schwung. Das geschnitzte Büffelhorn ist durch den Gebrauch geglättet: Die Seiten des Gegenstands glänzen wie Meerestiere.

Doch dieser Gegenstand hat weder vordergründig mit Kunst noch mit Meerestieren zu tun. Er ist vielmehr ein Werkzeug, das die philippinischen Bäuerinnen zur Reisernte verwenden.
Obwohl dieser Reisschneider den Eindruck einer dynamischen Einheit macht, besteht er aus drei Teilen. Der zylindrische Teil ist der Stiel des Werkzeugs, die Stelle, an der man es in der Hand hält. Die Finger der Hand umschließen diese Stange; sie schmiegen sich der Kontur an. Dabei wird stets darauf geachtet, daß die Eisenklinge zwischen Zeige- und Mittelfinger gehalten wird. Diese beiden Finger fassen nämlich ein kleines Büschel Reisstengel und pressen es gegen die dreieckige, scharfe Klinge.

Und die lange, gebogene Spitze, die nach vorne hin die Verlängerung des Griffes bildet, dient sie nur als Dekoration, als Verzierung? Sobald man das Werkzeug – richtig herum – in die Hand nimmt, erhält man die Antwort: Mit diesem Bogen wird ein genau passendes Büschel zur Schneide hin geschoben.
Die Assoziation mit einem Kunstwerken hat durchaus ihren Grund: Eine ganze Reihe solcher Reisschneider weist diffizile Unterschiede auf. Bei der hier abgebildeten Sichel ist die Klinge länger und an den Seiten wie Flügel oder Flossen nach oben gebogen, und die nach oben zeigende, gekrümmte Spitze ruft einem unweigerlich den Schwanz eines Skorpions ins Gedächtnis. Arbeitet es sich nicht besser mit einem solchermaßen veredelten, vielleicht gar von einem überirdischen Wesen beseelten Werkzeug?

Nützlichkeit und Ästhetik in einem.

Prähistorische Sichel

Die prähistorische Sichel aus behauenem Stein wurde in Dänemark gefunden. Sie kennzeichnet eine neue Epoche in der Geschichte der Technologie. Die typische Bewegung um die Getreidehalme beim Schneiden mit Hilfe eines gebogenen Messers zu sich herzuziehen, war nun gefunden. Die Idee zur Ausführung dieser Arbeit, die Sichel in Form eines schneidenden Hakens, war geboren. Doch ebenso wie es in der Baugeschichte unmöglich war, einen weiten Brückenbogen zu verwirklichen, solange man keinen Stahlbeton zur Verfügung hatte, so beherrschte man damals noch nicht die Metallgewinnung, die die Herstellung dieses Werkzeugs schließlich ermöglichen sollte. Außer in sehr seltenen Fällen – bei den Zeremonien der alten Mexikaner –, wurde der behauene Feuerstein aufgrund seiner Zerbrechlichkeit nur für elementare Formen und Profile genutzt. Der vorzeitliche Steinmetz hat daher für sein Werkzeug die Form eines gekrümmten Embryos gewählt, die bei Gebrauch standhielt. Mitunter machen uns Biologen auf Lehrstücke in der Natur aufmerksam. Im Bereich der Werkzeuge offenbart uns die Evolution die Anstrengungen des Geistes durch das Material, über das der Mensch verfügt.

Sichel
für die Reisernte

Kambodscha

Dieses Werkzeug zum Reisschneiden besteht aus vier Teilen: einem gebogenen, mit einer Knospe verzierten Griff aus hartem Holz; einem zylindrischen Verbindungsstück aus hellem Holz; einem gebogenen, spitz zulaufenden Holzstück in Form eines sehr langen Hakens; einer kurzen, mit Sägezähnen versehenen Eisenklinge.

Mit diesem Werkzeug können zwei Arbeitsgänge gleichzeitig ausgeführt werden, wobei der Schnitter immer eine Hand frei hat. Zunächst legt der Bauer seine Hand von unten an und bündelt die Reisstengel, indem er den Holzhaken nach links führt. Er faßt das Büschel mit der Hand. Dann dreht er das Werkzeug um, so daß seine Hand oben aufliegt, und kann nun das kleine Büschel schneiden.

Ein weiterer Faktor ist für den Gebrauch dieses Werkzeugs von Vorteil: Der kambodschanische Bauer arbeitet natürlich in der Hocke am Boden kauernd.

Wenngleich es auch andere Werkzeuge gibt, die es ermöglichen, zwei oder mehrere Arbeitsgänge auszuführen, ist dieses hier jedoch bemerkenswert, da die Hand dabei gedreht werden muß.

Die Bewegung, mit der die zu schneidenden Stengel gebündelt werden, wird mit einer Holzstange oder mit einem Fingerhut ausgeführt, der die Hand des Arbeiters vor der Schneide der Sichel schützt.

Eine zweifache Huldigung an die Werkzeuge: Die »Montserrat« von Julio Gonzalez (1942), eine Statue aus gehämmertem Eisen, ist ein Symbol für das Leben der spanischen Bäuerin: ein Kind auf dem Arm, eine Sichel in der Hand, ein Tuch gegen die stechende Sonne auf dem Kopf.

Sichel

Hammer

Die gekreuzte Verbindung dieser beiden Werkzeuge war das offizielle Symbol der Sowjetunion. Auf beredte Weise stellte es die Vereinigung der Arbeiter in Landwirtschaft und Industrie dar: Das Feld und die Fabrik, das Land und die Stadt waren keineswegs Gegensätze, sie verbündeten sich, marschierten im Gleichschritt. Beiden Gegenständen ist gemein, daß sie kleine, elementare Werkzeuge (schneiden, schlagen) sind, die nur aus einem Metallteil und einem zylindrischen, geraden Holzgriff bestehen.

Das Symbol befriedigt den Geist: Die beiden Gegenstände ergänzen sich, obgleich sie Gegensätze bilden. Der Hammer ist schwer, laut, quer angeordnet, gewaltsam, männlich. Die Sichel scheint leichter zu sein, sie arbeitet leise, ist gebogen und symbolisiert traditionell die »Gaben« der Natur, den Frieden auf den Feldern, die Fruchtbarkeit, das weibliche Prinzip. Die Form der Werkzeuge legt die Bewegung des Arbeiters fest: Der Hammer wird senkrecht vor dem Arbeiter niedergeschlagen; die Sichel verrichtet ihre Arbeit in der Waagerechten, mit einkreisender Bewegung, eigentlich ganz sanft. Die Verbindung des massiven Metallquaders mit dem feinen, gebogenen Flügel der Sichel ergibt ein Sinnbild von unbestreitbarer Aussagekraft, graphisch elegant gestaltet.

Die Fotografin Tina Modotti schuf mit ihren Bildern einfache und zugleich gewaltsame Variationen dieses Motivs.

Die ehemalige Deutsche Demokratische Republik hatte einst die Hälfte des russischen Symbols, den Hammer, in ihr Wappen übernommen und ihn mit einem Meßinstrument, dem Zirkel, in Verbindung gebracht. Dieser versinnbildlichte die Präzision, den Aufbau, und verwies somit auf den intellektuellen Arbeiter.

Ein politisches Sinnbild, das von der Fotografin Tina Modotti künstlerisch inszeniert wurde.

Die Wetzsteinbüchse für den Wetzstein. Der Sensenmäher trägt sie an seinem Gürtel.

Die Gefährten der Sense

Das Blatt der Sense muß scharf sein wie ein Rasiermesser. Die äußerst zarte Schneide kann sich bei Berührung mit einem Strauchzweig verbiegen oder, schlimmer noch, schartig werden, wenn sie an einen Stein stößt. Der Mäher bemerkt dann, daß sich der Ertrag verringert, daß die Sense nicht mehr zwischen den Weizenhalmen entlang gleitet, und daß sie immer wieder zurückgehalten wird und hängenbleibt.

Dann muß die Arbeit unterbrochen und das Blatt gedengelt werden. Aus einem am Feldrand plazierten Beutel zieht der Bauer einen großen Metallnagel, den sogenannten Dengelstock oder Dengelamboß, und schlägt ihn mit einem kleinen Hammer in den Boden, bis der schmiedeeiserne »Schutz« in Form eines vierblättrigen Kleeblatts auf der Erdoberfläche aufliegt. Der tief eingeschlagene und gut abgestützte Dengelstock dient als stabiler Stützpunkt für den folgenden Arbeitsgang.

Durch Austreiben des Keils, der den Eisenring blokkiert oder durch Lösen der Flügelschraube, die diesen Ring zusammenhält, löst der Bauer das Blatt vom Stiel. Dann setzt er sich vor seinen Dengelstock und richtet mit einem ganz kleinen Dengelhammer die Schneide dort gerade, wo sie verbogen oder angeschlagen ist.

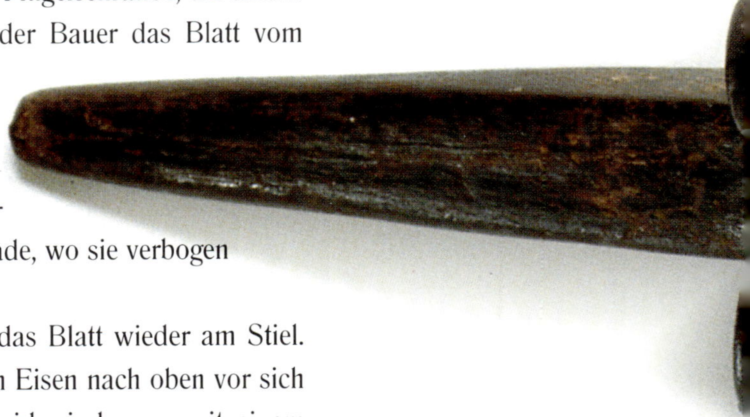

Anschließend befestigt er das Blatt wieder am Stiel. Er stellt die Sense mit dem Eisen nach oben vor sich hin und schleift die Schneide, indem er mit einem Wetzstein – traditionell in Form eines Bootes oder

Der kurze Dengelhammer zum Geraderichten der Klinge.

eines Schiffes – an der Schneide entlang fährt. Bevor er seine Mäharbeit wieder aufnimmt, legt er den Stein in das Etui zurück, das er im allgemeinen hinten am Gürtel trägt, so daß er bei seiner Arbeit nicht beeinträchtigt wird. Dieses Etui wird als Wetzsteinbüchse bezeichnet und ist je nach Region, Tradition, Geschmack oder Gewohnheit aus Holz, Metall oder Horn. In das Innere der Büchse hat der vorausschauende Arbeiter ein wassergetränktes Tuch (oder nasse Baumblätter) gelegt: Der benetzte Stein verhindert, daß beim Schleifen die Qualität des Metalls durch Erhitzung beeinträchtigt wird.

Diese vier Gegenstände sind für den Sensenmäher so unentbehrlich, daß er sie sozusagen als unzertrennlich ansieht: Die Bauern verbanden sie daher oft mit Hilfe einer Schnur. So konnten sie keines verlieren oder vergessen.

Die schnellen Schläge des kleinen Hammers auf dem Land zur Erntezeit oder bei der Heuernte sollten die Vorübergehenden daran erinnern, daß das Mähen immer mit der Pflege des Werkzeugs einhergehen muß.

Der tragbare Dengelamboß wird in den Boden eingeschlagen.

Der Schnitter

René Auguste Seyssaud, 1920,
Musée Toulouse-Lautrec, Albi.

Wie weit entfernt sind wir doch von den lächelnden Feldarbeiterinnen bei Madame de Sévigné, von den friedlichen, askadischen Bauernszenen Poussins, von den edlen Ährenleserinnen bei Millet!

Seyssaud spielt mit ergreifenden Licht- und Schattenkontrasten und zeigt, oft von hinten, von Mühe und Anstrengung gezeichnete Bauersleute. So verleiht er seinen Figuren etwas Erzwungenes, Wütendes. Ihre Haltung ist unausgeglichen, ihre Bewegung schon fast übertrieben. Zudem zeugt die Darstellung der bereits verrichteten Arbeit im Vordergrund von derselben Gewaltsamkeit: Auf dem Boden herrscht Chaos, die Bündel und Weizenhalme liegen ungeordnet auf dem Felde verstreut; die Szenerie erinnert eher an ein Schlachtfeld. Der Schnitter hat keine Zeit zum Aufräumen, zum ordentlich Bündeln; dafür werden dann andere sorgen; er schreitet unermüdlich in seiner Arbeit fort, denn die Tage scheinen immer zu kurz, die zu bewältigende Aufgabe ist unermeßlich, was er heute nicht schafft, kommt morgen noch hinzu; es ist ein hartes und bitteres Leben, für einen mageren Lohn zu arbeiten ... und zu all dem kommt noch das bevorstehende Gewitter... schon donnert es. Die Aufgabe muß jetzt zu Ende gebracht werden, verbissen wird weitergearbeitet, die Sense zieht unendlich weite Kreise.

Diese »Beobachtungen«, diese in leuchtenden Farben gemalten, sturen Arbeiter, die nur durch die Kraft der Pinselstriche existieren – all dies hat Seyssaud ganz sicher so erlebt. Er ist sogar soweit gegangen, sich mit den Schnittern zu identifizieren: Er betätigt seinen Pinsel wie der Schnitter seine Sense, mit großen, hastigen und gewaltigen Gesten.

Eine Pflanze, deren Wachstum gelenkt wurde.

Die Gabel aus Zürgelbaumholz

Der Zürgelbaum gehört zur Familie der Ulmengewächse. Er kommt in gemäßigten und tropischen Gebieten häufig vor und ist auch im Süden Frankreichs zu finden. Sein Holz ist dicht und widerstandsfähig, weshalb es auch zur Fertigung von Stöcken oder Werkzeugstielen verwendet wird.

In vielen Kulturen nutzte der Mensch außergewöhnliche Pflanzenformen, um die Herstellung seines Werkzeugs zu erleichtern: Zweige, die einen schnabelförmigen Winkel aufweisen, an dem nur noch das Eisen der Hacke (Afrika) oder der Dechsel (Ozeanien) befestigt werden mußte; ein gebogenes Pflanzholz oder eine dreieckige Anordnung der Äste, die aus einem Stamm hervorgehen (dreifüßiger Hackklotz). Bei der rechts abgebildeten Gabel liegt der Fall anders: Die Gabel wurde nicht etwa so gefunden, sondern noch zu Lebzeiten des Baumes geformt. Zunächst schneidet man die Pflanze so zu, daß am Ende des Stieles nur noch die drei oder vier Zweige übrigbleiben, die die Zähne der Gabel darstellen. Sie werden durch Keile in Form gehalten, so daß sie einen gleichmäßigen Abstand und die für ein bequemes Arbeiten mit Stroh, Gras oder Heu notwendige Biegung aufweisen. Und diese Prozedur dauert solange, bis der junge Baum gefällt wird…

Einige Hersteller jener Gabeln haben die Raffinesse in der Gestaltung so weit getrieben, den Stiel dieses Werkzeugs durch Bandkordeln zu verzieren, deren Spur auf dem mit dunkelbrauner Beize aus grünen Walnußschalen bearbeiteten Hintergrund einen wunderbar dekorativen Effekt ergibt. Zudem kann das Werkzeug durch die Zeichnung identifiziert werden.

Aimé-Jules Dalou

Großer Bauer

»Ich habe mich entschieden, nun umgehend das Monument für den Triumph der Republik zu beginnen, von dem ich seit 1889 träume. Dieses Thema liegt in der Luft; es ist zeitgemäß und wird eines Tages von einem anderen bearbeitet werden; deshalb ist es an der Zeit, es jetzt anzugehen. Die Zukunft ist angebrochen, der Kult, der die Mythologien der Vergangenheit ersetzen wird«, schrieb der Bildhauer Aimé-Jules Dalou (1838–1902) im Jahr 1897. Das Monument zu Ehren der Republik wurde als solches niemals verwirklicht, doch existieren einige seiner Bestandteile, wie die schöne Bronzefigur des »Großen Bauern« von 1889 (zu sehen im Musée d'Orsay in Paris). Sie stellt einen Landwirt dar, der gerade einen Ärmel aufkrempelt, sein Werkzeug liegt ihm zu Füßen, den nachdenklichen Blick hat er in Erwartung des bevorstehenden Tages auf die Erde gerichtet.

Als ausgezeichneter Kenner der Handwerksberufe evoziert Dalou die Arbeit, ohne sie direkt zu zeigen.

Der »Liadou«

Dabei handelt es sich um ein aus einem einzigen Holzstück geschnitztes Werkzeug: eine spitz zulaufende, nach oben gebogene, von einem Griff gehaltene Stange, eine flache Scheibe am Griff. Das Werkzeug ist vom Gebrauch geglättet, doch die Unterseite der Scheibe weist tiefe, durch Reibung entstandene Gebrauchsspuren auf.

Der Name dieses Spezialwerkzeugs aus dem französischen Gebiet Corrèze sagt alles. »Liadou« bedeutet soviel wie »zum Binden«. Dieses auf den Höfen selbst oder von einem örtlichen Holzhandwerker wie beispielsweise dem Holzschuhmacher oder dem Schreiner gefertigte Werkzeug ermöglicht die perfekte Ausführung der Arbeitsgänge, die zum Binden der Weizengarben vonnöten sind. Mit dem langen und spitzen Teil sammelt der Bauer die Ernte zusammen. Der Mittelteil schützt seine Hand vor den geschnittenen Halmen, die wie senkrechte Stanzen verletzen können. Er nimmt die gebündelte Garbe unter den linken Arm und schlägt auf den unteren Teil mit der Scheibe des »Liadou«, um die Weizenhalme auf eine einheitliche Höhe zu bringen. Anschließend wird die Garbe, meistens mit Hilfe einer Strohschnur, gebunden. Die Spitze des »Liadou« wird zwischen diese Schnur und das Stroh geschoben. Mehrere Umdrehungen des Werkzeugs gewährleisten, daß die Schnur fest um die Garbe gebunden ist. Da der »Liadou« spitz zuläuft, kann er anschließend leicht herausgezogen werden.

Seltsamerweise wurde dieses Werkzeug in anderen Regionen Frankreichs nicht nachgeahmt. Dort war es lange Zeit unbekannt, was ein gutes Beispiel für die Bedeutung regionaler Unterschiede und Mentalitäten bei der Arbeitsverrichtung gibt.

Eine kürzlich vorgenommene ethnographische Untersuchung hat zu einem Wiederaufleben der Herstellung von »Liadous« in der französischen Region von Neuvic geführt, »damit die Erinnerung nicht verloren geht«.

Der Dreschflegel und die Kornschwinge

Damit aus dem Weizen am Halm Körner im Sack werden, müssen der Arbeit des Mähers weitere Arbeitsgänge folgen. Die sorgfältig mit einer soliden Schnur gebundenen Garben werden vom Feld auf den Hof gebracht. Dort werden die Schnüre gelöst und die Ähren auf einer ebenen Fläche ausgebreitet, wo sie gedroschen werden, um die Körner aus ihren Spelzen zu entfernen. Diese Arbeit wird mit Hilfe des Dreschflegels ausgeführt. Oft geschieht dies in einer Gruppe, wobei der schnellste Arbeiter den Rhythmus vorgibt.

Dieses Werkzeug gleicht einer Keule, die durch ein Gelenk am Ende eines langen Stiels befestigt wird. So paßt sich der obere Teil des Dreschflegels vollkommen der waagerechten Lage des auf ebenen Boden ausgebreiteten Getreides an. Je nach Gebiet kann das Scharnier, das die beiden Teile des Werkzeugs verbin-

Zuweilen sagt die Form viel aus…

Die Kornschwinge hat die Form eines offenen Korbes. Sie wird wie eine Schaufel verwendet. Jean François Millet, Der Kornschwinger, Musée d'Orsay, Paris.

det, aus zwei Eisenringen, einer kurzen Metallkette oder zwei breiten Lederringen bestehen. Wichtig ist, daß der Drescher seine kreisförmigen Bewegungen weitgehend ohne Unterbrechung ausführen kann.

In Afrika, wo die Haltungen und Bewegungen sich von denen der europäischen Bauern unterscheiden, drischt die Dorfbevölkerung das Korn mit Hilfe von langen, biegsamen Stöcken. In Europa hat der dreschende Teil des Werkzeugs – je nach Region – die Gestalt eines einfachen zylindrischen Stabes oder das Gewicht und die Form eines flachen Bretts, das an das »Blatt« eines Ruderriemens erinnert.

Die genialste Vorrichtung, die je erfunden wurde, ist die eines Verbindungsstücks aus Rindsleder oder aus Aalhaut (von besonders hoher Widerstandsfähigkeit), das sich in einer Kehle am Ende des Stiels dreht. So wird der Drescher nicht nach jedem Schlag in seinem Rhythmus unterbrochen: Die Scharniere am Stiel drehen den Dreschflegel zum Weizen hin.

Rechte Seite: **Bäuerinnen bei der Arbeit mit dem Dreschflegel. Bhutan.**

Sind alle Körner aus ihren Spelzen entfernt, so wird das Gemisch aus Korn und Spreu dem Kornschwinger anvertraut. Dabei handelt es sich um einen großen, schräg zulaufenden, geflochtenen Korb, der mit zwei Griffen versehen ist. Er dient dazu, Korn und Spreu in die Luft zu werfen, um das schwerere Korn in der Korbvertiefung aufzufangen. Zwei Kräfte sind für diese Aufgabe notwendig: die Muskelkraft der Arme und die natürliche, »launische« Energie des Windes. Sein Hauch trägt die leichte Spreu weit fort. An manchen Sommertagen aber weht nicht das geringste Lüftchen.

Der Pflug gilt bei Gottfried Keller als »Werkzeug und Sinnbild des Ackerbaus«:

> Worauf Syfrig, der kunstreiche Schmied, einen Schluck nahm, einen Mut faßte und sprach: »Ich habe einen ganz eisernen, sinnreichen Pflug geschmiedet, der, wie ihr wißt, mir an der landwirtschaftlichen Ausstellung gelobt worden ist. Ich bin erbötig, das fein gearbeitete Stück für die zweihundert Franken abzutreten, obgleich die Arbeit damit nicht bezahlt wird; aber ich bin der Ansicht, daß dieses Werkzeug und Sinnbild des Ackerbaues eine echt volksmäßige Ehrengabe darstellen würde!«

Gottfried Keller, Das Fähnlein der sieben Aufrechten

Die afrikanische Hacke

Einem europäischen Bauern erscheint ihre Form geradezu als Herausforderung des gesunden Menschenverstandes. Stellt sie denn nicht das genaue Gegenteil dessen dar, was im Norden seit Urzeiten gebräuchlich ist? Ihr Stiel ist äußerst kurz: Das hängt sowohl mit dem Körperbau der afrikanischen Bauern als auch mit ihren »Gewohnheiten« zusammen. Denn die schlanken Bauern arbeiten im Gleichgewicht auf ihren gespreizten Beinen stehend, den Oberkörper nach vorne gebeugt; mit den Armen schaukeln sie das Werkzeug eher, als daß sie es schwingen. Der äußerst spitze Winkel zwischen Eisen und Stiel erfordert eine derartige Bewegung und Haltung des Arbeiters. Die Breite des Eisens ist für die Bearbeitung von leichter, trockener, brüchiger Erde bestens geeignet. Das Gewicht der Hacke ist dem Bauern eher förderlich. Bei einem schweren, feuchten, kompakten Boden würde es eine enorme Anstrengung bedeuten, das Eisen dieser Hacke nach jedem Schlag wieder aus dem Boden zu ziehen.

Der europäische Bauer arbeitet nicht in der Hocke wie die Asiaten. Auch beugt er sich nicht nach vorne: Deshalb entschied er sich für den langen Stil, das solide, schmale Eisen, das fast im rechten Winkel angeordnet ist.

Die Legende, daß afrikanische Arbeiter bei Werkzeugen aus Europa die Stiele kürzten, ist ja allseits bekannt… und Marcel Mauss hatte während des Ersten Weltkriegs Gelegenheit zu beobachten, daß die Regimenter, die eine ausländische Einheit erspähten, zum Bauen von Schützengräben keineswegs die Werkzeuge benutzten, die von ihren Vorgängern vor Ort zurückgelassen worden waren.

Indem man es dazu verwendete, den Boden um ein Grab herum in ritueller Weise einzukerben, erinnert das Werkzeug an die Alten Ägypter.

Der Wasserschöpfer ist ein ständiger Begleiter der erfahrenen Seeleute in Ozeanien. Vanuatu.

Der Spaten, die Schaufel und der Wasserschöpfer

Vergleiche machen die tiefere Natur der Dinge besser begreifbar als Definitionen. Der Unterschied zwischen einem Spaten und einer Schaufel ist einem Durchschnittsbürger unbekannt. Dieser ist der Meinung, er könne sich gleichermaßen des einen oder des anderen Werkzeugs bedienen, um eine gewisse Tätigkeit zu vollbringen. Bei Gelegenheitsarbeiten gibt ihm die Praxis wohl recht. Handelt es sich dagegen um eine wiederholt auszuführende Arbeit, treten unangemessene Eigenschaften des Werkzeugs im Bezug auf das erstrebte Ziel schnell zutage. Der Amateur benutzt oftmals Werkzeuge, die er gerade zur Hand hat, selbst auf die Gefahr hin, sie zu beschädigen. Für einen Fachmann hingegen ist jedes Werkzeug einer ganz bestimmten Funktion zugewiesen, und jegliche Zweckentfremdung käme einer Energieverschwendung gleich.

Der Spaten wird senkrecht in den Boden gesteckt – bei Bedarf wird mit dem Fuß nachgeholfen; er schneidet ein Stück Erde heraus, der isoliert und hochgehoben wird, indem der Stiel nach hinten gedrückt wird. Die auf dem Eisen des Werkzeugs befindliche Erdmasse kann nun auf die Seite geworfen werden, wodurch sich ein Haufen neben dem Loch bildet, das soeben gegraben wurde.

Die Form der Schaufel deutet bereits darauf hin, daß diese beim Gebrauch schräg gehalten wird. Man verwendet sie dazu, große Mengen Material abzutragen – beispielsweise um Sand von einem Haufen zum anderen zu schichten.

Der Wasserschöpfer, ein großer, tiefer Löffel mit kurzem Stiel, dient dazu, Flüssigkeit zu schöpfen. Mit ihm kann Wasser aus einem Boot entfernt werden.

Die Arbeit mit dem Spaten setzt sich aus drei Schritten zusammen: das Werkzeug in den Boden rammen, sich die Hebelwirkung zunutze machen, die Erde abladen. Dasselbe gilt für die Arbeit mit der Schaufel: das Werkzeug in das Material eintauchen, es beladen wieder herausziehen, die Last abwerfen. Der Wasserschöpfer hat einen viel kürzeren Weg: Da er das Wasser nicht für einen Transport in sich halten muß, kann mit einem einzigen Zug geschöpft und ausgeschüttet werden.

Der Werkzeugtest

Scheinbar unerschrocken wie immer, innerlich jedoch beunruhigt, da er in unbekanntes Land vordringt, begibt sich Odysseus ins Reich der Schatten. Wissensdurstig und kühn will er etwas über die Zukunft erfahren. So befragt er den Seher Teiresias von Theben. Dieser kündigt ihm seinen Sieg über die Freier, jedoch nicht das Ende seiner Irrfahrten an. Denn der Gott des Meeres grollt noch immer. Er wird den Helden mit den tausend Zauberkunststücken, den Trickreichen, der die List des Trojanischen Pferdes ersonnen hat, auf ewig verfolgen. Zudem ist Polyphem, der geblendete Zyklop, einer von Poseidons Söhnen.

Wie könnte man ihm also entkommen? Indem man sich so weit wie möglich vom Meer entfernt und so tief wie möglich in das Landesinnere eindringt.

Ein guter und logischer Ratschlag des Sehers, mit dem sich andere zufriedengäben.

Doch als Inselbewohner denkt Odysseus sofort daran, daß man das Land womöglich von einer bis zur anderen Seite durchqueren könne. Dann stünde man erneut dem Meer gegenüber, dem Element des gefürchteten Gottes Poseidon. So fragt er weiter: Woher weiß man denn, daß man in dieser »weiten Ferne«, an diesem glücklichen Zufluchtsort, angekommen ist?

Der Seher erwidert dem verwirrten Odysseus, daß er von dannen wandern solle, mit einem handlichen Ruder über der Schulter. Eines Tages werde er zu einem Volk gelangen, das nie vom Meere vernommen und noch niemals Salz als Würze seiner Speisen genossen, noch rotwangige Schiffe gesehen habe. Auch das Ruder, dieser Flügel des Bootes, sei diesen Menschen unbekannt. So sehr, daß sie es für eine Schaufel des Kornschwingers halten würden.

Dann, und nur dann könne er sicher sein, das Land der Bauern erreicht zu haben und sein Instrument in die Erde stoßen. Dieses Zeichen markiere das Ende seiner Reise. Dann sei er dem Meer entkommen und endlich am Ziel.

Bezeichnenderweise spricht Homer nicht davon, daß das Ruder für eine Waffe, einen Stab oder eine Türstange gehalten werden würde. Die Landarbeiter sähen darin vielmehr sofort die Schaufel des Kornschwingers, mit der das Getreide in die Luft geworfen wird, damit es der Wind von der Spreu trenne.

Übrigens, welchen einzigartigen Schatz trägt ein staubbedeckter Wandersgeselle auf seinen Reisen bei sich? Etwas, womit er zeigen kann, wozu er fähig ist, etwas, das es ihm ermöglicht zu arbeiten, sich zu verteidigen, zu leben – seinen nächsten Verwandten: sein Werkzeug.

Segelschiffe im alten Griechenland. Die Riemen dienen als Steuerruder. Schale des Nikosthenes, 6. Jahrhundert v. Chr., Musée du Louvre, Paris.

Dieses Werkzeug wird verwendet, um den Stamm der Kiefer einzuritzen.

Die Werkzeuge des Harz-Einsammlers oder des Nadelbaum-Anzapfers

In Frankreich wird dieser Beruf in der Gascogne ausgeübt, wo Strandkiefern wachsen. Vor drei Jahrhunderten verbrannte man das Holz dieser Kiefern und machte daraus Teer zum Kalfatern der Holzrümpfe von Booten. Später wurde das Harz der Kiefern in großer Menge gesammelt und für die Herstellung von Terpentinöl und Kolophonium verwendet. Diese zwei Bestandteile des Harzes haben unzählig viele Anwendungsmöglichkeiten. Das eine dient als Lösungsmittel, insbesondere zur Herstellung von Lacken, das andere ist für zahlreiche industrielle Produktionsverfahren sowie für einige spezielle Berufe geeignet: Kolophonium gehört zu den essentiellen Gebrauchsartikeln von Tänzerinnen (Haftung der Schuhe), Geigern (die Saiten werden damit bestrichen), Akrobaten (Griffigkeit der Hände) und verschiedenen Sportlern im Bereich der Leichtathletik.

So wird das Beil zum Harzeinsammeln angelegt.

Der Harz-Einsammler entrindet die Kiefer zunächst auf einer ovalen, sehr langgezogenen Fläche mit Hilfe seines Beils. Anschließend befestigt er am unteren Rand dieser Fläche eine Metallklammer, über die das Harz in den darunter angebrachten Tonkrug abläuft. Schließlich wird der Stamm mit einer Klinge in Form eines schneidenden Hakens eingeritzt. Nun muß der Arbeiter in regelmäßigen Abständen nach den Bäumen sehen, um das Harz einzusammeln (etwa alle acht Tage). Im Anschluß daran bringt er über der vorherigen eine neue Kerbe an und befestigt Klammer und Krug auf der richtigen Höhe.

Aus wirtschaftlichen Gründen ist dieser Beruf im Aussterben begriffen. Es besteht jedoch seit ein paar Jahren ein Projekt, den Beruf des Harz-Einsammlers zu erhalten, um so ein wertvolles, lebendiges Kulturerbe zu bewahren.

Löffel zum Reinigen der Pflugschar

Zypern Am Ende des Stachels, der langen Stange, mit der die Bauern die Rinder zur Arbeit antreiben, befestigen die zypriotischen Bauern traditionell dieses Werkzeug mit dem quer angebrachten Löffel. Es dient dazu, während der Pausen die Pflugschar abzukratzen, um sie von den schweren Erdmassen zu befreien, die am Fell hängengeblieben sind.

Die Haube des Werkzeugs ist V-förmig geöffnet, um sie mit Hilfe einiger Hammerschläge an den entsprechenden Stiel anzupassen. Aus Stabilitätsgründen hat der Schmied ein rundes Loch im Eisen angebracht, durch das ein Befestigungsnagel eingeschlagen werden kann.

Ein Werkzeug, das man nach seinen eigenen Vorstellungen anfertigen läßt.

Das Buschmesser oder die Machete

Vom Rio Grande bis zur südlichen Spitze Chiles singt ein jeder Bauer ein Loblied auf das Buschmesser und erläutert bereitwillig seine Verwendungsmöglichkeiten. Niemand, der sich ständig auf Feldern, in Prärien oder Wäldern aufhält, wird sich so einfach von diesem flachen Schwert mit der breiten Klinge trennen; ebensowenig wie von seiner lebensnotwendigen Ausstattung: Außer jenem langen Messer besteht diese aus einem Strohhut, einem Hemd, einer hellen Hose, einem soliden Gürtel und oftmals unverwüstlichen Sandalen, deren Sohlen aus Autoreifen gefertigt sind.

Die von Sebastião Salgado fotografierten brasilianischen Arbeiter hantieren mit universell einsetzbaren Macheten.

Das Buschmesser dient dazu, sich im Wald einen Weg zu bahnen, indem man – insbesondere die dornigen – Zweige abhackt, die den Durchgang versperren. Man kann damit einen Baum von mittlerer Größe fällen, Zuckerrohrplantagen oder Maisfelder abernten, Brennholz schlagen und spalten sowie Äste und Zweige eines Baumes auslichten. Die Gewohnheit, das Buschmesser wie eine Verlängerung des Armes ständig mit sich zu führen, ist bei den Menschen in Mittel- und Südamerika so tief verankert, daß sie mit dem flachen Eisen wie mit einer Gerte ganz sanft über die Mähne der Pferde streichen, um diese anzutreiben.

Ein mexikanischer Farmer, der die Opfer einiger Bauernkriege wohlweislich verschweigt, erzählt von diesem Allzweckwerkzeug, das in einem reichlich zerkratzten Lederetui an seinem Bein baumelt: »Womit höhlt man die Erde aus, um Ziegel aus getrocknetem Lehm herzustellen? Womit klopft man die Erde fest? Womit zerkleinert man das Stroh? Womit rührt man das Gemisch an?« Schließlich kommt der krönende Abschluß: »Und wenn man einen Stift spitzen will? Man muß nur erst zwei oder drei Mal mit der Klinge über einen flachen Stein fahren.« Die ständige Benutzung eines solchen Werkzeugs formt die Mentalität.

Das Werkzeug zum Maisentkörnen

Indianer in Nordamerika

Die Maiskörner befinden sich dicht gedrängt am Maiskolben, so daß man sie mit der Hand schlecht fassen kann. Also muß dieses Mosaik an einer Stelle durchbrochen werden, um die ersten Körner auszulösen: Der entkörnte Teil ermöglicht es dann, die anderen Körner von der Seite her zu fassen. Mit Hilfe eines beinernen Nagels kann der erste Arbeitsschritt ausgeführt werden; anschließend werden lange Körnerreihen entlang des Kolbens entkörnt.

In anderen Ländern hingegen wird diese Arbeit mit der Hand verrichtet: Eine Hand hält den körnerbeladenen Kolben und drückt ihn nach rechts, während die andere Hand sich nach links dreht. Die Körner fallen in den Behälter.

In allen Erdteilen werden ähnliche Lösungen gefunden. Daher ist es keineswegs erstaunlich, daß die Maisbauern in Ungarn einen kleinen Nagel aus hartem Holz gefertigt haben, der zum Entkörnen dient. An der breitesten Stelle ist – durch ein Loch im Holz – eine Lederschlaufe angebracht, mit der das Werkzeug fest in die Hand genommen werden kann.

Eine einfache Erfindung erleichtert ständig wiederkehrende Arbeiten.

Die Werkzeuge des Winzers

Darf der Schreiner sein Brett hobeln, wann immer er will und der Schmied sein Eisen hämmern, wann es ihm gefällt, so herrschen auf dem Land, wo das Vieh täglich auf Futter und Trank wartet und die Pflanzen dem Bauern ihren Rhythmus aufzwingen, andere Gesetze.
Die Landwirtschaft unterliegt sowohl den Jahreszeiten als auch den Wetterbedingungen. Die Stadtmenschen brauchen sich darum nicht zu kümmern, sie bleiben von Kälte und Hitze verschont. Die Bauern dagegen wissen, daß der Wein im Herbst gelesen und die Oliven im Dezember zum Pressen gebracht werden müssen.
Die für das Bearbeiten und die Pflege eines Weinbergs notwendigen Werkzeuge könnten – wie es auch meist der Fall ist – der Reihe nach in einer Scheune aufbewahrt werden. Eine erste Frage kommt einem hier in den Sinn: Warum soviel Pflege, wo doch die gute Erde die Pflanze nährt, es ihr ermöglicht, Wurzeln zu schlagen, zu wachsen, und wo doch die leichten Regenfälle, das sanfte Klima und die warme Sonne ihr übriges tun? Ganz einfach, weil der Weinstock, den schon die Alten Ägypter kannten und der wahrscheinlich von griechischen Siedlern vor mehreren Jahrhunderten in Südfrankreich eingeführt wurde, kein reines Naturprodukt ist. So wie wir ihn heute kennen, stellt er eine Errungenschaft des Menschen dar, der die Kräfte der Natur intelligent und geduldig zu nutzen wußte. Es handelt sich um eine sorgfältige, stets gleichbleibende Arbeit, die in jeder Hinsicht mit der des Gärtners zu vergleichen ist, der eine neue Rosenart kreiert, oder mit der des Viehzüchters, der die Eigenschaften einer Rinder- oder Schafherde verbessert.

Vorhergehende Doppelseite:
Frau beim Ausheben eines Kanals. Rajasthan.

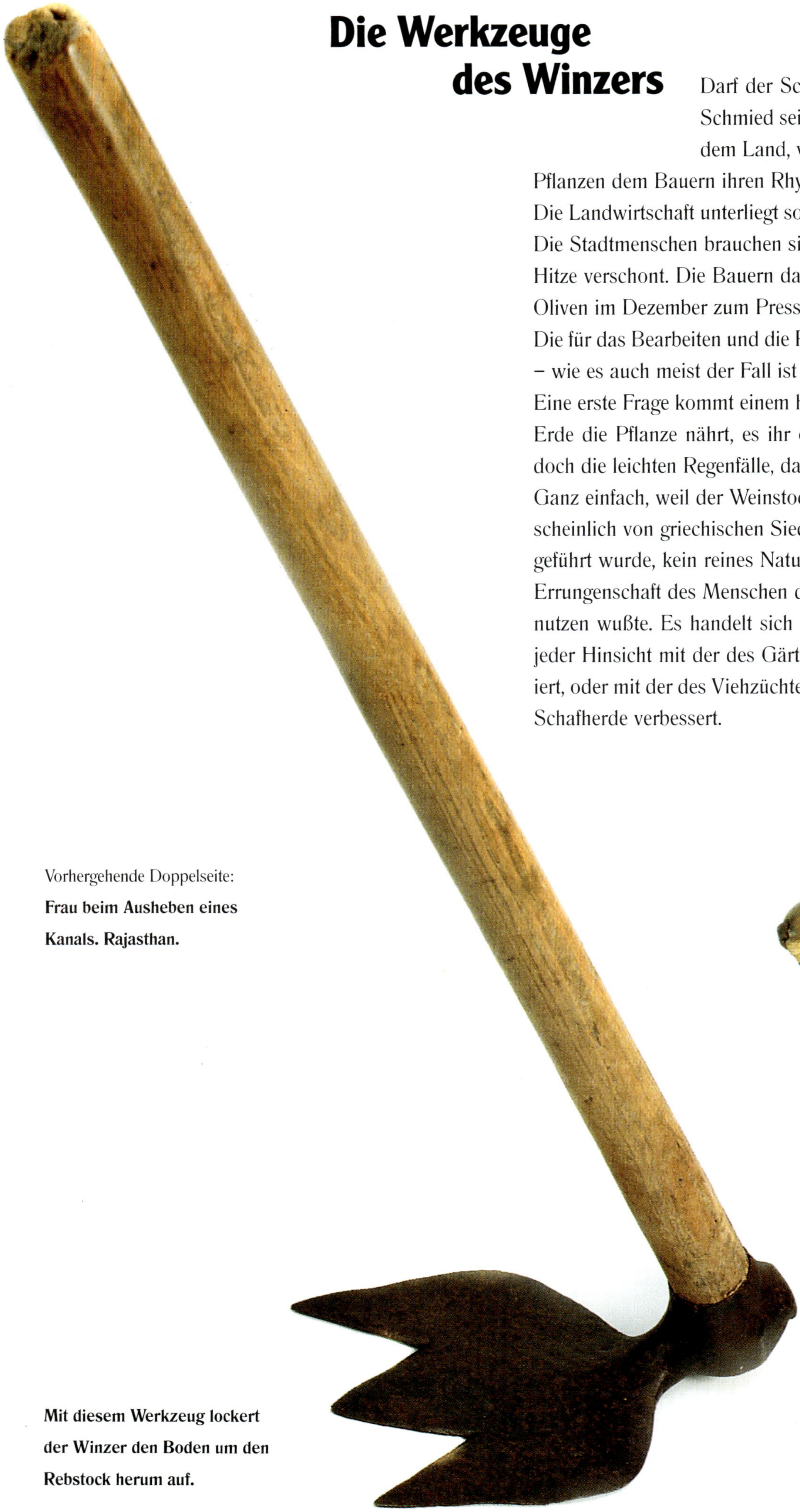

Mit diesem Werkzeug lockert der Winzer den Boden um den Rebstock herum auf.

Wird dem Weinstock diese unentbehrliche Pflege entzogen, so wird er sogleich zur Beute verschiedenster Parasiten. Oder aber er wird zu einer Kriech- oder Kletterpflanze werden, zu seiner ursprünglichen Art zurückkehren, die sich kaum vom wilden Wein oder der Doldenrebe unterscheidet, die sich an Häusermauern hochranken und sie mit ihren prächtigen Farben zieren.
Das Wichtigste ist der Rebschnitt. Diese Pflege gehört zu den grundlegenden Dingen: Seit der Antike bestätigen dies Sentenzen und Sprichwörter mit Nachdruck. Als müßte der Winzer erst dazu ermutigt werden, die Vorstellung zu überwinden, daß er seine Pflanze verletzt

Mit der großen Schere kann überschüssiges Holz geschnitten werden.

oder verstümmelt, appelliert folgender Sinnspruch an das empfindliche Gemüt: »Was du schneidest, das gewinnst du.«
Auf den Spuren alter, halbwissenschaftlicher und halbpoetischer Autoren kann man den jahreszeitlichen Ablauf in Ruhe nachvollziehen und eine Übersicht über die entsprechenden Werkzeuge gewinnen.
Im November ruht die Pflanze. Der Winzer nutzt die Zeit, um durch seine Weinbergreihen zu gehen und dort die alten Rebstöcke aufzuspüren, die kaum mehr Früchte bringen. Mit einer legt der Landwirt den unteren Teil des Stockes frei. Schließlich zieht er ihn mit Hilfe einer einfachen Seilwinde aus dem Boden. Außerdem entfernt der Winzer die Weinpflöcke, die in der Erde verfaulen könnten.
Im letzten Monat des Jahres scheint der Winzer seinen Beruf zu wechseln. Er muß nun die nötigen Pflöcke und Pfähle herstellen. Hierfür verwendet er das sehr stabile, dichte und widerstandsfähige Akazienholz. Der Baumstamm wird mit einem Spalter (die Klinge ist im rechten Winkel am Stiel befestigt, die Schneide zeigt nach unten), auf den mit einem Klöpfel geschlagen wird, in vier Teile gespalten. Mit der Hippe, wie sie auch der Holzfäller und der Förster verwenden, wird die Holzstange an einem Ende zugespitzt.
Zudem muß an die Zukunft, an die Erneuerung gedacht werden. Zu dieser Zeit bereitet der Bauer auch das Gelände vor, auf dem er Wein anbauen möchte. Je nach Art und Zustand des Bodens verwendet er ver-

Zu viel und kalter Regen
kommt dem Weinstock nicht gelegen.

Warme Nächte – süßer Wein,
bei kalten wird er sauer sein.

Im Lenze Sonnenfinsternis,
gibt wenig Korn, doch Wein gewiß.

Singt die Lerche im Februar hell,
geht's dem Bauer an das Fell.

Ist's im Mai sehr naß,
füllt's dem Bauer Scheun und Faß.

Wenn Barnabas (11. Juni) gibt Regen,
so gibt's viel Traubensegen.

Schlechten Wein gibt's heuer,
wenn Sankt Lorenz (10. August) ohne Feuer.

Schönwetter an Maria Himmelfahrt
verkündet Wein von guter Art.

Wenn Lambertus (17. September) weint
statt lacht, er Essig aus dem Weine macht.

Aus der Vielzahl an Werkzeugen sucht der Winzer dasjenige aus, das seiner Hand und seiner Aufgabe am besten entspricht.

schiedene Arten von Spitzhacken und Spaten, darunter die zweizinkige Haue sowie die zweizinkige Hacke mit Blatt. Mit der Hippe wird die Spitze der aus der Erde gezogenen Pfähle erneuert: So können sie anschließend leichter wieder in den Boden eingeschlagen werden.

Die Weinpflanzen werden bevorzugt in Hanglage angebaut, da dies für ihr Wachstum optimal ist. Die Regenfälle im Laufe des Jahres haben einen Teil der guten, so wertvollen Erde den Weinberg hinunter geschwemmt. Daher muß die mit dem Pickel in Brocken zerkleinerte Erde nun auf dem Rücken (in derselben Bütte, die später die Weinleser verwenden) wieder nach oben getragen werden.

Die Werkzeuge und die damit ausgeübten Berufe dürfen nicht als parallel zueinander verlaufende Linien betrachtet werden, die nicht miteinander in Berührung kommen. Ganz im Gegenteil: In der Arbeitswelt beobachtet man oft Überlagerungen oder Querüberlappungen. Der Beruf des Winzers umfaßt die verschiedensten Arbeitsgänge, und im Winter muß der Weinbauer beispielweise Werkzeuge und Wissen eines Korbflechters besitzen. Um Weidenbänder vorzubereiten, schneidet er mit seinem Rebmesser Weidenruten. Mit dem Spalter aus Buchsbaumholz zerlegt er dann die Weiden in drei Teile.

Wenn sich der Winzer auch nicht auf die Korbflechterei im eigentlichen Sinne, also die Herstellung von Korbwaren versteht, so sind ihm doch immerhin die vorbereitenden Arbeitsschritte des Korbflechters geläufig: Auswahl und Schneiden der Weidenruten und das Spalten in drei Stränge.

Der Monat Februar ist traditionell der Zeitraum, an dem die Weinpflöcke erneut eingeschlagen und die Eisendrähte gespannt werden, die die Pflanze abstützen sollen. Zudem muß man sich um die Böttcherwaren kümmern: Die Fässer, die den Wein der vorherigen Ernte aufnehmen sollen, müssen gereinigt werden. Doch die Erde wartet nicht. Mit der Hacke wird am Grund eines jeden Weinstocks ein kleines, ca. zehn Zentimeter tiefes Becken gegraben.

Der Monat März steht vor der Tür und damit der Zeitpunkt, die Weinreben zu schneiden. Eine unumgängliche, schwierige Aufgabe. Ließe man eine Weinrebe in ihrem natürlichen Zustand wachsen, so brächte sie

Rechte Seite: **Der Umgang mit einer professionellen Rebenschere.**

dicker hölzerner Zaunpfahl mit querstehenden Griffen und einer Stütze für den Fuß, die zum Einrammen dient.
Wurde die Erde traditionell mit der zweizinkigen Haue umgegraben, so übernimmt diese Aufgabe nun ein Weinkulturgerät auf Stelzen, der sogenannte Rigolpflug, der über die weit genug auseinander stehenden Weinstockreihen fährt.
Früher wurden die Pfähle auf ganz einfache Weise in den Boden gerammt: mit Hammerschlägen. Seither wurde eine einfallsreiche einfache Vorrichtung entwickelt, die die Arbeit enorm erleichtert. Ihr Prinzip besteht darin, den Holzpflock mit einem V-förmigen Eisen, das als Klemmbacke dient und quer angeordnet ist, zu umfassen. Bei einer Variante ist dieses Eisen an einem senkrechten Stiel befestigt. Bei einer anderen wird nicht mehr die Hand, sondern der Fuß verwendet: Das Eisen ist seitlich an einem Holzschuh befestigt.
Kaum ist der Winzer mit dem Einschlagen der Pfähle fertig, nimmt er im Monat Mai sein Rebmesser zur Hand, um die überflüssigen Weinranken zu schneiden. Mit einer flachen Harke ebnet er den Boden und jätet das Unkraut. Diese Arbeit nennt man »Harken«.
Kündigt sich der Juni an, muß geschwefelt werden, um einen Pilzparasiten, den Echten Rebenmehltau zu beseitigen. Dies ist der Zeitpunkt, an dem die Weinranken der Pflanze an den Pfahl oder den Eisendraht angebunden werden. Das Weidenband unserer Großeltern wurde durch Raffiabast ersetzt, der schließlich von Bändern aus synthetischem Material verdrängt wurde, die bemerkenswert solide und widerstandsfähig gegen Witterungseinflüsse und Temperaturschwankungen sind. Bei dieser Gelegenheit wird noch einmal alles Überschüssige an den Reben abgeschnitten. Die Erde wird erneut mit einem speziellen Pflug bearbeitet, der das Unkraut entwurzelt und die Erde umgräbt. Von Hand wird die Arbeit dann beendet. Die Arbeit des Winzers am Weinberg ist also in der Tat ausschließlich manuell. Im Gegensatz zu den Landwirten, die große Felder mittlerweile maschinell bewirtschaften, kann der Winzer stolz behaupten, er habe jede einzelne Pflanze seines Weinbergs mit seinen Händen berührt.
Juli ist der Monat, in dem gespritzt wird. Die Lösung aus Kupfervitriol oder Eisensulfat auf den Blättern der Weinrebe soll vor den Pilzkrankheiten schützen, denen die Weinreben oft ausgesetzt sind. Gespritzt wird von Hand oder mit der Maschine, je nach Größe, Anzahl und auch Anordnung der bewirtschafteten Flächen.
Im August schneidet der Winzer diejenigen Weinranken ab, die wachsen, ohne Trauben hervorzubringen, um so den anderen Reben Kraft zu geben. Hierzu verwendet er eine große Schere, das kleine Rebmesser oder die Rebenschere. Nach dieser Arbeit harkt er noch einmal den Boden um die Weinstöcke herum.
Im September wird es Zeit, an die bevorstehende Weinlese zu denken. Nun müssen – wenn nicht schon im Frühjahr geschehen – so schnell wie möglich die Fässer in Ordnung gebracht werden. Sie müssen gereinigt und mit Wasser besprengt werden, damit das Holz der Dauben quillt und ihre Dichtigkeit gewährleistet ist. Die Bütten werden aufgestapelt und repariert. Die Scheren, die die Weinleser verwenden, werden zusammengesucht und geschliffen. Dabei handelt es sich um Werkzeuge mit einer charakteristischen Form. Sie sind nicht mit den Scheren zu verwechseln, die man gewöhnlich zum Papier- oder Stoffschneiden benutzt, denn ihre scharfen Blätter sind sehr kurz. Den Stengel mit der Traube sauber abzuschneiden, ist eine präzise, sich hunderte Male wiederholende Aufgabe. Dank der Form seines Werkzeugs muß der Weinleser seinen Daumen und seinen Zeigefinger in den

Horngriff, feine Klinge, beinernes Pfropfmesser: ein ständiger Begleiter der Rebenzüchter.

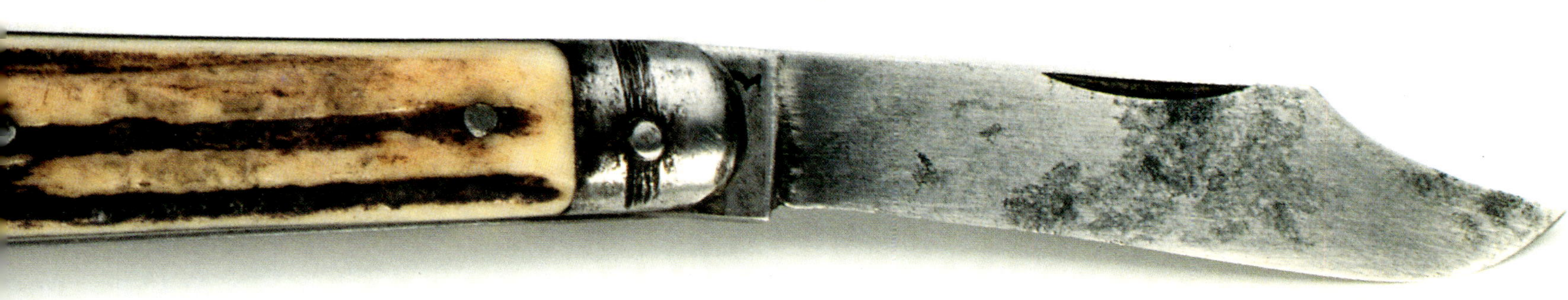

Das Rebmesser in der Hand des Weinlesers.

Löchern der Scherenschenkel nur wenig bewegen und ermüdet deshalb nicht so schnell.

Die schwierige Aufgabe, das Datum für die Weinlese festzulegen, erstreckt sich über die Monate September und Oktober. Unermüdlich prüft der Winzer seine Reben, probiert die Trauben, beobachtet den Himmel, liest in seinem Heft die Aufzeichnungen der vorhergehenden Jahre nach. Einige zusätzliche Sonnentage können den Zuckergehalt dieses »Bluts des Erde« erhöhen…, doch ein heftiger Regen kann alles zerstören und die Trauben am Weinstock verfaulen lassen. Hinzu kommen noch subtile Zwänge: regionale Gewohnheiten, benachbarte Weinberge, die Rebsorte, ganz zu schweigen von der persönlichen Tendenz zur Vorsicht oder des Muts zum Risiko...

Die Trauben werden in großen Wannen gesammelt. Dann werden sie, wie es eine alte, noch immer befolgte Tradition vorschreibt, von kräftigen Burschen mit den Füßen gestampft. Der Kellermeister muß für gute Belüftung der Räume und das Auswechseln der Arbeiter sorgen, denn die Ausdünstungen der zerquetschten Trauben steigen zu Kopfe.

Diese zähe, klebrige Masse, die man nach Belieben mit einem »Püree« oder einer »Suppe« vergleichen könnte, wird anschließend in die Kelter geschüttet und deren Preßkraft überlassen. Der zuckrige, trübe Traubensaft fließt ab. Am Boden der Kelter bleibt eine harte, bräunliche, trockene Kruste zurück, die wir wohl wegwerfen würden. Doch dieses Gemisch aus Beerenschalen, Körnern und Traubenstengeln ist noch reich an Gehalt. Man bezeichnet es als Trester, der als sogenannter Tresterbranntwein Tropfen für Tropfen aus dem Destillierapparat fließt, wenn diese holzigen Platten destilliert werden, die zuvor vom Boden der Kelter mit einem gewaltigen und schweren Beil gelöst wurden.

Der Sinn für Sparsamkeit ist in den verschiedensten Berufen anzutreffen, die sich in dieser Hinsicht recht ähnlich sind: Der Ölpresser wirft den gelblichen Bodensatz, den er aus seiner Presse holt, auch nicht fort. Dieses Gemisch aus Olivenschalen und Teilen zerstückelter Kerne kann bei der Herstellung von Öl im Kessel der Presse verbrannt werden, an Destillateure verkauft oder als Dünger abgegeben werden. Dennoch ist interessant, daß ein Beobachter, der die Arbeit der Presse gesehen hat und weiß, wieviel Kraft hier aufgewendet wird, niemals glauben würde, daß nach dem Ablaufen des Trauben- oder Olivensaftes noch etwas Verwertbares zurückbleiben könnte.

Ein Winzer, der das rechte Gleichgewicht zwischen wissenschaftlichen Erkenntnissen, die seinen vielseitigen Beruf auf nützliche Weise unterstützen, dem Flair, der dem Bereich des Unerklärbaren entspringt, und der Sensibilität und Tradition seiner Ahnen hält, befolgt auch heute noch jene Bauernregeln gerne, die anno dazumal die Arbeiten auf dem Weinberg regierten.

Der Heidelbeerkamm

Dieses geniale Werkzeug erfüllt gleich zwei Funktionen: Es trennt die Beeren von der Pflanze ab und sammelt sie im hinteren, schubladenförmigen Teil, bevor sie dann in einen Korb geschüttet werden. Mit diesem Heidelbeerkamm kann man wesentlich schneller arbeiten, als wenn man die Beeren einzeln abpflückt. Doch muß er mit größter Sorgfalt gehandhabt werden, da sonst die Gefahr besteht, daß die Pflanze beschädigt und so die nächste Ernte zerstört wird.

Dieser Heidelbeerkamm wurde von einem Handwerker – zweifellos zum Eigengebrauch – gefertigt. Eine Version davon auch ist im Handel zu finden, allerdings mit Eisenzinken, die eine gewisse Gefahr für die Unversehrtheit der Pflanze darstellen. In einigen Gemeinden im Elsaß und in den Savoyen, den beiden französischen Regionen, in denen die Heidelbeerernte eine nicht zu verachtende Einkommensquelle darstellt, war er deshalb zeitweise verboten. Auch wenn der Gegenstand an sich neu ist, so wurde sein Prinzip doch schon vor langer Zeit erfunden, jedoch mit einem großen Unterschied im Maßstab: Eine gallisch-römische Stele, die in Belgien entdeckt wurde, zeigt eine »Erntemaschine« mit den Zinken direkt am Boden und einem Kasten am hinteren Teil. Diese wurde durch das Weizenfeld geschoben.

Der Name des Heidelbeerkamm-Erfinders ist leider nicht überliefert.

Das Werkzeug und die Hand des Austernzüchters

Zu gegebener Zeit werden die Austernbänke, an denen die Austern festsitzen, in »Hütten« gebracht. Dort werden die Austern abgelöst.

Dies ist eine schwierige Arbeit: Mit einem einfachen Eisenwerkzeug, dem sogenannten »Kratzer«, schabt man die Unterlagen (Ziegel, Pfähle oder Schieferplatten) ab, bricht man das Muschelwerk von der Austernbank herunter, um die kleinen, intakten Austern herauszusuchen. Die Weichtiere sitzen aneinander fest und bilden Trauben von vier, fünf, sechs oder sieben Austern. Die Austernschalen sind noch zu zerbrechlich, um den Druck des Werkzeugs auszuhalten, das als Hebel verwendet wird. Der Austernzüchter wartet daher noch einige Monate ab, bevor er die Austern eine nach der anderen voneinander löst. Diese Arbeit erfolgt mit dem Austernmesser, einem Werkzeug, das wie ein großes Tischmesser mit sehr dicker Klinge aussieht, das seitlich einen rechtwinkligen Vorsprung aufweist, welcher als kleines Beil verwendet werden kann. Jeder hat seine Gewohnheiten, seine Art zu arbeiten, Fertigkeiten, die er seit der Kinderzeit erlernt und in die Praxis umgesetzt hat. Einige verwenden nur die Spitze, andere wiederum benutzen nur die seitliche Schneide oder wechseln ab. Was zählt, ist möglichst viel Arbeit zu bewältigen, egal wie.

Eines ist sicher: Die Berührung der Hand eines Austernzüchters der alten Schule (der ohne Handschuhe arbeitet) vergißt man nicht so schnell wieder. Die stundenlange Arbeit in Feuchtigkeit und Kälte scheinen seine Finger an die Handfläche geschweißt und seine Hand in ein Art Pranke verwandelt zu haben. Der Grund für den rauhen Hautkontakt wird klar, wenn der Mann seine Handflächen zeigt.

Aufschürfungen, Schnitte, Stiche, Kratzer, sogar Schnittwunden – allein daraus scheint diese dicke und abgehärtete Haut noch zu bestehen. Fast glaubt man, es mit einem Arbeiter zu tun zu haben, der mit Dornengestrüpp oder Stacheldraht arbeitet... Doch die Ränder der Austernschalen von Jungtieren sind äußerst scharf! Zudem sind die Schneidflächen, die in Form von einzelnen Scheiben ohne jegliches Schema angeordnet sind, schwer einzuschätzen. Und da die Anstrengung die Vorsicht vergessen läßt, zieht man sich bei jeder Bewegung eine Schnittwunde zu.

Der Einsatz des Austernmessers zum Ablösen der Austern.

In den Salzgärten

Natürliche Saline in Äthiopien.

Die Salzarbeiter in den Salzgärten werden durch das Produkt benannt, das sie gewinnen (Salzarbeiter oder Salzsieder kommt aus dem Lateinischen »sal«: Salz; »salinare«: Vorgang der Salzgewinnung). Sie arbeiten in einem Gebiet, das beinah unwirklich anmutet: in einem Wasserschachbrett; eine von Wolken durchzogene, spiegelnde Fläche, wie die Reisfelder Asiens, außer daß diese gemäß den Schichtlinien terrassenförmig angeordnet sind, während die Welt des Seesalzes streng waagerecht und quadratisch ist.

Salz ist nicht nur eine geschmackvolle Zutat für Speisen und ein wertvolles Konservierungsmittel, wenn es um die Aufbewahrung von Lebensmitteln geht, sondern vor allem eine für das biologische Überleben des Menschen lebensnotwendige Substanz. In salzarmen Regionen wird es von weither geliefert, weshalb es Gegenstand uralter Handelsbeziehungen ist. Die mit Salzplatten schwer beladenen Dromedarkarawanen ziehen in endlos langen Reihen unter der Sonne Afrikas dahin. Natürlich wurde für ein Produkt, nach dem eine so große Nachfrage herrschte, von den Regierenden eine Steuer erhoben. Im Gegenzug sah man bald Stühle mit hohlen Sitzen, in denen die Bauern im alten Frankreich das Schmugglersalz versteckten, das der königlichen Steuer entgangen war. Jahrhunderte später lehnte sich auch Ghandi mit einer beeindruckenden und äußerst symbolischen Maßnahme gegen die Besteuerung des Salzes auf, indem er ein ganzes Volk in einem langen Marsch zum Meer hin anführte, um dort Salz zu gewinnen und die Unabhängigkeit zu fordern.

Die Arbeit des Salzarbeiters besteht darin, dem Meerwasser das Salz zu entziehen, indem das Wasser mit Hilfe der Sonne und insbesondere des Windes im Inneren großer, viereckiger Becken zum Verdunsten gebracht wird. Diese Becken sind durch kleine Wege voneinander getrennt, auf denen der Arbeiter laufen kann. Der Salzarbeiter besitzt nur wenige Werkzeuge, die er meist selbst hergestellt hat. Die Technik besteht

Rechte Seite: **Die Arbeit in den Salzgärten von Guérande in der Bretagne.**

darin, dem Salzgarten ununterbrochen neue Mengen salziges Wasser zuzuführen. Durch die Verdunstung ist die Lösung letztendlich gesättigt, und die wertvolle Substanz ist nun in Form von Kristallen vorhanden, die zusammengerecht und aufgehäuft werden, bevor sie schließlich zur Reinigung gebracht werden. Dank einem sinnvollen System von Brettern, mit denen der Zugang von einem Becken zum nächsten geöffnet oder geschlossen werden kann, schiebt der Salzarbeiter die zunehmend salzigere Flüssigkeit bis zum letzten Becken hin, wo das Salz schließlich gewonnen wird.
Die Arbeitsbewegungen sind ganz einfach: rechen und gleichzeitig schieben oder ziehen sowie Wasser schöpfen. Der Salzarbeiter arbeitet daher mit einer Reihe verschiedener Schaufeln, Rechen oder Schieber. Eines seiner Werkzeuge besteht aus einem rechtwinkligen Brett aus Eiche oder Ulme und einem Stiel aus Rottanne. Auf einer Seite weist der Rand des Brettes einen rechten Winkel auf: Diese Seite dient zum Ziehen. Mit der abgeschrägten Seite wird die Flüssigkeit geschoben. Ein ähnliches, solideres Werkzeug ganz aus Tanne mit etwas kürzerem Stiel wird für alle Arbeiten zur Vorbereitung der Becken verwendet.
Eine hohle Holzschaufel, die mit einem Wasserschöpfer vergleichbar, jedoch mit einem längeren Stiel versehen ist, wird zur Reinigung der Salzlake verwendet. Eine weitere Variante besteht aus einem Brett, das im überstumpfen Winkel an einem langen Stiel angebracht ist und von einem Holzstäbchen in Position gehalten wird. Das Brett weist rund fünfzehn Löcher auf, durch die das Wasser abfließen kann, wenn der Salzarbeiter das Salz zum Weg hin transportiert.
Da das Salz auf der Haut brennt, wird die Ausstattung des Salzarbeiters durch Stiefel (früher Gamaschenschuhe), manchmal auch durch Handschuhe und eine Kopfbedeckung gegen die stechende Sonne ergänzt.
Natürlich sind die in den Salzgärten verwendeten Werkzeuge niemals aus Metall, da die Gefahr einer Korrosion des Salzes und einer Verfärbung durch Rost besteht.

Salzarbeiter auf der Insel Sumbana-Bima. Indonesien.

Das Schwingmesser und die Handbreche oder Handrake

Aus welchem Material er auch sein mag, der Textilfaden, den der Weber verwendet, kommt von weither: Das Rohmaterial ist mehrfach bearbeitet worden und durch unzählige Hände gegangen, bevor der Faden schließlich um das Webschiffchen gewickelt wird.

Rauhe Massen Yak- oder Kamelhaare von charakteristischem Geruch, elastische und widerstandsfähige Roßhaare, verworrenes Schafsvlies, sorgfältig hauchdünn gestreckte Fäden aus Seidenraupenkokons – dies sind nur einige Beispiele für natürliche Fasern aus der Tierwelt.

Rechte Seite:
Flachsbrecherinnen in Ungarn, 1933.

Die Pflanzenwelt liefert, je nach Gebiet, Baumwollbüschel, ein Pseudogewebe aus geschlagener Borke, lange Fasern, die aus den Blättern der Agave (in Mexiko) oder aus den Stengeln von Leinen, Hanf und in Europa gar von Brennesseln gewonnen werden.

Die Arbeit besteht darin, auf die Stengel zu schlagen, als wollte man sie zerhacken, jedoch verwendet man hierbei ein nicht schneidendes Werkzeug. Wieder einmal gibt es zwei Arbeitsweisen, zwei Schulen sozusagen. Beim ersten Verfahren benutzt der Handwerker – entweder um seinen Ertrag zu steigern oder weil dies der Tradition entspricht – die Handbreche. Dabei handelt es sich um ein Holzgestell, das auf zwei Böcken in Form eines umgedrehten »V« angebracht ist. Dieses Gestell weist zwei oder drei Schlitze auf, die für die entsprechenden Holzklingen vorgesehen sind, die wiederum mittels eines Griffs gesenkt oder angehoben werden können. Die Holzklingen sind am oberen Ende an einer als Scharnier dienenden Achse befestigt.

Bei der zweiten Methode verwendet der Arbeiter ebenfalls ein Gestell in Form eines massiven, rechteckigen Holzklotzes, auf den er ein Büschel Stengel legt. Mit der linken Hand schiebt er das Büschel vorwärts, während er mit der rechten Hand mit einem Werkzeug darauf schlägt, das aussieht wie ein langes, schweres, dickes Messer aus hartem Holz. In Anspielung auf seine Form und Betätigungsweise wird dieses Werkzeug als Schwingmesser bezeichnet.

Die Kanten des beweglichen Teils fügen sich in die entsprechenden Schlitze im »Tisch« ein.

Fertigung einer beinernen Nadel

Die Erfindung der Nadel ermöglichte den Übergang vom Drapieren zum Nähen.

Ein gefundenes Fragment hat es den Archäologen ermöglicht, den schwierigen und zugleich genialen Vorgang der Fertigung einer Nadel aus einem Knochen nachzuvollziehen. Selbstverständlich stellt das Bohren des Öhrs den Arbeitsschritt dar, der die meiste Geduld und den höchsten Einfallsreichtum erfordert. Zerbräche der Knochen, so wäre die ganze Mühe, den Körper der Nadel zuzuschneiden, umsonst gewesen, und man müßte wieder von vorne beginnen. Aus diesem Grund höhlte der vorzeitliche Mensch das Nadelöhr zunächst mit Hilfe einer wie ein Drillbohrer verwendeten Feuersteinspitze bis auf halbe Tiefe aus. Da die zukünftige Nadel aus der kompakten Masse des Knochens entnommen wurde, bestand keine Gefahr, daß das Material brach.

Anschließend wird mit der Steinspitze der Umriß der Nadel angezeichnet, wobei die Form relativ breit gehalten wird, um dem Material während des Behauens eine gewisse Stabilität zu verleihen; später kann die Nadel dann noch verfeinert werden. Mit einem Schaber oder einer Klinge hebt der Handwerker das Material rund um den Umriß ab. Bald wird in Form eines Flachreliefs, das aus der Oberfläche des Knochens herausragt, ein Stab erkennbar; der Arbeiter fährt mit dem Schaben fort, bis dieser ganz freigelegt ist.

Da der Kopf der zukünftigen Nadel noch ziemlich breit ist, darf man es wagen, in gleicher Weise auch die andere Seite des Öhrs zu durchbohren. Diese Arbeit erfordert einen gewissen Kraftaufwand, und daher ist es nützlich, den Knochen als Stützpunkt auszunutzen. Der Gegenstand ist nun schwieriger zu handhaben, er wird allmählich zerbrechlich. Doch muß die Nadel noch verfeinert und mit einer Spitze versehen werden: Hierfür wird eine langwierige, sanfte Methode angewandt. Langsam und sorgfältig reibt der Handwerker die Nadel ab, indem er sie an einem glatten Stein, dem Polierstein reibt, bis das ideale Gleichgewicht zwischen Feinheit und Stabilität erreicht ist.

Die Art und Weise, in der dieses winzige Werkzeug gefertigt wird, ist ein hervorragendes Beispiel für Methodik und hartnäckige Geduld.

Die Erfindung des Gegenstands an sich grenzte an ein Wunder. Schon bald traten die Folgen, die sagenhaften Vorteile der Nähtechnik zutage. Mit genähten Tierhäuten konnten Kleider hergestellt, große Schutzdächer auf Astgestellen errichtet werden … bevor dann Wasserschläuche, Mokassins, Kanus hinzukamen, die mit Riemen, Sehnen und später dann mit gedrehtem Zwirn genäht wurden.

Mit der Erfindung des Öhrs und damit der Fachkenntnis des Durchbohrens war auch der Körperschmuck verbunden. Die Menschen der Steinzeit, die im Gebiet der Pyrenäen ansässig waren, verwendeten feine, aus Schulterblättern von Rentieren geschnittene, mit Köpfen von Wildpferden verzierte Scheiben als Schmuckstücke. Dank einem runden Loch konnten sie an einem langen Riemen als Kettenanhänger getragen werden. Viele solcher Anhänger wurden in den Pyrenäen aufgefunden. Wie die Federmäntel der Inkas, verdankt auch der Federschmuck heutiger Indianerstämme Amazoniens seine Geschmeidigkeit der Tatsache, daß er auf einem Webrahmen genäht wurde.

Die wertvollen Nadeln gehören traditionell zu den Gegenständen, die die indianischen Häuptlinge in Brasilien als Gegenleistung für eine erbrachte Hilfeleistung verlangen.

Die Stockschere

In den romanischen Sprachen wird der Name dieser Schere (im Französischen zum Beispiel: »forces«) vom Lateinischen »forfex« abgeleitet, womit eine Funktion bezeichnet wird, die dem Vorgang des Schneidens oder Zwickens entspricht: Schere, Pinzette, Krebszangen.
Eines ist sicher: Dieses Werkzeug gab es schon in der Antike. Verschiedene archäologische Museen bewahren Stockscheren auf, die aus der Römerzeit stammen. Je nach Verwendungsart der Stockschere ist die Größe des Werkzeugs sowie die Verarbeitung und der Abstand der Blätter unterschiedlich; das Prinzip ist jedoch immer dasselbe. Zwei schneidende Blätter überlappen sich, so wie die unserer modernen Scheren; die leicht gerundete Verlängerung der Blätter ermöglicht es, das Werkzeug mit einer Hand zu halten, indem vier Finger auf der einen Seite und der Daumen auf der anderen Seite angelegt werden; die beiden Schenkel des so gebildeten V sind durch einen halbkreisförmigen Metallring verbunden, der wie eine Feder wirkt. Zum Schneiden drückt man die beiden Schenkel mit der Hand zusammen; lockert man den Griff, so bringt die Feder die Schenkel wieder in die geöffnete Stellung zurück.
Die Stockschere gehört zu den Werkzeugen, die man gerne als »anschaulich« bezeichnet: Wer auch immer sie in die Hand nimmt, versteht sofort ihre Verwendung und weiß, sie zu handhaben.
Die größeren Stockscheren dienten zur Schafschur; die von mittlerer Größe ermöglichten ein genaueres Arbeiten und wurden daher für Stoffe und Leder verwendet. Sehr kleine Scheren nutzte man für schwierige Arbeiten wie das Glattschneiden von Velours oder die Schur der Wolle um die Augen der Schafe herum. Heutzutage wird das Werkzeug in Japan allgemein zum Papierschneiden verwendet. Eine mechanisch betriebene Variante wurde zum Grasschneiden in Gärten entwickelt.

Schafschur in Schottland.

Die Schafscheren

Diese Scheren stammen aus dem Ende des 19. Jahrhunderts und kommen aus dem Norden Portugals. Der Bauer (oder der Schäfer) konnte sie beim Dorfschmied in Auftrag geben oder eine aus den verschiedenen Modellen auswählen, die dieser anbot. Auch hier finden wir, wie überall, die Eigenheiten, die Gewohnheiten (»Ich habe schon immer diese benutzt… Bei den anderen verletze ich mir die Hand… Mit jener ermüde ich schnell… Bei der hier weiß ich nicht einmal, wie man sie in die Hand nimmt… Na, und diese hier muß ständig geschliffen werden«), die unwandelbare Treue zu einem Werkzeugtypus.

Diese drei abgebildeten Scheren haben gemeinsam, daß sie schwer und solide sind und daher von Männern mit kräftigen Händen verwendet werden. Zwei dieser Scheren haben Blätter, die in einer Ebene angeordnet sind: Sie schneiden die Wolle an der Stelle, an der sie aufeinandertreffen. Die beiden Blätter der dritten Schere arbeiten unterschiedlich: Das eine ist flach, das andere ist schneckenförmig gebogen. Die Wollfädchen werden nicht nur an der Stelle und zu dem Zeitpunkt geschnitten, wo sie auf die zwei Schneiden treffen; sie können sich nicht in den Zwischenraum der beiden Blätter schieben: Der angehobene Schenkel schabt die Wolle buchstäblich zur Ebene des flachen Schenkels hin.

Die »Ringe«, mit denen sie bewegt werden, unterscheiden sich stark voneinander: Die einen lassen Platz für Daumen und Zeigefinger, die anderen für den Daumen und zwei Finger. Das Metall war an dieser Stelle mit einer schützenden Stoffbandage umwickelt.

Diese Werkzeuge haben noch nicht die Patina des Alters angesetzt, sondern zeugen eher davon, daß sie schon lange nicht mehr benutzt wurden: Ihr Metall ist stark vom Rost angegriffen, doch ihre einfache, sparsam vom Schmied gefertigte Form verleiht ihnen die Würde von Wappenbildern.

Verschiedene Formen von Schafscheren. Portugal.

Die Karde

Es handelt sich hierbei um den Kopf einer wildwachsenden, mit Stacheln übersäten Pflanze, die häufig am Wegesrand, in unbebautem Gelände zu finden ist: die Weberkarde. Für den Gebrauch mußte man den Pflanzenkopf etwas zurichten: Die beiden Enden wurden im rechten Winkel zur Mittelachse abgeschnitten, durch die man eine Stange steckte wurde. Diese getrocknete, mit unzähligen Klauen gespickte Pflanze wurde also mit einem Stiel versehen.

»Wozu?« fragen wir den kretischen Dorfbewohner. Er zeigt uns nun, wie man mit Hilfe dieser Weberkarde das Wollgewebe kardiert, indem man die Wollabgänge abkratzt, die über die Oberfläche des Stoffes überstehen. Auf unsere Frage antwortet der Mann, daß dieser Gegenstand so alt sein müsse wie das Weben der Wolle selbst. Denn die Erfindung der Karde sei naheliegend: Wenn man ein wenig Beobachtungsgabe besäße, so könne man die Wollflocken sehen, die beim Vorbeiziehen einer Schafherde an den Karden am Straßenrand hängenbleiben.

Je nach gewünschter Verwendung und zu behandelnder Fläche kann die Karde an einem einfachen Stab befestigt sein (wie in Kreta), oder es können – wie in Kolumbien für die Behandlung einer Decke oder eines Ponchos – mehrere Karden auf einem Holzgestell in Form eines Kerzenständers angeordnet sein.

Der Stachelkopf der Weberkarde, ein Werkzeug, das so in der Natur vorkommt.

Krempeln

Dieser Vorgang umfaßt mehrere Arbeitsgänge, die mit verschiedenen Werkzeugen ausgeführt werden. Einige davon werden zu Beginn der Produktion von Gewebefäden verwendet, andere dienen dazu, den Matratzen und Sitzpolstern ihre einstige Geschmeidigkeit und Elastizität wiederzugeben. Lange Zeit schliefen die Leute auf dem Land auf Säcken, die auf das hölzerne Bettgestell gelegt wurden und mit trockenen Pflanzen gefüllt waren, die vor Ort verfügbar waren (Seegras am Meeresufer, Maisblätter oder Stroh). Die Einführung der Matratze mit Roßhaar- oder Wollfüllung stellt eine große Neuerung und mit Sicherheit einen Fortschritt im Bereich des Komforts dar. Man legte anfangs zwei Matratzen übereinander. Die eine besaß eine Wollfüllung, war daher wärmer und für den Winter geeignet. Die andere war mit Roßhaar gefüllt, war daher luftiger und frischer und für den Sommer gedacht.
Gleichgültig, um welches Material es sich nun handelte, es mußte in regelmäßigen Abständen wieder in Form gebracht werden, da es vom Gewicht des schlafenden Körpers zusammengedrückt wurde. Der Inhalt der Matratze wurde in kleinen Büscheln zwischen zwei Holzplatten gelegt, die mit unendlich vielen und sehr feinen Metallzähnen versehen waren und in entgegengesetzter Richtung bewegt wurden. Die verwickelten, verknoteten, zusammengedrückten Roßhaare oder Schafwollbüschel entwirrten sich dadurch und bildeten einen leichten, voluminösen Flausch.
Später vereinfachten die Polsterer – diejenigen, die die Wolle oder das Roßhaar der Matratzen krempelten – ihre Arbeit, indem sie eine Krempelmaschine entwickelten. Das Prinzip ist jedoch dasselbe: Zwei Rechen mit einander gegenüberstehenden Reihen von Metallzacken treffen aufeinander – fast könnte man sagen, sie kämpfen miteinander. Der eine Rechen ist konkav und fest angebracht, der andere ist konvex, hängt an einem Gestell, und wird wie eine Schaukel betätigt. Das gekrempelte Material wird an beiden Enden des Kreisbogens gesammelt.

Zwei bestielte und mit feinen Metallzähnen übersäte Bretter.

Arbeiterinnen beim Krempeln. Arvieux, Hautes-Alpes.

Der Krempelbogen

Jordanien Durch den täglichen Gebrauch wird die in der Matratzenhülle enthaltene Wolle zusammengedrückt. Da könnte man ebensogut auf einer ausgebreiteten Matte schlafen... Also muß man einen Fachmann kommen lassen. Er kommt mit einem großen Bogen über der Schulter, einem Klöpfel in der Hand, Schere und Nähzeug in der Tasche. Er zieht die Matratze nach draußen ins Freie, trennt sie geschwind an einer Seite auf. Dann taucht er mit seiner Hand in die Öffnung ein und zieht den Inhalt heraus, den er vor sich aufhäuft.
Nun beginnt erst die richtige Arbeit, die die Kinder aus der Nachbarschaft gespannt, verwundert und mit offenem Mund verfolgen. Er nähert die aus Schafsdarm bestehende Bogensaite dem flachen Haufen zusammengedrückter Wolle an. Mit einem schnellen Schlag seines Stößels bringt er die Schnur zum Vibrieren. Während die Staubkörner in den Sonnenstrahlen tanzen, werden aus den »Wollplatten« nach und nach leichte, flauschige Flocken in schönen, hellbeigen und braunen Farbtönen. Nachdem diese Arbeit beendet ist, muß die leichte Masse mit kraftvollen Bewegungen wieder in die Leinenhülle gesteckt

Oben: **Hängender Krempelbogen. Darstellung eines indopersischen Miniaturmalers des 19. Jahrhunderts (Berufe und Tätigkeiten in Kaschmir).**

Links: **Krempelbogen mit vibrierender Saite aus Schafsdarm.**

werden. Diese wird dann schnell und solide wieder zusammengenäht, bevor der Arbeiter seinen Lohn verlangt und weiterzieht.
(Nicht jeder ist so neugierig, die Arbeit dieses wandernden Handwerkers zu beobachten... und daher erlebte ich folgende Episode: In einem Bus in Indien fragte ich meinen Nachbarn, wozu denn dieser Gegenstand nütze sei, den der Mann dort über der Schulter trage. Aus Angst, sein Gesicht zu verlieren, beeilte sich der einfallsreiche Unwissende, die Kunst eines Musikers zu beschreiben, der seine Gesänge auf der Harfe begleitete...)
In Asien, wie auch in vielen anderen Gebieten, sollte der Ethnologe die Zeugnisse der Bevölkerung sehr sorgfältig überprüfen und vielleicht noch einmal nachfragen. Dabei muß er Sorge tragen, seinem Informanten die möglichen Antworten nicht schon in den Mund zu legen: Da der Europäer reicher ist, denken viele, er sei auch weiser und wisse deshalb alles besser als der Einheimische; für viele ist es deshalb undenkbar, ihm zu widersprechen...

Der Webkamm

Iran Dieses ziemlich schwere, schmiedeeiserne Werkzeug wirkt mehr durch sein Eigengewicht als durch die Kraft, die man damit ausübt. Es dient dazu, die horizontalen Wollfäden in einem vertikalen Webstuhl zusammenzupressen.
Oft wurden solche Werkzeuge von Kindern, vor allem von Mädchen verwendet. Damit der Werkstattaufseher eine gleichbleibend gute Arbeitsleistung erzielte, wurden diese Kämme mit klingelnden Metallringen oder, wie dieser hier, mit einem Eisenzylinder versehen. Diese sollten dazu anregen, den Arbeitsrhythmus und damit die Arbeitsleistung aufrechtzuerhalten. Und ein langsamer oder ungeschickter Arbeiter wurde so umgehend »denunziert«.

Bei jeder Bewegung des Handwerkers schlägt der Metallring gegen das Eisen des Werkzeugs.

Der Schneider

Giovanni Battista Moroni, um 1570–75, National Gallery, London.

Schein und Sein

Haben Sie schon einmal einen Blick in eine Schneiderwerkstatt gewagt? Sie werden einen Mann mit einem Maßband um den Hals sehen, der stolz ein Nadelkissen an seinem Handgelenk trägt und sich geschäftig an einem Kunden zu schaffen macht, der sich in eine Statue verwandelt zu haben scheint. Er mißt die Höhe, Breite und auch den Umfang. Anschließend zeigt er Modelle und hilft dem Käufer, eine Entscheidung zu fällen. Dann folgt der Schnitt, das Nähen des Bekleidungsstücks, die Anproben, der letzte Schliff mit dem Bügeleisen und schließlich die Lieferung.
Der Kunde glaubt, daß ihm der Schneider mehr oder weniger eine genaue Nachbildung seines alten Gewandes gefertigt hat, und die Arbeit also nicht allzu schwierig gewesen sein kann. Doch es verhält sich ganz anders. Wortlos hat der Schneider eine ganz genaue Prüfung vorgenommen. Er hat sofort gesehen, was er bei der Auswahl des Stoffes, am Stil, am Zuschnitt des vorhergehenden Gewandes korrigieren oder verbessern muß, hat erraten, daß sein Kunde schlanker, vorteilhafter erscheinen möchte. Er hat sogar den leichten Höhenunterschied der beiden Schultern bemerkt. Um den Körper herum modelliert, gestaltet er die Wollhülle (dieses geschmeidige Material), die die kleinen Fehler kaschiert, die Qualitäten zur Geltung bringt und dem bekleideten Mann ein Bild seiner selbst vermittelt, das ihm gefällt. Ohne ein Wort zu sagen.
Das Beispiel des Schneiders ist kein Einzelfall. Der Handwerker wirkt nicht nur – mit seinen Werkzeugen in der Hand – auf das Material ein. Mit Feingefühl geht er auf die Wünsche seiner Kunden ein, sogar auf die unausgesprochenen.

Die Schneiderschere

Größe und Gewicht dieser Schere rufen sofort die Vorstellung wach, ein solches Werkzeug diene dazu, widerstandsfähige Materialien wie Leder oder – warum nicht? – Metallbögen zu schneiden. Doch weit gefehlt: Diese Schere ist nur für Rechtshänder geeignet (der Daumen wird auf der einen Seite, die drei letzten Finger der Hand auf der anderen Seite durch den Ring geführt, der Zeigefinger wird an der äußeren Oberseite des Ringes angelegt) und wird von Schneidern insbesondere dazu verwendet, wertvolle Hemdseide formgerecht zuzuschneiden. Doch diese Schere hat nichts zu tun mit den winzigen Scheren der Stickerinnen und der Näherinnen. Hier wird der Stoff gut gespannt, das Blatt schneidet entlang einer langen, vollkommenen geraden Linie.

Das Gewicht des Werkzeugs gewährleistet seine Stabilität; so werden falsche Bewegungen vermieden, durch die der wertvolle Stoff beschädigt werden könnte. Der Schlüssel zur richtigen Verwendung dieser Schere liegt in dem Metallfuß, der an dem für die Finger bestimmten Ring angebracht ist: Seine rechtwinklige Platte liegt auf der Schnittfläche auf. Diese Scheren werden also nicht angehoben, sondern mittels dieses Fußes aufgestützt; dieser übernimmt sozusagen die Aufgabe des Stützpunktes, der beim Schreiben oder beim Ziehen eines Striches vom Ringfinger gewährleistet wird.

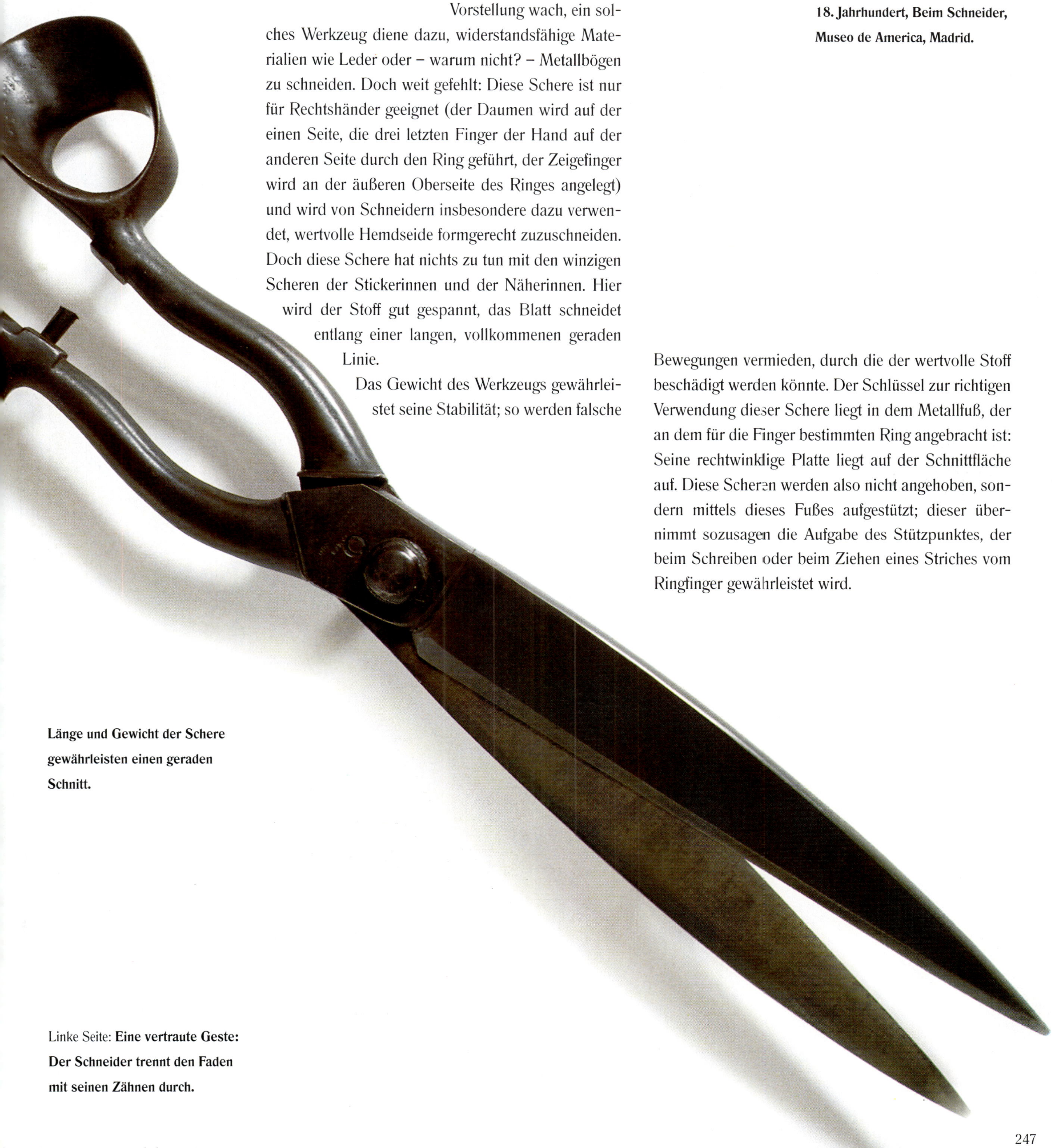

Länge und Gewicht der Schere gewährleisten einen geraden Schnitt.

Linke Seite: **Eine vertraute Geste: Der Schneider trennt den Faden mit seinen Zähnen durch.**

Folgende Doppelseite: **Anonymer mexikanischer Künstler aus dem 18. Jahrhundert, Beim Schneider, Museo de America, Madrid.**

Der Kalander

Unseren Vorfahren fehlte es keineswegs an Werkzeugen, um Haare oder Perücken zu locken, Hauben in Form zu bringen, Halskrausen zu fälteln oder Wäsche zu bügeln. Diese Werkzeuge waren nur langsamer im Gebrauch, mühsamer in der Handhabung als ihre Nachfolger, die wir heute benutzen.

Liebhaber alter Gemälde werden sicherlich bemerkt haben, mit welcher Sorgfalt die Maler von Bankettszenen (ob es sich nun um das Festmahl der Götter, die Hochzeit von Kanaa, das Letzte Abendmahl, das Mahl in Emmaus oder ähnliches handelt…) die Faltendraperien der auf dem Tisch ausgebreiteten Decke dargestellt haben. Dies entsprach einer wahren Beobachtung, denn diese Falten entstanden durch die Bearbeitung mit dem Kalander. Diese rechtwinklige Platte, an deren einem Ende ein zentraler Griff angebracht ist, diente dazu, die gefaltete Wäsche zu pressen. Diese wurde um einen Holzzylinder gewickelt und mit dem Kalander von vorne nach hinten und von hinten nach vorne »gerollt«. Dann wurde die Tischdecke, je nach Bedarf, im Schrank verräumt oder auf dem Tisch ausgebreitet.

Wie auch viele Haushaltsgegenstände (Platten, Teller, Krüge, Butterplatten) wurden die Kalander oft mit dem Namen ihrer Besitzer oder einem Datum gekennzeichnet und mit geschnitzten Motiven oder mit Malereien in leuchtenden Farben verziert. Diese Meisterwerke der Volkskunst waren im 18. und 19. Jahrhundert vor allem in Nordeuropa sehr verbreitet: Die Griffe der skandinavischen Kalander, die anmutige, kleine Pferde darstellen, sind heute in den Schaukästen von Museen zu bewundern.

Oben: **Kalanderbrett. Insel Fyn, Dänemark, 1805.**

Die Kohlenzange

Sie ist einfach zu erkennen: lange Schenkel, die vermeiden, daß die Hand mit dem Feuer in Berührung kommt, und flache, leichte Backen, die vorsichtig ein Stück glühende Holzkohle fassen können.

Die Kohlenzange war früher ein ständiger Begleiter von Büglerinnen; sie mußten aus einem offenen Wärmeofen glühende Kohlen »fischen«, um damit den hohlen Bauch des Bügeleisens zu füllen.

Doch war die Kohlenzange nicht nur am Arbeitsplatz der Büglerinnen oder am häuslichen Bügeltisch zu finden. Sie lag auch oft mit all den anderen Feuerwerkzeugen am Kamin: Feuerzange, Aschenschaufel, Blasebalg mit zwei Griffen und Scharnier, Holz- oder Eisenrohr zum Blasen mit dem Mund. Die Kohlenzange ermöglichte es, eine Glut zum Anzünden einer Zigarette, einer Pfeife, eines Kochers oder eines Kohlenofens aus dem Feuer zu holen.

Mitte: **Einst ein untrennbarer Begleiter der Büglerinnen: die Kohlenzange.**

Das Bügeleisen

Vor dem Aufkommen des elektrischen Bügeleisens bestanden die einfacheren Bügeleisen aus einer dicken (um die Hitze aufrechtzuerhalten), ebenen Eisensohle in Form eines Spitzbogens, auf der ein Metallgriff befestigt war. Andere, hohle Varianten konnten entweder mit glühenden Kohlen oder mit einem vorher erhitzten, flachen Barren aus Gußeisen gefüllt werden.

Diese Bügeleisen ermöglichten es, auf einer glatten Fläche – Tücher, Kleider und eventuell Plissees – zu hantieren. Für die delikateren Kleidungsstücke – Kinder- oder Damenmützen, Spitzenkragen, gestärkte Hauben – verwendeten die Frauen Bügeleisen, die in ihrer Form der erforderlichen Arbeit angepaßt waren. Im großen und ganzen hatten die Eisen alle dieselbe Gestalt: ein leichter Holzgriff, ein flaches Eisen von rund dreißig Zentimetern Länge, an dessen Ende eine kleine Eisenmasse in Kugel- oder ovaler Form angebracht war.

Das traditionelle chinesische »Bügeleisen« sieht aus wie ein mit glühenden Kohlen gefüllter Bronzetopf mit glattem Unterboden.

Oben: **Das Bügeleisen besteht aus einer einfachen Platte mit Griff.**

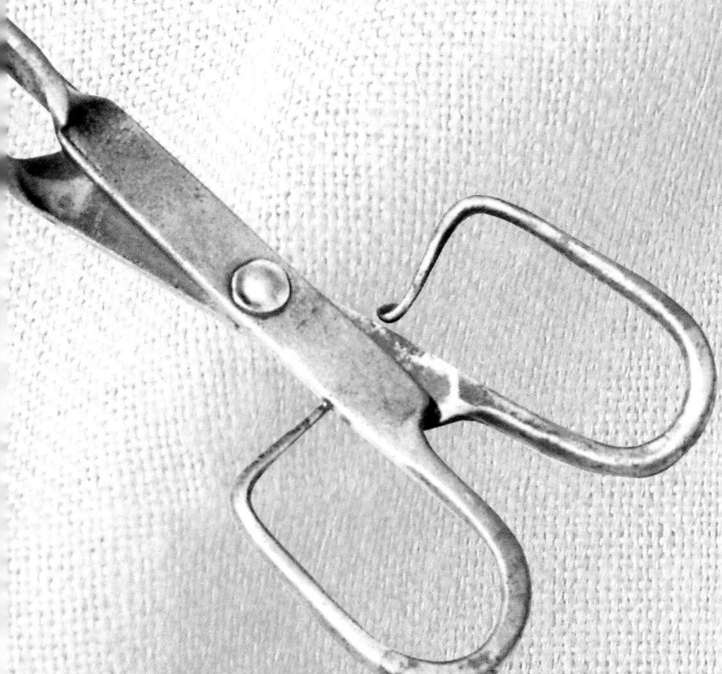

Rechts: **Das Bügeleisen mit Kohlenbehälter spart viel Zeit.**

Die Nadel zum Flicken der Netze

Im Leben gibt es immer Arbeiten zu verrichten, und innerhalb dieser Aufgaben gibt es immer auch einen nach außen hin nicht unbedingt sichtbaren Teil. Der Passant, der Besucher eines Fischerhafens sieht die Boote des Abends auslaufen; vielleicht beobachtet er auch, wie sie am nächsten Morgen wieder in den Hafen einlaufen und wohnt gar dem Verkauf des in der Nacht erzielten Fangs bei. Was der Fremde vermutlich noch nicht kennt, ist die beständige Wartung des Materials: das Reparieren der Netze.

So solide ein Fischernetz auch sein mag, es kann an einem Felsen hängenbleiben, zerreißen, sich am Meeresgrund aufreiben; es kann brechen, da es nach und nach vom Salz zerfressen wird; seine Fäden können sich bei Berührung mit der Schiffsplanke oder der Trommelreuse abreiben, wenn das Netz an Bord gezogen wird. Dann muß es repariert werden. Das ist die Aufgabe, mit der sich die Matrosen oder ältere, der Besatzung nahestehende Personen den Vormittag und den Nachmittag über befassen.

Von der Bretagne bis nach Portugal, von Spanien bis Marokko, von Griechenland bis in die Türkei sieht man sie, wie sie in sich zurückgezogen und schweigsam im Schneidersitz dasitzen, überall mit der gleichen Nadel zum Flicken der Netze in der Hand, um die defekten Maschen auszubessern. Die Aushöhlung in der Mitte der Nadel enthält einen Fadenvorrat, mit dem Taschenmesser, dem untrennbaren Gefährten des Meeresfischers, wird die »Leine« oder der Seilstrang direkt am Knoten abgeschnitten, der die Masche zusammenhält.

Manchmal ist der Schaden nach einer bewegten Fischereinacht so groß, daß mehrere Arbeiter das auf dem Kai des Hafens ausgebreitete Netz wieder instandsetzen müssen.

Die Fischer von Nazaré (Portugal) flicken ihre Netze am Meeresufer.

Das Splißhorn

Dieses Werkzeug ist eine etwas größere Variante des Pfriems, mit dem das Messer des Matrosen und des Fischers ausgerüstet ist. Mit dem Splißhorn können Spleißungen vorgenommen werden: Hierbei werden zwei Taue miteinander verbunden, indem die Litzen, aus denen diese bestehen, zunächst gespreizt und anschließend ineinander verschlungen werden. Mit dem Splißhorn kann der Seemann auch am Ende des Taus eine Schlinge anfertigen, die zum Festmachen des Frachters dient. Dieses Werkzeug ist vollkommen glatt und kann aufgrund seiner Form zwischen die verdrillten Litzen eingeführt werden. So wird Platz für die neue Litze geschaffen; nachdem diese eingeführt wurde, wird das Splißhorn wieder herausgezogen.

Da die Taue nicht verknotet werden und nach und nach verschleißen, gehörte es in der alten Marine zur ständigen Aufgabe der Besatzung, Spleißungen vorzunehmen. Oft konnte man am Sockel der Masten Ständer sehen, in denen die Splißhörner griffbereit aufgereiht waren.

Wie Goethe zu erzählen weiß, waren die Taue der englischen »Royal Navy« eine Besonderheit: Ein roter Faden durchzog das Innere der Taue von einem Ende bis zum anderen. Dies war nicht nur ein Kennzeichen für das Eigentum der königlichen Marine, sondern auch ein Mittel zur Identifizierung eines Wracks.

Die Form spricht für sich: Das Splißhorn spreizt die Litzen eines Taus.

Der Tapaschlegel

Ozeanien

Tapa werden die großen, feinen Rindenstücke genannt, aus denen die ozeanischen Völker (Afrikaner, brasilianische Indianer sowie die Einwohner der Wallisinseln, u. a.) Unterlagen für dekorative Gemälde herstellen, die dann an den Wänden ihrer Wohnungen befestigt werden.

Zwischen der rauhen äußeren Rinde und dem Baumstamm wird sorgfältig die »Zwischenhaut« abgelöst, indem diese rund um den Stamm des Baumes abgerollt wird. Die Oberfläche dieser »Zwischenhaut« wird nun mit Hilfe von Schlegeln aus hartem Holz geschlagen. Diese sind nicht glatt, sondern mit Streifenrastern bedeckt. Mit ihnen werden die ineinander verschlungenen Fasern dieses pflanzlichen Gewebes gebrochen, nicht geschnitten. Einige Tapaschlegel haben eine einzige Schlagfläche mit einem runden Griff. Andere raffiniertere Schlegel weisen einen viereckigen Querschnitt auf und verfügen daher über vier Schlagflächen mit den verschiedensten Rillen und Rastern, je nach gewünschter Verwendung. Auch die einfachsten Werkzeuge strahlen eine gewisse Würde aus: Einige Schlegel aus Ozeanien sind mit eleganten, eingeprägten Verzierungen geschmückt.

Die großen Rindenrechtecke – die wegen ihrer Geschmeidigkeit und ihrem Aussehen an unser modernes »Vlies« erinnern – werden mit braunem Pflanzensaft übergossen, wodurch zahlreiche Kästchen und

Tapaschlegel aus Holz (Iki).
Marquesas-Inseln, Polynesien.

Linien entstehen. Diese bilden dekorative Muster, wobei das Sonnenrad sehr oft zu sehen ist. Diese Streifen muten wie feines Pergament an, wie eine ganz neue Papiersorte.

Die brasilianischen Indianer, die mit ähnlichen Schlegeln und Klöpfeln ausgerüstet sind, erzeugen dagegen eine rauhe, spröde, weniger einheitliche Oberfläche. Aus der Nähe betrachtet erinnern diese diagonal verschlungenen Fasern, die der Pflanzenoberfläche eine hohe Dehnbarkeit verleihen, eher an eine »natürliche Weberei«. Der technisch interessierte Mensch ist ständig auf der Suche nach Fortschritt und daher ein geduldiger, ständig auf der Lauer liegender Beobachter.

Das Schlagen der Rinde.
Salomon-Inseln.

Der Korbflechter

Die Handhabung der winzigen, gut geschliffenen Hippen und des kleinen Korbflechterhobels ist leicht zu erraten: Die Weidenruten schneiden, sowie den Ruten ein rechteckiges Profil verleihen. Die anderen Werkzeuge des Korbflechters bleiben dagegen für denjenigen, der sie niemals bei der Arbeit gesehen hat, ein Geheimnis.

Eines davon kommt ursprünglich aus Frankreich: der Entrinder. Von weitem ähnelt er einer Stockschere mit abgerundeten Enden, deren zwei parallel stehende Blätter sich nicht überlappen. Das V-förmige Eisen am oberen Ende des Griffs dient als Feder. Der Korbflechter zieht ganz einfach seine Weidenrute zwischen den beiden Blättern hindurch, und die Rinde wird gleichmäßig abgezogen. Mit dieser Qualitätsweide werden feine Korbwaren – beispielsweise Nähkörbe – hergestellt. Diese werden auch »weiße Korbwaren« genannt.

In Thailand verwenden Frauen, die Körbchen, Körbe, Reusen oder Bütten flechten, ein Messer mit breiter und dicker Klinge sowie einem langen Stiel, der entgegengesetzt zur Schneide gebogen ist. Die Form der Schneide wirkt unproportioniert, ja sogar ungeeignet für einen solchen Gebrauch. Das rührt daher, daß die Frauen diese Messer ganz ähnlich benutzen, wie der Böttcher die Fügebank, das heißt, die Klinge ist unbeweglich. Die Kunsthandwerkerin klemmt den Stiel unter ihren Arm und hat so beide Hände frei, um den Pflanzenzweig von einer Seite her über die Klinge zu schieben und von der anderen Seite her zu ziehen. So erhält sie Ruten und Streifen in der gewünschten Breite und Dicke.

Die Macht der Gewohnheit verleitet uns dazu, Gegenstände über Vergleiche und Ähnlichkeiten zu identifizieren. Diese »falsche« Stockschere und dieser »Doppelgänger« des Fleischermessers dienen jedoch nur dazu, das Material für Körbe aufzubereiten.

Rechte Seite: **Der Korbflechter demonstriert sein Können.**

Diese an einem Sockel befestigte Zange dient zum Entrinden von Weidenruten.

Der Spalter des Korbflechters

Dieses elementare und zugleich geniale Werkzeug wird in Industrie und Handel nicht geführt, sondern vom geschickten Korbflechter selbst geschnitzt. Mit dem Messer schneidet er das Ende seiner Weidenrute so ein, daß drei Schienen entstehen. Die drei Kanten des Spalters werden in die entsprechenden Kerben eingesetzt. Daraufhin wird das Werkzeug bis zum anderen nutzbaren Ende der Weidenrute geschoben. Nun stellt sich vielleicht die Frage, warum ein solches Werkzeug nicht aus Eisen besteht. Dies hat einen einfachen Grund: Das Metall könnte die Rute durchschneiden, also von der geraden Linie abkommen und die Dreiteilung nicht bis zum Ende der Rute durchführen. Das Buchsbaumholz dagegen folgt ganz sanft der Faser, der Aderung. So kann die Weide bestens genutzt werden. Wieder zeigt sich, daß das Material eines Werkzeugs für seinen Gebrauch entscheidend ist.

Die Hand des Korbflechters schiebt den Spalter langsam vorwärts.

Die Pfanne des Gießers

Es handelt sich hierbei um einen Löffel oder, genauer gesagt, um eine Eisenkelle mit seitlichem Ausguß und relativ langem Stiel, damit die Hand des Gießers nicht unter der Hitze des flüssigen Metalls leidet. Diese Pfanne ist das unumgängliche Mittelding zwischen dem Schmelztiegel, in dem das Metall – Kupfer, Blei, Zinn, Silber, Gold… – geschmolzen wird, und der Form, in der es gegossen wird. Natürlich muß dieser große Löffel ebenfalls brennend heiß sein, damit das Metall den Hitzegrad beibehält, der einen optimalen Flüssigkeitszustand gewährleistet. Dieses Werkzeug gibt es in unzähligen Varianten. Seine Größe geht von der schweren Pfanne des Barrengießers in einer Gießerei über das mittlere Modell, das der Bronzebildhauer in Indien verwendet, bis hin zum winzigen Löffel des afrikanischen Juweliers.

Das große Werkzeug dient dazu, das geschmolzene Metall aus dem Schmelztiegel zu schöpfen, welcher über der mit einem Balg angefachten Glut hängt. Das kleinere Werkzeug kann sowohl die Aufgabe eines über das Feuer gehaltenen Schmelztiegels als auch die eines Gießwerkzeugs erfüllen.

Der Metallarbeiter testet den Guß.

Odysseus gegen Polyphem

»Als der Ölbaumpfahl nun trotz der saftigen Frische Feuer zu fangen begann und rings schon glühte und flammte, trug ich vom Feuer ihn fort nah an den Riesen, und ringsum standen die Helfer. Ein Gott ermutigte unsere Seelen. Und sie ergriffen den Ölbaumpfahl und trieben die Spitze dem Kyklopen ins Auge, ich aber drückte und drehte droben, wie wenn ein Mann mit seinem Bohrer des Schiffes Balken durchbohrt und unten, da drehten die Freunde mit Riemen ziehend rechts und links, so läuft der Bohrer beständig: also drehten wir den glühenden Pfahl in des Riesen Auge, und heißes Blut umquoll ihn, während er eindrang. Alle die Wimpern ringsum und die Brauen versengte die Lohe wie wenn ein Eisenschmied die Zimmeraxt oder das Haubeil unter lautem Zischen in eisiges Wasser hineintaucht, um es zu härten, denn das vermehrt die Stärke des Eisens. Also umzischte den Ölbaumpfahl das brennende Auge.«

Homer, Odyssee 9. Gesang

Es ist bemerkenswert, daß Homer, als er Odysseus mit den tausend Zauberkunststücken im Kampf mit dem furchterregenden, menschenfressenden Kyklopen Polyphem in Szene setzt, seine Vergleiche zweimal der Arbeitswelt und ihren Werkzeugen entnimmt. Doch man kann sich Odysseus sehr gut als Schiffszimmermann vorstellen, der sein Boot nach einem heftigen Wellenschlag instandsetzt, oder als Schmied, der ohne Unterlaß das Metall seiner Beile neu härtet. Zudem sind diese Vergleiche für die Zuhörer oder Leser der Gesänge sehr anschaulich: Wer hat jene Handwerker an den Ufern oder in den Sträßchen der unzähligen Häfen auf den griechischen Inseln nicht schon einmal bei der Arbeit gesehen? Die dramatische Wirkung ist gut gelungen: Um ihr Leben zu retten, überwinden der Seemann und seine Helfer die Abscheu vor der grausamen Tat, vor dem schrecklichen Schauspiel; sie achten ausschließlich auf das Gelingen der Arbeit, an der sie sich zu schaffen machen wie kaltblütige Tagelöhner.

Die Schmiede

Den Hufschmied bewundere ich, weil er alle Arbeitsgänge ausgehend vom rohen Eisenbarren bis hin zum angepaßten Hufeisen ausführt. Der Schmied verblüfft mich dagegen durch das Ausmaß seiner Fähigkeiten und Fachkenntnisse.

Um eine Vorstellung davon zu vermitteln, kann man dieses Talent auf zwei Arten beschreiben. Zum einen könnte man eine Aufstellung der verschiedenen Talente vornehmen. Man kann jedoch auch versuchen, es von oben her zu betrachten, einen Gesamtüberblick zu gewinnen, und für ein besseres Verständnis mit einer Tätigkeit aus einem ganz anderen Bereich zu vergleichen.

Schwer, geduldig, klingend: der Amboß. Sein Verbündeter ist der Hammer.

Die beiden Zugänge ergänzen sich, wobei der zweite klarer ist.

Ohne sich dessen bewußt zu sein, ist unser Schmied wohl ein Verwandter des amerikanischen Künstlers Alexander Calder, dieses Schöpfers von beweglichen Kunstwerken, von Spielzeugen, Mobiles, Instrumenten, Gebrauchsgegenständen, Statuen aus Eisen oder Eisendraht… Beide Männer arbeiten ausschließlich mit Metall. Der Handwerker liefert das glänzende Metall, der Künstler bemalt es, um ihm ein strenges oder auch fröhliches Aussehen zu verleihen, ob es sich nun um einen Draht, einen Barren oder um Platten handelt, und ob die Verbindung im Feuer, durch Nieten, Haken oder Scharniere ausgeführt wird.

Calder, im Grunde ein gutmütiger Koloß, scheint dem Eisen Befehle zu erteilen, ihm zu sagen: »Ich rolle dich zusammen, dich, eine Platte, ich zerknittere dich, durchbohre dich, schneide dich zu einem Oval… als wärest du aus Papier, doch du bist aus Metall, du

wirst deine Form für immer beibehalten.« Und der Besucher seines Ateliers, das voll von aktuellen Projekten, von gärenden Ideen steckt, entdeckt die Anmut, die Leichtigkeit, die Geschmeidigkeit, die Fügsamkeit, das samtige Aussehen, all diese Eigenschaften, die der Künstler dem stummsten, abweisendsten Gegenstand der Welt, einem Eisenbarren, entlockt hat.

Mit dieser neuen Betrachtungsweise im Kopf sollte man nun einen Tag beim Schmied verbringen, dem Herrn einer unbewegten, eisernen Arche Noah. Alles, was aus Metall gefertigt ist, ob für das Haus oder die Felder, für die Straße oder das Meer, für den Krieg oder für Schmuckstücke, als Ganzes oder als Ergänzung, geht aus seinem Herd hervor, ist auf seinem Amboß gelegen, wurde mit seinem Hammer bearbeitet.

Der Nagel und der Schlüssel, das Scharnier und die Stange, das Werkzeug und die Pflugschar, die Kette und der Ring, die Zugstange und der Keil, die Wetterfahne und die Verzierung des Brunnenrands... darunter natürlich auch Flickarbeiten, Reparaturen und Anpassungen jeglicher Art.

Da die Berufe oft nicht deutlich voneinander zu trennen sind, werden viele der Werkzeuge, die der Schmied benutzt, natürlich auch vom Hufschmied verwendet. Bei beiden findet man den Herd, den Blasebalg, die Schürhaken, den Amboß, die Hämmer und die Zangen... Der Schmied muß jedoch auch über Spezialwerkzeuge verfügen, mit denen er den Eisenteilen die ganz besondere Form verleihen kann, die gewünscht wird.

Einige Zubehörteile oder Werkzeuge dienen dazu, die zu bearbeitenden Eisenteile zu halten oder zu transportieren.

Der Schraubstock ist treu zur Stelle, seine Spitze in einem Holzstück versenkt, direkt an der Werkbank, mit soliden Eisenbacken und einer durch den Ring seiner Achse geführten Kurbel.

Die Zangen sind gebrauchsfertig senkrecht in den Schlaufen einer Art Gürtel aufgereiht, der den Amboßstock umschließt. Obwohl die Form ihrer Backen unendlich viele Varianten aufweist, gehören sie alle, von der Gestalt her gesehen, einer Familie an. Und

Der Schmied in seinem Reich.

Im Vordergrund betätigt der Gehilfe den Blasebalg, ihm gegenüber hämmert der Schmied das Eisen. Indien.

dies aus einem einfachen Grund: Die Zangen müssen so konstruiert sein, daß sie den zu haltenden Gegenstand nicht auslassen. Die Backen müssen daher stark sein und die negative Form des Gegenstands aufweisen, der unter dem Hammer gehalten oder zum Feuer gebracht werden soll; gleichzeitig sollen sie so leicht wie möglich sein, ihre Griffe müssen schmal und dünn sowie von viereckigem oder rundem Querschnitt sein; da das Eisen die Hitze gut leitet, müssen die Griffe so lang sein, daß sich der Handwerker die Hände nicht verbrennt, mit denen er die Zange hält; zudem ermöglicht es die Länge der Griffe, einen ausreichenden Abstand zum Feuer zu bewahren.

Die großen Eisenstangen mit zwei Griffen, die in ihrer Mitte eine flache, mit einem oder mehreren Löchern versehene Ausbuchtung aufweisen, nennt man Gewindebacken. Im Grunde ist dies ein mit zwei Hebeln versehener Hohlbolzen, den man unter Ausübung von Druck auf einen Eisenzylinder schraubt, der so zu einer Schraube wird.

Der Gewindebohrer ermöglicht die Ausführung eines weiteren Arbeitsgangs: Er schneidet das Innengewinde des Hohlbolzens oder jedes anderen Teils, das eine Schraube aufnehmen soll. Der Gewindebohrer hat die Form einer leicht konischen Schraube mit quadratischem Kopf, an dem der Gewindebohrer mit Hilfe eines Vierkantschlüssels oder eines Engländers gedreht werden kann. Die Schraube des Gewindebohrers ist auf einer Seite befeilt: Der so erzeugte Leerraum ermöglicht das Entfernen der Späne.

Hinzu kommen die Hämmer mit breiter und flacher Pinne, wie beispielsweise die Setzhämmer oder Kerbeisen, die die Form eines gewöhnlichen Hammers aufweisen, jedoch im Grunde nur einen Bestandteil davon darstellen: Sie werden von einem der Handwerker über das Metall gehalten und vom anderen auf den Kopf geschlagen.

Die Form der Gesenke ist ebenfalls irreführend. Sie sind mit einem Stiel aus hartem Holz versehen und stellen im Grunde einen der beiden Teile einer Gußform dar. Das Unterteil des Gesenks ist das Gegen-

Werkzeug zum Greifen einer zylindrischen Form.

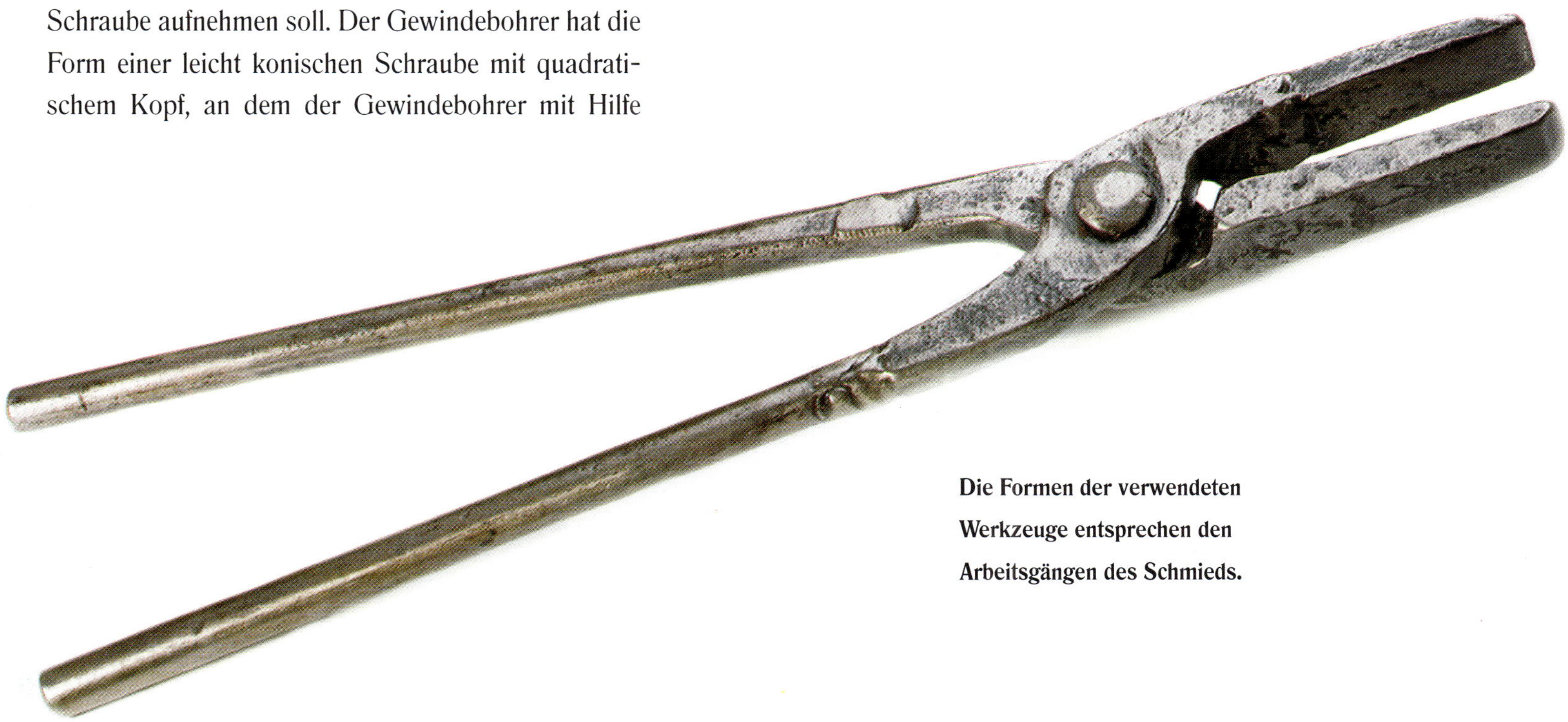

Die Formen der verwendeten Werkzeuge entsprechen den Arbeitsgängen des Schmieds.

stück des oberen Teils: Es hat die gleiche Form (oder eine ergänzende Form, wenn man das Metall in eine Hohlform bringen möchte…), der quer angebrachte Stiel ist jedoch durch einen gebogenen Fuß ersetzt, den der Schmied in das entsprechende Loch in der Amboßbahn einführt. Das zu bearbeitende Metall ruht auf dieser Form und wird durch das obere Gesenk gepreßt, auf dessen Kopf geschlagen wird.

Dieses Prinzip wurde in der Antike beim Prägen von Gold-, Silber- und Bronzemünzen angewendet, während die einfacheren Münzen speziell in Formen geschmolzen wurden. Ein erhitztes Metallstück wurde zwischen zwei Platten gelegt, die den vertieften Abdruck der Vorder- und Rückseite der Münze aufwiesen. Mit dem Hammer wurde auf die obere Platte geschlagen, die man dann anhob, um die Münze zu entnehmen. So entstanden authentische Flachreliefs, wie beispielsweise die Goldmünzen der Griechen auf Sizilien oder die Gold-Stater der Gallier…

Von jedem dieser Werkzeuge besitzt der Schmied eine ganze Sammlung verschiedenster Größen und Formen: der Stößel, mit dem das Metall durchbohrt wird (die Reifen von Fässern, die Felgen von Karrenrädern…), die schwere, fest verankerte Schere (zum Blechschneiden), sowie verschiedene Instrumente zum Messen der Länge oder der Dicke (Maßstab, Schieblehre, Zirkel und Greifzirkel).

Die Geschicklichkeit der Menschen war früher vielseitig, die Kenntnisse eines jeden umfassend. Eine Menge an Alltagsgegenständen kam aus der unmittelbaren Umgebung des Dorfes. Die Balken aus dem Wald. Die Steine aus dem Steinbruch. Leinen, Hanf und Stroh von den Feldern. Die Weidenruten für die Körbe vom Fluß. Die Kohle vom Holz. Und der Lehm für die Dachziegel und die Ziegelsteine aus dem Boden.

In vielen Gegenden kamen nur das Salz des Lebensmittelhändlers und das vom Schmied bearbeitete Eisen von außerhalb. Der Handwerker deckte sich mit Stangen, Stäben, Gitterstäben und Platten beim Eisenwarenhändler ein, der wiederum von der Arbeit des Bergarbeiters und des Gießers profitierte.

Koreanischer Schmied bei der Arbeit. Suwon.

Die Schmiede des Vulkan

Diego Velázquez, 1630, Museo del Prado, Madrid.

Dieses während eines Aufenthalts Velázquez' in Rom entstandene Gemälde bedeutet eine vollkommene Neuerung im Bereich des mythologischen Genre. Keine falsche Altertümlichkeit. Nur der links abgebildete Apollo verrät durch Umhang, Lorbeerkranz und Nimbus seine Göttlichkeit. Vulkan, nach spanischer Art mit einem um den Kopf geknoteten Tuch bedeckt, unterscheidet sich kaum von den anderen Handwerkern: knotig, mager, ausgetrocknet von den langen Arbeitsstunden vor dem Ofen. Durch die Darstellung einer leichten Hüftverschiebung deutet Velázquez dezent das Hinken des Schmiedes an. Zu dritt sind sie gerade damit beschäftigt, mit Hilfe von Hämmern eine rotglühende Eisenplatte zu schlagen. Der Künstler zeigt uns diese Hämmer, als sei es seine besondere Aufgabe, sie ganz genau zu beschreiben: langer Stiel, längliches, zylindrisches Eisen. Zwei andere Hämmer stehen am Boden, mit derselben charakteristischen Form, die unmittelbar zum Greifen anregt. Daneben befinden sich zwei Ambosse: der eine groß und massiv, der andere etwas feiner, am Sockel seines Trägerbalkens befestigt. Rechts schneidet ein anderer Gehilfe mit der Schere eine Eisenplatte über einem Brustharnisch. Im Hintergrund ist ein weiterer Arbeiter zu sehen, der den Blasebalg betätigt. Eine Kette hängt über dem Ofen, in dem sich die Feuerstelle befindet. Hier werden Rüstungen hergestellt: Der Handlungsrahmen und die Gegenstände, die Haltungen und sogar die Morphologie der Männer werden mit einer geistigen Verbundenheit beobachtet und aufgezeichnet, die ein Maler, der ja selbst manuell arbeitet – obwohl die Malerei eine »Kunst des Geistes« ist –, mit jenen Handwerkern empfindet, die das glühende Eisen hämmern.
Wollte man Hämmer, Scheren, Zangen und Ambosse herstellen, so würde es fast ausreichen, die Maße der so wahrheitsgetreu dargestellten Gegenstände zu übernehmen.
Und schließlich die Beschreibung des Erstaunens jener rauhen Männer in der Schmiede, als Apollo Vulkan eine neue Untreue von Venus mit Mars verkündet.
Velázquez' Freund und Wohltäter, König Philipp IV. von Spanien, erwarb das Gemälde im Jahr 1634, doch überarbeitete der Meister sicherlich erst gegen Ende seines Lebens das Gesicht Vulkans.

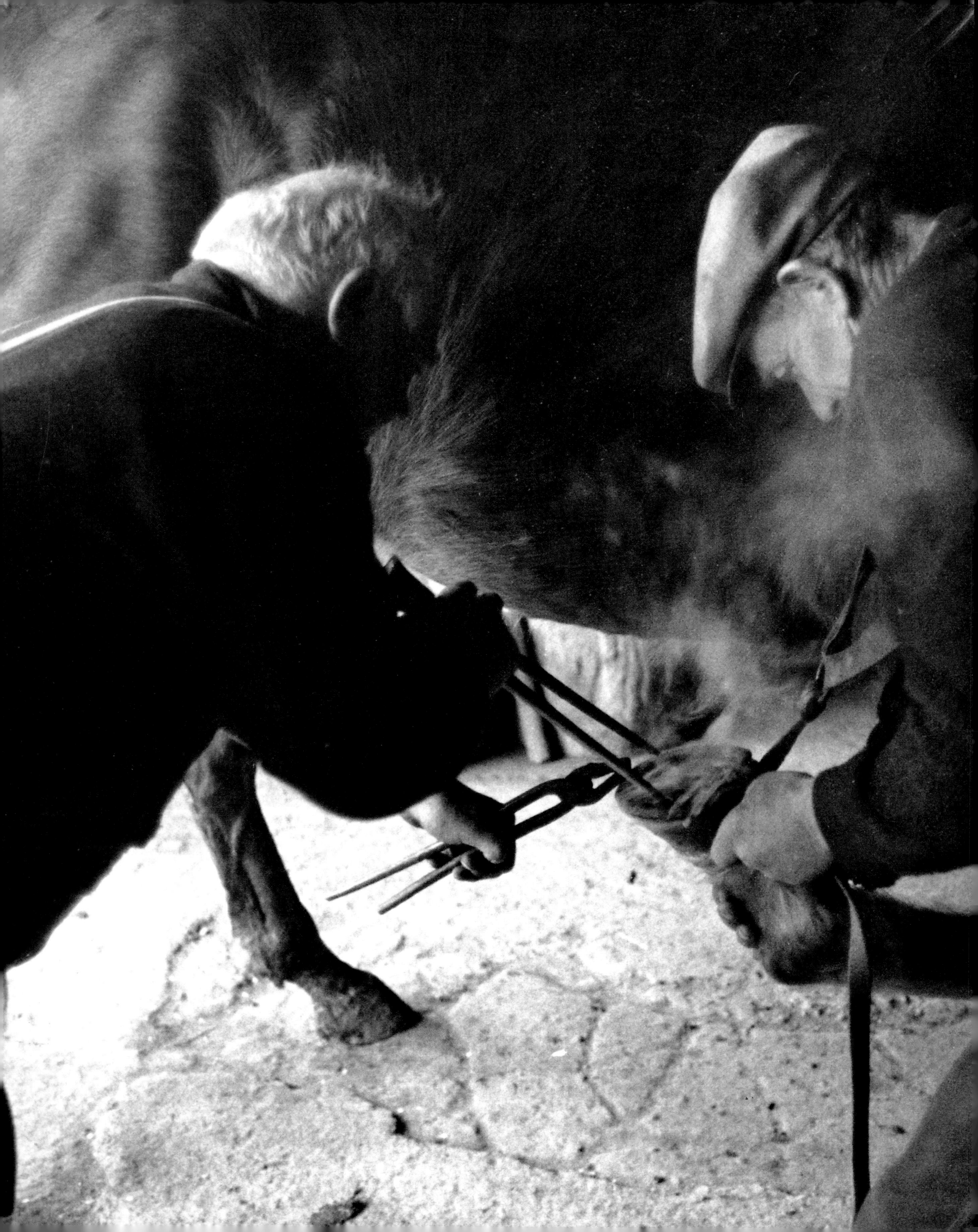

Beim Hufschmied

Mit Recht fasziniert die Werkstatt des Hufschmieds den Passanten, und auf ganz natürliche Weise lädt der Handwerker ihn ein, sich auf eine stark patinierte, an der Mauer in der Nähe der Feuersglut lehnende Bank zu setzen. Nach und nach gewöhnen sich die Augen des Besuchers an das Halbdunkel. Der Hufschmied erklärt, daß dieser Schatten für den korrekten Ablauf seiner Arbeit notwendig sei, denn die Farbe des Eisens, von Orange bis Dunkelrot, zeigt die Temperatur an. Wird das Eisen zu stark erhitzt, so »verbrennt« es; ist es nur lauwarm, so kann es unmöglich bearbeitet werden; ideal für das Hämmern auf dem Amboß ist ein schönes Dunkelrot, das in der Dunkelheit gut erkennbar ist.

Über der Glut der Schmiede befindet sich der große Lederblasebalg – er hat die gleiche Form wie der Blasebalg, der für die Hausöfen verwendet wird, ist jedoch viel größer. Er dient dazu, das Feuer anzufachen, das zwar, um Brennstoff zu sparen, eingedämmt, aber dennoch lebhaft sein soll. Wenn der Hufschmied ein Werkzeug nimmt oder ablegt, taucht er im Vorübergehen seine Hand kurz in den schwärzlichen, mit Wasser gefüllten Bottich und bespritzt die Feuersglut. Der Neugierige wundert sich: Will er denn das Feuer löschen? »Aber nein«, antwortet der Fachmann. »Mit einem Eimer Wasser erstickt man das Feuer, doch eine Handvoll Wasser gibt ihm Luft, läßt es stärker brennen ...«

Das war noch längst nicht alles, was den Zuschauer in Erstaunen versetzen sollte: Später wird er sehen, wie das Eisen biegsam wird, und das Pferd scheinbar gleichgültig das Anbringen des glühenden Eisens an seinen Fuß über sich ergehen läßt. Dabei raucht die verbrannte Hornkapsel nicht schlecht...

In der Antike wurde das Feuer – wie es heute noch in technisch unterentwickelten Ländern der Fall ist – für kleinere Schmiedearbeiten mit Hilfe eines Metallrohrs mit dem Mund angefacht. Obwohl es vielleicht nicht den Anschein hat, ist das Ergebnis ausgezeichnet: Wichtig ist nur, daß die Hitze mit Hilfe der Luft auf einen einzigen Punkt konzentriert wird.

Der afrikanische Schmied lebt und arbeitet gemäß der Tradition etwas abseits vom Dorf. Einerseits wegen der

Die Schenkel der Zange halten das Eisen.

Brandgefahr und andererseits, weil er Eisenwerkzeuge herstellt, mit welchen beseelte Abbilder von Ahnen oder Göttern geschaffen werden. Deshalb müssen diese Arbeiten im Geheimen verrichtet werden. Auch er hat einen Gehilfen zur Verfügung. Doch dessen Blasebalg hat eine eigenartige Form: Zwei in ein einziges Holzstück gehöhlte Röhrchen laufen Y-förmig zusammen und bilden ein drittes Rohr. Dieses wird durch ein Eisenrohr verlängert, welches mit dem Feuer in Berührung steht. An beiden Öffnungen sind Säcke oder Lederbälge befestigt, die abwechselnd auseinandergezogen und zusammengeschoben werden und so Luft ansaugen oder ausströmen lassen. Da das Leben der Afrikaner reich an Symbolen ist, ist das Holzstück, das Herzstück des Blasebalgs, manchmal mit einem Kopf verziert. So bringt man die Mächte der Luft auf seine Seite, und das Gerät funktioniert dadurch umso besser.

Ein Haufen Nägel und das Werkzeug, mit dem die Befestigung des alten Hufeisens gelöst werden kann.

Als nächstes wird der Besucher den Amboß entdecken. Er thront buchstäblich in der Mitte der Werkstatt. Ein massiver Eisenquader, der auf vier Füßen ruht, und auf dessen Oberseite sich eine glatte Bahn befindet. Die Platte wird auf beiden Seiten von zwei »Hörnern« verlängert, von denen das eine konisch ist, das andere einen viereckigen Querschnitt aufweist. Die stählerne Bahn hat zwei Löcher, in die die Zubehörteile gesteckt werden können. Der Amboß ist ein passives Werkzeug, gewissermaßen das Gegenstück des Schmiedehammers. Dennoch spielt er eine wichtigere Rolle als der Hackklotz für denjenigen, der mit dem Beil (oder der Hippe) arbeitet, oder als die

Fleischbank für den Metzger. Die besondere Gestalt macht den Amboß zu einer vielseitigen Unterlage, an die sich das weiche, mit großen Schlägen gehämmerte Eisen anschmiegt. Hier kann das Eisen flach ausgewalzt, gerundet oder rechtwinklig umgebogen werden. Dank der Zubehörteile kann der Handwerker feinere Arbeiten wie das Schneiden oder Durchbohren des Eisens perfekt ausführen.

Früher sagte man dem Hufschmied, dem ewigen Sieger über Eisen und Feuer, heilende Kräfte nach. Ein Kind mit angeschwollenen Lymphknoten wurde an einem Ende des Ambosses festgehalten, während der Handwerker die andere Seite mit großen Hammerschlägen zum Vibrieren und Klingen brachte.

Man kann sich gut vorstellen, daß ein Amboß zählebig sein muß. Dennoch nutzt er sich ab und kann sich sogar spalten. Stellt man die vier Füße des Ambosses auf vier Korken und schlägt man mit dem Hammer darauf, so kann man eine eventuelle Beschädigung am Klang erkennen. Ist der Klang hell oder brüchig, so muß der Amboß nachgeschmiedet werden.

Der Amboß wird unter den oft sehr starken Schlägen des Hufschmieds nicht eingedellt. Daher symbolisiert er die Idee eines unerschütterlichen Widerstands, einer durch nichts zu erschütternden Hartnäckigkeit. Nicht umsonst diente die englische Bezeichnung »anvil« als Codewort für eine wichtige Operation im Zweiten Weltkrieg.

Der Hufschmied fährt nun mit der Beschreibung der Arbeitsgänge fort:

»Das nächste Pferd ist Bijou, ein kräftiger Percheron. Ein Stammkunde von mir. Kommen Sie mit mir nach draußen… Nein, nein, keine Angst. Er ist fügsam und überhaupt nicht scheu. Wissen Sie, bei den Pferden muß man auf der Hut sein. Stellen Sie sich vor, der Wind wirbelt ein Stück Silberpapier vom Boden auf, und schon vergißt das riesige Tier die Ackerwalze oder die Pflugschar, die es ziehen soll; es geht durch und galoppiert bis ans Ende des Feldes, überspringt knapp eine Hecke, bis es schließlich atemlos an einem noch größeren Hindernis anhält… Störrische Pferde bindet man an, man zwickt ihre Nüstern zusammen; die Pferde, die sich wirklich unmöglich benehmen, führt man in den »Notstall«, diesen Holzkäfig mit Gurten, den Sie hinten im Hof sehen. Da ich Bijous Hufgröße kenne, lege ich die fertigen Eisen schon vorab ins Feuer.«

Der Junge zieht am Blasebalg.

Der Hufschmied geht aus dem Schatten in die Sonne. Der Besitzer des Pferdes ist schon eingetroffen, das mit einer Longe an einem Ring angebunden ist. »Vor dem Beschlagen müssen die alten Eisen abgenommen werden, sagt der Hufschmied, so wie wir im Schuhgeschäft unsere alten Schuhe ausziehen müssen. Mit diesem um den Hals gelegten Riemen wird mein Kunde den Fuß des Pferdes anheben. Meine Nagelzange hat dieselbe Form wie die eines x-beliebigen Handwerkers, weist jedoch für eine bessere Handhabung zwei sehr viel längere Griffe auf. Mit ihr kann ich die Nägel und das alte Eisen abnehmen. Die Hornhaut ist gewachsen, daher muß der Überschuß mit dem Hufmesser, einer einfachen, flachen, sehr scharfen Eisenklinge abgeschabt werden, die mit Klöpfelschlägen vorwärts bewegt wird. Früher verwendete man hierzu ein Wirkeisen. Es wird geschoben und schneidet von oben her. Ich habe auch eines, es hängt dort als Schmuck an der Wand, zum Andenken an die Vorfahren. Man hat es verboten, weil es als zu gefährlich für das Tier eingestuft wurde. Und das stimmt. An einer Stelle ist die Hornhaut etwas schwierig zu schneiden. Man drückt mehr, und dann noch etwas mehr. Und dann kommt der gewöhnliche Schlag, die Hornhaut bricht durch, und die Klinge saust mit extrem hoher Geschwindigkeit in das Bein.

Reinigung und Vorbereitung der Fußunterseite werden mit einer Art gebogenem Messer, dem Ritzeisen beendet. Fährt man damit über den Huf, so hinterläßt es eine Rille, eine kleine Furche, wenn Sie so wollen. Andere Berufe verwenden fast dasselbe Werkzeug zum Markieren und Kennzeichnen, beispielsweise die Förster, die Böttcher oder die Zimmerleute. Einmal mit der Raspel rund um den Huf, damit er auch

Der Hufschmiedehammer, dessen Ungleichgewicht eine Aufforderung zur Handlung darstellt.

schön glatt ist. Sehen Sie. Nehmen Sie die Raspel in die Hand: eine Raspel ist keine Feile, denn diese hat quer oder schräg zur Achse der Klinge angeordnete Streifen. Eine Raspel weist dagegen regelmäßig angeordnete Zähne auf, die wie Nägel oder Dornen aus der Metalloberfläche herausragen.

Der Fuß ist nun bereit. An der Farbe sehe ich, daß mein Eisen die richtige Temperatur hat. Ich greife es mit dieser flachbackigen Zange. Ich lege das Eisen einen Augenblick lang an, damit es sich anschließend richtig einfügt. Jetzt zeige ich Ihnen ein kleines Kunststück. Wie ich es wieder wegnehme? Ich habe keinen Angriffspunkt mehr für meine Zange. Das ist ganz einfach, ich werde die beiden Schenkel meiner Zange etwas spreizen, die beiden Spitzen in zwei Löcher für die Nägel stecken und das Eisen anheben, wobei ich die Werkzeugmitte fest in meiner Hand halte.

Nicht der Huf muß sich dem Eisen anpassen, der Hufschmied muß dem Eisen die Form des Hufs verleihen. Sonst könnte das Pferd hinken und sich schließlich verletzen. Wer sich mit Pferden beschäftigt, muß sie beobachten können und auch ein wenig Tierarzt sein.

Ich muß den unteren Teil meines Eisens etwas enger machen. Einmal kurz ins Feuer gehalten, einige Schläge mit dem Hufschmiedehammer. Sie haben ihn vorhin schon bemerkt. Nehmen Sie ihn in die Hand. Fühlen Sie, wie unausgeglichen er nach vorne hin ist? Die Metallmasse ist vorne größer. Und der Stiel ist auch nach vorne hin gebogen. Man sieht, daß er der Kollege des Ambosses ist, daß er konzipiert ist, um waagerecht liegendes Metall zu hämmern. Versuchen Sie, mit diesem Hammer einen Nagel in eine Wand zu schlagen, Sie werden ihn verfehlen und zudem eine schöne Spur auf der Wand hinterlassen! Man schlägt mit ihm, das stimmt schon, aber er wirkt durch sein Gewicht. Er wird nicht geschwungen, man krampft sich nicht an seinem Stiel fest, man läßt ihn ganz einfach fallen. Das geht ganz von selbst... na ja, wenn man weiß, wie es geht. Nun tritt der typische Hammer des Hufschmieds in Erscheinung. Der lange und feine Stiel weist Spuren von Flugasche auf: Er hat wohl mehr als nur einmal die rauhe Bekanntschaft mit der Feuerstelle des Schmiedes gemacht... Die nach vorne gerückte Pinne ist so klein wie nur möglich. Das Eisen zu vernageln ist nämlich eine exakte und diffizile Aufgabe: Das Eisen dieses Beschlaghammers darf auf keinen Fall den viereckigen Kopf des Nagels verdecken. Die Spitzen der Nägel durchbohren die Seite des Hufs; mit der Zange werden sie bündig abgezwickt. Ein Schliff mit der Feile entfernt die restlichen Unebenheiten und verwandelt den beschlagenen Huf in ein wahres Kunstwerk.«

Der Besucher beglückwünscht den Hufschmied. Dieser fordert ihn auf, einen Blick auf den »Eligius-Strauß« zu werfen, der die Fassade des Hauses ziert. Sie werden sehen. Das ist das Emblem des Hufschmieds und gleichzeitig veranschaulicht es die Geschichte dieses Berufs. Man schmiedet dieses Sinnbild von Hand, wenn man als Geselle freigesprochen wird. Man hängt es über seine Tür, wenn man sich niederläßt. Sehen Sie sich alles gut an. Sie werden Miniaturwerkzeuge erkennen, verschiedene Arten von Eisen für Pferde, aber auch für Rinder, Esel, Maultiere... und all das in einer eisernen Blumengirlande.

Ich wurde oft gefragt, warum ein Hufeisen Glück bringt. Ich habe es noch nie gewußt und diejenigen, die mich danach fragten, auch nicht. Die alten Eisen können neu geschmiedet werden. Aus Eisen macht man Eisen. Wenn mich jemand um ein Hufeisen bittet, um es über die Haustür zu hängen, dann gebe ich ihm eines. Ich sage mir, das bringt mir dann wahrscheinlich auch Glück. Ein Glücksbringer? Wohl eher ein Helfer in der Not: Wenn Sie auf der Straße ein Hufeisen finden, dann nehmen Sie es mit. Und sollte dann Ihr Pferd einmal eines verlieren, dann brauchen Sie beim Hufschmied nicht mit leeren Händen erscheinen.

Der berühmte Physiker Niels Bohr empfing einen Kollegen in seinem Landhaus. Dieser war höchst verwundert, als er ein über die Eingangstür genageltes Hufeisen entdeckte: »Wie, du als Wissenschaftler wirst mir doch nicht erzählen, daß du daran glaubst?« »Natürlich nicht«, erwiderte Bohr, »aber weißt du, angeblich funktioniert das auch, wenn man nicht daran glaubt.«

Der elegante Beschlaghammer.

Rechte Seite: **Ein Hufschmied beim Abnehmen eines abgenutzten Eisens.**

Die Legende des hl. Eligius

Anonymer katalanischer Künstler, Altaraufsatz des hl. Sebastian, 15. Jahrhundert, Museo Arte Cataluña, Barcelona.

Eligius, ein ausgezeichneter Hufschmied und Virtuose seines Berufs, verstand sich darauf, in aller Öffentlichkeit sein Können laut zu preisen. So ließ er auf sein Werkstattschild schreiben: »Eligius, Hufschmied. Meister über alle.« Doch Jesus, der alles sieht, ließ sich davon nicht beeindrucken. Er nahm das Aussehen eines jungen Lehrlings an, wurde bei dem berühmten Meister vorstellig und bat diesen, ihn einzustellen. Selbstsicher und eifrig auf seinen Ruf bedacht, fragte Eligius seinen Schüler, was er denn könne. Dieser antwortete bescheiden, daß er so gut wie jeder andere Eisen schmieden und Pferde beschlagen könne. Da hielt ihm der Meister verärgert die Zange mit dem Eisen hin, das er soeben fertiggestellt hatte. Was der Lehrling davon halte? Gelassen erwiderte Jesus, daß dies zwar eine gute Arbeit sei, man sie jedoch gewiß noch besser machen könne. Eligius wurde rasend vor Wut und bestürmte seinen Gesprächspartner daraufhin mit Fragen. Die Antworten kamen schnell und sicher: Der Novize kannte den Beruf bis hin zu den Fertigkeiten, die erst die Erfahrung mit sich brachte... Erstaunlich! Doch Reden allein genügte ihm nicht! Nun wollte er ihn doch mal am Werk sehen! Eligius beauftragte den jungen Mann mit einer ganzen Reihe von Arbeiten, die sowohl Kraft als auch Fingerspitzengefühl erforderten. Alles lief wie am Schnürchen, ja sogar in einem fast magischen Tempo... als gelten für ihn andere Gesetze.

»Nun, mein Junge, beschlage einen Fuß des Pferdes, das vor der Werkstattür angebunden ist...«

»Gut«, sagte der Junge, »doch dazu brauche ich ein Messer.«

»Ein Messer? Wozu denn?«

Jesus hatte das auf einem Hackklotz liegende Schneidwerkzeug schon erspäht und an sich genommen.

»Nun ja, hierfür.«

Mit einem glatten Schlag schnitt er den Fuß des Tieres ab, trug ihn zur Werkbank, spannte ihn in den Schraubstock ein und paßte dem Huf das Eisen mit derselben befremdenden Schnelligkeit an. Dann setzte er den Fuß wieder am Bein des Tieres an und strich mit dem Daumen über die Stelle, an der eigentlich die Spur des Schnittes gewesen sein mußte. Doch dort war keine Wunde zu sehen.

Eligius möchte seinen Augen nicht trauen. Ihm war, als verlöre er den Verstand. Und genau das geschah. Eligius sah plötzlich rot und ergriff wie Jesus das Messer. Das Tier stieß ein schreckliches Stöhnen aus und brach blutüberströmt zusammen.

Der Hufschmied wurde ganz bleich. Er warf sich auf die Knie und rief: »Zu Hilfe, Jesus, mein Meister, ich bitte dich.« Jesus brachte den Fuß sogleich wieder am Tier an, half dem Hufschmied auf und hieß ihn, ihm zu folgen.

Noch in gleichen Augenblick nahm Eligius das verfluchte Schild ab, und – vom Hochmut geheilt – zog er los, um allen das Wort Gottes zu verkünden.

Er wurde Bischof von Noyen und Schatzmeister von Dagobert, bevor er schließlich heilig gesprochen wurde. Als Schutzpatron der hämmernden Berufe wird Eligius von den Goldschmieden und – aufgrund dieser beeindruckenden Legende – von den Hufschmieden verehrt.

Stützpunkte und Arbeitsbereiche

Es gibt bewegliche, leichte Werkzeuge, die vom Arbeiter dementsprechend betätigt werden. Der Winzer geht mit der Rebenschere in der Hand zu seinen Reben, der Förster mit der Hippe bewaffnet in den Hochwald. Der Metzger dagegen legt das Fleisch zum Entbeinen und Zerschneiden auf seine Fleischbank. Niemals wird man einen Schmied ohne seinen Amboß bei der Arbeit sehen. Ein Tischler arbeitet niemals ohne seine Werkbank mitsamt Klemmhaken und Spannvorrichtung. Zum Spalten von Holzscheiten und zum Hacken von Zweigen verwendet man einen Hackklotz. Dieser besteht aus einem dicken, auf dem Boden stehenden Baumstumpf oder einem kleineren, dreifüßigen Gestell. Zum Zersägen von Zweigen benötigt man einen Bock aus vier Holzteilen, die in der Mittelachse X-förmig verbunden sind.

Das Verwendungsprinzip all dieser Stützpunkte ist vergleichbar, wenn nicht gar identisch: das Werkstück zu tragen, auf welches das Werkzeug durch einen Schlag oder durch Druck einwirkt. Die Lebensdauer dieser Stützpunkte ist jedoch ganz unterschiedlich. Der Amboß und die Werkbank sind am langlebigsten. Die Oberfläche des hölzernen Hackklotzes wird nach und nach durch die kreuz und quer eingekerbten Schläge angegriffen. Dann muß dieser rustikale Gegenstand ersetzt werden. Der Hackstock des Metzgers – ein enorm dicker Tisch mit solide gefertigten Füßen – ist vorne mit Ringen versehen, durch die sie bewegt werden kann. Damit die Oberseite des Hack-

Die Werkbank und ihr Zubehör: Presse, Klemmhaken, Schraubstock.

stocks einen höheren Widerstand bietet, ist sie aus Holzquadern gefertigt, die senkrecht übereinandergelegt sind, so daß sie ein Schachbrett bilden. Dennoch nutzt sie sich ab, höhlt sich aus und verliert ihre Eigenschaft als ebene Fläche. Hierfür sind natürlich die Einkerbungen des Messers, die Schläge des Hackbeils, die Kratzer der Knochensäge verantwortlich, vor allem aber die allabendliche Bearbeitung mit dem Schaber, mit dem die tierischen Überreste entfernt werden, die das Holz sonst durchdringen könnten. Da der Metzger dieselben Arbeiten für gewöhnlich immer an derselben Stelle verrichtet, verwandelt sich die anfänglich ebene Oberfläche seines »Tisches« in eine Hügellandschaft. Die Arbeit wird dadurch nicht gerade erleichtert. Daher wird das schwere Möbel nun ganz einfach umgedreht, wodurch der vormals hintere Teil nun nach vorne zeigt. Die Dicke des Holzes, die mosaikartige Anordnung der härtesten Teile aus dem Kern des Baumstamms bilden eine Reserve. Eines Tages müssen die Bestandteile dieser Einlegearbeit erneuert und schließlich eine ganz neue Platte angefertigt werden.

Eine alte französische Tradition schrieb vor, daß die Tischler ihre Werkbank nicht kaufen, sondern selbst in den benötigten Proportionen und Maßen anfertigen sollten.

Verschiedene Hämmer

Schlagen, einschlagen, brechen, zusammendrücken: Das sind seine Funktionen. Der Hammer ist ein Werkzeug von so elementarer Form und Bauart, daß selbst ein blutiger Anfänger errät, wie man ihn benutzt, noch bevor er ihn in die Hand genommen hat. Der Holzstiel dient als Hebel, eine Metallmasse bildet ein Projektil, das nach vorne geworfen, gesteuert, geführt wird.

Wie darf man sich die Vorgängermodelle zum Hämmern oder Schlagen vorstellen: Ein zu kleiner, zu leichter Stein, der in der Hand gehalten wird, ist nicht gerade wirksam; ein Ast bietet den Vorteil, daß er lang ist und die Hebelwirkung genutzt werden kann, doch wird dem Benutzer aufgrund des großen Durchmessers eine enorme Anstrengung abverlangt. Ein großer Stein, der auf den zusammenzudrückenden oder einzuschlagenden Gegenstand geworfen wird, wirkt zwar aufgrund seines Gewichtes, doch kann ihm keine exakte Richtung gegeben werden. Der leichtere, präzisere Hammer, der eine Wiederholung der Bewegung erlaubt, verkörpert die Synthese dieser verschiedenen, teils widersprüchlichen Erfordernisse. Er vereinigt das jeweils Beste der verschiedenen Vorgehensweisen, wobei er auf das Übrige verzichtet.

Die Länge des Asts entsprach zwar einer richtigen Berechnung, doch war sein Gewicht viel zu hoch. Deshalb wurde er im Verlauf dünner, wodurch allmählich das richtige Verhältnis zwischen Länge, Gewicht und Solidität erzielt wurde. Der schwere Stein mit dem ungenauen Aufschlag und der nur mühsam zu betätigenden Masse wurde durch einen wesentlich dichteren Metallblock ersetzt.

Bis vor kurzem spielte die Zeit zur Durchführung einer Aufgabe fast keine Rolle. Die früheren Handwerker waren von der Mentalität der Epoche geprägt und nicht darauf aus, einen möglichst hohen Ertrag innerhalb einer Arbeitsstunde zu erzielen. Warum sollte man also zwanzig Schläge mit einem leichten, gut handzuhabenden Werkzeug den drei Schlägen mit einem schweren, mühsam hochzuhebenden, ungenauen Gegenstand vorziehen?

Innerhalb der breitgefächerten Palette an Werkzeugen ist der Hammer ein sehr schönes Beispiel für die Diversifizierung. Ein Handwerker käme niemals auf die Idee,

sich für die Ausführung der in seinem Beruf erforderlichen, speziellen und zugleich ständig wiederholten Arbeitsgänge mit einem Universalhammer abzufinden, zufriedenzugeben. So richtet man also den Hammer gemäß seiner Bedürfnisse entsprechend zu. Die Suche nach Wirksamkeit, Präzision und Bequemlichkeit führt zwangsläufig zur Erfindung von unzähligen Variationen hinsichtlich Form, Gewicht und Größe.

Dennoch kam man nie vom T-förmigen Umriß ab. Die Spezialhämmer behielten alle Merkmale des ersten Hammers bei: einen Metallkopf, in dessen Loch (oder »Auge«) das Ende eines Holzstiels befestigt wird. Diese Verbindung von zwei Materialien ist auch Teil der Definition des Werkzeugs, das wir als Hammer bezeichnen. Die Einfügung eines Materials in das Herz des anderen Materials durch die im Werkzeugkopf angebrachte Öffnung ermöglicht ein Dämpfen der Vibrationen, die für den Arm und die Schulter dessen, der den Hammer betätigt, noch eine zusätzliche Belastung darstellen.

Vor der Entdeckung des Metalls sind Menschen auf die Idee gekommen, je nach ihren Erfordernissen einen Stein an einem Stiel festzubinden, indem sie zwei Holzzweige um den Werkzeugkopf banden oder einen Kieselstein in das als Anschlag dienende Ende eines Stiels steckten. Die Befestigung wurde durch ein Rohrgeflecht oder eine Schnur erzielt, die mehrmals verkreuzt außen herum gewickelt wurde. Die Befestigungsvorrichtungen wurden zusätzlich, falls nötig, durch Beifügung von Harz oder Gummi in Position gehalten.

Die Bahn ist der schlagende, breitere Teil des Hammers, die Pinne der dünnere. Beobachtet man einen Fliesenleger bei der Arbeit, so kann man sehen, daß der Stiel seines Hammers nur einen Griff darstellt, der mit der Hand umfaßt wird. Manchmal nutzt der Handwerker den Schwung aus, der durch die Metallmasse des Hammerkopfes erzeugt wird, und schlägt mit dem Ende des Stiels leicht auf die Fliese, die eingesetzt werden soll. So erfüllt das Werkzeug noch eine dritte Funktion. Das Holz des Stiels muß sowohl elastisch als auch widerstandsfähig sein. Heutzutage bestehen die Stiele aus Hartriegel, Hickory oder aus Esche.

Die Menge der Hämmer ist so vielgestaltig wie die menschliche Spezies.

Kultisch verehrte und mit Blumen geschmückte Hämmer anläßlich eines Festes in Indien.

Im Laufe der Zeit hat sich die Form des Hammerauges verändert. Früher war es rund oder oval, dann wurde es viereckig. Bis man bemerkte, daß diese Form die Verbindung von Eisen und Holz schwächte. Daher entwickelte man eine Aushöhlung mit zwei parallelen Seiten, welche durch Halbzylinder miteinander verbunden sind. Eine Ausweitung der Aushöhlung nach oben hin ermöglicht es, am oberen Teil des Stiels einen Sicherheitskeil einzuschlagen, der das Holz im Eisen blockiert und dem Arbeiter so die Gefahren oder Unannehmlichkeiten eines sich lösenden Stiels erspart.

Lange Zeit wurde der Werkzeugkopf aus verstähltem Eisen gefertigt, das heißt, nur die beiden »schlagenden« Enden bestanden aus Stahl und waren an den Eisenkern angeschweißt. Später ging man zur Herstellung von Hämmern mit massiven Stahlköpfen über. Verschiedene Edelstahlsorten (mit Kohlenstoff oder Bor) ermöglichen heute die Fertigung von Werkzeugen, die den mittelalterlichen Handwerkern wohl als magische Gegenstände erschienen wären: Sie würden zwar die Form wiedererkennen und die Verwendung begreifen, doch wären sie höchst erstaunt, daß Pinne und Bahn niemals gewartet oder nachgeschmiedet werden müßten. Die Chemie des Metalls bewirkt, daß der äußere Eindruck täuscht: Der heutige Hammer ähnelt dem ehemaligen Hammer wie ein Ei dem anderen; von der Form her ist seine Beständigkeit, seine ewige Haltbarkeit nicht erkennbar.

Der Schmied, der Schlosser und der Blechschmied verwenden mehrere Arten von Hämmern. Die gröbsten, die sogenannten schweren Vorschlaghämmer oder auch Schmiedehämmer, können zwischen drei und zehn Kilogramm schwer sein. Sie werden mit beiden Händen gehalten. Die Form ihres Kopfes ist sehr einfach und besteht nur aus einem Metallquader. Daneben gibt es die Fäustel, von denen die leichtesten Exemplare 800 Gramm wiegen. Noch leichter sind der Bankhammer (um die 700 Gramm) und der nur rund hundert Gramm schwere Schlosserhammer.

Die Eisenhandwerker benutzen Werkzeuge, die formal alle Merkmale des Hammers aufweisen (quer bestielter Eisenkern, der auch eine Pinne aufweist), die jedoch eigentlich einer ganz anderen Familie angehören. Ihr metallischer Teil, der auf das erhitzte Metall aufgesetzt und mittels des Stiels in Position gehalten wird, wird mit dem Vorschlaghammer geschlagen. Die Gesenkoberseite dient dazu, das Metall zu einem Hohlprofil zu formen; das Kerbeisen bildet sein Gegenstück für Reliefprofile. Mit Hilfe des Abschrotmeißels spaltet der Arbeiter das Metall, mit dem Stößelgesenk kann es durchbohrt werden. Die verschiedenen Setzhämmer (gerader Setzhammer, Setzeisen) werden für die Endbearbeitung verwendet. Mit ihnen bearbeitet man ebene Oberflächen.

Der Hufschmied hat seinen speziellen Hammer immer in Reichweite liegen. Der Hufschmiedehammer ist relativ leicht (weniger als drei Kilogramm), da er mit nur einer Hand betätigt werden muß, während die andere Hand das auf dem Amboß liegende Eisen hält. Er scheint ursprünglich aus einem Gebiet zu kommen, in dem die Geometrie der Krümmungen vorherrscht: Dieser Hammer verweigert, ja flieht jegliche geraden Linien und Kanten. Der hintere Teil ist rund, die Seiten gewölbt, die ovale Bahn abgerundet. Sogar der Stiel weist eine Biegung nach vorne hin auf. Der Metallkern ist keineswegs symmetrisch zum Bestielungsauge hin angebracht, sondern ist nach vorne versetzt. Greift man den Hufschmiedehammer am Ende seines Stiels, so kann man eine sehr lehrreiche Erfahrung machen: Das nach dem Ungleichgewichtsprinzip gebaute Werkzeug scheint über eine Eigendynamik zu verfügen. Es zwingt seinen Benutzer geradezu, die Geste des Schlagens auszuführen.

Mit dem Beschlaghammer werden die Nägel in die Hornkapsel des Pferdehufs geschlagen. Er besitzt einen langen, geraden, zylindrischen Stiel; der reduzierte Metallteil eignet sich gut für diffizile und präzise Arbeiten. Eine Variante des Beschlaghammers sieht aus wie eine Miniatur des Vorschlaghammers. Eine andere weist eine wie ein Raubvogelschnabel nach unten gebogene Pinne auf; sie ist in der Mitte gespalten und dient so als Nagelzieher, mit dem eine ungeschickte Bewegung korrigiert werden kann.

Doch das Metall wird nicht nur aus rotglühenden Barren hergestellt. Der Kupferschmied, der Blechschmied und der Wagner formen Metall, das in Bögen oder in Platten geliefert wird. Hierfür verwenden sie unzählig viele verschiedene Hämmer.

Der kleinste von ihnen hat einen kurzen Stiel, einen runden oder auch viereckigen Kopf und wird für Präzisionsarbeiten verwendet.

Die schwereren, massiveren Schlichthämmer weisen gewölbte Bahnen auf, wodurch keinerlei Gefahr besteht, daß auf dem Metall Spuren hinterlassen werden, wie es bei einem gewinkelten Eisen der Fall wäre.

Der Glanzhammer vollendet die Arbeit: Dank seiner gut geglätteten Bahnen können die Spuren gröberer Werkzeuge beseitigt werden. Sieht man einem Kupferschmied oder einem Blechschmied bei der Arbeit zu, so wird man sich bald darüber klar, daß ihre Arbeit nicht nur darin besteht, einer Metallplatte eine bestimmte Form zu verleihen, indem auf einem einfachen Metallstützpunkt auf diese Metallplatte geschlagen wird, oder sie in eine »Form« einpaßt wird, deren Konturen sie dann annimmt.

Einen erheblichen Teil seiner Arbeitszeit verbringt der Handwerker damit, die von den Hammerschlägen hinterlassenen, immer kleiner werdenden und enger

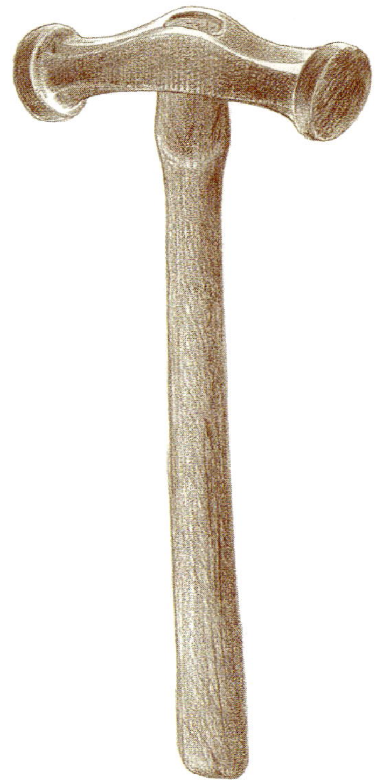

Zwei gleichartige Pinnen sind durch einen Bogen miteinander verbunden … welch elegante Konstruktion!

Da hörte Elis, wie aus noch tieferm Schacht ein Klopfen heraustönte, als werde mit dem Puchhammer gearbeitet. Da er wohl wußte, daß außer ihm heute niemand herabgefahren, so wollte ihm das Pochen und Hämmern ganz unheimlich bedünken. Er ließ Handfäustel und Eisen ruhen und horchte zu den hohl anschlagenden Tönen, die immer näher und näher zu kommen schienen.

E.T.A. Hoffmann, Die Bergwerke zu Falun

beieinanderstehenden Kanten einzudrücken. Diese sehen aus wie Facetten, wie Maschen eines Netzwerks (heute noch auf einigen Töpfen aus Rotkupfer sichtbar), die es nun nach und nach auszumerzen gilt, bis schließlich eine glatt aussehende Oberfläche entsteht. Schneidet man die senkrechten Kanten eines Holzwürfels nach und nach ab, so erhält man schließlich einen Zylinder.

Der Austiefhammer ermöglicht es, durch Schlagen von der Innenseite her Austiefungen im Metall zu erzeugen. Er kann die verschiedensten, auf das Profil oder die Größe des zu fertigenden Gegenstandes abgestimmten Formen aufweisen.

Mit einem Spezialhammer, der über einen einzigartig abgerundeten Kopf verfügt, kann der Metallbogen von außen her auf einer Kugel gehämmert werden.

Der Schellhammer ist ein Werkzeug zum Vernieten. Sein Kopf ist rund, seine längliche Pinne weist ein zylindrisches Loch auf, in das die Metallspindel eingeführt wird, deren überstehender, eingedrückter Teil dann den Kopf der Niete bildet.

Der Klempner verwendet zum knieförmigen Biegen und zum Anschließen der Bleirohre Klöpfel aus Holz und aus Gummi, die die Oberfläche des äußerst biegsamen Bleis nicht beschädigen können. Für Aufgaben, die Kraft erfordern, schwingt der Klempner einen Klöpfel aus gewickeltem und verklebten Schweinsleder.

Arbeitet der Klempner auf der Straße oder im Hof eines Hauses, so reiht er immer seine Buchsbaum-Spannhämmer mit viereckigem, abgeflachtem oder ovalem Querschnitt auf der Platte seiner Werkbank auf. Ihr Stiel ist gegenüber dem »schlagenden« Teil des Werkzeugs nur leicht angewinkelt, damit die Finger des Arbeiters zwischen dem Stiel und dem zu schlagenden Gegenstand genügend Platz finden.

Ein einfacher Blick auf dieses Werkzeug läßt uns weite räumliche und sicherlich auch zeitliche Entfernungen durchschreiten: Gleicht seine Form nicht haargenau der von ozeanischen Tapaschlegeln? Überall gibt es ähnliche Antworten der handwerklichen Erfindungen für spezielle Erfordernisse.

Der Mechaniker verwendet außer dem klassischen Hammer den leichten Niethammer, dessen Pinne vom Stiel ausgehend nach oben gebogen ist. Der Wagner greift zum sogenannten Justierhammer, dessen Pinne die Form einer Halbkugel aufweist. Handelt es sich dagegen um die Justierung empfindlicher Motorteile, so verwendet der Handwerker einen bestielten Bleihammer, um diese in Position zu bringen. Doch nun dreht sich das ungeschriebene Gesetz um, wonach das Material des Werkzeugs widerstandsfähiger sein soll als das zu schlagende Werkstück: Der Handwerker muß die durch den Gebrauch angegriffene Bleioberfläche immer wieder in Form bringen.

Die Hämmer des Ziseleurs und des Graveurs verdanken die Form ihres Schafts – eine flache, kleine Metallscheibe – der Tatsache, daß der Stichel gut sichtbar sein muß und der Schlag auf jeden Fall gelingen muß. Ihre Form verleiht ihnen eine höchstmögliche Schlagpräzision.

Die Bearbeitung von Stein unterliegt einem unwiderruflichen zeitlichen Ablauf. Der Fluß fließt nicht stromaufwärts zur Quelle hin, und ebensowenig kann man übergangslos vom »Groben« zum »Feinen« übergehen. Zu Beginn der Arbeiten sind in den Händen des Steinbrechers die riesigen Treibfäustel, die Steinbohrer zu sehen, mit denen die Steinblöcke ausgelöst werden können. Der Schlegel des Straßenwärters reduziert die Steine und die Kiesel zu Splitt. Er weist eine charakteristische Form auf: ein kompletter Kopf sowie ein flexibler, langer Stiel aus Haselnußholz. Das berühmte Gemälde von Courbet – 1945 im Zweiten Weltkrieg verbrannt – zeigt Steinklopfer bei der Arbeit, die sich mit einfachen Leinenhüten vor der stechenden Sommersonne schützen.

Schrot- und Brechhammer dienen dazu, den Stein zu schneiden. Flacheisen, Kämme, gezahnte Scharrierhämmer ermöglichen es, die Oberfläche zu glätten. Für die letzten, schwierigsten Arbeitsgänge werden der runde Bildhauerklöpfel, mit dem auf das Werkzeug geschlagen wird, sowie der schwere Holzhammer verwendet, dessen Holz ein ausgezeichneter Stoßdämpfer ist.

Die Verschiedenartigkeit der Funktionen, die der Hammer des Schieferdeckers erfüllt (Nägel ziehen, Schiefer zuschneiden, behauen, Nägel einschlagen), läßt uns von einem Vielzweckwerkzeug träumen, das von dessen Leichtigkeit und solider Bauart inspiriert ist.

Ein Überlebender längst vergangener Zeiten ist der Mühlenhammer: Er wird verwendet, um die Schleifscheiben zu schärfen und besteht aus einer einfachen,

Kuhfuß und Hammer sind an einem Stiel miteinander befestigt.

Die Form des Beschlaghammers weist auf eine feine Arbeit hin.

flachen Stahlklinge in Form einer Spitzhaue, die auf rudimentäre Art und Weise in das rechteckige Loch eingeführt ist, das im aufgeblähten Kopf einer großen Keule, seines Stiels, angebracht ist. Dieses Bestielungssystem ist wohl im Zuge der Metallgewinnung erfunden worden: Obwohl einfach in der Herstellung, widersteht es mehreren gewaltsamen Schlägen zumeist nicht.

Beim Bau verwendet man verschiedene Arten von Hämmern: Einige weisen eine oder zwei Spitzen auf – wie der Brechhammer –, andere wiederum verfügen über eine oder zwei Pinnen. Die Hämmer des Fliesenlegers sind Abkömmlinge der obengenannten Werkzeuge, jedoch sind sie viel leichter, um so der Feinheit des Materials Genüge zu tun: Zerbrechlichkeit verpflichtet.

Viele Häuser – in den vergangenen Epochen sogar die meisten – sind aus Holz gebaut: Solange der Nagel noch nicht weit verbreitet war, verwendete man den Klöpfel, mit dem man Dübel in die Löcher der Balken eintreibt, um die Dachstuhl-, Schreiner- oder Kunstschreinerprodukte aneinander zu befestigen. Eine Kiste oder ein Schrank wurden nach denselben Prinzipien wie ein Haus gebaut.

Natürlich weisen viele Hämmer der Holzarbeiter eine kuhfußartig gespaltene, gebogene Pinne auf: man nennt ihn Nagelzieher. Außerdem sind viele Hämmer ihrer Form nach an eine spezifische Funktion angepaßt. Der Hammer des Schalungssetzers ermöglicht es dank seiner geschliffenen Pinne, die auf den Brettern verbleibenden Zementreste abzukratzen, so daß diese wiederverwendet werden können. Der Latthammer des Zimmermanns (der an einem U-förmigen Haken am Gürtel des Handwerkers befestigt ist) weist eine einfallsreiche Vorrichtung auf: Am oberen Teil des Schafts wurde eine Rinne in Form eines Nagels angebracht. So kann der Handwerker mit nur einer Hand einen Nagel an der richtigen Stelle einstechen, bevor er ihn dann mit großen Schlägen eintreibt. Die Zimmerleute verfügen auch über Handbeile und Dechseln (mit Nagelzieher in Form eines in den flachen Teil der Klinge eingeschnittenen Schlüssellochs), deren Schaft als Hammer dient. Diese Werkzeuge mit Doppelfunktion sind wertvolle Hilfen: So muß sich der Handwerker nicht mit allzu vielen Werkzeugen beladen. Zudem kann er ohne Unterbrechung, mit einer Hand, von einem Arbeitsgang zum nächsten übergehen. Die andere Hand hält die zusammenzufügenden Teile fest.

Doch es gibt auch angrenzende Berufe, wie den des Verpackers, der die Kisten herstellt, und den seines Kollegen, der die Kisten auseinanderbaut, um sie zu öffnen. Sie bedienen sich eines Werkzeugs, das ganz aus Stahl ist, und das gleichzeitig als Hammer, Nagelzieher und Flachmeißel dient, der zwischen die Bretter eingeführt wird, um so eine Hebelwirkung zu erzielen. Eigenartigerweise besteht dieses Werkzeug aus einer Stahlspindel in Form einer Haarnadel (oder eines an den Enden zusammengedrückten U), die den Kopf des Hammers bildet, und die sich am Ende des Stiels verjüngt und zu einem gebogenen, gespaltenen Kuhfuß wird. Hier wurde auf die zwingende Verbindung zwischen Metall und Holz verzichtet. Das rührt daher, daß dieser Hammer nicht permanent verwendet wird (wie bei der Arbeit des Kupferschmieds oder des Goldschlägers): Vielmehr werden die Arbeitsgänge im Wechsel durchgeführt, wodurch die Rückschlagwirkung des Werkzeugs beträchtlich verringert wird.

Der Hammer des Polsterers könnte als »Stelzvogel« seiner Gattung bezeichnet werden. Die runde Bahn

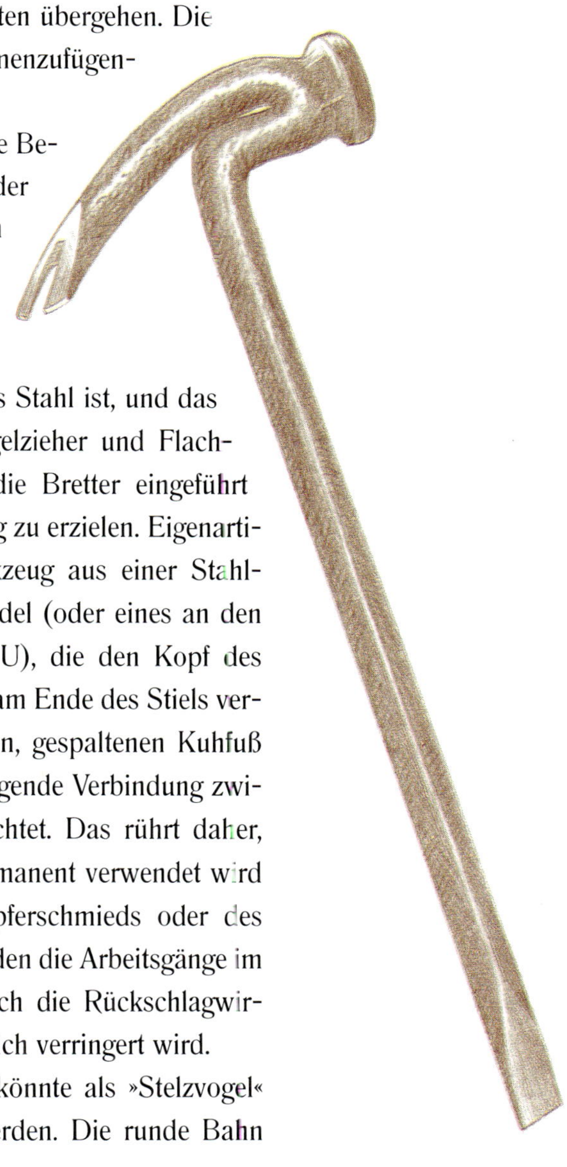

Mit dem Metallhammer können Nägel herausgezogen und Bretter angehoben werden.

Dieser Hammer wird für Metallarbeiten verwendet.

mißt einen guten Zentimeter im Durchmesser. Der Kopf ist leicht nach vorne gebogen und gespalten, so daß die Polsternägel und -drähte bequem ergriffen und herausgezogen werden können. Der obere Teil des Stiels ist verstärkt. Dies ist eine der Methoden, die entwickelt wurden, um der Zerbrechlichkeit eines Werkzeugs mit langem Stiel entgegenzuwirken, das einen sauberen und schnellen Schlag ausführen soll. Seine Flächen sprechen für sich: Ihre Feinheit verrät die Anwendung in einem diffizilen Arbeitsbereich. Ihre Abrundungen bewahren den Handwerker davor, das Holz eines Stilmöbels zu verkratzen oder abzuschaben. Der Hammer zum Rahmen, der zumeist auf einer waagerechten Fläche eingesetzt wird, weist eine Besonderheit auf: Sein Kopf hat im Querschnittprofil die Form eines Trapezes. Wird der Hammer entlang der flachen Oberfläche betätigt, so verleiht der nach oben gebogene Stiel der Hand viel Bewegungsfreiheit.

Der Bodenhammer ist ein Klöpfel des Böttchers. Er weist eine flache Form, einen langen, flexiblen Stiel auf und wird für einen ganz bestimmten Arbeitsgang verwendet: Den Spund eines Fasses durch Schlagen auf die gelochte Daube rund um die Öffnung herum herauszuschlagen.

Unten: **Indem man mit dem Hammer auf das Gesenk schlägt, wird dem weichen Eisen seine Form verliehen.**

> Er hämmerte Schiefer zurecht und nagelte sie fest so angstvoll hastig, als nagelte er den Weltenbau fest, der sonst einstürzen müßte in der nächsten Viertelstunde.
>
> **Otto Ludwig, Zwischen Himmel und Erde**

Der Beilhammer des Försters besitzt zwei unterschiedliche Seiten: Auf der einen Seite befindet sich das Blatt eines kleinen Beils, mit dem der Stamm des ausgewählten Baumes auf einer kleinen Fläche entrindet werden kann; auf der anderen Seite weist der Schaft des Werkzeugs eine Reliefmarkierung mit dem Anfangsbuchstaben oder dem Signum des Besitzers auf, die eine Prägung im Holz hinterläßt. Dieses Werkzeug ist einerseits ein Symbol für die Macht des Besitzers (ob es sich nun um den Staat, die Gemeinde oder um eine Privatperson handelt) und andererseits ein ungemein praktischer Gegenstand. Von daher kann der Beilhammer des Försters mit dem Messer des antiken Opferpriesters verglichen werden, vielleicht auch mit dem Beil des Liktors, im Gegensatz zu den Streitkolben der Herolde oder zum zeremoniellen Beil in Neuguinea, die zu Zeichen, zu Zeptern geworden sind.

Die Form des Hammers, mit dem der Bauer das Blatt seiner Sense dengelt, um diese vor dem Schärfen geradezurichten, unterliegt der persönlichen Wahl, der Gewohnheit, der örtlichen oder regionalen Tradition. Diese Hämmer haben im allgemeinen relativ kurze Stiele, ihr Kopf kann entweder eine Bahn und eine Pinne oder zwei Pinnen aufweisen; ihr Profil kann ganz klassisch sein, mit einem Ungleichgewicht zugunsten einer der Wirkflächen, wodurch die Wirkung des Gewichts voll ausgenutzt werden kann; es kann jedoch auch die Form eines Kreisbogens über einem geraden Sockel aufweisen.

Man darf mit Recht behaupten, daß der elegante Hammer des Schusters – selbst wenn er nicht verziert ist – alle Augen auf sich zieht. (A propos, wer weiß denn schon, ob die Berufung eines Handwerkers nicht durch die Faszination für die – friedvolle oder bedrohliche – Schönheit eines Werkzeuges ausgelöst wurde? Unabhängig von der Symbolik für Macht, Männlichkeit, Sieg über das Material…). Der Stiel ist relativ kurz und für eine Arbeit aus kurzer Distanz geeignet. Da die Geschicklichkeit wichtiger ist als die

Kraft, ist der Kopf relativ leicht; er hat die Form eines Kreisbogens. Auf einer Seite weist er einen runden, leicht gewölbten Schaft auf, mit dem Nägel eingeschlagen werden können; man kann damit auch auf das Leder schlagen, um es geschmeidig zu machen, es zu strecken oder zu glätten. Auf der anderen Seite dieses Hammers befindet sich die nach oben gebogene, breiter werdende Pinne: Diese Form ermöglicht es dem Schuster, das Innere des Schuhs zu bearbeiten. Die Nagelhämmer, die ebenfalls vom Schuster verwendet werden, haben einen gedrungenen Kopf und zwei runde Pinnen, die Rillen aufweisen, wodurch ein Abrutschen des Werkzeugs vom Nagel verhindert wird.

Wenn der Austiefhammer des Kupferschmieds mit seinem langen, auf einer Seite in einer Stahlkugel auslaufenden Kopf etwas ganz Besonderes darstellt, so erinnert der des Goldschmieds an einen metallischen Zuckerhut, an dessen unterem Ende ein Stiel befestigt ist. Seine Bahn ist rund und flach, der Rand angehoben. Der Stahl kommt nicht direkt mit dem wertvollen Metall in Berührung. Dieses wird zwischen zwei sehr glatte Brettchen aus hartem Holz oder, einer anderen Methode zufolge, zwischen zwei Bögen Pergamentpapier gelegt. Der Hammer dient zur Herstellung von Blattgold, das von Rahmenmachern, Buchbindern sowie Vergoldern von Architekturmotiven, Skulpturen oder Schmuck verwendet wird. Diese Blättchen sind so fein, daß sie schon fast durchscheinend sind, so zerbrechlich, daß man sie, ohne zu berühren, mit einer elektrostatisch aufgeladenen Bürste aus ihrem Heft entnimmt. Die Bearbeitung jedes viereckigen, einige Zentimeter langen Blättchens erfordert hunderte von Hammerschlägen. Am Ende des Arbeitstages sammelt der Goldschmied die winzigen, wertvollen, zu Boden gefallenen Teilchen sorgfältig auf.

Die Gattung der Hämmer vereint äußerst vielfältige Formen, die man innerhalb eines Arbeitslebens niemals alle gebrauchen wird. Diese Werkzeuge sind auf ungleiche Weise in den verschiedenen Werkstätten von Handwerkern verteilt. Bei einigen Berufen handelt es sich um nur wenige Exemplare, die sich allein von der Größe her unterscheiden. Für komfortablere Arbeiten wählt der Handwerker denjenigen Hammer aus, der der jeweiligen Aufgabenstellung am besten entspricht. Dies gilt insbesondere für den Schuster, den Tischler, den Hufschmied und den Goldschmied. Die Kupfer- und die Messingschmiede bewahren dagegen über ihren Ambossen eine ganze Reihe an verschiedenen Hämmern auf. Der Grund für diese Fülle ist ganz einfach: Sie verwenden keine »Universalwerkzeuge«, sondern ganz spezielle Werkzeuge. Denn diese dienen nicht dazu, einfach ein Teil in ein anderes einzuschlagen, sondern sollen dem Metall Schlag für Schlag eine bestimmte Form verleihen. Am Ende haben alle Hämmer aus der Werkzeugpalette dazu beigetragen, den Metallbehälter zu formen; sie sind wie Schauspieler auf der Bühne abwechselnd und doch zusammenwirkend in Aktion getreten.

Man beobachtet mitunter, daß die Handwerker, wenn sie ihren Hammer zur Hand nehmen, ganz automatisch mit dem Stielende senkrecht auf ihre Werkbank schlagen, um zu überprüfen, ob der Kopf richtig mit dem Holz des Stiels verbunden ist. Für diffizile Arbeiten verwendet man Werkzeuge mit einem Kopf aus gehärtetem Gummi oder aus Kunststoff, Schlegel aus Kupfer oder Blei, Klöpfel aus Horn oder mit Lederumwicklung. Da der Holzklöpfel, der sich schnell abnutzt, so lange wie möglich das Gleichgewicht seiner beiden Teile bewahren sollte, empfahlen einst Baumeister den Bildhauern, den Stiel ihres Werkzeugs nach jedem Schlag in ihrer Hand zu drehen.

Oben: **Der Hammer des Schusters erfüllt eine doppelte Funktion.**

Unten: **Das Stadtwappen von Rethel stellt drei goldene Rechen dar.**

Werkzeuge im Wappen

Unter dem Ancien Régime gab es in Frankreich Familien oder Städte, die über keine traditionellen Wappen mit Lilien oder Löwen verfügten. Daher schmückten sie sich mit heraldischen Symbolen, die durch Wortspiele entstanden: Beispielsweise wurden Werkzeuge verwendet, deren Bezeichnung dem Klang des Namens der Stadt ähnelte. Diese »anschaulichen Wappen« waren keineswegs weniger wert, die Hauptsache bestand darin, dieses »Originalitätszeichen« vorweisen zu können.

So konnte man folgende Wappen finden:

Drei Hämmer (Marteaux) für die Stadt Martel,
Drei Rechen (Râteaux) für die Stadt Rethel,
Drei Klöpfel (Maillets) für Mailly,
Eine Säge (Scie) für Siret,
Eine Egge (Hirse) für Hersart,
Drei Breitbeile (Doloires) für Renty,
Und Stockscheren (Forces) für Hautefort.

Das Hauen von Feilen und Raspeln

Die Fertigung einer Feile – dieser Gegenstand besteht aus gehärtetem Stahl – scheint eine Herausforderung des Unmöglichen zu sein: Wie sollte man ein Metall bearbeiten, das selbst stärker als Eisen ist?

Der Werkzeugmacher ist ein Fachmann für das optimale Aufeinandertreffen verschiedener Materialien. Doch existiert kein Material, das ideal für die Herstellung aller möglichen Werkzeuge wäre. Form, Gewicht, Dichte und Struktur müssen miteinander kombiniert werden, um so die größtmögliche Effizienz für die jeweilige Aufgabe zu erbringen. Instinktiv vermeidet der Mensch Mühe und Risiko: Er wird niemals zu einem schweren Treibfäustel greifen, um eine Nußschale zu zerbrechen. Der Korbflechter zieht das Buchsbaumholz, das die Weidenruten spaltet, ohne sie einzuschneiden, dem schneidenden Metall vor. Ein am Ende abgeflachter Knochen reicht vollkommen aus, um die Rinde der Eiche anzuheben. Der Holzfäller pflegt und bewahrt sorgfältig seine aus Hartholz gefertigten Keile auf, die weniger gefährlich in der Handhabung sind als Eisenkeile. Mit einem über Sand gleitenden Stahldraht schneidet der Marmorschleifer mit einer Engelsgeduld den Granitblock. Nur das Stahlrädchen und der Diamant ritzen die glatte Oberfläche von Fensterglas ein. Eine Dechsel mit Bronzeblatt kann genügen, um den weichen Kalkstein zu behauen…

Der Mensch verwendet im Kampf gegen die Materialien auch noch andere Verbündete: die chemischen Produkte (Säuren, die das Kupfer angreifen), die Hitze (die Blei zum Schmelzen bringt und Eisen weich macht), das Wasser (das bei den Gerbern über die Tierhäute rieselt), die Kälte (die einfache Berührung mit einer kalten Eisenzange bricht die Verbindung zwischen dem Fuß des Weinglases und dem Blasrohr des Glasbläsers sauber ab).

Die Herstellung von Feilen ist ein anschauliches Beispiel für den Kampf Metall gegen Metall; dieser wird durch einen einfallsreichen Prozeß zugunsten der Feile entschieden: Erst in der letzten Phase wird der Feile ihre Härte verliehen. Nach dem Härten ist es nicht mehr möglich, das Metall einzukerben.

Bevor die Stahlstange in die Hand des Feilenhauers gelangt, wird sie so geschmiedet, daß die Grundform des gewünschten Werkzeugs von rundem, dreieckigem, oder flachem Querschnitt und von gewünschter Länge bereits erzielt wird. Besonders die Angel – die Spitze, die in den Werkzeugstiel eingeführt wird – wird so zurechtgehämmert, daß sie viereckig ist und sich zum Ende hin verjüngt.

Die geduldige Arbeit des Feilenhauers kann nun beginnen: Zählt man die feinen, auf die zwei oder drei Seiten der Feile geprägten Schneiden, so glaubt man den Handwerkern nur allzu gerne, wenn sie erklären, daß für die Fertigung einiger Feilen zweitausend Hammerschläge vonnöten sind.

Meißel des Feilenhauers.

Vorhergehende Doppelseite:

Ein Miniatur-Freifallhammer, das Werkzeug des Feilenhauers.

Die Ausrüstung dieses Handwerkers ist nicht sehr umfangreich. Sie umfaßt einen Stütz- oder Auflagepunkt, einen Klotz, einen Spezialhammer sowie eine Sammlung an kleinen Meißeln.

Der Klotz besteht aus einem zylindrischen Holzsockel, der die notwendige Höhe gewährleistet. Er wird von einer quaderförmigen Metallplatte bedeckt, die für Stabilität sorgt. Auf der Oberseite befindet sich eine dicke Holzplatte, in der eine Rinne aus weichem Metall angebracht ist, in die der Handwerker die Feile einlegt. Diese wird durch zwei um jedes Ende gewickelte Ledergurte in Position gehalten, deren untere Schlinge wie ein Steigbügel mit dem Gewicht des Arbeiterfußes belastet wird.

Das Werkzeug, das der Feilenhauer verwendet, ist ein bizarr anmutender Hammer, dessen Kopf eher an einen schweren Barren als an gewöhnliche Metallklötze erinnert. Der dicke, viereckige Teil des Stiels befindet sich, je nach Gebrauch, machmal vorne, manchmal hinten. Bemerkenswert ist weiterhin die Befestigung des Stiels am hinteren Teil der Pinne. Zudem weist er eine charakteristische Krümmung in Richtung des schlagenden Teils auf und ist zugleich ein gutes Beispiel für diejenigen Werkzeuge, deren Form, Ungleichgewicht, Dynamik sogleich für sich sprechen. In diesem Punkt ist der Hammer des Feilenhauers mit dem Hufschmiedehammer vergleichbar, wenn er auch wesentlich beeindruckender ist. Wird er am herabhängenden Arm gehalten, zwingt er diesem eine solch große Spannung auf, daß umgehend ein Reflex erfolgt, mit dem der Hammer von vorne nach hinten geschwungen wird. So ist er in der Lage, jede Schneide der Feile kantig – fast möchte man sagen aggressiv – durch einen Schlag in Richtung des Körpers einzuprägen.

Gewicht und Form dieses Hammers haben zur Folge, daß weder Schwung noch große Bewegungen vonnöten sind: Für die Arbeit des Feilenhauers ist im Gegensatz zu der des Glasbläsers oder des Zimmermanns nur ein kleiner Raum notwendig.

Das Werkzeug, auf das mit dem Hammer geschlagen wird, ist ein einfaches Stück gehärteter Stahl, das keinen Stiel aufweist. Der Meißel dient dazu, die feinen Rillen der Feilen anzubringen. Er hat die Form eines gleichschenkligen Dreiecks, dessen Basis die Schneide darstellt. Auf der entgegengesetzten Seite befindet sich eine Verbreiterung in Form eines großen Nagels: der Meißelkopf. Die Meißel sind je nach Form und Abmessung der Feilen sehr unterschiedlich.

Die halbrunde Feile weist auf einer Seite ein flaches, auf der anderen Seite ein konvexes Profil auf. Die Vierkantfeile ist, wie der Name des Werkzeugs schon andeutet, eine Feile mit viereckigem Querschnitt. Die Feile mit drei Kanten wird als Dreikantfeile bezeichnet. Die kleine Rundfeile hat schließlich die Form eines sich

zum Ende hin leicht verjüngenden Zylinders. Die Feilen werden nach ihrer Form benannt und spalten sich, innerhalb dieser Kategorien, in Unterkategorien auf, die durch die Größe ihrer Rillen festgelegt werden: Packfeile, grobe Feile, Halbschlichtfeile, Schlichtfeile.

Die Feilen dienen dazu, eine metallische Oberfläche zu glätten, Material abzunehmen, um eine Justierung zu ermöglichen.

Die Raspeln kommen zwar aus derselben Werkstatt, doch gehören sie einem ganz anderen Bereich an. Anstatt mit Rillen sind sie mit dreieckigen, sich in regelmäßigem Abstand aus der Oberfläche des Metalls erhebenden Zähnen versehen. Diese werden mit einem spitzen Werkzeug, dem sogenannten Dorn gefertigt. Mit einer Raspel kann die Dicke der Materialschicht verringert oder einem Holzstück eine abgerundete Form verliehen werden.

Die fertig gehauene Feile oder die gezahnte Raspel werden anschließend bis zum Glühen erhitzt und in Wasser getaucht. Aufgrund der guten Qualität ihres Metalls ließ man sie früher oft neu behauen oder verwendete sie für die Herstellung anderer Werkzeuge.

Das manuelle Feilenhauen ist eine Arbeit, die Kraft, Geduld und Geschicklichkeit erfordert und in Europa bereits veraltet ist. Heutzutage wird eine riesige Presse verwendet, die auf einen einfachen Knopfdruck reagiert und innerhalb eines kurzen Augenblicks alle Rillen der Feile auf beiden Seiten einkerbt.

Mit dem Meißel werden die Rillen in die Feile eingekerbt. Diese greifen dann ihrerseits das Metall an.

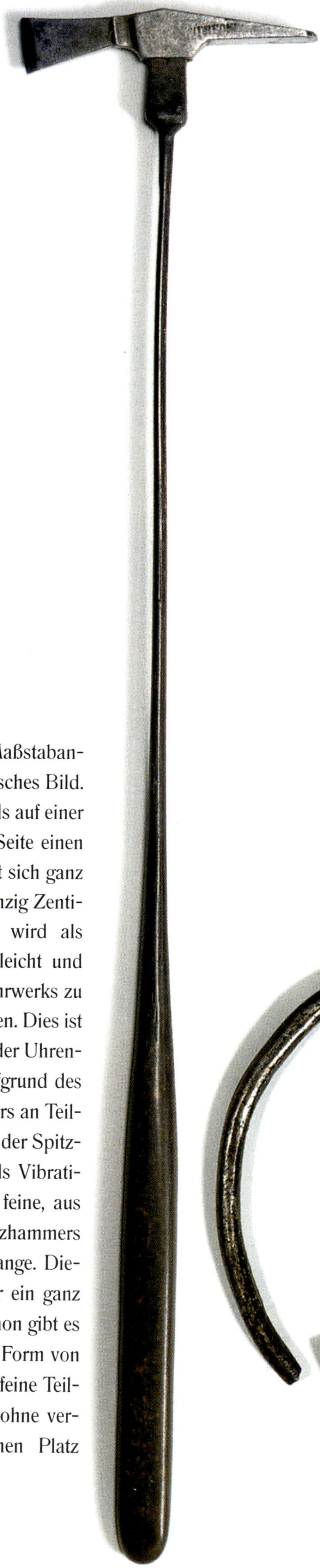

Ein graziles Werkzeug, das einem diffizilen Arbeitsgang entspricht.

Der Spitzhammer

Eine Abbildung dieses Werkzeugs ohne Maßstabangabe gäbe ein vollkommen falsches, trügerisches Bild. Man würde sich am Ende eines langen Stiels auf einer Seite ein Beil vorstellen, auf der anderen Seite einen Hammer mit flacher Pinne. Doch es verhält sich ganz anders. Dieses äußerst leichte, dreiundzwanzig Zentimeter lange Werkzeug des Uhrmachers wird als Spitzhammer bezeichnet. Es dient dazu, leicht und behutsam auf einen bestimmten Teil des Uhrwerks zu schlagen, um es wieder in Position zu bringen. Dies ist ein diffiziler Vorgang: Das Zahnrad – oder der Uhrenanker – muß auf eine Achse fallen, die aufgrund des komplizierten Mechanismus und des Gewirrs an Teilchen nicht direkt zugänglich ist. Daher wird der Spitzhammer eingesetzt, den man wohl auch als Vibrationshammer bezeichnen könnte. Denn der feine, aus Walfischbarte gefertigte Stiel des Spitzhammers vibriert beim kleinsten Impuls leicht und lange. Diesem delikatesten aller Werkzeuge muß nur ein ganz leichter Schwung verliehen werden, und schon gibt es diesen mit einer unfaßbaren Leichtigkeit in Form von sanften, wiederholten Schlägen weiter. Das feine Teilchen des Uhrwerkmechanismus findet so, ohne verbogen oder beschädigt zu werden, seinen Platz zurück.

Die Schmiedezange

Rajasthan

Wie eine Hand, die auf das Wesentliche, auf das Elementare reduziert ist: Daumen und Zeigefinger. Das Gelenk wird durch eine solide, gut eingedrückte Niete ersetzt. Doch hier hört der Vergleich auch schon auf: Denn diese beiden Eisenfinger werden ins Feuer gehalten, können ein brennend heißes Metallstück auf dem Amboß unter den Schlägen des Schmiedehammers festhalten. Da man der Hitze der Glut nicht zu nahe kommen darf, sind die beiden Schenkel der Zange soweit verlängert, wie es von der Handhabung her möglich ist. Die halbkreisförmigen Griffe verbinden schließlich gleich zwei Funktionen: Sie üben ein Höchstmaß an Druck auf den Hebelarm aus, der im Vergleich zu den winzigen Backen der Zange sehr lang ist; zudem gewährleisten die Griffe durch ihre Länge ein bestmögliches Abkühlen.

Die Schmiedezange erkennt man an der Länge der Schenkel.

Die Werkzeuge des Blechschmieds

Die Konstruktion in Form eines Andreaskreuzes (X), mit einem Gelenk am Schnittpunkt der beiden Teile, stellt das elementare Schema aller Werkzeuge dar, die zum Halten, Greifen oder Klemmen dienen. Die Gefäßklemme des Chirurgen ist das kleinste Glied einer Werkzeugfamilie, die über die Schlosserei, die Autowerkstatt und die Schmiede bis hin zu den großen Holzzangen für die Ernte von Kohlköpfen und die noch schwereren Zangen geht, die die marokkanischen Färber bei ihrer Arbeit unter freiem Himmel verwenden.

Die mit einer feinen Zinnschicht überzogene Eisenplatte ist gut vor Rost geschützt. Im übrigen ist das Metall bei geringem Gewicht relativ solide. Die leicht zu fertigenden Gegenstände aus Weißblech waren billig und deshalb überall zu finden: in der Küche (Kelle, Schaumlöffel, Trichter, Sieb, Reiskugelformer, verschiedene Gemüseraspeln), im Eßzimmer (Krug, Kaffeekanne, Öllampe, Ölpfanne), im Transportwesen sowie in den verschiedensten Arbeitsbereichen (Milchkanne, Ölkanne des Fernfahrers, des Kfz-Mechanikers, des Lokomotivmechanikers) oder in der Speisekammer in Form von Keksschachteln oder Gewürzbüchsen. Die Botanisiertrommel des Gartenliebhabers und der Wasserbehälter des Aquarellmalers waren ebenfalls aus der Hand des Blechschmieds.

Seine Werkzeugausrüstung beschränkt sich auf wenige Dinge: große Blechscheren und kleine, bewegliche oder fest verankerte Scheren, wie sie auch die anderen Metallarbeiter verwenden. Sie dienen zum Schneiden der Weißblechbögen nach einem Muster oder einer Schablone.

Hinzu kommt noch ein Amboß, der jedoch nicht mit Hörnern versehen ist, wie der des Hufschmieds, sondern gerade ist, so daß das Metallstück durch gleichmäßiges Drehen zu einem Zylinder geformt werden kann. Auf anderen, komplizierteren Ambossen können zwei Halbrohre geformt werden, die der Blechschmied durch eine Schweißnaht verbindet.

Natürlich sind die breiten oder runden, schmalen oder flachen Hämmer die Hauptakteure bei diesem wunderbaren Übergang vom flachen Blech zum Hohlvolumen eines Behälters. Wie die Nadel beim Schneider, so ist der Lötkolben beim Blechschmied dasjenige Werkzeug, welches die Nahtstelle der Teile versiegelt. Der elementarste Lötkolben ist ein einfacher Hammer mit spitzem Kupferkopf, langem Eisenstiel und Holzgriff. Immer wieder wird er aus dem Feuer gezogen, gereinigt, mit der Zinnstange in Berührung gebracht und geschwind über die Verbindungsstelle der beiden Teile geführt.

Beim Blechschmied träumt man von Fernand Légers Atelier: Würfel, Krümmungen, Zylinder aus leuchtendem Metall…

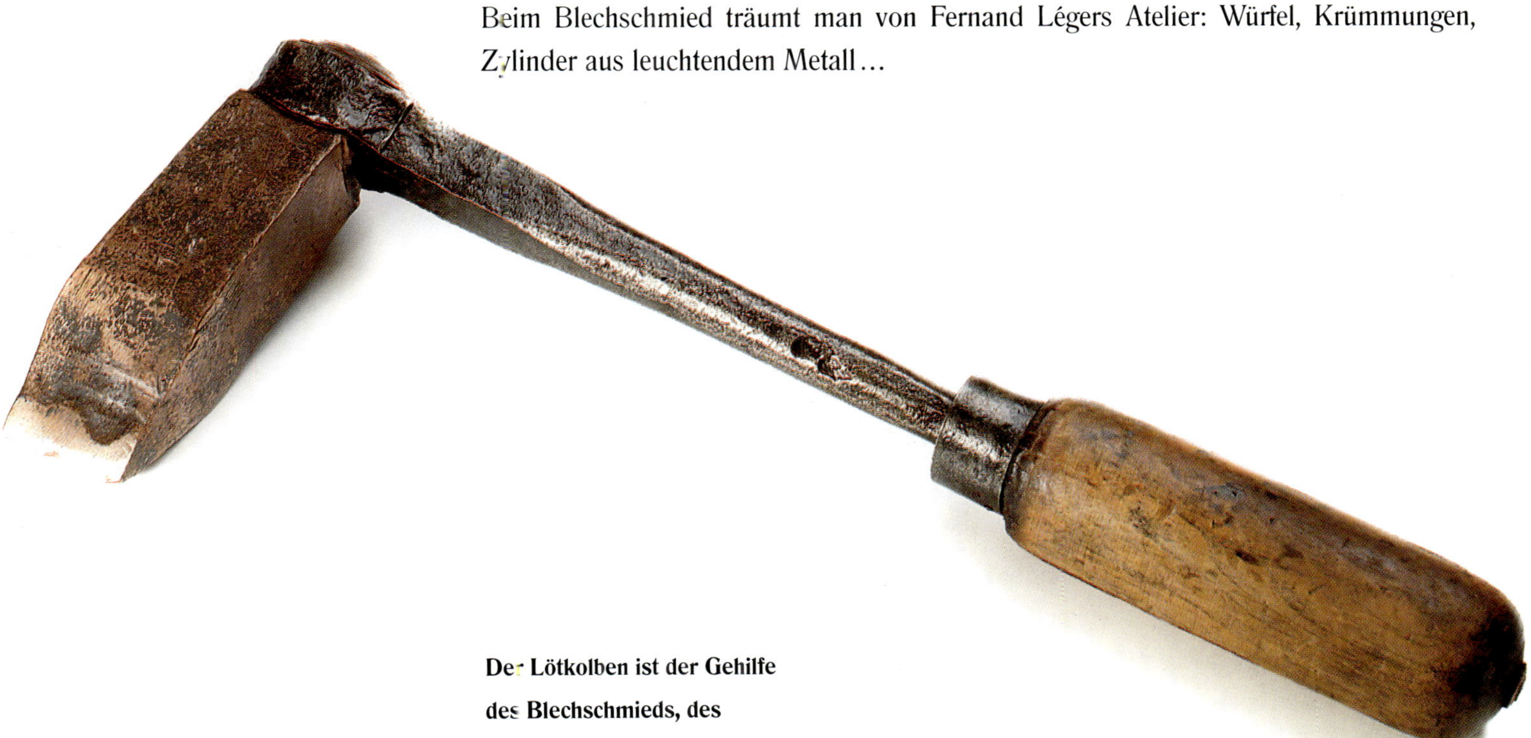

Der Lötkolben ist der Gehilfe des Blechschmieds, des Verzinners und des Spenglers.

Der Kupferschmied

Man muß schon eine gute Vorstellungsgabe besitzen, um das ursprüngliche Kupferblatt in der Form des Kupferkessels wiederzuentdecken. Der Kupferschmied gehört nicht zu denjenigen Arbeitern, welche Material abnehmen, wie der Holzfäller; zu denen, die Material beseitigen, wie der Steinmetz, der den Kern herausarbeitet, der im Inneren des Steinblocks wartet; oder zu denen, die Material zusammenfügen, wie der Seiler mit seinen Strängen und Litzen. Seine Arbeit erinnert vielmehr an die des Töpfers, der dem Unförmigen eine Form verleiht und die Hohlformen für Behälter und andere Gebrauchsgegenstände schafft. Doch stellt sich der Lehm des Töpfers als rohe Masse dar, während das gewalzte oder gehämmerte Kupferblatt ein bereits bearbeitetes Material ist.

Die Arbeit des Kupferschmieds beginnt mit dem Abgrenzen, Messen und Anzeichnen, wie bei anderen Handwerkern auch.

Mit seiner schweren Blechschere bewaffnet, schneidet der Kupferschmied eine der Schablone entsprechende Fläche aus der Platte heraus. Er verfügt über eine ganze Reihe an Vorlagen, ebenso wie eine Näherin verschiedene Schnittmuster besitzt.

Anschließend wiederholt er unzählige Male dieselbe Handlung, die er mit Argusaugen überwacht, mit dem Gehör kontrolliert, und die er aufgrund seiner Fachkenntnis optimal ausführt: hämmern, immer und immer wieder.

Natürlich hämmert man nicht in die Luft. Um eine bestimmte Form zu erhalten, benötigt der Handwerker einen Stützpunkt – so wie das Echo eine Mauer braucht.

Die gröbste Arbeit wird auf einem in der gewünschten Form vertieften Holzklotz ausgeführt. Hierfür wird ein Holzklöpfel verwendet, dessen Lederumwicklung mit Kupferbändern in Position gehalten wird. So wird der Schlag gedämpft, und der Handwerker, der das Metall so bearbeitet, daß es nach und nach dünner wird, läuft nicht Gefahr, es durch einen zu heftigen Schlag einzudrücken.

Hat der Kupferkessel seine Grundform angenommen, so muß der Handwerker diese noch verfeinern. Nun treten die Schlagstöckchen in Aktion, kleine, schlanke

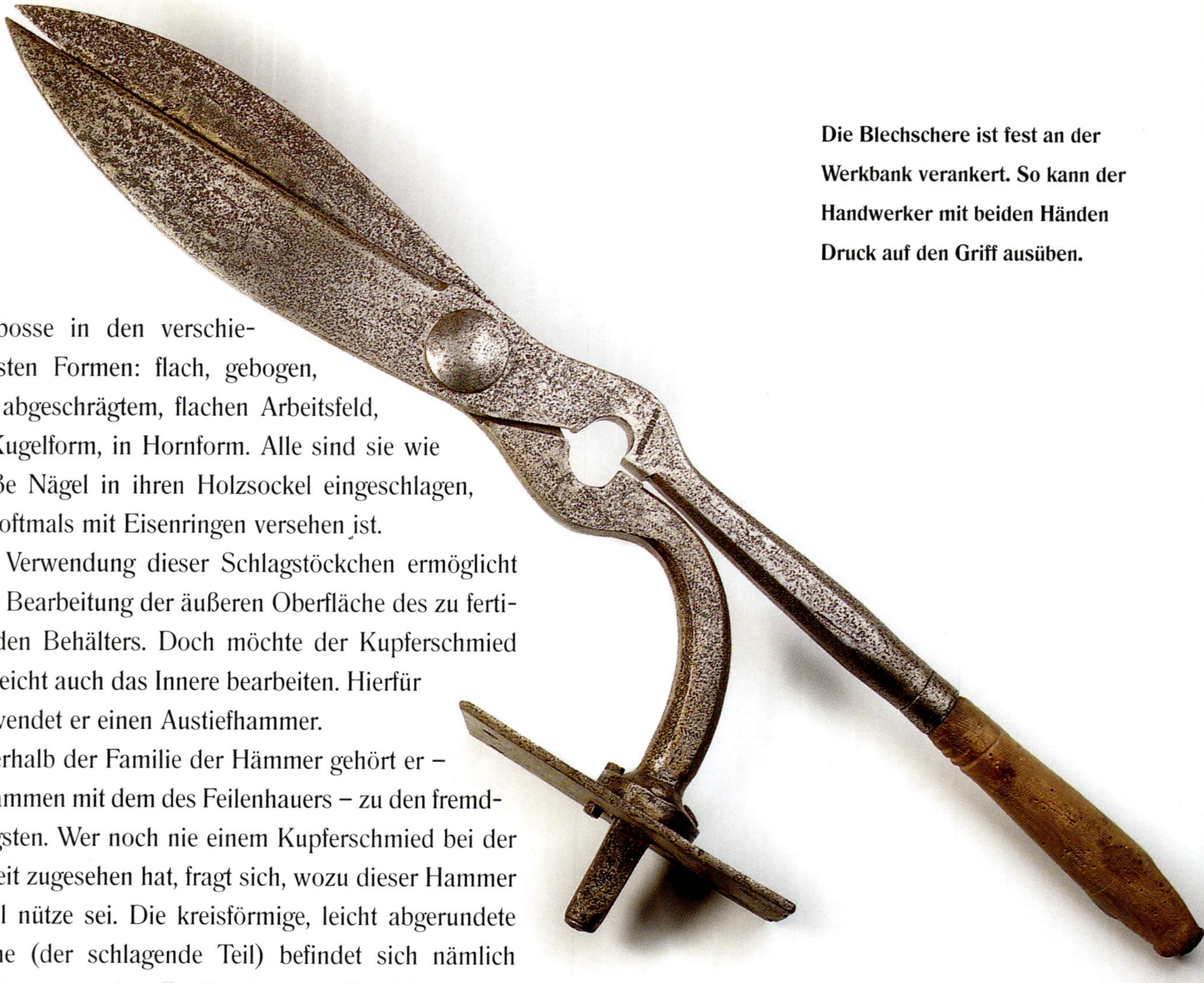

Die Blechschere ist fest an der Werkbank verankert. So kann der Handwerker mit beiden Händen Druck auf den Griff ausüben.

Vorhergehende Doppelseite:
Nach und nach nimmt das Metall des Kruges Form an.

Ambosse in den verschiedensten Formen: flach, gebogen, mit abgeschrägtem, flachen Arbeitsfeld, in Kugelform, in Hornform. Alle sind sie wie große Nägel in ihren Holzsockel eingeschlagen, der oftmals mit Eisenringen versehen ist.
Die Verwendung dieser Schlagstöckchen ermöglicht eine Bearbeitung der äußeren Oberfläche des zu fertigenden Behälters. Doch möchte der Kupferschmied vielleicht auch das Innere bearbeiten. Hierfür verwendet er einen Austiefhammer.
Innerhalb der Familie der Hämmer gehört er – zusammen mit dem des Feilenhauers – zu den fremdartigsten. Wer noch nie einem Kupferschmied bei der Arbeit zugesehen hat, fragt sich, wozu dieser Hammer wohl nütze sei. Die kreisförmige, leicht abgerundete Pinne (der schlagende Teil) befindet sich nämlich nicht nur wenige Zentimeter vom Bestielungsauge entfernt und ist nicht quer zur Stielachse angebracht: Sie befindet sich vielmehr am Ende einer langen, im 45°-Winkel zum Stiel angebrachten Eisenstange. Der Handwerker arbeitet sitzend und schlägt mit kleinen Schlägen in Richtung seines Körpers auf den Kupferkessel, den er nach und nach dreht.
Einige Behälter, wie beispielsweise Töpfe, haben einen geraden Rand. Andere, wie Einmachtöpfe, werden stärker beansprucht, oder sind Stößen ausgesetzt wie beispielsweise Eimer: Ihr Rand wird mit Hilfe der Bördelzange umgebogen, wobei ein Eisenring im umgebogenen Teil eingeschlossen wird.
Die Frauen in Indien holen in sehr schönen, runden, henkellosen Messingkrügen Wasser am Fluß oder an der Quelle. Diese Krüge werden zunächst gehämmert, dann poliert. Dagegen tragen die eisernen Ölbehälter in Rajasthan die Spuren der großen, sorgfältig eingedrückten, geglätteten Nieten dekorativ zur Schau.

Der Hammer des Kupferschmieds mit seinen charakteristisch abgerundeten Kanten. Rechts ist er in Aktion zu sehen.

Werkzeuggeräusche

Henri Bergson sagte einmal auf humorvolle Weise, »jeder Fortschritt bringt ein neues Geräusch mit sich«, was sofort den Gedanken an die gequälten oder wütenden Schreie der mechanisch betriebenen Werkzeuge wachruft, die in der Stadt oder auf dem Land verwendet werden. Pneumatikhammer, Elektrobohrer, Abbauhammer, Kettensäge. Wir können uns leicht ausmalen, wie sich in längst vergangener Zeit eine Gruppe von vorzeitlichen Jägern über das von weitem ertönende Geräusch des Feuersteinhauers bei der Arbeit wunderte. Die trockenen Schläge des Holz- oder Hornschlegels auf dem Feuerstein, vermischt mit dem kristallklaren Klang der Stücke, die zerbrochen oder auf den Haufen zurückgeworfen wurden.

Im Atelier einer Näherin herrscht Stille. Nur das Blatt der angesetzten Schere läßt das Holz des Tisches wie von weither ertönen.

Die Schläge der Axt lassen den Stamm in seiner ganzen Höhe vibrieren. Man glaubt gar, die Zweige und die Blätter zittern zu hören. Die große, von zwei Männern betätigte Säge keucht gleichmäßig, ohne jemals aufzuheulen. Man weiß, daß sie niemals müde wird, daß sie geduldig, unerbittlich ist, daß sie den Sieg davontragen wird. Metall gegen Metall – der schwere Treibfäustel schlägt gegen den Keil. Während dieser im Holz versinkt, stößt jener einen stummen Schrei aus.

Beim Schlosser knirscht leise die Handbohrmaschine, während die Feilen, wenn sie richtig gehandhabt werden, nur ein Gurren von sich

Im Hintergrund ein Ausschnitt der Siegfried-Partitur von Richard Wagner.

geben, das von Schweigeminuten durchbrochen wird, als wären diese für eine neue Inspiration notwendig. Der Bronzegießer von Nogent erzählte, er könne am Klang erkennen, wenn der Lehrling bei der Arbeit »pfuscht«. Dieser übe beim Hin- und Herbewegen der Feile Druck aus, wodurch ein »Rak-Rak« zu hören sei. Wenn er selbst ein Stück bearbeite (hierbei unterstrich er seine Worte mit großen Gesten), dann ergebe dies eindeutig ein »Uh ... Uh ... Uh«.

Der Amboß ist eine wahre Glocke, die der Schmied und sein Gehilfe mit aller Kraft zu festlichem Geläut anstimmen, die jedoch auch unter kleinen Schlägen ertönt, als wollten diese das Ausmaß der Schwingungen besänftigen. Die rhythmischen Schläge, das Aufheulen, all dies erfolgt immer im selben Intervall, so daß ein Pianist sein Instrument in der Nähe einer Schmiede aufstellen könnte, um dort die Musik durch exaktes Ausfüllen der ruhigen Augenblicke zu begleiten. Wagner hat den Gesang der Schmiede in seinem *Ring des Nibelungen* in kraftvoller und verblüffend exakter Weise in die Musik eingebracht.

Es gibt Werkzeuge mit einer zusätzlichen Vorrichtung zur Geräuscherzeugung. Wenn fünfzehn oder zwanzig Bauern eines afrikanischen Dorfes zusammen ein Feld umgraben, dann sind ihre Hacken mit einem um den Schaft gelegten Eisenring versehen. Bei jedem Schlag erklingen die Ringe und spornen die Arbeiter an. Es handelt sich hier nicht so sehr um die Zucht des »Aufsehers«, als vielmehr um ein Mutmachen, eine zusätzliche Energie für die Schwächeren, die sonst in der Arbeit zurückbleiben würden.

»Wir haben den Klang des Beils des weißen Soldaten nahe bei Little Piney gehört. Seine Anwesenheit hier ist eine Beleidigung und eine Drohung. Sie ist eine Beleidigung gegenüber den Geistern unserer Ahnen. Sollen wir zulassen, daß sie Mais auf ihren geheiligten Gräbern anbauen? Dakotas, ich bin für den Krieg!«

Rote Wolke
Siouxhäuptling Oglala

Der Schraubendreher

Im Gegensatz zum vielseitig einsetzbaren Hammer ist der Schraubendreher Teil einer Paaranordnung: Er ermöglicht nur das Drehen des Kopfes einer Schraube von ganz bestimmter Größe, um diese in Position zu bringen. Da die Schrauben so konzipiert sind, daß sie auch wieder herausdrehbar sind, kann der entsprechende Schraubendreher an ihrem vertieften Kopf angesetzt werden: Ein zu dünner Schraubendreher hätte wohl keinerlei Wirkung, während ein zu dicker nicht einmal in die Rille eingeführt werden könnte.

Fast scheint es, als habe die Welt der Werkzeuge hier eine Schwelle überschritten. Denn die Verwendung der Schraube kündigt ein Entwicklungsstadium an, in dem kein Platz mehr für das »ungefähr Passende«, für die verschiedenen »Kompromisse« ist. Der präzisen Schraubenposition entspricht die Anpassung des Werkzeugs, das diese Schraube betätigt. Zwar besteht eine gewisse Toleranz bei einem um ein oder zwei Nummern zu kleinen Schraubendreher, doch hört diese Toleranz hier bereits auf. Der umgekehrte Fall – ein zu großer Schraubendreher für eine kleine Schraube – ist ein Ding der Unmöglichkeit. Daher muß der Mechaniker ganze »Sätze« von Schlüsseln und Schraubendrehern besitzen und mit sich führen. Beim Holzfäller ist dies ganz anders: Einige wenige Werkzeuge genügen, um eine Menge Arbeit zu verrichten, so verschiedenartig diese auch sein mag. Jedes dieser Werkzeuge führt den Arbeitsgang, für den es konzipiert und gefertigt wurde, bis zur äußersten Grenze aus, bevor es schließlich dem nächsten den Platz überläßt.

Die Schraube ist der Beginn eines ganz neuen Pfades innerhalb der technischen Entwicklung.

Die Familie der Schraubendreher ist ordentlich in einem Ständer aufgereiht.

Der Haken

Zwischen dem Inhalt im Laderaum eines Frachters und den Greif- und Hebemaschinen, die dessen Entladung ermöglichen, gibt es ein Zwischenglied: der mit einem Haken bewaffnete Docker. Dieses Werkzeug verleiht dem Arbeiter eine wirkungsvolle Klaue. Mit dem Haken kann er beispielsweise kleine und große Woll- oder Baumwollballen greifen, ziehen, handhaben: Auch wenn diese nicht unbedingt schwer sind, so sind sie doch zumindest schwierig zu transportieren, da sie keine Grifffläche bieten und sehr sperrig sind.

Je nach Arbeitsgewohnheit wählt der Docker einen Haken mit quer angebrachtem Griff (der Sockel der Eisenstange liegt zwischen Zeigefinger und Mittelfinger, wobei die vier Finger und der Daumen den Holzzylinder umfassen, um eine optimale Zugwirkung zu erzielen) oder einen Haken mit einem in der Verlängerung des Hakensockels befindlichen Griff.

Einige Haken mit sehr scharfer Spitze könnten für die Arbeiter gefährlich werden oder zu tief in das zu greifende Material eindringen. Daß das nicht passiert, ist ein Haken mit zwei kleinen Spitzen am Ende einer gebogenen Stange entwickelt worden. Dieses kleine Hufeisen verhindert, daß der Haken weiter als einige Zentimeter in den Ballen eindringt.

Eine Raffinesse betrifft die Verarbeitung des Stiels. Einige Haken weisen einen länglichen Griff auf, der nicht aus einem einzigen Holzstück, sondern aus mehreren, übereinander gestapelten Holzscheiben besteht, die über der als Angel bezeichneten »Wurzel« des Werkzeugs aufgeschichtet sind. Das gleiche System wurde für Messer- und Hippenstiele mit Lederscheiben angewendet. Es gewährleistet eine bessere Griffigkeit, insbesondere weil der Schweiß aufgesaugt wird und die Hand nicht so leicht abrutschen kann.

(Es muß wohl nicht eigens erwähnt werden, daß der Haken des Hafenarbeiters, wenn er als Waffe verwendet wird, ebenso furchterregend ist wie das schreckliche Breitbeil der zuweilen zänkischen Böttchergesellen.)

Diese spezifische Form hat der Mensch wohl in der Natur beobachtet: die Klaue des Raubvogels, die Kralle der Raubkatze ...

Der Gerber und der Lederzurichter

Wer weiß schon genau, wie Leder »gemacht« wird? Wer wäre nicht erstaunt, wenn er es erführe? Wer würde es wagen, zu behaupten, er hätte dieses Verfahren ebenso gut erfinden können?

Die Fotografie oder die Radio- und Funkstationen wurden an ganz bestimmten Orten und zu einer ganz bestimmten Zeit von bekannten Personen erfunden. Ohne daß der Name des Erfinders überliefert wäre, tritt das Leder in allen Breitengraden unserer Erde auf. Wie Ausgrabungen beweisen, war es schon in lange zurückliegenden Epochen weit verbreitet. Hier gibt es die Boote und die Kleider der Eskimos; dort die dreieckigen Zelte der nordamerikanischen Indianer; die Umhänge der Indios im südlichsten Teil Chiles; die Sandalen der Tuareg-Karawanenführer; die magischen Rollen der äthiopischen Bauern; die Zugseile der Kamele Baktriens in der Wüste Gobi; die Wasserschläuche der ägyptischen Schöpfräder; zu guter Letzt die Schuhe und Gürtel von Tausenden von Menschen und viele weitere Gebrauchs- oder Schmuckgegenstände.

Der Schlichtmond des Lederzurichters verfügt über eine schneidende Außenkante.

Durch den Fund von beinernen Nadeln zum Nähen von Tierhäuten an zahlreichen prähistorischen Stätten wurde bewiesen, daß es schon in längst vergangener Zeit Handwerker gab, welche Tierhäute zurichten konnten. In Gräbern des Alten Ägypten fand man Sandalen und Befestigungsvorrichtungen, die aus Lederriemen gefertigt waren. Wenn Odysseus für eine neue Etappe seiner langen Reise wieder an Bord seines Schiffes geht, zählt Homer die verschiedenen Vorräte auf (wie um einem Seefahrerlehrling Ratschläge zu erteilen), die im Laderaum verfrachtet und in Ledersäcken aufbewahrt wurden. Dann wären natürlich noch die Gegenstände zu nennen, die heute noch existieren, wie beispielsweise Schuhe, Handschuhe, Pferdegeschirr, Taschen, Kisten, Etuis, Verkleidungen von Sitzen oder Wänden…

Die Liste der Tiere, deren Haut dazu verwendet wird, ist erstaunlich vielfältig: Kuh, Schaf, Ziege, Schwein, aber auch Seehund und Haifisch, Strauß, Krokodil, Schlange, Eidechse…

Da das Gerben sowohl ein mechanischer (Schaben, Walken) als auch ein chemischer Vorgang ist (adstringierende Wirkung des Tannins auf das Leder), werden für den letzten Arbeitsgang – das Weichen des Leders – je nach verfügbaren Mitteln des jeweiligen Gebiets verschiedene Produkte eingesetzt: Das am weitesten verbreitete ist die in der Rinde der Steineiche enthaltene Gerberlohe.

Diese Behandlung bewirkt, daß das Leder, das normalerweise nach kurzer Zeit von Bakterien zerfressen wird, nicht mehr verwesen kann. Läßt man es an der Luft trocknen, so wird es brüchig; ist es erst einmal gegerbt, so wird es geschmeidig und solide. Gefettetes Leder ist wasserundurchlässig.

Traditionell waren die Gerbereien an ihrem beständigen Bedarf an fließendem Wasser zu erkennen. Damit die Häute in großer Menge gespült werden konnten, waren die Gerbereien nahe an Flußläufen angesiedelt. Noch heute ist auf vielen Straßenschildern entlang von Stadtkanälen die Inschrift »Gerbergasse« oder »Lohgasse« zu lesen. Die Architektur der Gerberei war charakteristisch, denn das Gebäude wurde von einem hölzernen Lattenbau überragt, der das Lufttrocknen des Leders ermöglichte. Schließlich wäre noch anzumerken, daß es schon von weitem durch den recht unangenehmen Geruch erkennbar war, der aus den Werkstätten aufstieg.

Beim Eintreten in eine Gerberei bemerkt man sogleich den Fluß-Schabebaum. Hierbei handelt es sich um ein halbzylinderförmiges Holzbrett, das schräg auf dem Boden ruht. Der Handwerker arbeitet mit dem Bauch gegen das Ende des Schabebaums gelehnt, auf den die wassergetränkte Haut gelegt wird. Diese Unterlage verdankt ihren Namenszusatz der Tatsache, daß die Lederarbeiter, um über eine ausreichende Menge an Wasser zu verfügen, ihren Schabebaum früher an einer Flußböschung aufstellten.

Zwischen zwei Spülgängen wird zunächst die Haut abgefleischt, wobei Blut-, Haut- oder Fettreste entfernt werden, die eventuell noch daran festhängen. Dazu verwendet der Arbeiter mehrere Arten von zweischneidigen – geraden oder gebogen – »Flußmessern«. Zudem benutzt er ein Werkzeug

Rechte Seite: **Im Gerberviertel von Fez. Marokko.**

von ganz besonderer Gestalt: das Falzmesser. Auf einer Seite befindet sich in der Verlängerung der Klinge ein Griff, auf der anderen Seite ist das Werkzeug mit zwei quer zum Eisen angebrachten Griffen versehen. Das Eisen weist Anschliffe in einander entgegengesetztem Winkel auf. So kann der Arbeiter die Haut bearbeiten, indem er das Messer entlang des Schabebaums nach unten und nach oben gleiten läßt, wobei er das Werkzeug in seiner Hand jeweils umdreht.

Nun läßt man die Haut fermentieren, damit die Haare abgelöst werden können. Diese werden nicht abrasiert, wie man vielleicht meinen könnte, sondern werden durch Schaben mit einem Schabeisen oder einem Schabmesser entfernt. Zwei in der Verlängerung der Schneide angebrachte Griffe ermöglichen es, dieses Werkzeug mit dem abgerundeten Eisen zu betätigen: Das Fell darf nur durch Reibung abgelöst werden. Für feinere Arbeiten verwendet der Handwerker das Enthaarungseisen. Bei dessen Betrachtung fühlt man sich in eine längst vergangene Zeit zurückversetzt: Es besteht aus einer Steinklinge, die in ein buckelförmiges, zylindrisches Holzstück eingesetzt ist, welches in zwei Holzgriffen ausläuft. Damit sich das Eisen exakt an die konvexe Form des Schabebaums anschmiegen kann, weist die dicke Steinklinge, die mit zwei Metallnieten in der Rille befestigt ist, eine Hohlkrümmung auf.

Nun kann das eigentliche Gerben beginnen und die Chemie ihre Wirkung tun. Die Häute werden mehrere Wochen lang in wassergefüllten Becken gelagert, die eine genau dosierte Menge an Tannin enthalten. In regelmäßigen Abständen werden sie mit verschiedenen langstieligen Werkzeugen bewegt: mit der Tauchstange (einer Art Stößel, dessen Ende aus einem um den Stiel gebundenen Ledersack besteht), der Schaufel, dem Schwödefaß (einem dicken, quer zum Stiel angebrachten Holzquader) und der Rührstange.

Wenn das gegerbte Leder zum Trocknen an die Luft gebracht wird, muß es noch einige andere Behandlungen über sich ergehen lassen, bis es schließlich den Handwerkern zur Weiterverarbeitung geliefert werden kann… Es muß mittels einer kleinen, mit zwei Griffen versehenen Rolle geschmeidig gemacht werden. Anschließend wird es auf einer ebenen Fläche ausgebrei-

Lederbearbeitung im 16. Jahrhundert in Venedig.

tet und mit Klöpfelschlägen ausgeglichen. Auf der Haarseite wird das Leder mit dem Zurichtmesser (zwei kurze Griffe, eine Glasklinge) und dem Streichmesser (dieselbe Form mit Steinklinge) geglättet.
Die hundert verschiedenen Leder- und Hautsorten dienen den verschiedensten Verwendungszwecken: vom dicken und starren Leder der Stiefel für Kanalreiniger bis hin zum feinen Leder für Damenhandschuhe, das sich eng an die Handform anschmiegt. Daher treten weitere Werkzeuge in Erscheinung, mit denen diesem vielgestaltigen Material die gewünschte Qualität verliehen werden kann.
Hier wäre zunächst der Schlichtmond erwähnenswert, der in seiner Gruppe einzigartig unter all den Werkzeugen ist: Es handelt sich dabei um eine über den gesamten Umfang schneidende Eisenscheibe, die in der Mitte kreisförmig ausgehöhlt und mit Leder eingefaßt ist, so daß der Arbeiter dort seine Hand anlegen und das Werkzeug betätigen kann. Wie so oft, ist das nützliche Werkzeug ohne die äußeren Umstände, die es bedienen, eine Art Meteorit, der aus dem Unbekannten kommt und alle Mutmaßungen erlaubt. Man muß sich also vorstellen, daß das Leder in Kopfhöhe des Arbeiters an einer Stange hängt und unten durch eine Zange gespannt wird. Diese wird durch einen Ring geschlossen gehalten, durch den eine um die Schenkel des Lederzurichters gelegte Lederschlaufe geführt ist. Der aufrecht stehende Arbeiter kann durch eine einfache Körperbewegung die Spannung des Leders einstellen, das er vorsichtig auf der Haarseite dünner schabt. Das Werkzeug an

Jahrhunderte später: die gleichen Haltungen, die gleichen Gesten. Gerberei La Brède. Gironde, Frankreich.

sich ist sehr gefährlich, weshalb es auf alten Stichen – wie den Illustrationen der »Großen Enzyklopädie« – auf zwei Arten abgebildet ist: Entweder hält es der Handwerker in der Hand, oder es ist weit oben, außer Reichweite, an einer Mauer aufgehängt. Die Betätigung des Schlichtmonds erfordert Fingerspitzengefühl, Sensibilität, eine leichte Hand und die absolute Einhaltung der Spielregeln: Voraussetzung ist, daß das Leder geschmeidig ist, um von der Schneide bearbeitet werden zu können. Wird der Schlichtmond auf einer harten Fläche verwendet, so verweigert er seine Dienste; wendet der Unwissende Gewalt an, so artet es in ein Gemetzel aus.
Schließlich sollte noch das Krispelholz angeführt werden, das einer riesigen Sandale ähnelt. Es besteht aus einem dicken Holzrechteck sowie einer breiten Lederschlaufe, in die Hand und Vorderarm eingeführt werden. Darunter befindet sich eine gebogene Sohle, die je nach zu bearbeitendem Leder und gewünschter Endqualität (Geschmeidigkeit, Glätte) verschiedene Arten an Rillen oder Zähnen aufweist; es ist aber auch für eine sanfte Bearbeitung gedacht (Kork-Krispelholz).
Daneben gibt es eine Variante mit einer gebogenen, gezahnten Sohle aus Speierlingholz. Ihrer Form entsprechend, werden diese Krispelhölzer wiegend gehandhabt.
Die größeren Häute, die der Horntiere, hängen beim Lederzurichter über Stäben in der Luft, die als einfache Bügel dienen. Die Häute werden nun mittels einer Hippe auf einem Bock in zwei Teile gespalten. Dieser Bock besteht aus einem waagerechten Balken, der auf vier schräg stehenden Stützpfosten liegt.
Die Tierhäute können verschiedene Funktionen erfüllen: Kamelleder kann beispielsweise Kohlestriche auslöschen; Haifischleder kann als Raspel fungieren; Eselshaut widersteht den Trommelschlegeln; Ziegenleder birgt die Luft des Dudelsacks in sich; das Leder der Cap-Ziege ist langlebiger als sein Benutzer. Die Tierhäute können auch zu Brieftaschen verarbeitet werden; Rhinozerosleder liefert afrikanischen Kriegern widerstandsfähige Schutzschilde; die unverwüstliche Haut des unermüdlichen Aals wurde früher zur Herstellung des Dreschflegels verwendet: Es verband den Stiel mit dem schlagenden Teil.

Die Ahle

Dabei handelt es sich um einen Pfriem, mit dem das Leder durchstochen werden kann; ein Loch entsteht, durch das der mit Pech bestrichene Faden geführt wird, mit dem das Leder später genäht wird. Die einfachste Ahle ist eine in einem kleinen Holzstiel befestigte Spitze; sie kann auch leicht gebogen sein, was ihre Handhabung erleichtert. Einige Ahlen weisen einen dreieckigen Querschnitt auf: Die Ahle ist unten flach, während ihr eine Kante auf der Oberseite höhere Widerstandsfähigkeit verleiht. Die beiden seitlichen Schneiden ergeben einen lanzettförmigen Umriß.
Natürlich fährt der Handwerker in regelmäßigen Abständen mit der Spitze über einen Stein, um der Ahle ihre Schärfe zu bewahren, ohne die sie nutzlos wäre.
Da die Ahle leicht zu Boden fallen kann, bewahren die Handwerker diese in einem kleinen, gedrechselten Holzetui auf, das als Schutz dient.
Doch es gibt nicht nur Berufssattler, die sich in einer eigenen Werkstatt niedergelassen haben. Viele Menschen sind gezwungen, diese Tätigkeiten gelegentlich auszuüben. So müssen die Karawanenführer, ob in Mittelasien oder in Mauretanien, manchmal umgehend ein zerrissenes Zugseil, einen abgenutzten Gurt reparieren. Die wertvolle, unentbehrliche Ahle befindet sich immer am Gürtel des Viehtreibers.
Im Norden Afghanistans hat mir ein Karawanenführer seine Ahle gezeigt. Ich war erstaunt, als er mir erklärte, daß diese nicht aus zwei, sondern aus drei Teilen bestehe: einerseits natürlich aus Spitze und Stiel; doch zwischen diesen beiden zeigte er mir einen Metallquader, der als Vorrat diente. Bei einem Verschleiß des Werkzeugs muß also nur das Eisen erhitzt und anschließend gehämmert werden, damit das Metall gestreckt und eine Spitze daraus gefertigt werden kann, die dann die stumpfe oder zerbrochene ersetzt.

Der Handwerker schiebt die Ahle mit der Handfläche vorwärts. Dies erklärt die Form ihres Stiels.

Das Pergamentmesser

Dieses aus Äthiopien stammende Messer dient zur Herstellung von Pergament, insbesondere für Gebetbücher.

Das Reich der legendären Königin von Saba in Äthiopien ist eine von christlichem Glauben geprägte Gegend, in der es zahlreiche Schreiber gibt. Diese werden als »debtera« bezeichnet, besitzen ein hohes Ansehen und haben eine begehrte Stellung inne. Sie erfüllen die verschiedensten Funktionen: Diakone für Gottesdienste, Kopisten von heiligen Schriften, Schreiber magischer Formeln, Krankenpfleger, Zauberer, Liedinterpreten…

Schreiber sind Menschen, die die teils illuminierten Gebetbücher auf Pergamentpapier kopieren oder anfertigen. Die Seiten dieser Gebetbücher sind zwischen zwei Holzbrettchen gebunden, und viele Äthiopier hängen sich diese in einem kleinen Lederetui um den Hals. Die Schreiber erstellen, illustrieren und kalligraphieren jene berühmten »magischen Rollen«. Eine solche Rolle besteht aus einem Streifen Ziegenleder von ca. zehn bis zwölf Zentimeter Breite und einer Länge, die der Größe dessen entspricht, der sie trägt. Oft sind die Seiten verziert (geometrische Muster, Augen, Bildnisse von Heiligen) und mit Inschriften bedeckt, die sowohl Bitten um die Gewährung von Schutz als auch Verwünschungen von Feinden beinhalten.

Mit der Zeit verliert der Talisman an Macht, die Verwünschung kann sich dann gegen jemand anderen richten. Daher muß von Zeit zu Zeit ein neues Band gefertigt werden. Das Ziegenfell wird rasiert, dann entfleischt und geglättet. Anschließend wird die Haut chemisch behandelt (Bad in einem Pflanzen- oder Rindensud), bevor sie schließlich mit einem gebogenen Messer so dünn geschabt wird, daß sie transparent ist. Die spezielle Form des Pergamentmessers ermöglicht eine zweifache Funktion: Der gerade Teil dient dazu, die Dicke des Leders zu reduzieren, mit der sichelförmigen Schneide wird der Streifen geschnitten.

So schlicht dieses gebogene Messer auch sein mag, es regt zu langen Träumereien voll Ehrerbietung an. Ist es nicht, wie all diese Messer, die seit Erfindung des Pergaments verwendet wurden, ein Gehilfe des menschlichen Erinnerungsvermögens, der Schrift?

Am Stielende des Lochrädchens befindet sich ein Etui, in dem Rädchen mit verschiedenen Durchmessern aufbewahrt werden.

Das Lochrädchen des Schusters und des Sattlers

Jeder, der zum ersten Mal in seinem Leben näht, ist der Meinung, dies sei ganz einfach. Daß am Ende des Nähfadens ein Knoten gemacht werden muß, erscheint logisch: Der Faden muß ja nach dem Durchführen der Nadel gestoppt werden. Das Einführen des Fadens in das Nadelöhr erfordert etwas Geduld, doch schließlich gelingt es; mit etwas Gewohnheit geht es dann sogar ziemlich schnell. Die auf dem Stoff zu sehende Reihe an Stichen ist dagegen keineswegs ein ermutigender Anblick. Gleich zwei Dinge sind falsch: Die Stiche pendeln nicht nur auf sehr unschöne Weise mal nach rechts, mal nach links, sie sind zudem noch alle unterschiedlich lang. Der Lehrling träumt von schönen, perfekten Nähten und sieht, daß diese nicht von alleine entstehen. Wie so oft fehlt ein wichtiges Detail: die Anwesenheit einer Hilfe, einer Führung, einer Art Vermesser oder Taschengeometer. Diese Funktion übernimmt das Lochrädchen, ein bestieltes, mit Perforierspitzen versehenes kleines Rad. Es muß nur mit viel Druck über die Lederoberfläche bewegt werden, und die regelmäßig in einer Reihe angeordneten Löcher sind vorgezeichnet. Nun wird die Ahle an dieser Stelle angesetzt und das Vorloch durchstochen.

Unten: **In Saint-Louis, Senegal, verlängert der Schuster die Lebensdauer von Schuhen...**

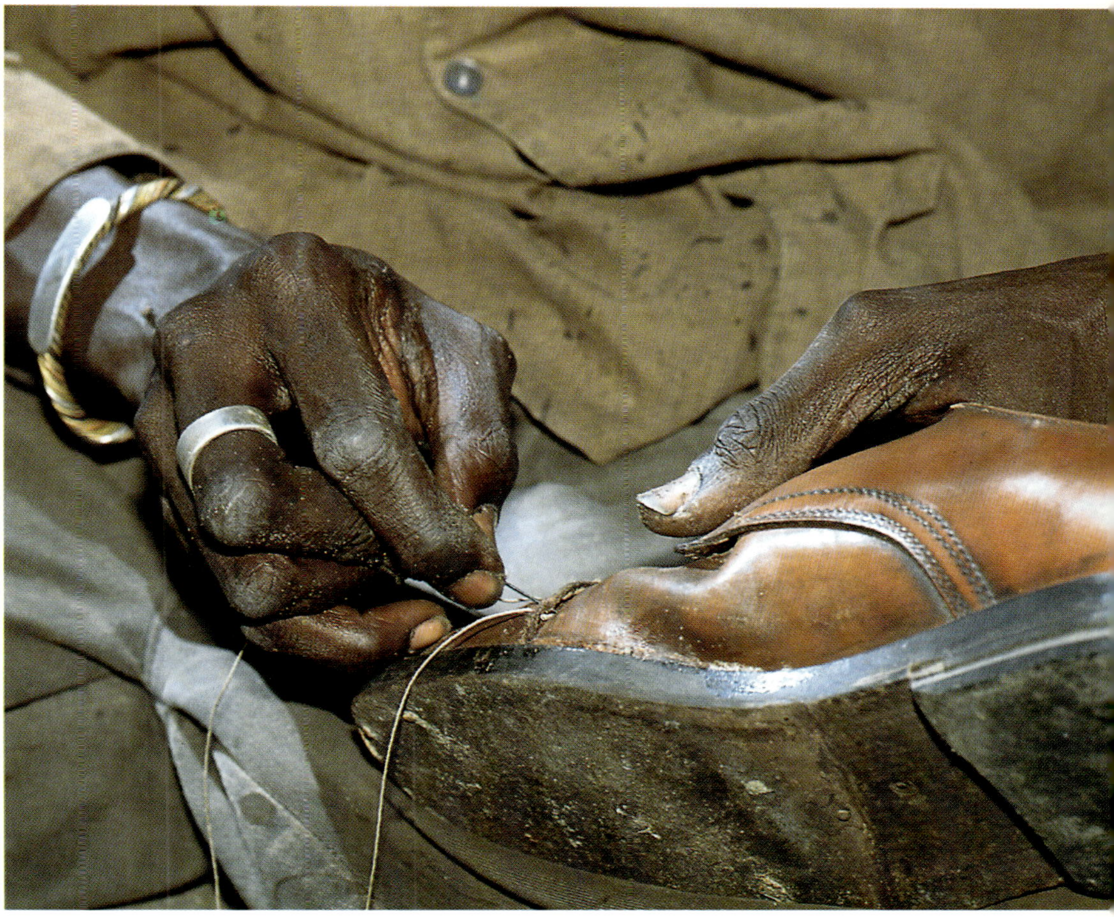

Linke Seite: **Der Sattler und seine Werkzeugpalette.**

Form und Verwendung

Es ist bemerkenswert, daß gerade die Formen einfacher Werkzeuge sehr anschaulich sind, daß sie die Handlung, zu deren Ausführung sie dienen, bereits ankündigen. Doch ein Werkzeug tritt niemals alleine in Erscheinung, es ist Teil eines Volkes, einer Gegend und dient zur Ausführung einer ganz spezifischen Aufgabe. Doch bei einigen Werkzeugen ist die äußere Form irreführend. Dies ist bei drei kleinen Werkzeugen der Fall, die mit einer halbmondförmigen Eisenklinge versehen sind. Trotz ihrer sich ähnelnden Form können sie nicht gegeneinander ausgetauscht werden. Sie kommen aus weit voneinander entfernten Bereichen und sind für die Ausführung ganz besonderer Arbeiten geeignet.

Das Halbmondmesser mit geradem Fuß – dessen mit einem kleinen ledernen Knopfloch zum Aufhängen versehener Stiel sofort die Zugehörigkeit zum Beruf des Sattlers verrät – ist ein europäisches Werkzeug, mit dem Leder geschnitten werden kann. Es ist scharf wie ein Rasiermesser.

Das Messer mit T-förmigem Griff ist ein Werkzeug der Eskimos. Diese verwenden das Messer, um die Felle der Seehunde abzuschaben, aus denen dann Kleider gefertigt werden. Denn ein Loch in einem Anorak, eine lose Naht können für einen Jäger an Bord seines Schlittens schlimme Folgen haben.

Oben: **Messer der Eskimofrauen zum Schaben der Felle.**

Mitte: **Indonesische Reissichel.**

Unten: **Französisches Sattlermesser.**

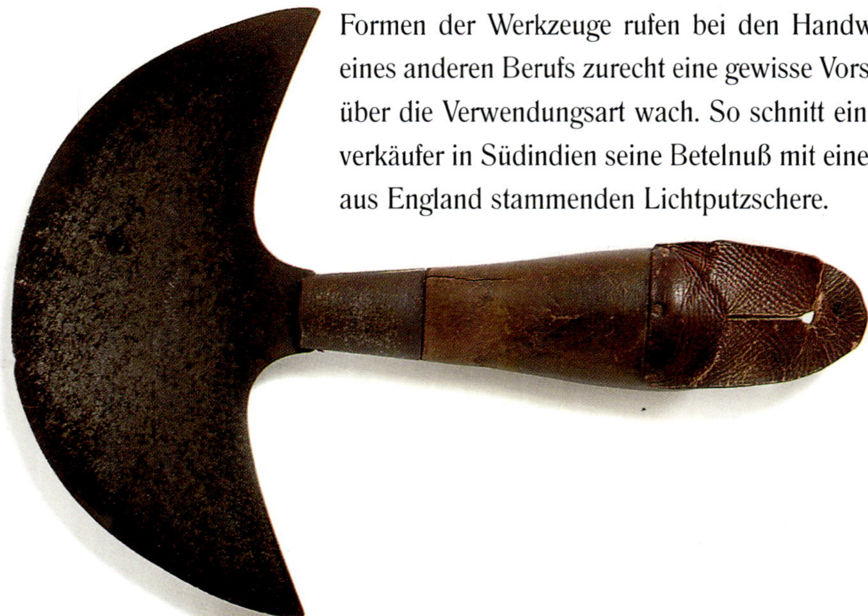

Das dritte Werkzeug ist weder ein Messer zur Lederbearbeitung noch ein Schaber. Um seine Verwendung verstehen zu können, muß man sich zur Reisernte nach Asien begeben: die Pflanze direkt am Boden, der Arbeiter, der sich in Hockstellung vorarbeitet. Die Bewegung, die dieser ausführt, kann man sich nur schwer vorstellen, wenn man sie nicht schon einmal mit eigenen Augen gesehen hat: Die zylindrische Achse wird mit der Handfläche umfaßt und gegen die Daumenvertiefung gedrückt, während Zeigefinger und Mittelfinger von jeder Seite her die Reisstengel gegen die Klinge drücken, wo sie geschnitten werden.

Zwei andere Werkzeuge mit gleichem Erscheinungsbild sind der Hammer des Schmieds und das Gesenk, die beide über einen Metallklotz am Ende ihres langen Stiels verfügen. Doch sie haben in keiner Weise dieselbe Funktion, sie ergänzen sich vielmehr. Der lange Stiel des Gesenks dient dazu, dieses auf dem rotglühenden Eisen festzuhalten, während mit dem Hammer geschlagen wird, beispielsweise um eine Prägung einzudrücken.

Die Liste solcher Werkzeuge ist unendlich lang: Die Formen der Werkzeuge rufen bei den Handwerkern eines anderen Berufs zurecht eine gewisse Vorstellung über die Verwendungsart wach. So schnitt ein Betelverkäufer in Südindien seine Betelnuß mit einer alten, aus England stammenden Lichtputzschere.

Werkzeug zum Schaben von Tierhäuten

Nordamerika

Sioux-Indianer, 19. Jahrhundert

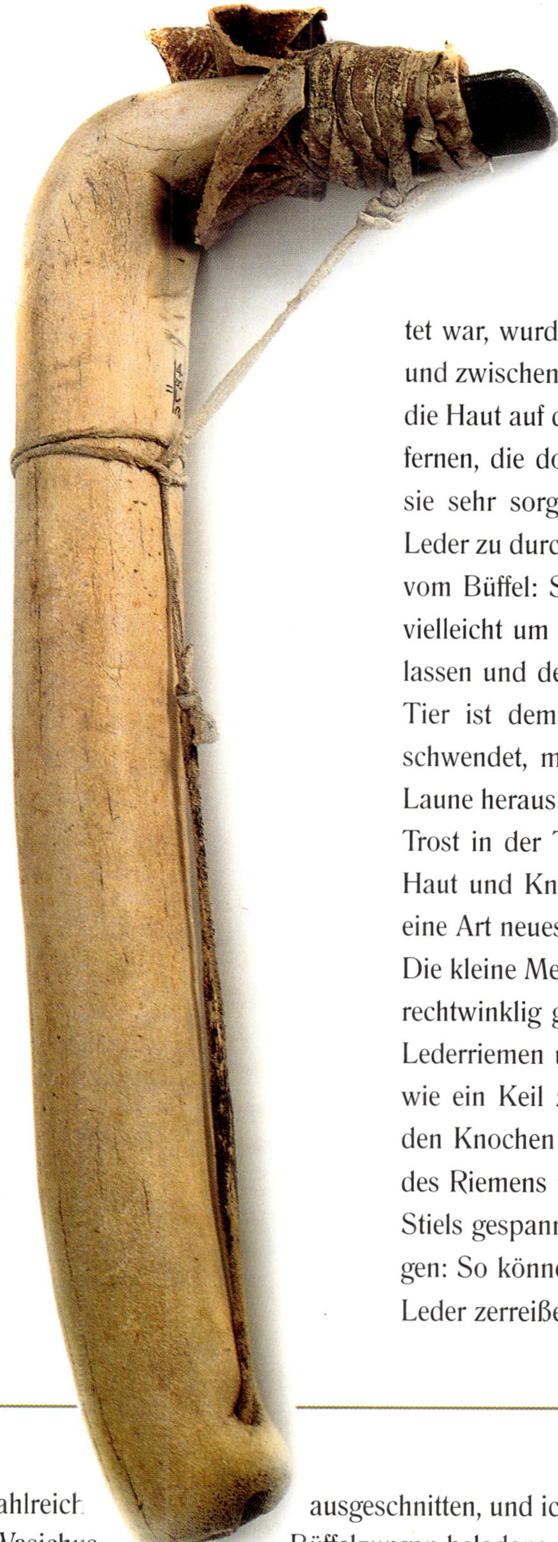

Wie der Kreis eines Rades sich ausschließlich um die Nabe herum dreht, so scheinen einige Kulturen stark auf die Existenz eines tierischen oder pflanzlichen Lebewesens ausgerichtet zu sein. Die Eskimos haben den Seehund; die Lappländer das Rentier; die Mongolen das Pferd; Asien hat den Reis; das Mittelmeergebiet den Olivenbaum...

Für das Volk der Sioux war dies der Büffel, dieses große Horntier, dessen mythologische Analogie auch Pablo Picasso nicht entgangen ist: Er hat den Büffel als Inspiration für die Darstellung des antiken Minotaurus verwendet. Dank Dokumentar- und Amateurfilmen sowie zoologischen Gärten ist uns der große amerikanische Vierfüßler wohlbekannt: Bald stürmt er in einer riesigen Herde blindlings von dannen, bald sieht man ihn mit verlorenem Blick wiederkäuen.

Die nordamerikanischen Indianer – die »Rothäute«, wie sie sich selbst im Gegensatz zu den Weißen bezeichneten – fühlten sich wahrhaft in das Leben der Natur eingebunden und verhielten sich daher mit allen Geschöpfen der Erde solidarisch. Sie entnahmen der Herde nur diejenigen Büffel, die sie wirklich zum Leben benötigten. Durch ihr wohlüberlegtes Vorgehen und ihren Einfallsreichtum statuierten sie ein Exempel: Fleisch, Fett, Knochen, Leder, Fell, Hörner, Sehnen, Eingeweide – alles wurde verarbeitet, aufbewahrt, verwendet.

So war das Indianerzelt ursprünglich aus umgedrehtem Büffelleder gefertigt. Nachdem das Tier abgehäutet war, wurde die Haut auf dem Boden ausgebreitet und zwischen Pflöcken gespannt. Die Frauen schaben die Haut auf der Fleischseite ab, um alle Reste zu entfernen, die dort noch hängen konnten. Dabei gingen sie sehr sorgfältig vor, sonst liefen sie Gefahr, das Leder zu durchlöchern. Das Werkzeug selbst »kommt« vom Büffel: Sein Stiel ist ein Knochen des Tieres – vielleicht um so die Notwendigkeit des Tötens zuzulassen und dessen Härte abzuschwächen. Das ganze Tier ist dem Menschen nützlich, nichts wird verschwendet, man löscht kein Leben aus einer reinen Laune heraus aus. Paradoxerweise kann man eine Art Trost in der Tatsache sehen, daß die beiden Teile – Haut und Knochen – aufeinandertreffen, um ihm so eine Art neues Leben zu verleihen...

Die kleine Metallklinge ist mit einem Lederriemen am rechtwinklig gebogenen Teil des Stiels befestigt. Der Lederriemen umfaßt einen gefalteten Lederblock, der wie ein Keil zwischen der Metallklinge und dem in den Knochen gehauenen Anschlag steckt. Das Ende des Riemens ist nicht verknotet, sondern entlang des Stiels gespannt. Das Ende der Klinge ist leicht gebogen: So können keine hervorspringenden Kanten das Leder zerreißen.

Die Büffel

Ich kann mich an die Zeit erinnern, als die Büffel so zahlreich waren, daß man sie nicht zählen konnte, doch die Wasichus (Weißhäute) haben so viele von ihnen getötet, daß dort, wo man sie vormals sah, nur noch Gerippe übergeblieben sind. Die Wasichus haben sie nicht getötet, um sie zu essen; sie haben sie des Metalls wegen getötet, das sie verrückt macht, und sie haben nur die Haut behalten, um sie zu verkaufen. Manchmal haben sie sie nicht einmal auseinandergenommen; sie haben die Zungen herausgeschnitten, und ich habe gehört, daß mit getrockneten Büffelzungen beladene Feuerschiffe den Missouri hinuntergefahren sind. Diejenigen, die dies getan haben, waren verrückt. Manchmal haben sie nicht einmal die Zungen mitgenommen; sie haben sie rein aus Lust am Töten geschlachtet. Wenn wir Büffel gejagt haben, dann haben wir es nur nach unseren eigenen Bedürfnissen getan.

Hehaka Sapa (Schwarzer Wapiti), Häuptling der Sioux

Der Stößel

Ein weiteres Werkzeug ist untrennbar mit seinem Gegenstück verbunden: Wie der Hammer den Amboß und das Beil den Hackklotz benötigt, so braucht der Stößel den Mörser. Durch das Aufeinandertreffen werden Körner – oder auch andere Substanzen wie Fisch oder Fleisch – pulverisiert; es wird also Mehl hergestellt, aus dem dann Brei, Fladen oder Brot bereitet wird.

Die Vielfalt des Werkzeugpaares Stößel-Mörser ist unermeßlich. Zunächst einmal gibt es ein großes Spektrum an Materialien. Der Stößel ist meistens aus Hartholz gefertigt, wenngleich der in der Pharmazie oder Chemie verwendete Stößel aus Kupfer oder Glaskeramik sein kann. Die afrikanischen Mörser bestehen aus ausgehöhltem Hartholz, die gängigen europäischen Mörser aus Stein. Die Mörser, die einst zum Zerstoßen von Zucker oder Salz benutzt wurden, waren aus gedrechseltem Holz, der Mörser zur Zubereitung von Knoblauchsoße entsprach seiner Verwendung: Er bestand aus glasiertem Ton, denn er sollte weder vom Öl noch vom Geruch durchtränkt werden. Auch die Größen und Formen sind vielgestaltig. Die afrikanischen Mörser sind zylindrisch. In ihnen zerstoßen die Frauen unaufhörlich Hirse mit Hilfe eines zylindrischen, schweren und langen Holzstücks (etwa von der Größe eines Mannes), das sie hochheben und wieder fallenlassen: Es wirkt durch sein eigenes Gewicht. Traditionsgemäß haben die europäischen Mörser die Form einer weiten Schale. Sie sind oft mit zwei oder vier Griffen ausgestattet, so daß sie mit der Hand gehalten werden können; manchmal sind sie mit einem Ausguß versehen. Andere besitzen seitliche Griffe (aus Messing oder Bronze) oder haben die Form eines Bechers mit vollständig glatter Oberfläche. Einige Metallmörser sind geschlichtet: Sie sind mit feinen, kreisförmigen Linien geschmückt. Oft trugen die aus geschmolzener Bronze gefertigten Mörser den Namen ihres Besitzers, ein Datum oder eine andere Verzierung. Diese tragbaren Mörser wurden auf einen Tisch gestellt, wobei man den Stößel nur mit einer Hand betätigte.

Afrikanische Frauen beim Zerstoßen von Hirse.

Folgende Doppelseite:
Mehlherstellung auf einem schräg stehenden Stein.

In Mittelamerika wurden die Körner der Maispflanze, welche von den alten Mexikanern so vergöttert wurde, traditionell von Frauen zerstoßen. Sie knieten dabei vor einer Steinplatte, der »Metate«, über die sie einen Zylinder rollten. Eine Reihe von alten »Metaten« wurde einst von Archäologen aufgefunden, die heute die Museen der Alten und der Neuen Welt schmücken. Einige sind mit Tierköpfen, wie von Raubkatzen, geschmückt, andere stellen einen Jaguar dar: Vier krallenbewehrte Tatzen tragen die zu einer Hohlform gebogene Platte, die mit dem Kopf der Raubkatze endet. Manch einer ist vielleicht der Meinung, diese Darstellung sei rein dekorativer Art; man darf jedoch annehmen, daß die Vorstellung, sich bei der Arbeit von einem Jaguar begleiten zu lassen, dem Wunsch entspricht, Hilfe oder Schutz zu erlangen.

Die Form des Mörsers ist so charakteristisch, daß die Bezeichnung in vielen Sprachen auch für andere Dinge übernommen wurde: Im Französischen wurde beispielsweise ab dem 15. Jahrhundert eine sehr kurze Kanone und ab dem 17. Jahrhundert ein Beamtenbarett danach benannt.

Der Bäcker

Da es sich um althergebrachte Berufe handelt, die den Charakter formen, und da die Arbeit eines Handwerkers einen bestimmten Stil, eine Vorliebe für gewisse Materialien mit sich bringt, haben die Werkzeuge eines Berufsstandes eine gewisse Familienähnlichkeit. Das Feuer ist in der Werkstatt des Schmieds naturgemäß allgegenwärtig, weshalb dort mehr Eisen als Holz zu sehen ist. Die begrenzte Werkzeugpalette des Holzschuhmachers vermittelt einen altehrwürdigen und gediegenen Eindruck. Beim Böttcher ist der ständige Anspruch auf Präzision und genaue Anordnung spürbar, zwei Faktoren, die die Dichtigkeit des Fasses gewährleisten. An der Wand der Mechanikerwerkstatt sind Schraubendreher und Schlüssel der Größe nach geordnet: Man sieht sofort die fehlenden Werkzeuge. Der Kunstschreiner verwendet Hohlbeitel und Beitel, die für eine bessere Handhabung mit flachkantigen Stielen versehen sind: Sie unterscheiden sich nur geringfügig voneinander. Wenn sie nebeneinander hängen, hat man den Eindruck, es handle sich um ein und denselben, nur leicht veränderten Gegenstand. Ein Werkzeug mit rundem, kurzem Stiel, der mit einem kleinen gespaltenen Lederstreifen mit einer Knopfleiste in der Mitte versehen ist, zeigt sofort an, daß man sich in einer Schusterwerkstatt befindet...

Wegen der Größe des Backofens lassen sich die wenigen Werkzeuge des Bäckers, wie beispielsweise der Ofenschieber, an ihren langen, stabilen Stielen erkennen. Hier gibt es keine besonders schön gefertigten Werkzeuge für Zuschauer, niemand dringt in das Heiligtum des Bäckers ein. Der vom Baum abgeschnittene, nicht entrindete Stock kann ruhig krumm sein, vorausgesetzt, er hat den richtigen Durchmesser und die richtige Länge. Er dient als Stiel und wird im Ansatzstück des Ofenwischs, eines großen Schabers befestigt, mit dem nach dem Backvorgang die Teigreste entfernt werden. Am Ende des Stocks können auch zylinderförmige Lappen aus Sackleinen angebunden werden, so daß ein Ofenwischer entsteht (vergleichbar mit dem Kanonenrohrreiniger der ehemaligen Artilleristen), der es ermöglicht, die Aschenreste von den Ofenziegeln zu beseitigen. Zwei für den Bäcker jederzeit griffbereite Werkzeuge verfügen über eine so kleine Form, daß sie ganz in der Hand gehalten werden können: Das Kratzeisen wird verwendet, um den Backtrog von eventuell anhaftenden Teigresten zu reinigen. Es ist ein kleines, vollständig aus Eisen gefertigtes Werkzeug in Form eines Hakens, an dessen Ende eine breitere Platte angebracht ist. Dieses Kratzeisen ist mit einem Ring versehen, so daß der Bäcker es, aufgehängt an einem Haken, nicht erst suchen muß...

Ein einfaches, gut geschärftes Küchenmesser dient dazu, die Brotlaibe und Stangenbrote mit den schrägen Einschnitten zu versehen, die das Brot zieren. Ohne diese Einschnitte wäre die Kruste zu dicht für die aufgehende Krume.

Bevor der Bäcker den aus Teig geformten Laib in den Ofen schiebt, wirft er eine Handvoll Mehl hinein. Wenn dieses verbrennt, muß der Ofen mit Hilfe eines nassen Tuches abgekühlt werden.

Der häusliche Ofen:
ein eiförmiger, irdener Schacht,
der die Glut enthält.

Der Ofenschieber des Bäckers

Der Ofenschieber ist eine flache, längliche, an den Ecken abgerundete Schaufel, die an einem sehr langen Stiel befestigt ist (manchmal mißt er mehr als drei Meter). Er dient dazu, den Teigklumpen auf das Backblech des Ofens zu setzen. Dieser wurde zuvor mit einem starken Feuer aus Reisig und Holzscheiten angeheizt, solange der Teig in den mit Leinen ausgeschlagenen Körben aufging. Aus Gewohnheit weiß der Bäcker, wieviel Holz benötigt wird, um die nötige Hitze zu erzielen. Wenn das Brennholz vollständig aufgebraucht ist, entfernt der Bäcker – oder sein Gehilfe – mit einem Metallschaber die Asche und die letzten Glutreste. Nun ist der Raum frei, und durch die kleine Ofentür schiebt der Bäcker den mit dem Teigklumpen beladenen Ofenschieber bis in das hinterste Ende des Ofens. Mit einem Ruck zieht er den Holzschieber unter dem zu backenden Brot heraus. Von hinten nach vorn setzt er so die Laibe ab. Dann schließt er die Tür, und der Backvorgang kann beginnen.
Ein ähnliches, jedoch kürzeres Werkzeug wird von den Pizzabäckern verwendet, die ihre Pizzen in einen wesentlich kleineren Backofen einschieben. Die Pizzastücke sind schnell durchgebacken, und es werden jedesmal nur einige wenige in den Ofen gesetzt. Im Gegensatz zum Bäckerofen wird dort das Feuer ständig unterhalten.
In Ägypten, im Libanon, im Iran und in anderen Gebieten besteht der mit Glut und Kleinholz gefüllte Ofen aus einem großen, tönernen Gefäß. Das Brot ist ein runder oder länglicher, goldener Fladen, der von großen Blasen bedeckt ist, und den die Kunden wie ein Kleidungsstück über den Arm legen und nach Hause tragen. Hier ist die Schaufel, mit der der Teig gegen die Wand gedrückt und das gebackene Brot herausgeholt wird, die Hand des Bäckers.

Das Messer

»Seemann ohne Messer, Schiff ohne Tonne«, sagt ein französisches Sprichwort der alten Marine. Es wäre unsinnig, sich ohne das eine oder das andere einzuschiffen. Während seiner langen Tage an Bord hatte der Seemann früher zahlreiche Aufgaben zu erfüllen: Er mußte beispielsweise ein Tau abschneiden, eine neue Spleißung anbringen (die Messer der Seeleute bestanden aus einer Klinge und einem Pfriem), das Segeltuch zuschneiden, seine Rolle Kautabak schaben oder sein Brot und Fleisch aufschneiden. In den seltenen Augenblicken der Muße und Erholung benutzte er dasselbe Werkzeug, um Knochen oder Zahnbein eines Walrosses zu gravieren oder aus Holz Gegenstände zu schnitzen, die er am Hafen verkaufen oder seiner Familie und Freunden bei der Rückkehr schenken würde.

Wie viele Menschen sind auf das Messer angewiesen! Der Schäfer, der lange Zeiten in Einsamkeit zubringt; der Bauer, der zusätzlich zu den Aufgaben, die die Jahreszeit mit sich bringt, ständig mit kleinen Wartungs- und Reparaturarbeiten beschäftigt ist; der Fuhrmann und sein Kollege in fernen Landen, der Karawanenführer. Der Kellner im Café, die Bedienung im Restaurant haben ständig ihr Messer mit Korkenzieher und Flaschenöffner bei der Hand; einst schnitten die Schriftsteller ihren Gänsekiel zu und spitzten ihn immer wieder nach, ebenso wie die chinesischen Schreiber und Zeichner ihr Bambusschreibrohr; die Graphiker benutzen alle Augenblicke den »Cutter«, eine der neuesten Entwicklungen der Schneidgeräte, die über einen Vorrat an Klingen verfügt und daher nicht geschärft werden muß. Ein Schüler, der einmal ein Messer am Werk gesehen und davon geträumt hat, ein eigenes zu besitzen, wird nach jeder Gelegenheit suchen, eines zu verwenden, weil es ihm Freude macht, sich in dessen Gebrauch zu üben.

Man trägt es ständig bei sich, und es stellt einen hohen symbolischen Wert dar. Es gestattet die Ausübung von Macht auf das Material. Es zerschneidet das Material, zertrennt es unwiderruflich, mit allen Risiken, die diese Geste in sich birgt. Es besteht die Gefahr, sich zu verletzen oder sich bei einem unvorhergesehenen Vorbeistreifen der Schneide in die andere Hand zu schneiden.

Manchmal widersteht das zu zerschneidende Material der Klinge, so daß derjenige, der das Messer führt, den Druck verstärkt, seine ganze Kraft einsetzt, nicht locker läßt und dabei vergißt, was er tut, bis plötzlich die Klinge überraschend in sein Fleisch eindringt. Ein ungeduldiger Handwerker, der seine Arbeit so schnell wie möglich beenden möchte, könnte den zu schneidenden Gegenstand stark beschädigen. Dann muß alles neu begonnen werden, die zuvor ausgeführte Arbeit war umsonst. Was bleibt, ist immerhin ein Lernprozeß, eine Erfahrung, eine Lektion: Der Handwerker hat gelernt, daß er von Anfang an seine Bewe-

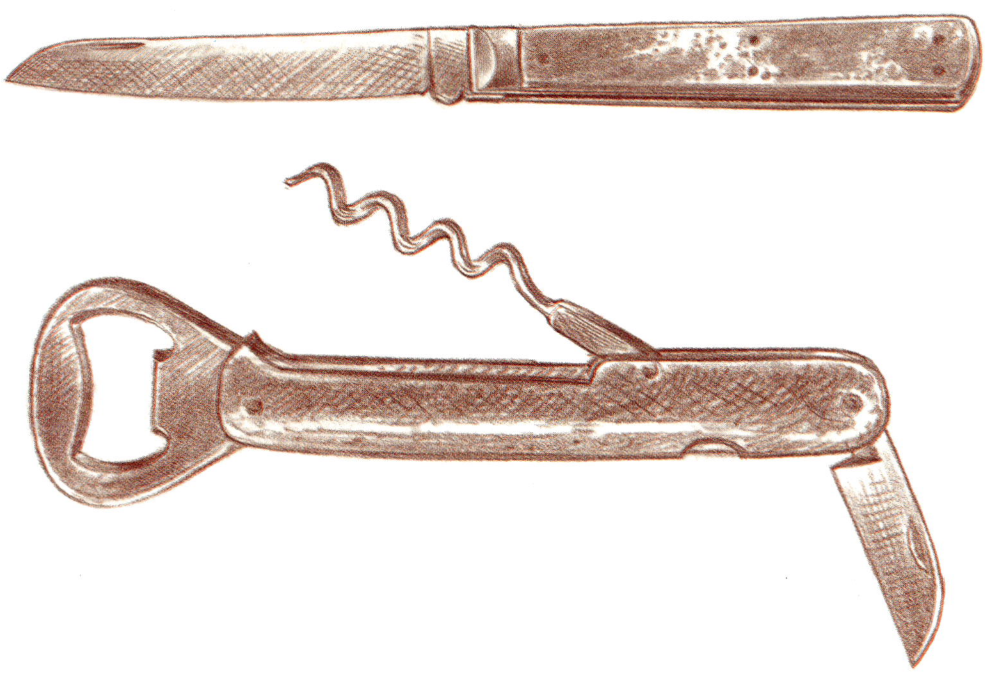

Ein Taschenmesser und ein Messer mit integriertem Korkenzieher und Flaschenöffner für den Kellner im Café.

gungen mit der gleichen Regelmäßigkeit und Sorgfalt ausführen muß, und daß das bevorstehende Ende der Arbeit daran nichts ändert. Ganz im Gegenteil, gerade wenn man ungeduldig ist, läuft man am meisten Gefahr, ungeschickt zu handeln.

Das Messer verleiht demjenigen, der es besitzt, Macht über das Material, doch es bietet noch mehr: einen Gewinn an Freiheit bei richtiger Handhabung. Sofort kommt einem »Robinson Crusoe« auf seiner verlassenen Insel in den Sinn, und daß es sein Ende wäre, wenn er sein Messer verlieren würde.

Das Messer kann für zahlreiche Zwecke eingesetzt werden: Wird es wie eine Säge hin- und herbewegt, so schneidet es; drückt man senkrecht darauf, so kann seine waagerechte Klinge weiches Material schneiden oder ein Holzscheit spalten; die Hand des Fischers, der seinen Fang schuppt, die Hand des Kochs, der Gemüse schält, führt das Messer seitlich hin und her; dreht man die Messerspitze auf Holz, wird ein Vorloch gebohrt; eine breite Klinge kann ausgezeichnet als Hebel dienen, sei es, um die zwei Schalenklappen einer Auster auseinanderzustemmen, sei es, um ein Brett anzuheben; wird das Messer in beide Hände genommen und zum Körper hingezogen, kann damit gehobelt werden, so wie der Holzschuhmacher mit seinem zweigriffigen Ziehmesser verfährt; auch die Schäfer fertigen auf diese Weise ihre Stöcke an, und einige Handwerker geben ihren Werkzeugstielen so den letzten Schliff; wiederum ist es das Messer, das die Hand des Bauern führt, wenn er vorübergehend als häuslicher Opferpriester Geflügel schlachtet; das Messer liefert auch das Eisen, mit dem die Klinge eines anderen Messers gewetzt wird. Ganz zu schweigen von der Drohgebärde, wenn eine Diskussion aus den Fugen geraten und in Beleidigungen ausgeartet ist…

Das Messer trägt die Erinnerung in sich, daß es einst eine Waffe war. Das zum Schneiden und Bohren dienende Taschenmesser ist ein miniaturhaft, gezähmter, harmloser Nachfahre des wilden und bedrohlichen Dolchs. Wer könnte es wagen, eine Unterscheidung zwischen den einzelnen Klingen aus behauenem Feuerstein zu treffen, und die eine als Hausmesser, die andere als Waffe, als Dolch zu bezeichnen? Ein und derselbe Gegenstand diente für den Kampf, die Jagd, zum Zerlegen von Fleisch, zum Zerschneiden eines Felles, zur Anfertigung eines Jagdspießes. Alles in allem war das Messer in jeder Form – spitz wie eine Kralle und scharf wie ein Schneidezahn, mit dem die Tiere bewehrt sind – der feste Gehilfe im ständigen Kampf ums Überleben.

Die Entdeckung des Metalls hat die Entwicklung der Dolchform bedingt. Auch wenn dieser feingeschliffen und lang ist, ist er so stabil, daß man mit ihm auf »Hieb und Stoß« schlagen kann. Das Messer sollte dennoch nicht von der Bildfläche verschwinden: Der Dolch entsprach nicht allen Anforderungen, denn aufgrund seiner Größe und seines Gewichts war er zur

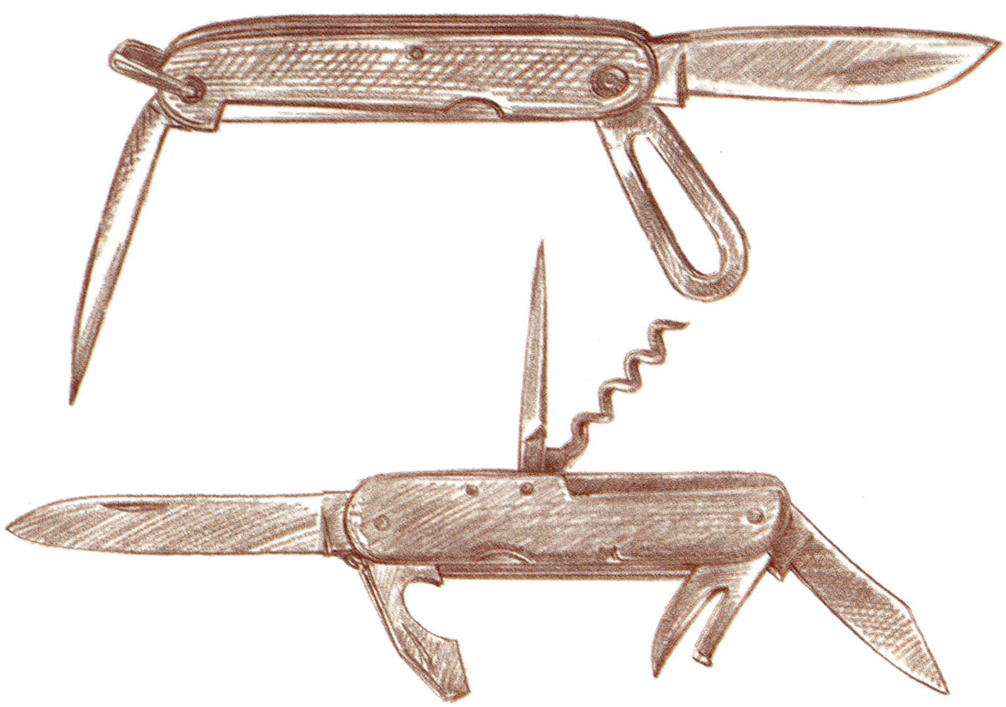

Ein Seemannsmesser mit Splißhorn und ein Messer mit sechs Klingen, Typ Schweizer Armee.

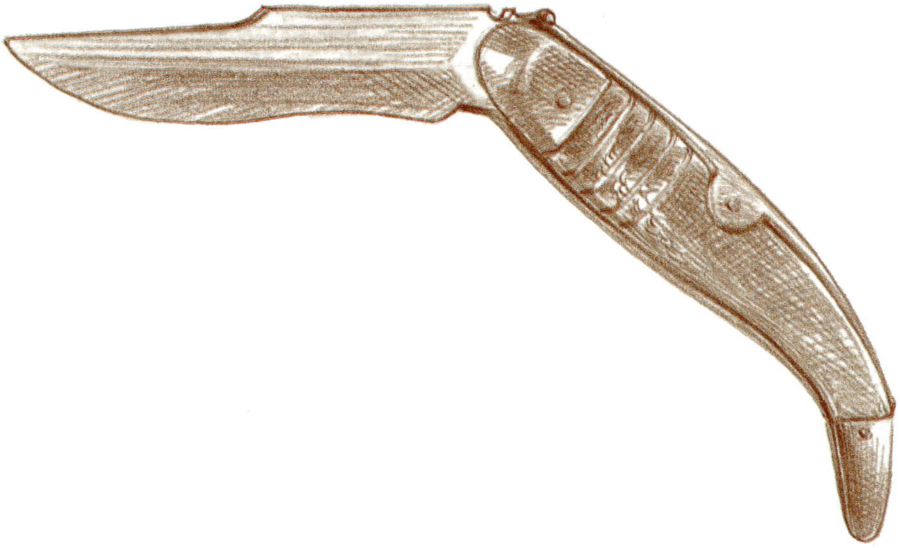

Ein Springmesser, Spanien.

Ausführung kleinerer Aufgaben zu sperrig. Wie der Dolch in seine Scheide, so wurde das Messer in eine Hülle gesteckt, die in einer Tasche angebracht oder an einem Riemen am Gürtel befestigt war.

Das Tischmesser, ein äußerst geläufiger Gebrauchsgegenstand, erweist sich als interessantes Beispiel für Entwicklungen, die sowohl im Brauchtum als auch in der Technik stattfanden. Zunächst ist es ein persönlicher Gegenstand: In Frankreich nimmt man es bis Ende des 16. Jahrhunderts mit, wenn man in der Stadt speist. Mitte des 17. Jahrhunderts ist es noch spitz und dient vorwiegend ähnlich einer Gabel zum Aufspießen von Fleisch. Ende des 17. Jahrhunderts wird es einklappbar, so daß der Benutzer kein Etui mehr braucht. Es nimmt nur noch den halben Platz ein, und Spitze und Schneide sind geschützt. Aufgrund gewisser Vorfälle, die den Machthabern nicht entgangen sind, erläßt Richelieu 1669 ein Edikt, das jeden im ganzen Königreich dazu verpflichtet, Messer mit abgerundetem Ende zu verwenden.

Die Unterscheidung zwischen Messer und Dolch verschwimmt allmählich. Das Springmesser ist zwar ein Taschenmesser, das zum Essen dient, doch könnte man es, da seine Schneide durch die Sperrklinke in der Achse des Stiels arretiert werden kann, nicht auch als Waffe betrachten? Mit dem Klappmesser kann die Hand des Angreifers nur eingeritzt werden. Hier, wie auch in anderen Fällen, hat der Gesetzgeber eine klare Grenze gezogen: Die Länge der Klinge darf eine Handbreit nicht überschreiten. So hängt alles von den Umständen ab.

In vielen Ländern wird dem Messer in Legenden und Traditionen zurecht ein großer Wert beigemessen. Diese Weisheiten haben oft einen erzieherischen Zweck: Gebt acht auf euer Messer, es ist ein Freund,

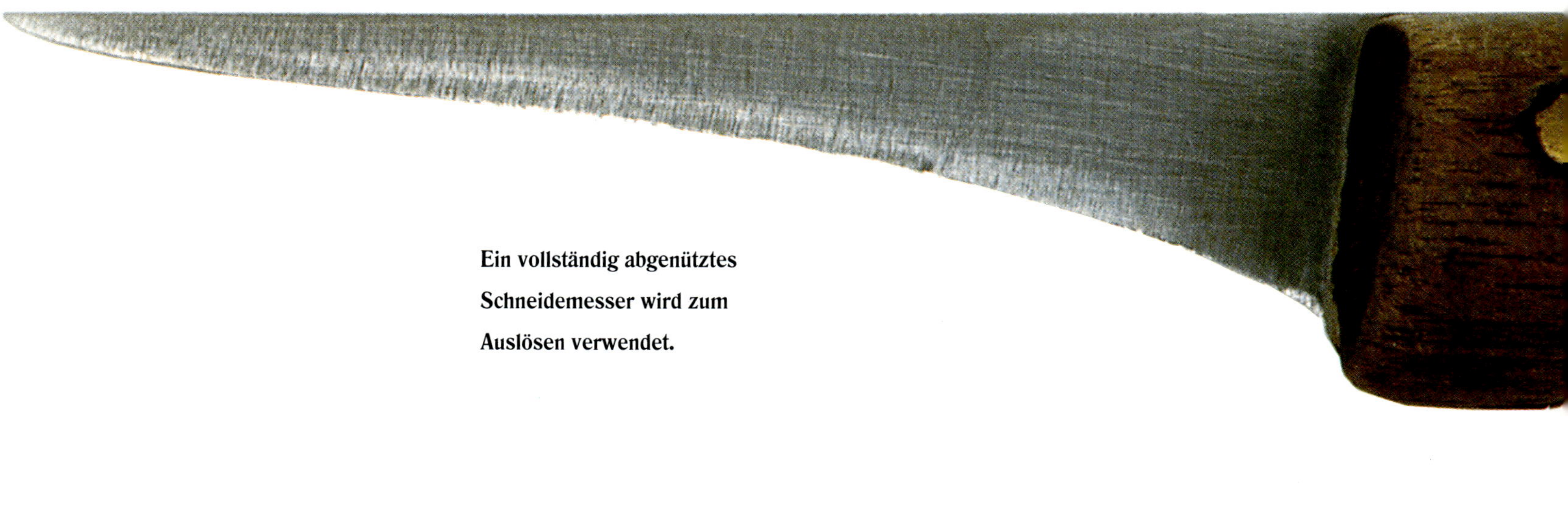

Ein vollständig abgenütztes Schneidemesser wird zum Auslösen verwendet.

ein wertvoller Gefährte, verliert es nicht, pflegt es, es wird sich als guter Diener erweisen, der euch das Hundertfache dessen, was ihr ihm gegeben habt, zurückerstatten wird.
Im Alten China hatte eine der ersten Kupfermünzen die Form eines Messers.
Da das Messer zur Familie der schneidenden Instrumente oder Werkzeuge gehört, will es der Brauch, daß das Geschenk eines Messers durch ein Geldstück, wenn auch nur von geringem Wert, vergolten wird: Auf diese Weise wird vermieden, daß die Bande der Freundschaft zerschnitten werden.
Der Besitz eines Messers zeigt in zahlreichen Ländern den Übergang eines Jungen vom Kind zum Jugendlichen an. Es ist somit eine Voraussetzung für die Zugehörigkeit zur Männerwelt.
Die Senegalesen haben sich als Gefangene im Zweiten Weltkrieg ihre Messer abnehmen lassen. Doch mit Hilfe ihres Erfindungsgeistes fertigten sie sofort neue, wenn auch symbolische Messer an: Eine Glasscherbe oder ein Konservendosendeckel wurde mit einem Stiel versehen; so konnten sie ihre Zugehörigkeit dokumentieren und ihr Gesicht wahren.

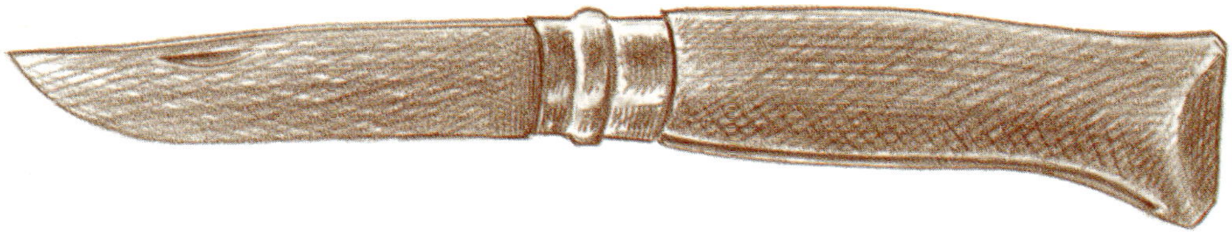

Der drehbare Eisenring des berühmten Opinel ermöglicht ein Blockieren der Klinge.

Das Metzgermesser

Kaum mehr als man das kurze Atemholen eines Schauspielers hört, sieht man den Metzger sein Messer wetzen. Und dennoch, der Wetzstahl, dieser längsgeriefte Zylinder aus Hartstahl, bleibt stets am Gürtel oder an der Hackbank des Metzgers: Der Wetzstahl folgt dem Messer, unerbittlich wie ein Schatten. Die Klinge muß schneiden wie ein Rasiermesser: Wenn der Metzger sein Messer ein halbdutzendmal benutzt hat, zieht er rasch, fast automatisch, die Schneide der Klinge zweimal auf der einen und zweimal auf der anderen Seite am Wetzstahl ab. Der Kunde hat kaum Zeit, es zu sehen. Der Handwerker muß dabei nicht einmal hinsehen, sondern unterhält sich nebenher zumeist mit seinem Kunden. Eine Art Pause zwischen zwei Arbeitsgängen.
Wir beobachten zwar die offensichtlich ausgeführte Handlung des Metzgers, übersehen jedoch leicht diese vorbereitenden Arbeitsprozesse und die Abstände, in denen sie ausgeführt werden müssen. Ebensowenig, wie es einen Schnitter ohne Schleifstein gibt, gibt es einen Metzger ohne Wetzstahl. Die berühmte »Schneide« der Klinge muß unaufhörlich nachgebessert, geradegerichtet, affiniert werden, weshalb eine gut funktionierende Klinge bis zum äußersten aufgebraucht wird.

Das Walfangmesser

Azoren

Im Seefahrtsmuseum in Lissabon werden außer einigen größeren Schiffen und verschiedenen Booten auch die von den wagemutigen Walfängern verwendeten Ruderboote aufbewahrt. Man ist verwundert, wie klein diese sind. Sie wurden von einem größeren Schiff bis zum Fangplatz geschleppt. Die Ruderer näherten sich dem Wal bis auf Reichweite der Harpune. Nach den turbulenten Ereignissen, die dem Fang des Meerestieres zuweilen vorangehen – manchmal muß der Rücken des Wales bestiegen werden, oder das Boot kippt in den Wellen um –, wurde die ungeheure Masse an Bord des »Flaggschiffs« gezogen, und die Seeleute machten sich als Metzger ans Werk.

Die dicke Haut mußte aufgeschnitten und angehoben werden, um zu der wertvollen Fettschicht vordringen zu können. Diese Schicht von ziemlich fester Konsistenz wurde in grobe Würfel zerschnitten und in große Kessel geworfen, die auf dem Feuer standen. Auf diese Weise gewann man das Öl, welches in die dafür vorgesehenen Tonnen gegossen wurde.

Die Seeleute behielten bestimmte Fleischstücke zurück, entnahmen die kostbaren Barten (zur Herstellung der berühmten Korsettstäbe und Schirmspeichen…), und warfen das Skelett wieder in das Meer.

Dieses Messer ist aufgrund seiner Form besonders gut zum Zerschneiden von Fett geeignet. Der verhältnismäßig lange Stiel ermöglicht es, tief einzuschneiden. Die scharf geschliffene Schneide in Form eines Viertelkreises wirkt sowohl vertikal, von oben nach unten, als auch horizontal, wenn sie in Richtung des Körpers gezogen wird. Das Eisen ist dünn, so daß das Werkzeug leicht und bequem zu handhaben ist, während seine Breite die Verwendung als Spreizhebel gestattet, um weiter in das Fett einzudringen. Was für eine Waffe!

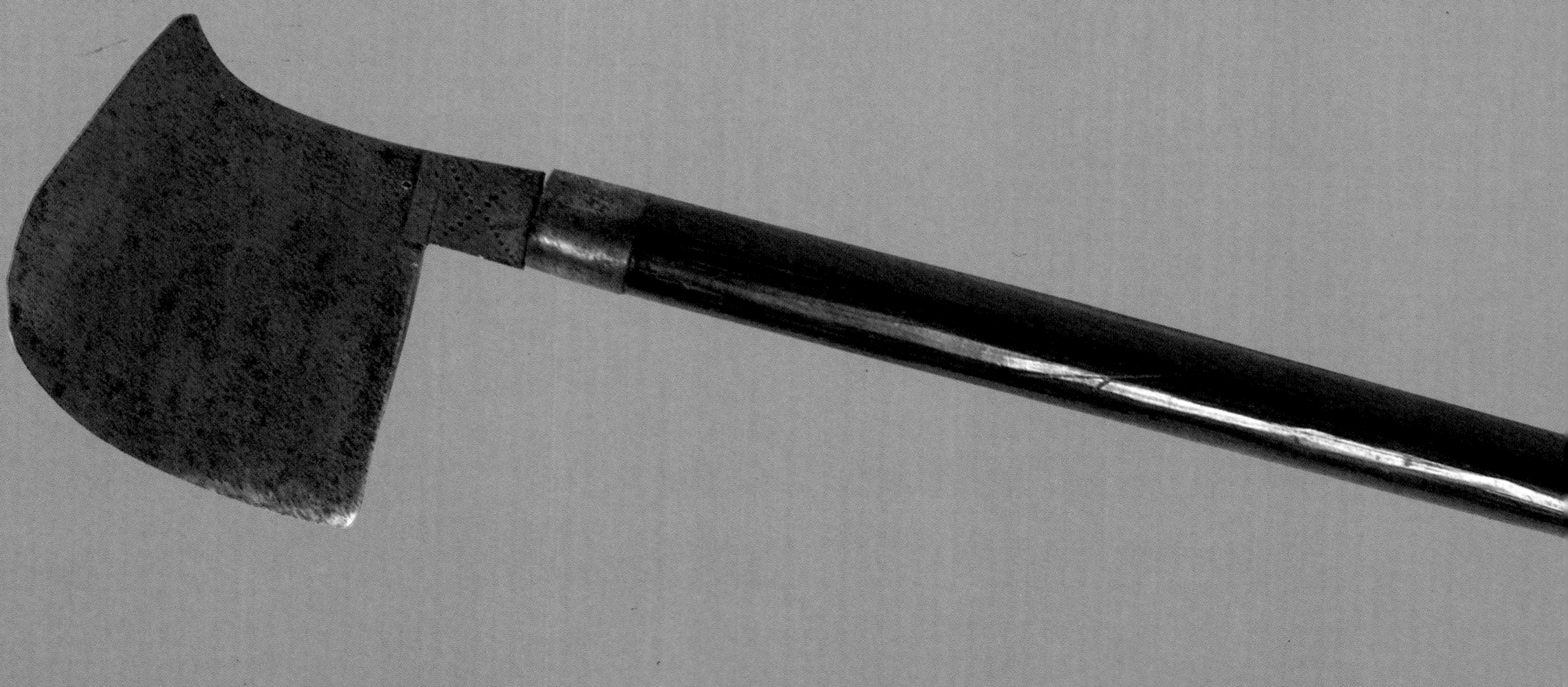

Das elegante Beschneidemesser dient dazu, das Walfett in Würfel zu zerlegen.

Rechte Seite: **Aufgabe dieses Werkzeugs ist es, den Honig durch Abschneiden des Wachsdeckels aus den Bienenwaben zu entnehmen.**

Das Imkermesser zum Entfernen des Wachsdeckels

Der Wachsdeckel ist der kleine, wächserne Deckel, den die Bienen auf den mit Honig gefüllten Zellen anbringen, um diese zu verschließen und ihre Reserven gegen mögliche Eindringlinge zu schützen.

Wenn gegen Ende des Sommers, je nach Gegend, der richtige Zeitpunkt gekommen ist, macht sich der mit Maske und Handschuhen bewehrte Imker daran, die Honigwaben aus den Bienenstöcken zu entnehmen. Er bringt jene Wunderwerke an sparsamer Architektur und geometrischer Perfektion nach Hause, um die kostbare, süße Flüssigkeit aufzufangen. Dazu muß er die Wachsdeckel abschneiden; so daß der Honig abfließen kann. Im Süden Frankreichs, im Land der Sonne und somit der Blumen und Bienen, verwenden die Imker hierfür ein Werkzeug, das eine interessante Entwicklung durchgemacht hat.

Das älteste derartige Werkzeug ist eine vom Dorfschmied hergestellte, einfache Eisenstange von viereckigem Querschnitt, die an beiden Enden abgeflacht und geschliffen sowie an einem Ende im rechten Winkel umgebogen ist. So konnte der Bienenzüchter sowohl dicht an der Oberfläche schneiden als auch schaben. Eine leichte Verbreiterung in der Mitte der Stange ermöglichte eine gute Handhabung.

In der Folge kam ein spezielles Imkermesser zum Entfernen des Wachsdeckels auf. Es ähnelt einer langen Kelle mit einem Eisen in Form eines Lorbeerblatts, das an seinen Seiten mondsichelförmig geschliffene Zähne aufweist.

Später baten die erfindungsreichen Imker den Blechschmied oder den Verzinner um Hilfe, um ihr Werkzeug zu verbessern und zu vermeiden, daß sich die Wachskrümel mit dem Honig vermischten. Dieses neuere Werkzeug hat die gleiche Form wie das vorherige, doch seine Klinge besteht aus einem hohlen Kupferbehälter, der mittels eines im Stiel angebrachten Rohrs mit Dampf gefüllt werden kann. Dadurch schmilzt das Wachs, und der Honig kann ablaufen. Natürlich hat jedes dieser Werkzeuge seine Anhänger und Gegner.

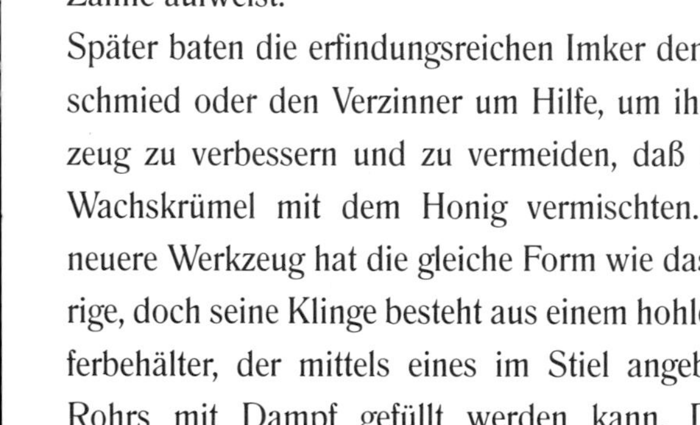

Tibetanisches Messer

Dabei handelt es sich um ein äußerst eigenartiges Werkzeug. Schon seine Form erweckt Neugierde: eine sehr rustikale Klinge mit einem Tigereckzahn als Griff. Dieses Werkzeug offenbart die Mentalität seines Erfinders: der siegreiche Jäger, der die Trophäe zum Beweis seines Muts und seiner Geschicklichkeit stets bei sich trägt und überall vorzeigen kann. Auch liegt der Herstellung dieses Gegenstands ein Totemglaube zugrunde: Offensichtlich geht etwas von der Kraft des großen Raubtiers auf den Träger des Messers über.

Noch etwas kommt einem bei der Betrachtung der kleingehaltenen Klinge in den Sinn: Eigentlich reicht sie vollständig zur Durchführung der täglichen Arbeiten aus, beispielsweise zum Schneiden von Leder. Häufig wird sogar nur ein kleiner Teil der Klinge benutzt.

Das tibetanische Messer: ein herrliches Geschenk der Natur.

Der Gemüseschäler

Ozeanien

Ein Schiff ist wie eine Insel im Meer: Man findet dort nur die Dinge vor, an die gedacht wurde und die man mitgenommen hat. Auf einer Insel findet der Reisende – und der Schiffbrüchige – das, was der Boden hervorbringt, was das Klima begünstigt und die Wellen an den Strand spülen. Der Vergleich mit dem Schiff setzt sich fort: An Bord der großen Marineschiffe lernt man den Einfallsreichtum zu schätzen: Man ist gezwungen, die auftauchenden Probleme mit den berühmten »verfügbaren Mitteln« zu lösen, mit anderen Worten, mit dem, was man zur Hand hat.

Unablässig schälen Hausfrauen Gemüse. Die Verwendung des Messers erfordert – vorausgesetzt, es ist scharf geschliffen – eine ständige Umsicht. Bald schneidet es einen zu dünnen oder zu schmalen Streifen der Schale ab, und die Arbeit geht nicht vorwärts. Bald schneidet es zu breit und zu tief, so daß Nahrungsmittel verschwendet werden. Das ideale Werkzeug ist der im Handel erhältliche Gemüseschäler: Die Schnittbreite ist von vornherein festgelegt, die Schnittdicke ist durch den Spalt zwischen Klinge und Führung eingestellt.

»Porzellanmuschel« mit eingefeiltem Loch. Moderne europäische Nachbildung des ozeanischen Werkzeugs.

Wie haben es die Eingeborenen Ozeaniens bewerkstelligt, den gleichen feinen Schnitt zu erzielen? Sie haben das vor Ort verfügbare, dem Metall entsprechende Material verwendet, diesen seltsamen, harten, vorgefertigten Stein, der sogar geschliffen werden kann: die Muschel. Sie haben dafür die Porzellanmuschel gewählt, die die Form einer Frucht hat, gut in der Hand liegt und durch ihr Gewicht ein sicheres Arbeiten ermöglicht. Durch Abnutzung und Reiben an einem rauhen Stein haben die Eingeborenen eine ovale Öffnung in die Muschel eingeschnitten. Die abgeschrägten Ränder sind natürlich scharf, und da sie durch einen engen Zwischenraum voneinander getrennt sind, dient der eine Rand als Führung für die Klinge des anderen. Dies ist das Prinzip eines Hobels. Die Inselbewohner Ozeaniens handhaben dieses Werkzeug mit großer Geschicklichkeit. Von Zeit zu Zeit schütteln sie die Muschel, um die Schalen zu entleeren: Dieser Augenblick, der die Eintönigkeit der Arbeit unterbricht, ist ihnen sehr willkommen.

In allen Erdteilen erzählen die Menschen ihren Nachkommen von der Erschaffung der Welt und führen sie in die Kenntnisse ein, die sie für das Leben wappnen, mit denen sie sich ernähren, schützen, verteidigen können ... So bilden die Generationen eine Kette ... Diese Übergänge gehen jedoch nicht bedingungslos vor sich.

Berühren von Werkzeugen, Verbot und Vorrecht

Angehörige mit entsprechendem Alter und Fähigkeiten erlegen zuweilen denjenigen, deren Lebensbedingungen sich ändern werden, ein gewisses Zeremoniell auf. Der Ethnologe Arnold van Gennep hat in den unterschiedlichsten Kulturkreisen diese Phasen und Augenblicke im Leben der Menschen untersucht und diese Initiationsriten aufgezeigt.

Es wäre ein Irrtum zu glauben, daß es bei einigen Völkern eine Vielzahl solcher Riten gäbe, während sie bei anderen Völkern überhaupt nicht vorhanden sind. Zwar sind nicht alle so beeindruckend wie das Auflegen des gefürchteten »Maraké« auf die Haut junger Leute – ein Flechtwerk, in dessen Maschen die brasilianischen Indianer wilde, beißende Ameisen eingesetzt haben. Sie sind auch nicht alle so furchterregend wie die Mutproben mancher afrikanischer Stämme, bei denen es um das einsame Überleben im feindlichen Wald geht. Dennoch existieren sie.

Da Werkzeuge scharf, spitz oder ganz einfach schwer sind und deshalb als gefährlich eingestuft werden, erfordert ihre Handhabung Kraft und jene Beherrschung, die die Erfahrung durch gewissenhaftes Erlernen mit sich bringt. So werden natürlich zunächst die kleinen Kinder einem strengen Verbot unterzogen. Es wird jedoch immer schwieriger werden, diesen Grundsatz bei einem kleinen Jungen einzuhalten, denn die Kindheit ist zugleich das Alter einer leidenschaftlichen Neugierde. Überdies gibt sich ein Kind nicht damit zufrieden, einen Gegenstand lediglich anzusehen, es muß ihn berühren, ihn in die Hand nehmen, muß ihn handhaben, erproben, selbst ausprobieren. Die Anziehungskraft der Werkzeuge ist für die Hände ebenso wie für den Geist unwiderstehlich.

Ihre polierten Stiele apellieren an die Hand. Ihre Formen regen zum Angreifen und Handeln an. Die Werkzeuge sehen ganz und gar nicht gefährlich aus, sie scheinen im Gegenteil ruhige Gegenstände zu sein, denen eine Kraft innewohnt, die dem, der sie in die Hand nimmt, in magischer Weise zu Diensten steht. Wie der Traum, so weiß auch jene Vorstellungskraft noch nichts von Hindernissen oder Unwahrscheinlichkeiten. Das zehnjährige Kind sieht sich schon die Axt schwingen, hört die Eiche fallen, genießt bereits stolz seinen Sieg. Die Verwandtschaft der Werkzeuge mit den Waffen (das Beil ist eine Waffe, das Messer ist der Bruder des Dolchs, der Hammer oder der Meißel können töten) bringen eine zusätzliche Dimension in das Verlangen nach Werkzeugen, auch wenn diese nicht deutlich zutage tritt: der Traum, endlich die Schwelle – zumindest teilweise oder zeitweise – zu überschreiten, die das Kind vom Manne trennt. Wie oft mag ein Handwerker- oder Bauernsohn vor sich hingemurrt und die Langsamkeit des Lebens verwünscht haben, wenn er immer wieder hören mußte:

»Werkzeuge darf man nicht anfassen! ... Wenn du groß bist...« Erst die Verfügbarkeit von Werkzeugen und Waffen machen ihn seiner Ansicht nach zu einem Mann unter Männern, die arbeiten, ernsthaft gegen Material kämpfen, Kriege führen oder jagen.

Man kann einem Kind, das hartnäckig insistiert, nicht lange widerstehen. Der Erwachsene erinnert sich an seine eigene Jugendzeit. Zunächst macht man das Kind mit den Dingen vertraut. Man bringt ihm bei, die Formen zu erkennen, die Gegenstände bei ihrem Namen zu nennen. Es kommt der Augenblick, sie in die Hand zu nehmen (mit Erlaubnis und in Gesellschaft des Werkzeugbesitzers), sodann folgt alsbald die erste Mitarbeit, so gering sie auch sein mag: Das Kind bringt den Holzhammer, um den sein Vater ihn bittet, zur Werkbank. Es wird auch versuchen, den – als ungefährlich geltenden – Hobel auf einem Stück Abfallholz und dann sogar »ganz echt« auf einem zu bearbeitenden Brett hin- und herzuschieben, denn die Gefahr einer Beschädigung des Werkstücks ist äußerst gering. Das Einschlagen eines Nagels ist eine einfache und lehrreiche Übung. Eine kleine Unachtsamkeit oder Übereilung, und schon geht der Schlag auf die Finger. Während sich der Junge noch über den Verrat des eigentlich so sympathischen Hammers wundert, hört er zum erstenmal den berühmten Satz: »Übung macht den Meister.« Nach zahllosen Versuchen mit verschiedenen Werkzeugen im Beisein eines Erwachsenen, arbeitet der Lehrling dann auf eigene Faust.

Als große Überraschung oder als lang versprochenes Ereignis erhält das Kind dann – häufig an seinem siebten Geburtstag, dem Alter der angehenden Vernunft – ein eigenes Messer. Das Messer ist ein Symbol des Vertrauens, welches man der Umsicht, der Gewissenhaftigkeit und dem Geschick des jungen Besitzers entgegenbringt. Das elegante Taschenmesser, das rustikale Messer, das Laguiole oder das Schweizermesser mit sechs Klingen sind nun seine täglichen Begleiter. Die Gewohnheit, stets ein Messer mit sich zu führen, bleibt vielleicht das ganze Leben lang bestehen. Eine neue Existenz beginnt, in der die nun wirkungsvollere Hand geübt wird, wodurch sich immer weitere Möglichkeiten auftun, die schließlich zu neuen Träumen von bestimmten Konstruktionen führen... Das Messer ist schon da, die Welt der Fachkenntnisse muß noch erobert werden. Initiationsritus.

Um die Leidenschaft der Kinder für Werkzeuge zu befriedigen oder ihnen die handwerkliche Arbeit schmackhaft zu machen, schenkt man kleinen Jungen häufig ein Gärtner- oder Schreinerset, das die Grundwerkzeuge eines Berufs in verkleinertem Maßstab umfaßt. In den Bauernhöfen sah man gewöhnlich neben den Werkzeugen der Männer die kleineren und damit weniger schweren Werkzeuge der Frauen, wie Sicheln, kleine Beile und Hippen an der Wand hängen. Diese Anpassung an den Körper des Arbeiters entsprach dem Wunsch, die Werkzeuge ausschließlich für sich allein zu gebrauchen. Wie oft hat man schon sagen hören, daß man eine Sichel, eine Hippe oder ein Beil nicht gern herleiht. Und es ist gut möglich, daß gewisse Werkzeuge absichtlich größer oder schwerer gemacht wurden, um Kraft zu demonstrieren – und so Jüngere oder Schwächere, die sie möglicherweise entleihen könnten, zu entmutigen.

Die Kokosraspel

Tansania 20. Jahrhundert

Die Kokosnuß ist mit der Schneide des Buschmessers in zwei halbkugelförmige Hälften geteilt worden. Nun muß noch das Innere ausgeschabt werden, um den eßbaren Teil herauszuschälen, der fest an der Holzrinde haftet. Da bei diesem Vorgang keine großen Stücke, sondern feine Späne der weißen Substanz abgelöst werden sollen, verwendet man hierfür eine Raspel. Das Blatt ist oval, die Schneide ringsum mit kleinen Zähnen versehen.
Hält man dieses Werkzeug in der Hand? Mit Sicherheit nicht. Der afrikanische Arbeiter verwendet beide Hände zur Ausführung dieser Arbeit. So braucht er das Werkzeug im Inneren der hölzernen Halbkugel nicht zu drehen, sondern er kann dem unbeweglichen Werkzeug ganz bequem die mit beiden Händen gehaltenen konkaven Flächen der Kokosnuß hinhalten. So verfügt er über die ganze Kraft seiner Arme und die Geschicklichkeit beider Hände. Der Vorgang kehrt sich also um: nicht die auszukratzende Kokosnuß ist unbeweglich, sondern das Werkzeug. Auf diese Weise kann natürlich eine höhere Wirksamkeit, ein besseres Ergebnis erzielt werden. Nun muß noch die Festigkeit, die Stabilität des Werkzeugs gesichert werden. Es muß dem Druck der Hände einen Widerstand, einen Anschlag bieten. Wie könnte das besser erreicht werden, als durch ein entsprechendes Gewicht? Ein großer Stein oder ein Holzklotz wären geeignet, doch wäre die ganze Vorrichtung dann vielleicht nicht transportierbar, und man könnte nicht nach Lust und Laune im Wind, im Schatten oder in der Nähe eines Kokosnußhaufens arbeiten. Warum sollte man nicht einfach das Körpergewicht der Bäuerin oder des Bauern selbst einsetzen, um den Sockel des Werkzeugs zu beschweren? Natürlich. Und wäre ein Sockel nicht zugleich auch ein Sitz?
Das Verfahren ist zu Ende gedacht, die gute Idee gefunden. Die Kokosraspel wird wie eine Galionsfigur auf einem stabilen, leichten Schemel befestigt, den man an einem beliebigen Ort aufstellen kann. Ein weiterer Vorteil: Wer sich an die Arbeit machen will, braucht nicht hier sein Werkzeug und dort seinen Schemel zu suchen, da beide miteinander verbunden sind; die beiden sind untrennbar, so wie der Fahrersitz und das Lenkrad eines Autos.
Warum sollte man hier die Kette der Erfindungen, Kombinationen, Verbesserungen, Erleichterungen unterbrechen? Der Sitz könnte einen geringeren Raum einnehmen, beispielsweise klappbar sein. Warum sollte man nicht einfach das von den frommen Muslimen zur Koranlesung verwendete, X-förmige Betpult zum Vorbild nehmen? Diese Vorrichtung ist aus einem einzigen, rechteckigen Holzstück gefertigt, dessen zwei Enden in der Mitte der Dicke nach durchtrennt sind. Im Mittelteil hat der Tischler ein Scharnier angebracht. Das Werkzeug mit eingearbeitetem Klappsitz ist erfunden.

In Afrika verzieren manche Handwerker ihre Werkzeuge als Zeichen ihrer Verehrung.

Die »Zitronenpresse«

Frankreich und Mittelmeerraum

Auf den ersten Blick scheint uns dieses Werkzeug vertraut. Seine Form ist uns nicht unbekannt: granatförmiger Umriß, gekrümmter, mit scharfen Kanten durchsetzter Kegel. So sieht auch die Zitronenpresse aus Glas oder Porzellan aus, die wir kennen, und die fest mit einem Untersatz mit Ausguß verbunden ist. Diese Zitronenpresse hier, die die gleiche Aufgabe erfüllt, ist mit einem Griff versehen. Sie ist nicht feststehend, sondern sie wird betätigt. Sie dringt in die entzweigeschnittene Orange oder Zitrone mit einer schabenden Drehbewegung ein, während bei der klassischen Presse die Fruchthälfte aufgedrückt und gedreht wird. Mit dieser ist auch ein genaueres, feineres Arbeiten möglich: An der Basis des Kegels angebrachte Zähne oder im Untersatz eingearbeitete Löcher sorgen dafür, daß der Saft abfließen kann und die Körner zurückgehalten werden.

Gewohnheiten nimmt man schon sehr früh an. Die Benutzer des einen Werkzeugs werden sagen, sie wüßten gar nicht, wie sie sich des anderen bedienen sollten... Sicher ist jedoch, daß die feststehende Zitronenpresse eher dem Gebrauch in einem geordneten Haushalt entspricht, während die andere sich eher für die Verwendung im Freien eignet, auf einem draußen gedeckten Tisch oder über einem Kessel, wo man keine Spritzer oder Flecken befürchten muß.

Die einen umfassen die Zitrone, die anderen die Zitronenpresse – das Ergebnis ist das gleiche.

Ein Werkzeug, das es eigentlich gar nicht gab

Natürlich ist im Handel ein Löffel in Form einer winzigen Schöpfkelle zum Entsteinen von Kirschen erhältlich. Es ist anzunehmen, daß dieses Werkzeug dem Konditormeister aus Beaujolais nicht gut in der Hand lag, oder daß es die Früchte verformte. Mit den verfügbaren Mitteln – dem Korken einer Weinflasche, in den ein Stück Eisendraht in Form einer umgebogenen Haarnadel versenkt wird – hat der Fachmann daraufhin das Gerät entwickelt, das ihm fehlte.

Diese Geschichte beruht auf einer langen Tradition. Während ihrer Lehrzeit lernten die Lehrlinge, ihre eigenen Werkzeuge selbst anzufertigen. Bei dieser Gelegenheit wurde der gängige Typ so verändert, daß ein Gerät entstand, welches der Hand des Arbeiters vollkommen angepaßt war.

Die Zuckerzange

Vor rund hundert Jahren wurde in Frankreich der Zucker in Form von Zuckerhüten verkauft. Diese granatförmigen Gebilde mit abgerundetem Kopf wogen etwa ein Kilogramm. Nach altem Brauch waren sie spiralförmig mit grobem bläulichem Papier umwickelt. Um den Zucker gebrauchsfähig zu machen – dieses Problem des Übergangs vom Groben zum Feinen stellt sich sehr häufig in Bezug auf Verwendung und Zweckbestimmtheit von Werkzeugen –, mußte man diese kompakte Masse anschneiden, sie angreifen, um sie in Teilstücke zu zerlegen.

Mit einem kleinen – auf einer Seite viereckigen, auf der anderen flachen – Metallhammer konnte die Arbeit begonnen werden. Anschließend trat die große, schwere, schmiedeeiserne Zange in Aktion, deren Gestalt durch ihren monumentalen Charakter beeindruckte. Die sowohl künstlerische als auch technische Sorgfalt, mit der dieses Werkzeug geschmiedet und ausgearbeitet wurde, ist bemerkenswert. Die beiden scharfen Klingen berühren sich nicht: So wird vermieden, daß Teile des wertvollen Guts absplittern oder weggeschleudert werden; es wird glatt durchgeschnitten. Zwei Anschläge zwischen den Schenkeln des Griffs verhindern, daß der Benutzer einen Finger einzwickt, wenn er seine Hände versehentlich hier anlegt. Schließlich zeigt ein Federverschluß mit aller Deutlichkeit, daß es sich hier nicht um einen Gegenstand für den Handwerksgebrauch handelt, sondern vielmehr um so etwas wie einen rituellen Gegenstand, eine Art Zepter, das nur bestimmte Personen in die Hand nehmen dürfen: im Handel nur der Besitzer des Lebensmittelgeschäfts, zu Hause das Familienoberhaupt oder jemand, der diese Funktion innehat. So war sein Gebrauch denen vorbehalten, die das Ritual des Zuckerschneidens zelebrierten.

Auch wurde diese Zange jedoch auch von Fachleuten wie Zuckerbäckern oder Konditoren verwendet, oder auch von Lebensmittelhändlern, die Zucker portionsweise verkauften.

Die Mühe, die mit der Handhabung der massiven Zange einhergeht, könnte am einfachsten durch ein Gestell vermieden werden, auf dem dieses Werkzeug befestigt ist. Und schließlich könnte man, damit der Zucker nicht verstreut und verschwendet wird, unter diesem Gestell einen kastenartigen Behälter anbringen, der die Zuckerkrümel auffängt.

Nach dem Beispiel anderer feststehender Werkzeuge, wie dem Bäckermesser oder der Blechschere des Kupferschmieds, ist so die Zuckerzange mit Sockel entstanden.

In Nordafrika, wo der Süßstoff gewöhnlich noch immer als Zuckerhut verkauft wird (insbesondere an Teeliebhaber), sieht man in jedem Haus den kleinen Kupferhammer und die Zuckerzange.

Ein metallenes Insekt mit schlankem Körper und gefährlichen Mandibeln.

Hier wird das, was man schneidet, aufbewahrt: Das Messer ist beweglich auf einer kleinen Holzschaufel angebracht.

Der Tabakschneider

Der Tabak, den man kaut oder in der Pfeife raucht, war nicht von jeher schon vorbereitet und in Päckchen abgefüllt, so wie wir es heute kennen. Früher mahlten die Liebhaber des Nicot-Krauts ihren Schnupftabak selbst; für ihre Pfeife hackten sie die Tabakblätter in feine Streifen. Diese waren in Form von zusammengepreßten Blöcken erhältlich, die feucht gehalten wurden, damit die Blätter nicht abbrachen.

Diese genial ausgedachte Vorrichtung des Tabakschneiders erfüllt mehrere Aufgaben. Mit dem einen Griff kann die Klinge präzise betätigt werden. Der Tabak wird zerhackt und in dem ausgehöhlten Teil, der als Behälter dient, aufgefangen. So geht kein Krümel der wertvollen Blätter verloren. Früher wurde der Tabak nach Gewicht verkauft: Der Händler faßte den Tabakschneider an dem zur Klinge quer stehenden Griff und schüttete die zerhackten Blätter durch den eigens dafür vorgesehenen Schnabel in die Waagschale. Wer ein und dieselbe Geste täglich unzählige Male ausführen muß, wird versuchen, dies mit möglichst geringem Aufwand und so bequem wie möglich zu bewerkstelligen, so daß er nicht auch noch Krümel vom Tisch aufsammeln muß… So wurden einige Werkzeuge, die mit angehobener Hand betätigt wurden, verändert und mit einem als Behältnis dienenden Untersatz fest verbunden. Hier ist die gleiche Entwicklung zu beobachten wie bei der Zange, die den Zuckerhut in Stücke zerschneidet.

Die Zukunft

Die Werkzeuge, also die Gegenstände, die der Mensch erfunden hat, um die Wirkung seiner Hand zu verstärken und dauerhafter zu machen, um die Kraft seines Armes zu vergrößern, werden ihn auf ewig begleiten. Unsere gemeinsame Geschichte ist noch lange nicht zu Ende.

Nach den lebensnotwendigen Dingen wie Luft, Wasser und Nahrung ist neben der Kleidung das Werkzeug dasjenige, was dem Menschen am nächsten ist, was dieser am öftesten in der Hand hält, was am häufigsten an der Seite des Menschen zu finden ist. Ohne Werkzeug kein Mensch. Der Weg dieses Vermittlers zwischen Projekt und Material ist ebenso lang wie die Menschheitsgeschichte. Vom Kieselstein, vom Stock über den behauenen Feuerstein bis hin zur Zange des Mechanikers im Jahr 2000 verfolgt das Werkzeug eine durchgehende Linie, die so kostbar ist wie der Blutstrom in unseren Gefäßen. Zu jeder Zeit. Der Lohn dafür ist das Leben.

Hier stellt sich eine Frage: Wie sollen die manuellen Werkzeuge im Vergleich zu den Erfindungen der modernen Welt eingeordnet werden? Diese Werkzeuge zu beschreiben, hieße das nicht, ein Nachlaßinventar aufzustellen? Gibt es ihn überhaupt noch, diesen Zimmermann im Zeitalter des Betons, diesen Hufschmied im Jahrhundert des Automobils, diesen Schnitter in der Ära der Geschwader von russischen oder nordamerikanischen Erntemaschinen?

Die Antwort könnte wohl folgendermaßen lauten: »Hier zwar nicht mehr, anderswo jedoch schon noch.« Denn die Werkzeuge tragen eine Lebensentwicklung in sich – in vielen Ländern werden sie durch Maschinen ersetzt und können sich trotzdem noch behaupten. Im modernen Europa beobachtet man dagegen, daß die Werkzeuge mit den Handwerkern, die sie betätigen, mehr und mehr verschwinden: die des Hufschmieds, des Holzschuhmachers, des Dachdeckers, des Schmieds, des Holzfällers, und vieler anderer mehr... Trotz allem ist es nützlich und interessant zu wissen, wie ein Hufeisen gefertigt und angebracht wird, wie ein Holzschuh hergestellt und ausgehöhlt wird, wie der Dachdecker sich einst auf seinem Schieferdach abmühte und was die Holzfäller alles berechnen mußten, mit ihren Riesenwerkzeugen in der Hand, bevor der berühmte Schrei das Fallen des Stammes ankündigte.

Zunächst einmal ist es ganz offensichtlich, daß die Kenntnis der Techniken – die das individuelle Leben der Menschen ebenso wie die wirtschaftliche Entwicklung eines Landes bestimmen – ein wesentlicher Bestandteil des geschichtlichen Überblicks ist, der den Historikern so am Herzen liegt. Die Geschichte eines Landes, die Geschichte der Welt darf nicht einfach so über den Reichtum wichtiger Techniken hinweggehen, über die eine Kultur in einer bestimmten Epoche verfügt. Das Verhältnis der Gegenstände ist wesentlich direkter zu dem Menschen, der weiß, wie sein Tisch oder sein Haus gemacht wurden.

Heutzutage beschlägt man in Mexiko oder in Marokko die Pferde mit Werkzeugen, die wesentlich robuster sind als diejenigen, die vor hundert Jahren in Gebrauch waren. Und wenn im unermeßlich großen, landwirtschaftlich genutzten China eine neue Reissichel ihr Können unter Beweis stellt, dann wird sie wahrscheinlich in Hunderttausenden von Exemplaren produziert. Ein Werkzeugkoffer ist in jedem motorisierten Fahrzeug vorhanden.

Die Werkzeuge erinnern weniger an Tote, als an den Phönix, der aus der Asche wiedergeboren wird, der wächst, schöner wird, sich entfaltet und fliegt!

Statistiken zeigen, daß der Absatz von Werkzeugen in den europäischen Ländern gleichmäßig ansteigt. Es gibt riesige Verkaufsabteilungen in immensen Warenhäusern, Verkauf über Bestellung. Warum? Weil jeder Mann und jede Frau in Europa am Ende dieses Jahrhunderts begriffen haben, daß sie selbst zu einem Handwerker, einem Arbeiter, einem Tagelöhner in ihrem Haus, in ihrem Auto, auf ihrem Land, in ihrem Garten werden müssen und daher über die für die grundlegenden Arbeitsgänge notwendige Werkzeugausrüstung verfügen müssen. Zwar gibt es heute in den Wohnhäusern der Städte keinen sogenannten Holzschuppen mit Hackklotz und Beil mehr, in dem man früher das Holz spaltete, das der Händler in Säcken auf dem Rücken die Treppen hinauf

Verbindung

Während ich an meiner Studie arbeitete, wurde für mich die Verbindung zwischen den Menschen und ihren Werkzeugen immer greifbarer. Ich sehe die Truppe von fünf Erntearbeitern wieder vor mir, die bei Tagesanbruch auf einem Feldweg in Spanien auf ihren Fahrrädern dahinfuhr: Über der Schulter trugen sie ihre großen Sensen, deren Klingen die ersten Sonnenstrahlen widerspiegelten.

In Puebla, Mexiko, boten sich die an einer Mauer lehnenden Handwerker mit dem Werkzeugsack zu ihren Füßen auf dem Arbeitsmarkt an und hofften, Arbeitgeber zu finden.

Mehr brauchte ich gar nicht, um weit in die Vergangenheit einzutauchen und – als hätte ich es selbst erlebt – die Körbe mit den frisch nachgeschmiedeten Werkzeugen vor mir zu sehen, wie sie mit ächzenden Seilwinden gezogen, bis hinauf zu den Türmen, bis zu den Kirchturmspitzen kletterten.

ins Haus trug. Heute genügt ein Knopfdruck, um Wärme zu erzeugen. Doch wer auf dem Lande ist nicht im Besitz von Gartenschere, Säge, Schlegel, Schraubendreher, »Engländer«, Kaltmeißel, Beil und Hippe? Die Werkzeuge schwimmen in Gesellschaft der Menschen wie Delphine im unendlichen Strom der Zeit. Hier sind sie zahlreich, dort eher selten; bald tauchen sie auf, bald verschwinden sie wieder. Dank eines Werkzeugs, das auch uns Irdischen vertraut ist, ist es einer kühnen amerikanischen Astronautin gelungen, im Weltall ein Geschicklichkeitsmanöver auszuführen, das das Andocken zweier Raumfähren ermöglichte.

Natürlich kann es passieren, daß die Sensen und die Zangen des Schmieds immer seltener werden. Doch wir sollten auf der Hut sein. Die Kooperation von Werkzeug und Menschenhand ist zu einem lebensnotwendigen Band geworden, das man zweifelsohne nicht ungestraft durchtrennen darf.

Zum Abschluß dieser Expedition in die wunderbare Welt der Werkzeuge möchte ich noch anmerken, daß man, wenn man sich zu weit von ihnen entfernt, Gefahr läuft, den Menschen zu vergessen, und daher verpflichtet ist, zu den Werkzeugen zurückzukehren – gleichsam als Form der Therapie. Denn jene Eisenhände, die es uns ermöglicht haben, die Welt – und sogar eine zweite Welt »ohne Werkzeuge« – zu gestalten und aufzubauen, können sicher auch dabei helfen, zerstörte Persönlichkeiten und gebrochene Existenzen wiederaufzubauen. Sie sind gleichzeitig Hebel für die materielle Welt und Symbole für Bewegungen, die in der Gedankenwelt einen hohen Wert haben. Man sagt: jemandem das Wort abschneiden, eine Frage anschneiden, ein Argument zurechtbiegen, einen Satz ausfeilen, einen Charakter formen ..., weil die Verwendung der Werkzeuge anschaulich ist. Sie sind Produkte der menschlichen Intelligenz, durch welche sie zur Vollendung gelangt sind. Daher sind sie vom Geist beseelt, bilden die Verlängerung des Körpers. Die Augen erfassen sie als eigenständige, unbelebte Gegenstände, der Blick des Geistes jedoch, der sie in Aktion begreift, sieht sie als Kontinuum zwischen dem Lebewesen und dem Gegenstand und setzt ihre Bewegung dem Strom des Lebens gleich.

Der Astronaut Mc Cardless ist durch die Kraft, »die die Sonne und die Sterne bewegt« bis ins Weltall befördert worden. Hunderte von Kilometern über dem Ort, an dem ihn seine Mutter einst auf die Welt brachte, macht er sich an die Arbeit. Draußen. Er führt eine Bewegung aus, von welcher der Betrieb des Raumschiffes und das Überleben der Besatzung abhängt. Eine Metallspindel dreht sich, wie sich vor wenigen »Tagen« – den unendlich langen Tagen der Menschheitsgeschichte – der Stab zwischen den Handflächen des ersten Feuermachers drehte. Der Mensch ist vom Stein zum Metall, von der Kraft des menschlichen Arms zum Motor übergegangen. Der aufmerksame Blick ist derselbe. Die wunderbare Hand mit den fünf Fingern ist identisch. In einem grenzenlosen Irgendwo. Ein schwindelerregendes Abenteuer. Abhängig von den Werkzeugen. Ergreifend.

Sprichwörter über Werkzeuge

Sprichwörter erinnern mich an eine Ente, die aus dem Tümpel steigt: Während ihr Kopf bei jedem Schritt nickt, macht ihr Schwanz eine verneinende Bewegung. Kaum hat man die (offensichtliche) Wahrheit eines »wie der Vater, so der Sohn« zu schätzen gelernt, da kommen auch schon Arm in Arm der geizige Vater und der verschwendungssüchtige Filius daher. Fast möchte man meinen, daß dies typisch sei. Und so zweifelt man langsam diese angeblichen Weisheiten an.

Die Sprichwörter sind weder wahr noch falsch. Man mag sie, weil sie prägnant und anschaulich sind. Die älteren Menschen verwenden sie, um ihrer Erfahrung noch mehr Gewicht zu verleihen, sozusagen als unterstützende Weisheit. Die Jungen, die Sprichwörter benutzen, verleihen sich listig die ehrwürdige Aura des hohen Alters und haben somit leicht das letzte Wort.

Sprichwörter greifen häufig bekannte, uns im täglichen Leben begegnende Werkzeuge auf; ihre Funktionen sind aufgrund ihrer markanten Form so eindeutig, daß die Werkzeuge – fast schon wie die verteilten Rollen der italienischen Komödie – nach einem bestimmten Schema verwendet werden: Der Hammer schlägt wie ein gewaltiger Donner. Das Beil spaltet entzwei, so wie der Eifersüchtige auf der Lauer liegt. Die Feile nutzt Material ab, wie der Geizige es anhäuft. – Die Form eines jeden Werkzeugs ist einzigartig, anschaulich, und die Bewegungen, mit denen die Werkzeuge belebt werden, sind charakteristisch: Man schwingt das Beil, man schlägt den Hammer nieder, während man die Feile hin- und herschiebt. In dieser Hinsicht haben Werkzeuge etwas mit Fabeltieren gemein: Charakter. Und das stimmt. Es gibt Gewaltwerkzeuge und Geduldwerkzeuge, Werkzeuge mit offener oder mit listiger Arbeitsweise, leise murmelnde und laut dröhnende Werkzeuge, gewichtige und leichte Werkzeuge, teilende und vereinende Werkzeuge …

Sprichwörter fassen in Worte, was das Volk denkt. SCHWEDEN

EIN SCHLECHTER ARBEITER FINDET NIEMALS EIN GUTES WERKZEUG.
FRANKREICH

Die Nadel bekleidet die anderen und bleibt selbst nackt.
BASKENLAND

Zerstampfest du den Toren auch mit dem Stößel, im Mörser zwischen den Körnern, seine Torheit weicht nicht von ihm. DIE BIBEL

Man soll der Axt den Stiel nicht hinterherwerfen.
FRANKREICH

Das Sieb sagt der Nadel, daß sie ein Loch hat.
BENGALI

SCHUSTER, BLEIB BEI DEINEN LEISTEN.
DEUTSCHLAND

Mit einer silbernen Sichel erntet man goldene Ähren.
FINNLAND

Man kann nicht alles Holz zu Bolzen drehen.
DEUTSCHLAND

Die Mutter ist diejenige, die das Messer an der Klinge anpackt.
BANTU

Auf lange Sicht frißt die Feile das Eisen.
FRANKREICH

Ein schlechtes Messer schneidet in den Finger und nicht in das Holz.
FRANKREICH

Die Scharte im Beil findet man in der Kerbe wieder.
ANTILLEN

Auf des Messers Schneide stehen.
DEUTSCHLAND

Rasiere dich lieber mit einem Beil, als daß du zum Schuldner anderer wirst.
LIBANON

Man sollte sich nie zwischen Hammer und Amboß stellen.
FRANKREICH

JEDER IST SEINES GLÜCKES SCHMIED.
DEUTSCHLAND

Auch der beste Schmied schlägt manchmal auf seinen Daumen.
HOLLAND

Auf einen groben Klotz gehört ein grober Keil.
DEUTSCHLAND

DAS MESSER KENNT SEINEN MEISTER NICHT.
BANTU

*Wenn du ein Amboß bist, dann leide.
Wenn du ein Hammer bist, dann schlage zu.*
ARABIEN

DER SCHLECHTESTE KEIL IST DER, DER AUS DEMSELBEN HOLZ GEFERTIGT IST.
SPANIEN

Wer gar zu viel bedenkt, wird wenig leisten.
DEUTSCHLAND

Wenn mehrere auf einen Amboß schlagen, müssen sie im Takt schlagen.
ENGLAND

Man soll das Eisen schmieden, solange es heiß ist.
DEUTSCHLAND

Der Amboß ist langlebiger als der Hammer.
ITALIEN

Die Axt im Haus ersetzt den Zimmermann.
DEUTSCHLAND

Früh übt sich, was ein Meister werden will.
DEUTSCHLAND

Ist das Haus erst gebaut, so vergißt man den Zimmermann.

INDIEN

Man gräbt nicht mit dem Stiel des Spatens, doch der Stiel hilft beim Graben.

BANTU-UGANDA

DIE IST EINE KÖNIGIN, DIE EINE GROSSE HOLZKELLE ALS ZEPTER HAT.

INDIEN

AUS EIN UND DEMSELBEN BAUM MACHT MAN KÖCHER UND MISTGABELN.

TÜRKEI

Den Nagel auf den Kopf treffen.

DEUTSCHLAND

Kein Handwerk ist schlecht, doch viele treiben's unrecht.

DEUTSCHLAND

Durch Abfeilen wird aus einem Balken eine Nadel.

FRANKREICH

Spindeldürr.

DEUTSCHLAND

Das stumpfe Beil des Meisters schneidet mehr als die Beile von drei Arbeitern.

ESTLAND

Der Stiel des Beils wendet sich gegen den Wald, aus dem er kommt.

ARAMÄISCH

Knotiges Holz erfordert ein scharfes Beil.

RUSSLAND

Wo gehobelt wird, da fallen Späne.

DEUTSCHLAND

EIN STEHENDER SCHNEIDER UND EIN SITZENDER SCHMIED SIND NICHT VIEL WERT.

DÄNEMARK

Die Gewohnheit verbindet zwei Gesellen, sogar das Eisen und die Feile.

ARABIEN

Langes Fädchen, faules Mädchen.

DEUTSCHLAND

TRITTST DU AUF DAS EISEN DER HACKE, SO SCHLÄGT DIR DER STIEL INS GESICHT.

BIRMA

Der Hufschmied schmiedet Zangen, damit er sich nicht verbrennt.

RUSSLAND

Ein Tischler, der ein Vermögen machen will, stellt Pflüge und Särge her.

CHINA

Die Kinder des Schmieds fürchten die Funken nicht.

DÄNEMARK

SCHNELLER ALS DAS WEBERSCHIFFCHEN EILEN MEINE TAGE.

DIE BIBEL, BUCH IJOB

Doppelt genäht hält besser.

DEUTSCHLAND

Den Bock zum Gärtner machen.

DEUTSCHLAND

Ein Keil treibt den anderen.

DEUTSCHLAND

Im Juli wird die Sichel in die Hand genommen.

FRANKREICH

EIN UNGEHOBELTER MENSCH.

DEUTSCHLAND

Die Feile stumpft ab, während sie das Eisen poliert.

ENGLAND

Der Baum wirft immer einen Schatten, selbst auf den Holzfäller.

INDIEN

Messer, Gabel, Schere, Licht sind für kleine Kinder nicht.

DEUTSCHLAND

Ein silberner Hammer bricht eiserne Türen.

BASKENLAND

SICH BENEHMEN WIE DIE AXT IM WALDE.

DEUTSCHLAND

Ein ausgewanderter Schuster muß kein Elend ertragen, doch ein König außerhalb seines Königreichs ist dem Hungertod ausgesetzt.

PERSIEN

Die Zeit ist eine Feile, die geräuschlos arbeitet.

ITALIEN

Die Welt ist mit Brettern vernagelt.

DEUTSCHLAND

Man verschwendet keine Zeit mit dem Schärfen seiner Werkzeuge.

FRANKREICH

DÜRR WIE EIN RECHEN.

ENGLAND

Register

Es wird nur die Seitenzahl angegeben, auf der die in diesem Zusammenhang wichtigste Stelle zu finden ist.

A

B

C

D

E

F

G

H

I

J

K

L

M

N

O

P

R

S

T

V

W

Z

AFDPP/Ministère de la Culture/Kollar F.: 170, 178/179 ● AKG Photo/Almasy P.: 118; Modotti, T.: 15, 194/195 ● Artephot/Bencini R.: 160/161; E.T. Archive: 245; Helda: 124/125; Martin: 248/249, 270/271; Meyer A.: 182; Oronoz: 278; Takase: 85, 88/89 ● Benaim L.: 282/283 ● Buisson D.: 92/93, 95 • Comte H.: 143 ● Contact Press Images/Salgado S.: 188/189, 212, 214/215 ● Créacom: 113a, 122b, 175a, 175c, 197a, 304/305, 332/333 ● D'Herouville E.: 46/47, 66/67, 120/121, 126/127, 141, 154/155, 232/233, 302 ● Explorer/Bauer B.: 345; Bordes P.: 265, 312; Damase J.: 176/177; Dubois J.-L.: 322a; Evrard A.: 268/269; Fouque H.: 257; Geopress: 205; Hurlin P.: 226/227; Jalain F.: 218, 222; Labat J.-M.: 22, 236, 237; Lissac Ph.: 34/35; Pernette J.-F.: 210b; Repérant D.: 112/113; Riffet D.: 313; Veiller H.: 224 ● Fotogram-Stone/Hautecoeur L.: 139; Rosenfeld M.: 262/263; Windsor C.: 277 ● Gamma/Adamini: 274a ● Giraudon: 53, 183 ● Image Bank/Cigolini G.: 122a; Horowitz R. M.: 220/221; Porcella Ph.: 8/9; Sion Ph.: 260/261; Terje R.: 172a ● Jacana/PHR/Castro M.: 26 ● Jammet M.: 250b ● Loran: 80, 175b ● Magnum/Abbas: 158/159; Arnold E.: 180; Cartier-Bresson H.: 43, 252/253; Mayer F.: 238 ● Maison de l'Outil et de la Pensée ouvrière, Troyes: 86a, 109, 251a, 274b, 290/291, 292/293, 303 ● Musée d'Aquitaine, Bordeaux: 72, 73 ● Musée de la Seita, Paris: 337 ● Musée de l'Homme, Paris: 69a, 69b; Collection Musée Dobrée, Nantes: 70b; Delaplanche M.: 207, 255a; Gouvernement Général de l'Indochine: 166/167; Hatala B.: 193b; Le Mouël J.-F.: 18/19; Mazur J.-C.: 71b, 250a; Peltier P.: 68; Sagant P. 61a; Van den Broek: 255b ● Musée Toulouse-Lautrec, Albi/ADAGP: 198 ● Pictor International: 288b ● Planchenault M.: 62/63 ● Rapho/Bordaz M.-C.: 21; Brihat S.: 29; Charles J.-M.: 99; Chaverou F.: 173; Dieuzaide J.: 103, 156; Doisneau R.: 33; Ducasse F.: 111; Dumas N.: 329; Gerster G.: 56/57, 157, 229, 230/231; Giraud: 30/31; Gloaguen H: 98, 100; Guilloreau J.: 280/281; Hayaux du Tilly M.: 184a; Huguier F.: 91, 94; Landau E.: 52; Le Diascorn F.: 186/187; Martin G.: 116; Mazin R. 258/259; Michaud R.&S.: 74/75, 242b; Silvester H.: 200/201; Sioen G.: 306; Windenberger J.: 246 ● R.M.N./Blot G.-Jean C.: 204; Chuzeville: 184b, 209; Lewandowki H.: 123; Ojeda R.G.: 202 ● R.M.N./Musée National des Arts et Traditions Populaires, Paris: 87/88, 131, 241b, 299 ● Robillard A.: 135 ● Roger-Viollet: 40/41, 64, 81, 106/107, 108, 119, 128/129, 132/133, 150/151, 158, 163, 164/165, 172b, 174, 235, 308, 309 ● Sauvageot C.: 39, 168/169, 228, 266, 284, 319, 320/321 ● Scope/Taulin-Hommel D.: 138 ● Stedelijk Museum, Amsterdam/ADAGP: 192 ● Vénézia C.: 96/97, 272/273 ● Visa/Lansard G.: 144/145, 296/297 Vu/Chapin J.-L.: 219; Harter S.: 48; Navia: 307.

DANKSAGUNG

Der Herausgeber dankt den Organisationen »Maison de l'Outil« und »Pensée ouvrière« in Troyes sowie dem »Musée Rural des Arts Populaires« in Laduz für ihre wertvolle Mitarbeit.

Titel der Originalausgabe: LES OUTILS DU MONDE
Erschienen bei Éditions de La Martinière, Paris
Graphische Gestaltung: Rampazzo & Associés

Die Deutsche Bibliothek – CIP-Einheitsaufnahme
Comte, Hubert: Werkzeuge der Welt :
vom Faustkeil zum Laserstrahl / Hubert Comte.
Aus dem Franz. von Cornelia Niklas. –
Dt. Erstausg. – München : Knesebeck, 1998
Einheitssacht.: Les outils du monde <dt.>
ISBN 3-89660-039-7

Deutsche Erstausgabe

Umschlag: Zembsch' Werkstatt, München
Umschlag vorne: Reissichel, Kambodscha (M. Planchenault)
Tabakschneider (Musée de la Seita, Paris)
Frauen beim Getreidedreschen, Bhutan (Geopress)
Astronaut bei der Arbeit (B. Bauer/Explorer)
Schmied (P. Bordes/Explorer)
Umschlag hinten: Steinmetz in Asien (A. Robillard)
Pumpenbohrer, Marokko (E. D'Herouville)
Säbelschmied, Japan (D. Buisson)
Reissichel, Indonesien (M. Planchenault)

Satz: satz & repro Grieb, München
Printed in Italy